姚时俊　编著

机动车驾驶人科目一考试题库全解

第三版

化学工业出版社
·北京·

内容简介

《机动车驾驶人科目一考试题库全解》（第三版）一书，对小型机动车驾驶人科目一考试题库进行了全面解析，内容包括道路交通安全法律、法规和规章；道路交通信号；安全行车、文明驾驶知识；机动车驾驶操作相关基础知识。另外，本书引用的大量资料编排在附录中，供考生查阅。

本书语言精练，通俗易懂，实用性强，是驾考人员顺利、快速通过科目一考试的良师益友。

图书在版编目（CIP）数据

机动车驾驶人科目一考试题库全解 / 姚时俊编著．
3版. —— 北京：化学工业出版社，2024. 10. —— ISBN 978-7-122-46246-6

Ⅰ. U471.3-44

中国国家版本馆 CIP 数据核字第 2024QK1618 号

责任编辑：陈　蕾　　　　装帧设计：溢思视觉设计／程超
　　　　　　　　　　　　　　　　　　E-mail: isstudio@126.com
责任校对：刘　一

出版发行：化学工业出版社
　　　　　（北京市东城区青年湖南街 13 号　邮政编码 100011）
印　　装：盛大（天津）印刷有限公司
787mm×1092mm　1/16　印张 16½　字数 451 千字
2024 年 10 月北京第 3 版第 1 次印刷

购书咨询：010-64518888　　　售后服务：010-64518899
网　　址：http://www.cip.com.cn
凡购买本书，如有缺损质量问题，本社销售中心负责调换。

定　　价：68.00 元

前言

　　据公安部交通管理局统计，截至 2023 年底，全国机动车保有量已达 4.35 亿辆，机动车驾驶人达 5.23 亿人。随着私家车的普及，准备学习汽车驾驶技术、考取机动车驾驶证的人员越来越多，为帮助新驾驶人学习和掌握科目一知识，顺利通过科目一考试，我们组织编写了《机动车驾驶人科目一考试题库全解》一书。该书出版后受到广大读者的一致好评，销售量始终排在同类书的前列。

　　近年来，由于新驾考法规的颁布以及题库的升级更新，需要对书中部分内容进行调整。为此，我们对该书第二版进行了修订，编写了《机动车驾驶人科目一考试题库全解》（第三版）。

　　科目一考试内容包括道路交通安全法律、法规和规章；道路交通信号；安全行车、文明驾驶知识；机动车驾驶操作相关基础知识。面对如此多的内容，考生怎样才能以最快的速度、最简便的方法来学习呢？主要还是应以题库为主攻目标。为了帮助考生理解与记忆，本书对科目一考试最新题库中的试题进行了全面解析。

　　本书的学习方法是：

　　1. 按章节顺序分段学习，先将第一章的试题全部做一遍，注意不要看解析和答案。

　　2. 做完题后与答案对照，答对了，并理解为什么是这个答案，这题就过关了。答错了，做上标记。

　　3. 对于有标记的题，不能死记硬背，要认真阅读解析，找出错误的原因，真正理解答案的意思。

　　4. 按上述方法将所有章节的试题都搞懂弄通后，在考试前再将全部试题做一遍，确保万无一失。

　　祝各位考生顺利通过科目一考试！

　　由于笔者水平有限，书中难免有疏漏之处，敬请读者批评指正。

编著者

Contents
目录

第三章　安全行车、文明驾驶知识 / 130

第四章　机动车驾驶操作相关基础知识 / 165

附录 / 187

第一章
道路交通安全法律、法规和规章

一、道路交通安全法

1. 驾驶机动车在道路上行驶违反《中华人民共和国道路交通安全法》的行为，属于什么行为？（ ）

  A. 违章行为　　　　　B. 违法行为

  C. 过失行为　　　　　D. 违规行为

【解析】自从《中华人民共和国道路交通安全法》（以下简称《道路交通安全法》）颁布实施后，取消了"违规""违章"等说法，所有违反《道路交通安全法》的行为，都属于违法行为，故本题【答案为B】。

2. 驾驶机动车违反道路交通安全法律、法规发生交通事故的属于交通违章行为。（ ）

【解析】题中情形，属于违法行为，故本题【答案为×】。

3. 驾驶机动车跨越双实线行驶属于什么行为？（ ）

  A. 违章行为　　　　　B. 违法行为

  C. 过失行为　　　　　D. 违规行为

【解析】跨越双实线违反了交通标线的有关规定，属于违法行为，故本题【答案为B】。

4. 下列哪种证件是驾驶机动车上路行驶应当随车携带的？（ ）

  A. 机动车保险单　　　B. 机动车行驶证

  C. 出厂合格证明　　　D. 机动车登记证

【解析】依据《道路交通安全法》第11条第1款，题中情形，应随车携带"机动车行驶证"，故本题【答案为B】。

5. 驾驶机动车上路行驶应当按规定悬挂号牌。（ ）

【解析】依据《道路交通安全法》第11条第1款，题中表述正确，故本题【答案为√】。

6. 驾驶图中这种机动车上路行驶属于什么行为？（ ）

  A. 违章行为　　　　　B. 违规行为

  C. 违法行为　　　　　D. 犯罪行为

【解析】图中车辆号牌有遮挡物，违反了《道路交通安全法》第11条第2款的规定，属于违法行为，故本题【答案为C】。

7. 驾驶图中这种机动车上路行驶不属于违法行为。（ ）

【解析】图中车辆号牌有遮挡物，违反了《道路交通安全法》第11条第2款的规定，属于违法行为，故本题【答案为×】。

8. 对机动车进行安全技术检验的主要目的是检查车辆各项性能系数，及时消除车辆安全隐患，减少事故发生。（ ）

【解析】依据《道路交通安全法》第13条第1款，对机动车应定期进行安全技术检验。检验的目的正是题中所述，故本题【答案为√】。

9. 已达到报废标准的机动车，（ ）上道路行驶。

  A. 经维修后可以　　　B. 缴纳管理费后可以

  C. 允许临时　　　　　D. 不得

【解析】依据《道路交通安全法》第14条第3款，题中机动车不得上道路行驶，故本题【答案为D】。

10. 已经达到报废标准的机动车经大修后可以上路行驶。（ ）

【解析】依据《道路交通安全法》第14条第3款，题中机动车不得上道路行驶，故本题【答案为×】。

11. 拼装的机动车只要安全就可以上路行驶。（ ）

【解析】依据《道路交通安全法》第16条第1款第1项，任何单位或者个人不得拼装机动车，故本题【答案为×】。

12. 驾驶机动车应当随身携带哪种证件？（ ）

  A. 职业资格证　　　　B. 身份证

  C. 驾驶证　　　　　　D. 工作证

【解析】依据《道路交通安全法》第19条第4款，题中情形，应当随身携带机动车驾驶证，故本题【答案为C】。

13. 驾驶人要按照驾驶证载明的准驾车型驾驶车辆。（ ）

【解析】依据《道路交通安全法》第19条第4款，题中表述正确，故本题【答案为√】。

14. 驾驶机动车上路前应当检查车辆安全技术性能。（ ）

【解析】依据《道路交通安全法》第21条，题中表述正确，故本题【答案为√】。

15. 不得驾驶具有安全隐患的机动车上道路行驶。（ ）

【解析】依据《道路交通安全法》第21条，题中表述正确，故本题【答案为√】。

16. 机动车驾驶人（　）车辆。

　　A. 可按照自己的习惯驾驶

　　B. 在没有交通警察时可随意驾驶

　　C. 应当依法安全和文明驾驶

　　D. 在没有交通信号时可以任意驾驶

【解析】依据《道路交通安全法》第22条第1款，机动车驾驶人应当遵守道路交通安全法律、法规的规定，按照操作规范安全驾驶、文明驾驶，故本题【答案为C】。

17. 服用国家管制的精神药品可以短途驾驶机动车。（　）

【解析】依据《道路交通安全法》第22条第2款，题中情形，不可以驾驶机动车，短途也不行，故本题【答案为×】。

18. 饮酒后只要不影响驾驶操作可以短距离驾驶机动车。（　）

【解析】依据《道路交通安全法》第22条第2款，题中情形，不可以驾驶机动车，短距离也不行，故本题【答案为×】。

19. 驾驶人在下列何种情形下，可以驾驶机动车？（　）

　　A. 饮酒后

　　B. 饮茶后

　　C. 过度疲劳时

　　D. 患有妨碍安全驾驶的疾病

【解析】依据《道路交通安全法》第22条第2款，题中选项只有"饮茶后"可以驾驶机动车，故本题【答案为B】。

20. 驾驶人在下列哪种情况下不能驾驶机动车？（　）

　　A. 饮酒后　　　　　　B. 喝茶后

　　C. 喝咖啡后　　　　　D. 喝牛奶后

【解析】依据《道路交通安全法》第22条第2款，饮酒后不能驾驶机动车，故本题【答案为A】。

21. 交通信号包括交通信号灯、交通标志、交通标线和交通警察的指挥。（　）

【解析】依据《道路交通安全法》第25条，题中表述正确，故本题【答案为√】。

22. 交通标志和交通标线不属于交通信号。（　）

【解析】依据《道路交通安全法》第25条，交通信号包括交通标志和交通标线，故本题【答案为×】。

23. 交通信号灯由红灯、绿灯和黄灯组成。（　）

【解析】依据《道路交通安全法》第26条，题中表述正确，故本题【答案为√】。

24. 驾驶机动车，必须遵循什么原则？（　）

　　A. 左侧通行　　　　　B. 右侧通行

　　C. 内侧通行　　　　　D. 中间通行

【解析】依据《道路交通安全法》第35条，我国机动车实行右侧通行，故本题【答案为B】。

25. 道路没有划分机动车道、非机动车道和人行道的，以下说法正确的是什么？（　）

　　A. 机动车在道路左侧通行，非机动车和行人随意通行

　　B. 机动车在道路左侧通行，非机动车和行人在道路两侧通行

　　C. 机动车在道路中间通行，非机动车和行人在道路两侧通行

　　D. 机动车、非机动车和行人可随意通行

【解析】依据《道路交通安全法》第36条，题中说法正确的是"机动车在道路中间通行，非机动车和行人在道路两侧通行"，故本题【答案为C】。

26. 驾驶机动车在图中这种道路上如何通行？（　）

　　A. 在道路两边通行　　B. 在道路中间通行

　　C. 实行分道通行　　　D. 可随意通行

【解析】依据《道路交通安全法》第36条，题中情形，应在道路中间通行，故本题【答案为B】。

27. 如图所示，驾驶机动车经过这种道路时，如果前方没有其他交通参与者，可在道路上随意通行。（　）

【解析】依据《道路交通安全法》第36条，图中机动车应在道路中间通行，而不能随意通行，故本题【答案为×】。

28. 通过无划分车道的道路时，机动车在道路中间通行，非机动车和行人在道路两侧通行。（ ）

【解析】依据《道路交通安全法》第36条，题中表述正确，故本题【答案为√】。

29. 驾驶机动车经过无划分车道的道路时，可以随意通行。（ ）

【解析】依据《道路交通安全法》第36条，题中机动车应在道路中间通行，不能随意通行，故本题【答案为×】。

30. 驾驶机动车遇到前方道路拥堵时，可以借用无人通行的非机动车道行驶。（ ）

【解析】依据《道路交通安全法》第36条，机动车不得借用非机动车道行驶，故本题【答案为×】。

31. 驾驶机动车在没有道路中心线的道路上行驶，应该在道路的左侧通行。（ ）

【解析】依据《道路交通安全法》第36条，题中机动车应在道路中间通行，故本题【答案为×】。

32. 在图中这种情况下可以借右侧公交车道超车。（ ）

【解析】依据《道路交通安全法》第37条，非公交车辆不得进入公交车道行驶，故本题【答案为×】。

33. 划设图中这种标线的车道内允许下列哪类车辆通行？（ ）

A. 出租车　　　　　B. 公务用车
C. 公交车　　　　　D. 私家车

【解析】图中道路上划设了公交专用道，依据《道路交通安全法》第37条，该车道允许公交车通行，故本题【答案为C】。

34. 如果遇到图中这种情况需要超车时，可以在不影响公交车通行的前提下借公交车道超越。（ ）

【解析】依据《道路交通安全法》第37条，专用车道不允许借用，故本题【答案为×】。

35. 在城市道路上，遇到图中这种情况需要超车时，可以直接开启右转向灯，借公交车道行驶。（ ）

【解析】依据《道路交通安全法》第37条，专用车道不允许借用，故本题【答案为×】。

36. 如图所示，驾驶机动车遇前方车辆行驶缓慢时，借用公交专用道超车是正确的。（ ）

【解析】依据《道路交通安全法》第37条，专用车道不允许借用，故本题【答案为×】。

37. 专用车道规定的使用时间之外，其他车辆可以进入专用车道行驶。（ ）

【解析】有些专用车道的路边标牌或路面上显示了使用时间，对于这样的专用车道，在规定时间之外，其他车辆可以行驶，故本题【答案为√】。

38. 在路口遇到交通信号灯和交通警察指挥不

一致时，按照交通信号灯通行。（ ）

【解析】依据《道路交通安全法》第38条，题中情形，应按照交通警察的指挥通行，故本题【答案为×】。

39. 驾驶机动车在路口遇到图中这种情况如何行驶？（ ）

A. 可以向右转弯　　　B. 靠右侧直行
C. 遵守交通信号灯　　D. 停车等待

【解析】图中信号灯为绿灯，示意可以通行，但警察手势为停止信号。依据《道路交通安全法》第38条，遇到这种情况，应停车等待，故本题【答案为D】。

40. 机动车在没有交通标志、标线的道路上应当怎样行驶？（ ）

A. 随意行驶
B. 加速行驶
C. 停车观察周围情况后行驶
D. 在确保安全、畅通的原则下通行

【解析】依据《道路交通安全法》第38条，遇题中情形，应在确保安全、畅通的原则下通行，故本题【答案为D】。

41. 机动车在设有最高限速标志的道路上行驶时，下列说法正确的是哪项？（ ）

A. 可以超过车辆的最高设计时速
B. 必须按照规定的最高车速行驶
C. 允许超过标明的最高时速的10%
D. 不得超过标明的最高时速

【解析】依据《道路交通安全法》第42条第1款，题中说法正确的是"不得超过标明的最高时速"，故本题【答案为D】。

42. 夜间行经车流量较少的公路，可以临时超速驾驶。（ ）

【解析】依据《道路交通安全法》第42条第1款，在任何情况下都不得超过限速标志标明的最高时速，故本题【答案为×】。

43. 驾驶机动车遇到沙尘、冰雹、雨、雾、结冰等气象条件时如何行驶？（ ）

A. 按平常速度行驶
B. 保持匀速行驶
C. 适当提高车速
D. 降低行驶速度

【解析】依据《道路交通安全法》第42条第2款，题中情形应降低速度行驶，故本题【答案为D】。

44. 在道路上跟车行驶时，跟车距离不是主要的，只需与前车保持相等的速度，即可防止发生追尾事故。（ ）

【解析】依据《道路交通安全法》第43条，同车道行驶的机动车，后车应当与前车保持足以采取紧急制动措施的安全距离，所以跟车距离很重要，故本题【答案为×】。

45. 图中这两辆车发生追尾的主要原因是什么？（ ）

A. 前车采取制动时没看后视镜
B. 前车采取制动过急
C. 后车超车时距离前车太近
D. 后车未与前车保持安全距离

【解析】依据《道路交通安全法》第43条，题中情形主要是因为后车未与前车保持安全距离，故本题【答案为D】。

46. 驾驶机动车在下列哪种情形下不能超越前车？（ ）

A. 前车减速让行
B. 前车正在左转弯
C. 前车靠边停车
D. 前车正在右转弯

【解析】依据《道路交通安全法》第43条第1项，前车正在左转弯时不能超越，故本题【答案为B】。

47. 同车道行驶的车辆遇前车有下列哪种情形时不得超车？（ ）

A. 减速让行
B. 正常行驶
C. 正在超车
D. 正在停车

【解析】依据《道路交通安全法》第43条第1项，遇前车正在超车时不能超越，故本题【答案为C】。

48. 同车道行驶的车辆遇前车有下列哪种情形时不得超车？（ ）

A. 正在停车　　　　　B. 减速让行
C. 正在掉头　　　　　D. 正常行驶

【解析】依据《道路交通安全法》第43条第1项，遇前车正在掉头时不能超越，故本题【答案为C】。

49. 遇到图中这种情况不能超车。（　）

【解析】图中前车正在超车，依据《道路交通安全法》第43条第1项，此时不能超车，故本题【答案为√】。

50. 如图所示，这种情况下不能超车的原因是什么？（　）

A. 我方车速不足以超越前车
B. 前车速度过快
C. 路中心为黄线
D. 前车正在超车

【解析】依据《道路交通安全法》第43条第1项，题中情形不能超车的原因是"前车正在超车"，故本题【答案为D】。

51. 如图所示，当C车减速让超车时，A车应该如何行驶？（　）

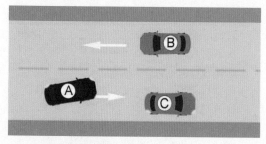

A. 放弃超越C车
B. 加速超越C车
C. 鸣喇叭示意B车让行后超车
D. 直接向左变更车道，迫使B车让行

【解析】图中A车正要与B车会车，依据《道路交通安全法》第43条第2项，A车应放弃超越C车，故本题【答案为A】。

52. 在超车过程中与对面来车有会车可能时，应提前加速超越。（　）

【解析】依据《道路交通安全法》第43条第2项，题中情形，应放弃超车，故本题【答案为×】。

53. 同车道行驶的车辆前方有下列哪种车辆时不得超车？（　）
A. 城市公交车　　　B. 大型客车
C. 超载大型货车　　D. 执行任务的警车

【解析】依据《道路交通安全法》第43条第3项，遇执行任务的警车时不能超车，故本题【答案为D】。

54. 同车道行驶的车辆前方有下列哪种车辆时不得超车？（　）
A. 大型客车　　　　B. 超载大型货车
C. 执行任务的救护车　D. 小型货车

【解析】依据《道路交通安全法》第43条第3项，遇执行任务的救护车时不能超车，故本题【答案为C】。

55. 同车道行驶的车辆前方有下列哪种车辆时不得超车？（　）
A. 执行任务的消防车　B. 大型客车
C. 中型客车　　　　D. 超载大型货车

【解析】依据《道路交通安全法》第43条第3项，遇执行任务的消防车时不能超车，故本题【答案为A】。

56. 在道路上遇到图中这种情况可以从两侧超车。（　）

【解析】图中车辆前方为执行任务的警车，依据《道路交通安全法》第43条第3项，遇此种情况不能超车，故本题【答案为×】。

57. 驾驶机动车行经市区下列哪种道路时不得超车？（　）
A. 主要街道　　　　B. 单向行驶路段
C. 交通流量大的路段　D. 单向两条行车道

【解析】依据《道路交通安全法》第43条第4项，行经市区交通流量大的路段时不得超车，故本题【答案为C】。

58. 驾驶机动车行经下列哪种路段时不得超车？（　）
A. 主要街道　　　　B. 高架路
C. 人行横道　　　　D. 环城高速

【解析】依据《道路交通安全法》第43条第4项，行经人行横道时不得超车，故本题【答案为C】。

59. 驾驶机动车行经下列哪种路段时不得超车？（ ）

A. 高架路 　　　　B. 交叉路口

C. 中心街道 　　　D. 环城高速

【解析】依据《道路交通安全法》第43条第4项，行经交叉路口时不得超车，故本题【答案为B】。

60. 驾驶机动车在下列哪种路段不得超车？（ ）

A. 山区道路 　　　　B. 城市高架路

C. 城市快速路 　　　D. 窄桥、弯道

【解析】依据《道路交通安全法》第43条第4项，行经窄桥、弯道时不得超车，故本题【答案为D】。

61. 驾驶机动车行经城市没有列车通过的铁路道口时允许超车。（ ）

【解析】依据《道路交通安全法》第43条第4项，行经铁路道口时不允许超车，故本题【答案为×】。

62. 驾驶机动车在隧道中超车时，应该提前开启左转向灯。（ ）

【解析】依据《道路交通安全法》第43条第4项，隧道中不能超车，故本题【答案为×】。

63. 如何通过图中这种交叉路口？（ ）

A. 保持速度通过

B. 鸣笛催促

C. 减速慢行

D. 加速通过

【解析】依据《道路交通安全法》第44条，通过图中没有交通信号灯、交通标志和交通标线的交叉路口，应当减速慢行，故本题【答案为C】。

64. 驾驶机动车在没有交通信号灯的路口要尽快通过。（ ）

【解析】依据《道路交通安全法》第44条，题中情形，应当减速慢行，故本题【答案为×】。

65. 驾驶机动车在没有交通信号灯的路口遇到前方车辆缓慢行驶时要依次交替通行。（ ）

【解析】依据《道路交通安全法》第45条第2款，题中表述正确，故本题【答案为√】。

66. 驾驶机动车在没有交通信号灯和管理人员的铁路道口怎样通行？（ ）

A. 适当减速通过

B. 空挡滑行通过

C. 停车确认安全后通过

D. 加速尽快通过

【解析】依据《道路交通安全法》第46条，遇题中情形，应停车确认安全后通过，故本题【答案为C】。

67. 行至图中这种情况的铁路道口要停车观察。（ ）

【解析】图中为无人看守的铁路道口，依据《道路交通安全法》第46条，题中表述正确，故本题【答案为√】。

68. 怎样通过图中这样的路口？（ ）

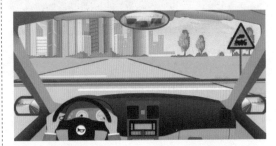

A. 不减速通过 　　　B. 加速尽快通过

C. 空挡滑行通过 　　D. 减速或停车观察

【解析】依据《道路交通安全法》第46条，遇题中情形，应减速或停车观察，故本题【答案为D】。

69. 在图中这种情况的铁路道口要加速通过。（ ）

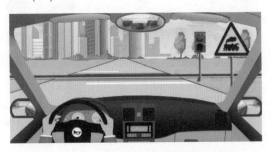

【解析】图中车辆前方铁路道口交通信号灯为红色，表示禁止车辆通行，此时应停车等待，故本题【答案为×】。

70. 行经图中这种有交通标线的路段要加速行驶。（ ）

【解析】图中车辆前方有人行横道预告标线，表示前方将出现人行横道，依据《道路交通安全法》第47条第1款，题中情形应当减速行驶，故本题【答案为×】。

71. 驶近一个设有信号灯的路口，遇到如图所示的信号灯亮着，但有行人通过，应该怎么做？（ ）

　　A. 从行人的前方绕行通过路口
　　B. 在停止线以外停车等待行人通过
　　C. 鸣喇叭告知行人停止通过路口
　　D. 从两个行人中间低速缓慢穿行

【解析】依据《道路交通安全法》第47条第1款，遇题中情形，应在停止线以外停车等待行人通过，故本题【答案为B】。

72. 遇到图中这种情形，应怎么办？（ ）

　　A. 停车让行人先行　　　　B. 从行人前方绕行
　　C. 鸣喇叭提醒行人　　　　D. 从行人后方绕行

【解析】依据《道路交通安全法》第47条第1款，遇题中情形，应停车让行人先行，故本题【答案为A】。

73. 如图所示，当越过停在人行横道前的A车时，B车应减速，准备停车让行。（ ）

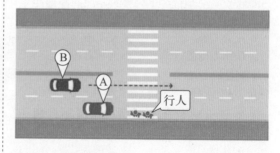

【解析】依据《道路交通安全法》第47条第1款，题中表述正确，故本题【答案为√】。

74. 如图所示，机动车遇行人正在通过人行横道时，要停车让行，因为行人享有优先通行权。（ ）

【解析】依据《道路交通安全法》第47条第1款，题中表述正确，故本题【答案为√】。

75. 如图所示，在这种情况下，机动车要停车让行。（ ）

【解析】依据《道路交通安全法》第47条第1款，题中表述正确，故本题【答案为√】。

76. 如图所示，驾车遇到这种情形，应尽快加速通过。（ ）

【解析】依据《道路交通安全法》第47条第1款,遇题中情形,应停车避让行人,故本题【答案为×】。

77.如图所示,通过人行横道时应减速慢行,遇到行人时需停车让行。( )

【解析】依据《道路交通安全法》第47条第1款,题中表述正确,故本题【答案为√】。

78.如图所示,驾驶机动车遇到这种情况,即使人行横道上没有行人,也不能加速通过。( )

【解析】依据《道路交通安全法》第47条第1款,人行横道没有行人也不能加速通过,故本题【答案为√】。

79.如图所示,驾驶机动车遇到这种情况能够加速通过,因为人行横道没有行人。( )

【解析】依据《道路交通安全法》第47条第1款,人行横道没有行人也不能加速通过,故本题【答案为×】。

80.遇到图中这种情形时要停车避让行人。( )

【解析】依据《道路交通安全法》第47条第2款,题中表述正确,故本题【答案为√】。

81.如图所示,造成事故的原因是货车遗撒货物,货车应负全部责任。( )

【解析】依据《道路交通安全法》第48条第1款,题中表述正确,故本题【答案为√】。

82.如图所示,A车货物掉落,导致B车与掉落货物发生碰撞,以下说法正确的是什么?( )

A.B 车自负责任

B.A 车负全部责任

C.各负一半责任

D.偶然事件，不可避免

【解析】依据《道路交通安全法》第 48 条第 1 款，题中情形，说法正确的是"A 车负全部责任"，故本题【答案为 B】。

83. 图中这位驾驶人的违法行为是什么？（ ）

A.没按规定握转向盘

B.座椅角度不对

C.没系安全带

D.驾驶姿势不正确

【解析】依据《道路交通安全法》第 51 条，图中驾驶人的违法行为是没系安全带，故本题【答案为 C】。

84. 驾驶机动车上道路行驶前驾驶人要按规定系好安全带。（ ）

【解析】依据《道路交通安全法》第 51 条，题中表述正确，故本题【答案为√】。

85. 机动车上路行驶时，前排乘车人可不系安全带。（ ）

【解析】依据《道路交通安全法》第 51 条，前排乘车人也要系好安全带，故本题【答案为×】。

86. 机动车行驶中，车上的少年儿童可不使用安全带。（ ）

【解析】依据《道路交通安全法》第 51 条，车上的少年儿童也应使用安全带，故本题【答案为×】。

87. 驾驶机动车在道路上行驶突然熄火，以下做法错误的是什么？（ ）

A.开启危险报警闪光灯

B.放置警告标志

C.将车辆移到安全地点

D.立即停车检修

【解析】依据《道路交通安全法》第 52 条，遇题中情形，驾驶人应开启危险报警闪光灯，将机动车移至不妨碍交通的地方。立即停车检修的做法是错误的，故本题【答案

为 D】。

88. 机动车在道路上发生故障难以移动时，下列做法正确的是什么？（ ）

A.开启危险报警闪光灯

B.开启车上所有灯光

C.禁止车上人员下车

D.在车前方设置警告标志

【解析】依据《道路交通安全法》第 52 条，遇题中情形，正确的做法是"开启危险报警闪光灯"，故本题【答案为 A】。

89. 图中这辆故障车有哪种违法行为？（ ）

A.没有开启危险报警闪光灯

B.没有将车停到路边

C.没有立即排除故障

D.没有设置警告标志

【解析】依据《道路交通安全法》第 52 条，图中车辆的违法行为是"没有设置警告标志"，故本题【答案为 D】。

90. 当警车、消防车、救护车、工程救险车执行紧急任务时，耽误或影响其通行可能会导致严重后果，所以其他车辆和行人应当主动让行。（ ）

【解析】依据《道路交通安全法》第 53 条，题中表述正确，故本题【答案为√】。

91. 图中这种情形，前车应怎样行驶？（ ）

A.正常行驶

B.及时让行

C.开启危险报警闪光灯行驶

D.不得变更车道

【解析】依据《道路交通安全法》第 53 条，遇题中情形，前车应及时让行，故本题【答案为 B】。

92. 如图所示,当 A 车后方有执行任务的救护车驶来时,以下做法正确的是什么?( )

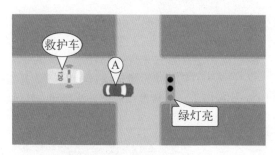

A. 不必理会,继续行驶

B. 靠右减速让路

C. 向左转弯让路

D. 立即停车让路

【解析】依据《道路交通安全法》第 53 条,遇题中情形,正确的做法是"靠右减速让路",故本题【答案为 B】。

93. 因避让特种车辆而发生违法行为被电子警察拍到时,可向交管部门复议。( )

【解析】题中表述符合实际,不用担心做好事还受罚,故本题【答案为√】。

94. 避让特种车辆使其顺利通过后,其他车辆应有序回到原车道继续行驶,不要尾随特种车辆,以免发生交通事故。( )

【解析】题中表述有利于行车安全,故本题【答案为√】。

95. 如图所示,驾驶机动车遇到这种情况,A 车应当注意避让。( )

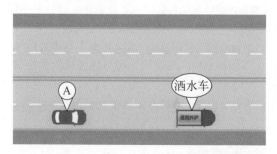

【解析】依据《道路交通安全法》第 54 条,题中表述正确,故本题【答案为√】。

96. 如图所示,驾驶过程中遇到这种情况,A 车可以长鸣喇叭提醒洒水车辆暂停喷水。
( )

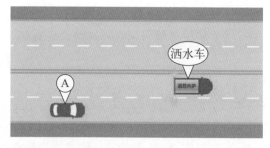

【解析】依据《道路交通安全法》第 54 条,题中情形,A 车长鸣喇叭是错误的,故本题【答案为 ×】。

97. 驾驶机动车在行驶过程中,遇道路养护车辆从本车道逆向驶来时,以下做法正确的是什么?( )

A. 靠边减速或停车让行

B. 在原车道继续行驶

C. 占用非机动车道行驶

D. 鸣喇叭示意其让道

【解析】依据《道路交通安全法》第 54 条,遇题中情形,正确的做法是"靠边减速或停车让行",故本题【答案为 A】。

98. 驾驶机动车遇到前方低速行驶的洒水车作业时,以下做法错误的是什么?( )

A. 注意避让

B. 若洒水车有指示箭头,在确保安全的情况下按箭头指示方向变更车道

C. 若洒水车无指示箭头,在确保安全的情况下选择合适的车道变更

D. 通过洒水车时应急加速通过

【解析】因洒水车周围路面较为湿滑,急加速通过容易发生侧滑事故,所以题中做法错误的是"通过洒水车时应急加速通过",故本题【答案为 D】。

99. 驾驶机动车需要在路边停车时应怎样选择停车地点?( )

A. 靠左侧路边逆向停放

B. 在停车泊位内停放

C. 在路边随意停放

D. 在人行道上停放

【解析】依据《道路交通安全法》第 56 条第 1 款,机动车应当在规定地点停放,故本题【答案为 B】。

100. 驾驶机动车找不到停车位时可以借人行道停放。( )

【解析】依据《道路交通安全法》第 56 条第 1 款,禁止在人行道上停放机动车,故本题【答案为 ×】。

101. 在道路上临时停车,不得妨碍其他车辆和行人通行。( )

【解析】依据《道路交通安全法》第 56 条第 2 款,题中表

述正确，故本题【答案为√】。

102. 以下哪种车辆可以在高速公路上行驶?（ ）

A. 轮式专用机械车　　B. 铰接式客车

C. 拖拉机　　　　　　D. 小客车

【解析】依据《道路交通安全法》第67条，选项中"小客车"可以在高速公路上行驶，故本题【答案为D】。

103. 驾驶非机动车、拖拉机、轮式专用机械车、铰接式客车、全挂拖斗车以及其他设计最高时速低于70千米的机动车，不得进入高速公路。（ ）

【解析】依据《道路交通安全法》第67条，题中表述正确，故本题【答案为√】。

104. 图中这辆在高速公路上临时停放的故障车，警告标志应该设置在车后多远处?（ ）

A.150 米以外　　　　B.50～150 米

C.50 米以内　　　　D.50～100 米

【解析】依据《道路交通安全法》第68条第1款，警告标志应该设置在车后150米以外，故本题【答案为A】。

105. 如图所示，在高速公路上遇到车辆无法继续行驶时，应怎样放置危险警告标志?（ ）

A. 在车后 50 米处放置警告标志

B. 在车后 50 米至 100 米处放置警告标志

C. 在车后 150 米以外放置警告标志

D. 根据道路交通情况在适当位置放置警告标志

【解析】依据《道路交通安全法》第68条第1款，应在车后150米以外放置警告标志，故本题【答案为C】。

106. 车辆因故障必须在高速公路停车时，应在车后方多少米以外设置故障警告标志?（ ）

A.25　　　　　　　B.150

C.100　　　　　　D.50

【解析】依据《道路交通安全法》第68条第1款，应在车后方150米以外设置故障警告标志，故本题【答案为B】。

107. 如图所示，车辆发生故障无法移动，其做法是否正确?（ ）

【解析】依据《道路交通安全法》第68条第1款，警告标志应当设置在故障车来车方向（即车后）150米以外。图中警告标志设在车前，故本题【答案为×】。

108. 机动车在高速公路上发生故障时，以下做法错误的是什么?（ ）

A. 按规定设置警告标志

B. 车上人员不能下车

C. 迅速报警

D. 开启危险报警闪光灯

【解析】依据《道路交通安全法》第68条第1款，题中做法错误的是"车上人员不能下车"，故本题【答案为B】。

109. 机动车在高速公路上发生故障时，应将车上人员迅速转移到右侧路肩上或者应急车道内，并且迅速报警。（ ）

【解析】依据《道路交通安全法》第68条第1款，题中表述正确，故本题【答案为√】。

110. 如图所示，车辆在高速公路上发生故障不能移动时，驾驶人这种排除故障的做法是否正确?（ ）

【解析】依据《道路交通安全法》第68条第1款，驾驶人不能在高速公路上排除故障，故本题【答案为×】。

111. 高速公路上的车辆发生故障后，开启危险报警闪光灯和摆放警告标志的作用是警告后续车辆注意避让。（ ）

【解析】题中说法正确，故本题【答案为√】。

112. 机动车在高速公路上发生故障或交通事故无法正常行驶时由什么车拖曳或牵引？（ ）

　　A. 过路车　　　　B. 大客车
　　C. 同行车　　　　D. 清障车

【解析】依据《道路交通安全法》第68条第2款，题中情形，应由清障车拖曳或牵引，故本题【答案为D】。

113. 机动车在高速公路上发生故障或者交通事故无法正常行驶的，应当由哪类机动车拖曳、牵引？（ ）

　　A. 救援车、清障车　　B. 小型汽车
　　C. 中型客车　　　　D. 重型货车

【解析】依据《道路交通安全法》第68条第2款，题中情形，应由救援车、清障车拖曳、牵引，故本题【答案为A】。

114. 在道路上发生交通事故造成人员伤亡时，要立即抢救受伤人员并迅速报警。（ ）

【解析】依据《道路交通安全法》第70条第1款，题中表述正确，故本题【答案为√】。

115. 驾驶人在发生交通事故后因抢救伤员变动现场时要标明位置。（ ）

【解析】依据《道路交通安全法》第70条第1款，题中表述正确，故本题【答案为√】。

116. 驾驶机动车在道路上发生交通事故造成人员伤亡的，驾驶人必须报警。（ ）

【解析】依据《道路交通安全法》第70条第1款，题中表述正确，故本题【答案为√】。

117. 机动车之间发生交通事故，不管是否有人员伤亡，只要双方当事人同意，都可自行协商解决。（ ）

【解析】依据《道路交通安全法》第70条第1款，交通事故中如有人员伤亡，不能自行协商解决，故本题【答案为×】。

118. 在道路上造成人员伤亡、后果非常严重的交通事故，可自行撤离现场。（ ）

【解析】题中事故存在人员伤亡，依据《道路交通安全法》第70条第1款，应保护现场，抢救伤员，并迅速报警，故本题【答案为×】。

119. 驾驶机动车在道路上发生交通事故，应立即将车移到路边。（ ）

【解析】此题没有明确该交通事故是否具备自行协商处理的条件，依据《道路交通安全法》第70条第1款，不能立即将车移到路边，故本题【答案为×】。

120. 驾驶机动车发生交通事故，哪种情况适合自行协商解决？（ ）

　　A. 对方饮酒的
　　B. 对事实及成因有争议的
　　C. 未造成人员伤亡，对事实及成因无争议的
　　D. 造成人员伤亡的

【解析】依据《道路交通安全法》第70条第2款，适合自行协商解决的情形是"未造成人员伤亡，对事实及成因无争议的"，故本题【答案为C】。

121. 驾驶机动车与非机动车发生剐蹭，未造成人员伤亡且对事实及成因无争议的，以下做法正确的是什么？（ ）

　　A. 撤离现场，自行协商损害赔偿事宜
　　B. 现场找人指证
　　C. 立即报警
　　D. 不得移动车辆

【解析】依据《道路交通安全法》第70条第2款，题中情形，应撤离现场，自行协商损害赔偿事宜，故本题【答案为A】。

122. 在道路上发生交通事故，未造成人员伤亡，当事人对事实及成因无争议的，应当如何处理？（ ）

　　A. 即行撤离现场，自行协商处理损害赔偿事宜
　　B. 不得撤离现场
　　C. 保护现场，请保险公司定损
　　D. 将车停在原地，保护好现场，等待交通警察前来处理

【解析】依据《道路交通安全法》第70条第2款，题中情形，应即行撤离现场，自行协商处理损害赔偿事宜，故本题【答案为A】。

123. 在道路上发生未造成人员伤亡且无争议的轻微交通事故，应如何处置？（ ）

　　A. 保护好现场再协商
　　B. 不要移动车辆
　　C. 疏导其他车辆绕行
　　D. 撤离现场自行协商

【解析】依据《道路交通安全法》第70条第2款，题中情形，应撤离现场自行协商，故本题【答案为D】。

124. 两辆机动车发生轻微碰擦事故后，为保证理赔，必须等保险公司人员到场鉴定后才能撤离现场。（ ）

【解析】依据《道路交通安全法》第70条第2款，题中情形，应即行撤离现场，故本题【答案为×】。

125. 机动车之间发生交通事故造成轻微财产损失，当事人对事实及成因无争议时，在确保安全的原则下，对现场拍照或标划事故车辆现场位置后，可自行撤离现场处理损害赔偿事宜，这样做的主要目的是什么？（ ）

　　A. 双方互有损失

　　B. 找现场证人就行了，不必报警

　　C. 为了及时恢复交通，避免造成交通拥堵

　　D. 事故后果很小，无须赔偿

【解析】依据《道路交通安全法》第70条第2款，题中做法主要是为了及时恢复交通，避免造成交通拥堵，故本题【答案为C】。

126. 驾驶机动车与行人发生交通事故造成人员伤亡、财产损失，机动车一方没有过错的，不承担赔偿责任。（ ）

【解析】依据《道路交通安全法》第76条第1款第2项，题中情形，机动车一方应承担不超过10%的赔偿责任，故本题【答案为×】。

127. 非机动车驾驶人、行人与处于静止状态的机动车发生交通事故造成损失的，关于机动车一方的赔偿责任，下面哪种说法是正确的？（ ）

　　A. 不承担赔偿责任

　　B. 承担10%的赔偿责任

　　C. 承担60%的赔偿责任

　　D. 承担全部责任

【解析】依据《道路交通安全法》第76条第2款，题中情形，机动车一方不承担赔偿责任，故本题【答案为A】。

128. 非机动车驾驶人、行人故意碰撞机动车造成交通事故的，机动车一方不承担赔偿责任。（ ）

【解析】依据《道路交通安全法》第76条第2款，题中表述正确，故本题【答案为√】。

129. 请判断图中右侧灰色机动车逆向行驶属于什么行为？（ ）

　　A. 违法行为　　　　　　B. 违规行为

　　C. 违章行为　　　　　　D. 违纪行为

【解析】图中灰色机动车逆向行驶，违反了《道路交通安全

法》的相关规定，属于违法行为，故本题【答案为A】。

130. 驾驶机动车在道路上违反道路通行规定，应当接受相应的处罚。（ ）

【解析】依据《道路交通安全法》第87条第2款，题中表述正确，故本题【答案为√】。

131. 对道路交通安全违法行为的处罚不包括下列哪项？（ ）

　　A. 警告　　　　　　　　B. 罚款

　　C. 暂扣　　　　　　　　D. 训诫

【解析】依据《道路交通安全法》第88条，题中情形，不包括训诫，故本题【答案为D】。

132. 机动车驾驶人有以下哪种违法行为，暂扣6个月机动车驾驶证？（ ）

　　A. 醉酒后驾驶机动车

　　B. 伪造、变造机动车驾驶证

　　C. 饮酒后驾驶机动车

　　D. 使用伪造、变造的机动车驾驶证

【解析】依据《道路交通安全法》第91条第1款，题中的违法行为应是"饮酒后驾驶机动车"，故本题【答案为C】。

133. 以下哪种行为处10日以下拘留，并处1000元以上2000元以下罚款，吊销机动车驾驶证？（ ）

　　A. 醉酒驾驶机动车的

　　B. 故意遮挡机动车号牌的

　　C. 使用其他车辆保险标志的

　　D. 因饮酒后驾驶机动车被处罚，再次饮酒后驾驶机动车的

【解析】依据《道路交通安全法》第91条第1款，题中情形应是"因饮酒后驾驶机动车被处罚，再次饮酒后驾驶机动车的"，故本题【答案为D】。

134. 饮酒后驾驶机动车的，处暂扣多长时间驾驶证，并处1000元以上2000元以下罚款？（ ）

　　A.1个月以上3个月以下

　　B.6个月

　　C.3个月以上6个月以下

　　D.12个月

【解析】依据《道路交通安全法》第91条第1款，题中情形，应处暂扣6个月驾驶证，故本题【答案为B】。

135. 饮酒后驾驶非营运机动车的，处暂扣6个月机动车驾驶证，并处1000元以上2000元以下罚款。（ ）

【解析】依据《道路交通安全法》第91条第1款，题中表述正确，故本题【答案为√】。

136. 醉酒驾驶非营运机动车的，由公安机关交

通管理部门吊销机动车驾驶证，依法追究刑事责任，并且多少年内不得重新取得机动车驾驶证？（　）

A. 终生　　　　　　B.10 年

C.5 年　　　　　　D.20 年

【解析】依据《道路交通安全法》第91条第2款，题中情形，应在5年内不得重新取得机动车驾驶证，故本题【答案为C】。

137. 饮酒后或者醉酒驾驶机动车发生重大交通事故构成犯罪的，依法追究刑事责任，吊销机动车驾驶证，多少年内不得申请机动车驾驶证？（　）

A.5 年　　　　　　B.10 年

C.20 年　　　　　D. 终生

【解析】依据《道路交通安全法》第91条第5款，题中情形，终生不得申请机动车驾驶证，故本题【答案为D】。

138. 驾驶人未携带哪种证件驾驶机动车上路，交通警察可依法扣留车辆？（　）

A. 机动车通行证　　B. 居民身份证

C. 从业资格证　　　D. 机动车行驶证

【解析】依据《道路交通安全法》第95条第1款，题中未携带的证件应是机动车行驶证，故本题【答案为D】。

139. 上路行驶的机动车驾驶人未随车携带身份证的，交通警察可依法扣留机动车。（　）

【解析】《道路交通安全法》第95条第1款中未涉及身份证，故本题【答案为 ×】。

140. 上道路行驶的机动车驾驶人未携带机动车行驶证的，除扣留机动车外，并受到什么处罚？（　）

A. 警告　　　　　　B. 罚款

C. 拘留　　　　　　D. 吊销驾驶证

【解析】依据《道路交通安全法》第95条第1款，题中情形，还应受到罚款处罚，故本题【答案为B】。

141. 以下哪种情形不会被扣留车辆？（　）

A. 没有按规定悬挂号牌

B. 没有放置保险装置

C. 未随车携带灭火器

D. 未随车携带行驶证

【解析】依据《道路交通安全法》第95条，题中不会被扣留车辆的情形是"未随车携带灭火器"，故本题【答案为C】。

142. 以下哪种情形会被扣留车辆？（　）

A. 伪造行驶证

B. 车内装饰过多

C. 驾驶人开车打电话

D. 未安装防撞装置

【解析】依据《道路交通安全法》第96条第1款，伪造行驶证会被扣留车辆，故本题【答案为A】。

143. 驾驶人伪造、变造或者使用伪造、变造的驾驶证构成犯罪的，将依法追究刑事责任。（　）

【解析】依据《道路交通安全法》第96条第1款，题中表述正确，故本题【答案为√】。

144. 驾驶人上路行驶使用伪造、变造的检验合格标志的，交通警察可依法扣留机动车。（　）

【解析】依据《道路交通安全法》第96条第2款，题中表述正确，故本题【答案为√】。

145. 驾驶人未取得驾驶证驾驶机动车的，应追究法律责任。（　）

【解析】依据《道路交通安全法》第99条第1项，题中表述正确，故本题【答案为√】。

146. 机动车驾驶证被暂扣期间驾驶机动车的，由公安机关交通管理部门处 200 元以上 2000 元以下罚款，可以并处以下哪种处罚？（　）

A. 扣留车辆

B.5 年内不得重新取得驾驶证

C.15 日以下拘留

D. 吊销驾驶证

【解析】依据《道路交通安全法》第99条第1项，题中情形，可以并处15日以下拘留的处罚，故本题【答案为C】。

147. 将机动车交由未取得机动车驾驶证的人驾驶的，由公安机关交通管理部门处 200 元以上 2000 元以下罚款，可以并处以下哪种处罚？（　）

A.15 日以下拘留

B. 吊销驾驶证

C. 扣留车辆

D.5 年内不得重新取得驾驶证

【解析】依据《道路交通安全法》第99条第2项，题中情形，可以并处吊销驾驶证的处罚，故本题【答案为B】。

148. 驾驶机动车造成交通事故后逃逸尚不构成犯罪的，由公安机关交通管理部门处 200 元以上 2000 元以下罚款，可以并处 15 日以下拘留。（　）

【解析】依据《道路交通安全法》第99条第3项，题中表述正确，故本题【答案为√】。

149. 造成交通事故后逃逸尚不构成犯罪的，公安机关交通管理部门除按照规定罚款外，

还可以并处什么? ( )

A.15 日以下拘留

B. 吊销驾驶证

C. 扣留车辆

D.5 年内不得重新取得驾驶证

【解析】依据《道路交通安全法》第 99 条第 3 项,题中情形,还可以并处 15 日以下拘留,故本题【答案为 A】。

150. 下列哪种行为会受到 200 元以上 2000 元以下罚款,并处吊销机动车驾驶证? ( )

A. 违反道路通行规定

B. 超过规定时速 50%

C. 造成交通事故后逃逸

D. 驾车没带驾驶证

【解析】依据《道路交通安全法》第 99 条第 4 项,超过规定时速 50% 的行为会受到题中处罚,故本题【答案为 B】。

151. 驾驶拼装的机动车上道路行驶的,公安机关交通管理部门应当予以收缴,强制报废,并吊销机动车驾驶证。( )

【解析】依据《道路交通安全法》第 100 条第 1 款、第 2 款,题中表述正确,故本题【答案为√】。

152. 驾驶拼装机动车上路行驶的驾驶人,除按规定接受罚款外,还要受到哪种处罚? ( )

A. 暂扣驾驶证　　　　B. 吊销驾驶证

C. 追究刑事责任　　　D. 处 10 日以下拘留

【解析】依据《道路交通安全法》第 100 条,题中情形,还要受到吊销驾驶证的处罚,故本题【答案为 B】。

153. 驾驶报废机动车上路行驶的驾驶人,除按规定接受罚款外,还要受到哪种处罚? ( )

A. 收缴驾驶证　　　　B. 撤销驾驶许可

C. 强制恢复车况　　　D. 吊销驾驶证

【解析】依据《道路交通安全法》第 100 条,题中情形,还要受到吊销驾驶证的处罚,故本题【答案为 D】。

154. 驾驶已达到报废标准的机动车上路行驶的驾驶人,会受到下列哪种处罚? ( )

A. 处 20 元以上 200 元以下罚款

B. 追究刑事责任

C. 处 15 日以下拘留

D. 吊销机动车驾驶证

【解析】依据《道路交通安全法》第 100 条,题中情形,会受到吊销机动车驾驶证的处罚,故本题【答案为 D】。

155. 驾驶拼装机动车上路行驶的驾驶人,会受到下列哪种处罚? ( )

A. 依法追究刑事责任

B. 处 200 元以上 2000 元以下罚款

C. 吊销机动车行驶证

D. 处 15 日以下拘留

【解析】依据《道路交通安全法》第 100 条,题中情形,会受到处 200 元以上 2000 元以下罚款的处罚,故本题【答案为 B】。

156. 出售已达到报废标准的机动车的,没收违法所得,处销售金额等额的罚款,对该机动车予以收缴,并如何处理? ( )

A. 吊销购车人驾驶证

B. 拘留购车人

C. 强制报废

D. 拘留售车人

【解析】依据《道路交通安全法》第 100 条,题中情形,应强制报废,故本题【答案为 C】。

157. 机动车驾驶人违法驾驶造成重大交通事故构成犯罪的,依法追究什么责任? ( )

A. 刑事责任　　　　B. 民事责任

C. 直接责任　　　　D. 经济责任

【解析】依据《道路交通安全法》第 101 条第 1 款,题中情形,应依法追究刑事责任,故本题【答案为 A】。

158. 违法驾驶发生重大交通事故且构成犯罪的,不追究刑事责任。( )

【解析】依据《道路交通安全法》第 101 条第 1 款,题中情形,应追究刑事责任,故本题【答案为×】。

159. 造成交通事故后逃逸且构成犯罪的驾驶人,将被吊销驾驶证且终生不得重新取得驾驶证。( )

【解析】依据《道路交通安全法》第 101 条第 2 款,题中表述正确,故本题【答案为√】。

160. 机动车驾驶人造成事故后逃逸构成犯罪的,吊销驾驶证且多长时间不得重新取得驾驶证? ( )

A.5 年内　　　　　B.10 年内

C.20 年内　　　　　D. 终生

【解析】依据《道路交通安全法》第 101 条第 2 款,题中情形应是终生不得重新取得驾驶证,故本题【答案为 D】。

161. 驾驶机动车造成重大交通事故后逃逸构成犯罪的,由公安机关交通管理部门吊销机动车驾驶证,且终生不得重新取得机动车驾驶证。( )

【解析】依据《道路交通安全法》第 101 条第 2 款,题中表述正确,故本题【答案为√】。

162. 机动车驾驶人造成重大交通事故后逃逸构成犯罪的,10 年内不能申请机动车驾

驶证。（ ）

【解析】依据《道路交通安全法》第101条第2款，题中时间是终生，而不是10年内，故本题【答案为×】。

163. 当事人应当自收到罚款的行政处罚决定书之日起多长时间内，到指定的银行缴纳罚款？（ ）

　　A.20日　　　　　　B.30日
　　C.10日　　　　　　D.15日

【解析】依据《道路交通安全法》第108条，题中时间应为15日内，故本题【答案为D】。

二、道路交通安全法实施条例

164. 机动车驾驶人在实习期内驾驶机动车不得牵引挂车。（ ）

【解析】依据《道路交通安全法实施条例》（以下简称《实施条例》）第22条第3款，题中表述正确，故本题【答案为√】。

165. 公安交通管理部门对驾驶人的交通违法行为除依法给予行政处罚外，还实行下列哪种制度？（ ）

　　A.违法登记制度　　B.奖励里程制度
　　C.强制报废制度　　D.累积记分制度

【解析】依据《实施条例》第23条第1款，题中情形，应实行累积记分制度，故本题【答案为D】。

166. 持小型汽车驾驶证的驾驶人在下列哪种情况下需要接受审验？（ ）

　　A.一个记分周期末
　　B.有效期满换发驾驶证时
　　C.记分周期未满分
　　D.记分周期满12分

【解析】依据《实施条例》第26条，驾驶人在有效期满换发驾驶证时需要接受审验，故本题【答案为B】。

167. 驾驶人出现下列哪种情况时，不得驾驶机动车？（ ）

　　A.记分达到10分
　　B.记分达到6分
　　C.驾驶证丢失、损毁
　　D.驾驶证接近有效期

【解析】依据《实施条例》第28条，驾驶人驾驶证丢失、损毁的，不得驾驶机动车，故本题【答案为C】。

168. 驾驶人在驾驶证丢失后3个月内还可以驾驶机动车。（ ）

【解析】依据《实施条例》第28条，题中情形，不可以驾驶机动车，故本题【答案为×】。

169. 驾驶人的驾驶证损毁时不得驾驶机动车。（ ）

【解析】依据《实施条例》第28条，题中表述正确，故本题【答案为√】。

170. 驾驶人持超过有效期的驾驶证可以在1年内驾驶机动车。（ ）

【解析】依据《实施条例》第28条，题中情形，不可以在1年内驾驶机动车，故本题【答案为×】。

171. 驾驶人的机动车驾驶证被依法扣留、暂扣时不得驾驶机动车。（ ）

【解析】依据《实施条例》第28条，题中表述正确，故本题【答案为√】。

172. 道路交通标线分为指示标线、警告标线、禁止标线。（ ）

【解析】依据《实施条例》第30条第2款，题中表述正确，故本题【答案为√】。

173. 图中红车所在车道是什么车道？（ ）

　　A.快速车道　　　　B.慢速车道
　　C.应急车道　　　　D.专用车道

【解析】《实施条例》第44条第1款规定："在道路同方向划有2条以上机动车道的，左侧为快速车道，右侧为慢速车道。"图中红车所在车道是快速车道，故本题【答案为A】。

174. 如图所示，这辆红色机动车所在的车道是慢速车道。（ ）

【解析】依据《实施条例》第44条第1款，红色机动车行驶的车道是快速车道，故本题【答案为×】。

175. 驾驶机动车变更车道时，以下做法正确的是什么？（ ）

　　A.开启转向灯的同时变更车道

B. 在道路同方向划有 2 条以上机动车道的，不得影响相关车道内行驶的机动车的正常行驶

C. 在车辆较少路段，可以随意变更车道

D. 遇前方道路拥堵，可以向应急车道变更

【解析】《实施条例》第 44 条第 2 款规定："在道路同方向划有 2 条以上机动车道的，变更车道的机动车不得影响相关车道内行驶的机动车的正常行驶。"故本题【答案为 B】。

176. 机动车在道路上变更车道需要注意什么？（　）

A. 开启转向灯迅速向左转向

B. 进入左侧车道时适当减速

C. 不能影响其他车辆正常行驶

D. 尽快加速进入左侧车道

【解析】依据《实施条例》第 44 条第 2 款，题中情形，需要注意的是"不能影响其他车辆正常行驶"，故本题【答案为 C】。

177. 如图所示，在这种情况下，A 车可以向左变更车道。（　）

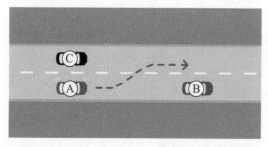

【解析】A 车此时向左变更车道，会影响 C 车的正常行驶，违反了《实施条例》第 44 条第 2 款的规定，故本题【答案为 ×】。

178. 遇到图中这种情况，要加速从红车前变更车道。（　）

【解析】遇到图中情况，如加速从红车前变更车道，将影响红车的正常行驶，违反了《实施条例》第 44 条第 2 款的规定，故本题【答案为 ×】。

179. 在图中这条高速公路上行驶时的最高速度不能超过多少？（　）

A. 110 千米 / 时

B. 120 千米 / 时

C. 90 千米 / 时

D. 100 千米 / 时

【解析】图中道路设有限速标志，依据《实施条例》第 45 条，题中最高速度不能超过 110 千米 / 时，故本题【答案为 A】。

180. 驾驶机动车上道路行驶，不允许超过限速标志标明的最高时速。（　）

【解析】依据《实施条例》第 45 条，题中表述正确，故本题【答案为 √】。

181. 驾驶机动车在没有中心线的城市道路上行驶，以下说法正确的是什么？（　）

A. 行驶速度可以为每小时 50 千米

B. 最低速度为每小时 30 千米

C. 最低速度为每小时 40 千米

D. 最高速度为每小时 30 千米

【解析】依据《实施条例》第 45 条，题中情形，正确的说法是"最高速度为每小时 30 千米"，故本题【答案为 D】。

182. 如图所示，在这段无限速标志和标线的城市道路上行驶，最高速度不能超过多少？（　）

A. 70 千米 / 时

B. 50 千米 / 时

C. 30 千米 / 时

D. 40 千米 / 时

【解析】图中是没有道路中心线的城市道路，依据《实施条例》第 45 条，最高速度不能超过 30 千米 / 时，故本题【答案为 C】。

183.图中这段路的最高时速为50千米。（　）

【解析】图中有红圈的标志是最高限速标志，蓝底的标志是最低限速标志。依据《实施条例》第45条，图中这段路的最高时速应为80千米，故本题【答案为×】。

184.如图所示，在这种情况下，您应该轻踩制动踏板减速。（　）

车速表指示65

【解析】图中限速标志为60千米/时，车速表显示已超过60千米/时，依据《实施条例》第45条，此时应减速，故本题【答案为√】。

185.驾驶机动车在没有中心线的城市道路上行驶，最高速度不能超过每小时50千米。（　）

【解析】依据《实施条例》第45条第1项，题中情形，最高速度不能超过每小时30千米，故本题【答案为×】。

186.驾驶机动车在没有中心线的公路上行驶，最高速度不能超过每小时70千米。（　）

【解析】依据《实施条例》第45条第1项，题中情形，最高速度不能超过每小时40千米，故本题【答案为×】。

187.在图中这段城市道路上行驶的最高速度不能超过多少？（　）

A.40千米/时
B.30千米/时
C.50千米/时
D.70千米/时

【解析】图中城市道路没有中心线，依据《实施条例》第45条第1项，最高速度不能超过30千米/时，故本题【答案为B】。

188.如图所示，机动车在这样的城市道路上行驶，最高行驶速度不得超过50千米/时。（　）

【解析】图中城市道路没有中心线，依据《实施条例》第45条第1项，最高速度不能超过30千米/时，故本题【答案为×】。

189.驾驶机动车在没有道路中心线的城市道路上行驶的速度不得超过50千米/时。（　）

【解析】依据《实施条例》第45条第1项，题中情形，行驶速度不能超过30千米/时，故本题【答案为×】。

190.在图中这条公路上行驶的最高速度不能超过多少？（　）

A.70千米/时
B.50千米/时
C.40千米/时
D.30千米/时

【解析】图中道路为没有中心线的公路，依据《实施条例》第45条第1项，最高速度不能超过40千米/时，故本题【答案为C】。

191.在图中这条城市道路上行驶的最高速度不能超过多少？（　）

　　A.30 千米 / 时　　　　　B.40 千米 / 时
　　C.50 千米 / 时　　　　　D.70 千米 / 时

【解析】图中城市道路同方向只有 1 条机动车道，依据《实施条例》第 45 条第 2 项，最高速度不能超过 50 千米 / 时，故本题【答案为 C】。

192. 在图中这条公路上行驶的最高速度不能超过多少？（　）

　　A.30 千米 / 时　　　　　B.40 千米 / 时
　　C.50 千米 / 时　　　　　D.70 千米 / 时

【解析】图中公路同方向只有 1 条机动车道，依据《实施条例》第 45 条第 2 项，最高速度不能超过 70 千米 / 时，故本题【答案为 D】。

193. 在图中这个弯道行驶的最高速度不能超过多少？（　）

　　A.40 千米 / 时　　　　　B.30 千米 / 时
　　C.50 千米 / 时　　　　　D.70 千米 / 时

【解析】图中道路为急弯路，依据《实施条例》第 46 条第 1 项，最高速度不能超过 30 千米 / 时，故本题【答案为 B】。

194. 驾驶机动车进出非机动车道时，最高速度不能超过多少？（　）

　　A.40 千米 / 时　　　　　B.50 千米 / 时
　　C.60 千米 / 时　　　　　D.30 千米 / 时

【解析】依据《实施条例》第 46 条第 1 项，题中情形，最高速度不能超过 30 千米 / 时，故本题【答案为 D】。

195. 驾驶机动车通过铁路道口时，最高速度不能超过多少？（　）

　　A.15 千米 / 时　　　　　B.20 千米 / 时
　　C.30 千米 / 时　　　　　D.40 千米 / 时

【解析】依据《实施条例》第 46 条第 1 项，题中情形，最高速度不能超过 30 千米 / 时，故本题【答案为 C】。

196. 如图所示，驾驶机动车通过此路口，最高速度不能超过每小时 30 千米。（　）

【解析】依据《实施条例》第 46 条第 1 项，题中表述正确，故本题【答案为√】。

197. 驾驶机动车通过急弯路时，最高速度不能超过多少？（　）

　　A.20 千米 / 时　　　　　B.30 千米 / 时
　　C.40 千米 / 时　　　　　D.50 千米 / 时

【解析】依据《实施条例》第 46 条第 1 项，题中情形，最高速度不能超过 30 千米 / 时，故本题【答案为 B】。

198. 驾驶机动车通过窄路、窄桥时，最高速度不能超过多少？（　）

　　A.50 千米 / 时　　　　　B.40 千米 / 时
　　C.30 千米 / 时　　　　　D.60 千米 / 时

【解析】依据《实施条例》第 46 条第 1 项，题中情形，最高速度不能超过 30 千米 / 时，故本题【答案为 C】。

199. 驾驶机动车下陡坡、转弯、掉头时，最高速度不能超过多少？（　）

　　A.50 千米 / 时　　　　　B.60 千米 / 时
　　C.30 千米 / 时　　　　　D.40 千米 / 时

【解析】依据《实施条例》第 46 条第 2 项，题中情形，最高速度不能超过 30 千米 / 时，故本题【答案为 C】。

200. 驾驶机动车掉头、转弯、下陡坡时的最高速度不能超过每小时 40 千米。（　）

【解析】依据《实施条例》第 46 条第 2 项，题中情形，最高速度不能超过 30 千米 / 时，故本题【答案为 ×】。

201. 驾驶机动车遇雾、雨、雪等天气能见度在 50 米以内时，最高速度不能超过多少？（　）

A.70 千米 / 时　　　　B.50 千米 / 时

C.40 千米 / 时　　　　D.30 千米 / 时

【解析】依据《实施条例》第 46 条第 3 项，题中情形，最高速度不能超过 30 千米 / 时，故本题【答案为 D】。

202. 驾驶机动车在冰雪道路上行驶时，最高速度不能超过多少？（　）

A.50 千米 / 时　　　　B.40 千米 / 时

C.30 千米 / 时　　　　D.20 千米 / 时

【解析】依据《实施条例》第 46 条第 4 项，题中情形，最高速度不能超过 30 千米 / 时，故本题【答案为 C】。

203. 驾驶机动车在泥泞道路上行驶时，最高速度不能超过多少？（　）

A.15 千米 / 时　　　　B.20 千米 / 时

C.40 千米 / 时　　　　D.30 千米 / 时

【解析】依据《实施条例》第 46 条第 4 项，题中情形，最高速度不能超过 30 千米 / 时，故本题【答案为 D】。

204. 车辆在图中这种条件的道路上行驶，最高速度不能超过每小时 50 千米。（　）

【解析】图中为冰雪道路，依据《实施条例》第 46 条第 4 项，最高速度不能超过每小时 30 千米，故本题【答案为 ×】。

205. 牵引发生事故的机动车时，最高车速不得超过多少？（　）

A.50 千米 / 时

B.40 千米 / 时

C.30 千米 / 时

D.20 千米 / 时

【解析】依据《实施条例》第 46 条第 5 项，题中情形，最高速度不能超过 30 千米 / 时，故本题【答案为 C】。

206. 驾驶机动车在夜间超车时怎样使用灯光？（　）

A. 关闭前大灯　　　　B. 开启远光灯

C. 开启雾灯　　　　　D. 变换远近光灯

【解析】依据《实施条例》第 47 条，题中情形，应变换远近光灯，故本题【答案为 D】。

207. 驾驶机动车在道路上超车时可以不使用转向灯。（　）

【解析】依据《实施条例》第 47 条，题中情形，应开启左转向灯，故本题【答案为 ×】。

208. 在没有中心线的道路上发现后车发出超车信号时，如果条件许可，该如何行驶？（　）

A. 保持原状态行驶

B. 加速行驶

C. 降速靠右让路

D. 迅速停车让行

【解析】依据《实施条例》第 47 条，题中情形，应降速靠右让路，故本题【答案为 C】。

209. 驾驶机动车超车后应立即开启右转向灯驶回原车道。（　）

【解析】依据《实施条例》第 47 条，题中情形，应在与被超车辆拉开必要的安全距离后，开启右转向灯，驶回原车道，故本题【答案为 ×】。

210. 遇到图中这种情况，可以从前车右侧超车。（　）

【解析】图中道路只有一条行车道，依据《实施条例》第 47 条，应从前车左侧超车，故本题【答案为 ×】。

211. 驾驶机动车在道路上超车完毕驶回原车道时需提前开启右转向灯。（　）

【解析】依据《实施条例》第 47 条，题中表述正确，故本题【答案为√】。

212. 遇图中这种情况，应从前车的哪一侧超越？（　）

A. 左右两侧均可超越

B. 从前车的右侧超越

C. 从前车的左侧超越

D. 从无障碍一侧超越

【解析】依据《实施条例》第47条，题中情形，应从前车的左侧超越，故本题【答案为C】。

213. 驾驶机动车超车时应该提前开启左转向灯，变换使用远近光灯或鸣喇叭。（　）

【解析】依据《实施条例》第47条，题中表述正确，故本题【答案为√】。

214. 驾驶机动车在没有中心线的道路上遇相对方向来车时应怎样行驶？（　）

　　A. 紧靠路边行驶

　　B. 靠路中心行驶

　　C. 减速靠右行驶

　　D. 借非机动车道行驶

【解析】依据《实施条例》第48条第1项，题中情形，应减速靠右行驶，故本题【答案为C】。

215. 如图所示，在这种情况下会车，必须减速靠右通过。（　）

【解析】依据《实施条例》第48条第1项，题中表述正确，故本题【答案为√】。

216. 如图所示，驾驶机动车遇到这种情况，不仅要控制车辆留出会车空间，而且还要注意与右侧的儿童保持足够的安全距离。（　）

【解析】依据《实施条例》第48条第1项，题中表述正确，故本题【答案为√】。

217. 如图所示，遇到这种情况，本车可以优先通行。（　）

【解析】依据《实施条例》第48条第2项，题中表述正确，故本题【答案为√】。

218. 遇到图中这种情况应该怎样行驶？（　）

　　A. 停车让对方车辆通过

　　B. 开启左转向灯向左行驶

　　C. 开前照灯告知对方让行

　　D. 加速超越障碍后会车

【解析】依据《实施条例》第48条第2项，题中情形，应停车让对方车辆通过，故本题【答案为A】。

219. 如图所示，在这种情形下，对方车辆具有先行权。（　）

【解析】图中对方车辆已驶入障碍路段，依据《实施条例》第48条第2项，题中表述正确，故本题【答案为√】。

220. 如图所示，在这起交通事故中，以下说法正确的是什么？（　）

　　A.A 车负全部责任

　　B.B 车负全部责任

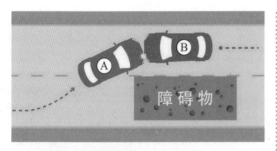

C.各负一半的责任

D.B 车负主要责任

【解析】依据《实施条例》第48条第2项，图中 B 车已驶入障碍路段，具有先行权，所以说法正确的是"A 车负全部责任"，故本题【答案为 A】。

221. 如图所示，未上坡的车辆遇到这种情况应让对向下坡车先行。（ ）

【解析】图中下坡的车辆已行至中途，依据《实施条例》第48条第3项，题中表述正确，故本题【答案为√】。

222. 驾驶机动车在没有道路中心线的狭窄山路怎样会车？（ ）

　　A.不靠山体的一方先行

　　B.靠山体的一方先行

　　C.重车让空车先行

　　D. 速度慢的先行

【解析】依据《实施条例》第48条第4项，题中情形，应让不靠山体的一方先行，故本题【答案为 A】。

223. 在狭窄的山路会车，靠山体的一方视野宽阔，所以要让不靠山体的一方优先行驶。（ ）

【解析】题中不靠山体的一方优先行驶不是因为靠山体的一方视野宽阔，而是因为靠山体的一方让行的危险性相对较小，故本题【答案为 ×】。

224. 夜间在道路上会车时，距离对向来车多远将远光灯改为近光灯？（ ）

　　A.100 米以内　　　　B.50 米以内

　　C.200 米以外　　　　D.150 米以外

【解析】依据《实施条例》第48条第5项，题中距离应是150 米以外，故本题【答案为 D】。

225. 如图所示，夜间行驶与对向车道车辆交会，以下做法正确的是什么？（ ）

　　A. 保持使用远光灯

　　B. 远光灯与近光灯不断来回切换

　　C. 切换为近光灯

　　D. 关闭灯光

【解析】依据《实施条例》第48条第5项，题中情形，正确的做法是"切换为近光灯"，故本题【答案为 C】。

226. 夜间驾驶机动车在窄路、窄桥会车，应怎样使用灯光？（ ）

　　A. 关闭所有灯光　　　B. 开启近光灯

　　C. 关闭前照灯　　　　D. 开启远光灯

【解析】依据《实施条例》第48条第5项，题中情形，应开启近光灯，故本题【答案为 B】。

227. 夜间驾驶机动车在窄路、窄桥会车时，正确的做法是使用远光灯。（ ）

【解析】依据《实施条例》第48条第5项，题中情形，应使用近光灯，故本题【答案为 ×】。

228. 如图所示，红圈中车辆使用的灯光是正确的。（ ）

【解析】图中红圈中车辆使用的是远光灯，依据《实施条例》第48条第5项，题中情形应使用近光灯，故本题【答案为 ×】。

229. 遇到图中这种路口，以下做法正确的是什么？（ ）

A. 沿左侧车道掉头

B. 该路口不能掉头

C. 选择中间车道掉头

D. 在路口内掉头

【解析】图中路口有禁止掉头标志，依据《实施条例》第49条第1款，在该路口不能掉头，故本题【答案为B】。

230. 如图所示，在这个路口可以掉头。（ ）

【解析】图中路口有禁止左转弯标志，依据《实施条例》第49条第1款，在该路口不能掉头，故本题【答案为×】。

231. 如图所示，在这段道路上不能掉头。（ ）

【解析】图中为急弯路段，依据《实施条例》第49条第1款，题中表述正确，故本题【答案为√】。

232. 如图所示，在前方路口可以掉头。（ ）

【解析】图中为铁路道口，依据《实施条例》第49条第1款，在该路口不能掉头，故本题【答案为×】。

233. 关于机动车掉头地点的规定，以下说法正确的是什么？（ ）

　　A. 机动车可以在有禁止左转弯标志的地点掉头

　　B. 机动车在高速公路不得掉头

　　C. 机动车可以在人行横道掉头

　　D. 机动车可以在隧道掉头

【解析】依据《实施条例》第49条第1款，选项中四个路段都不得掉头，所以只有B说法正确，故本题【答案为B】。

234. 在图中这段道路上，只要不影响其他车辆通行就可以掉头。（ ）

【解析】依据《实施条例》第49条第2款，题中表述正确，故本题【答案为√】。

235. 如图所示，在这起交通事故中，以下说法正确的是什么？（ ）

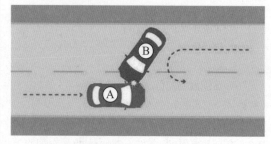

　　A. A车负全部责任

　　B. B车负全部责任

　　C. 都无责任，后果自行承担

　　D. 各负一半责任

【解析】图中B车掉头，与正常行驶的A车相撞，依据《实施条例》第49条第2款，说法正确的是"B车负全部责任"，故本题【答案为B】。

236. 以下哪些路段不能倒车？（ ）

　　A. 交叉路口　　　　　　B. 隧道

　　C. 急弯　　　　　　　　D. 以上皆是

【解析】依据《实施条例》第50条，选项中各路段都不能倒车，故本题【答案为D】。

237. 如图所示，在这种情况下，只要后方没有
来车，就可以倒车。（ ）

【解析】依据《实施条例》第 50 条，图中单行路段不允许
倒车，故本题【答案为 ×】。

238. 在后方无来车的情况下，在隧道中倒车应
靠边行驶。（ ）

【解析】依据《实施条例》第 50 条，隧道中不允许倒车，
故本题【答案为 ×】。

239. 在交叉路口、隧道内均不能倒车。（ ）

【解析】依据《实施条例》第 50 条，题中表述正确，故本
题【答案为√】。

240. 如图所示，在这个路口左转弯应选择哪条
车道？（ ）

　　A. 最左侧车道　　　B. 中间车道
　　C. 不用变道　　　　D. 最右侧车道

【解析】依据《实施条例》第 51 条第 1 项，图中车辆在路
口左转弯，应选择最左侧车道，故本题【答案为 A】。

241. 如图所示，在这个路口如何通行？（ ）

　　A. 鸣喇叭直接进入路口
　　B. 让已在路口内的车辆先行

C. 从路口内车辆前迅速插入

D. 开启危险报警闪光灯加速进入

【解析】图中为环形路口，依据《实施条例》第 51 条第 2
项，进入这个路口应让在路口内的车辆先行，故本题
【答案为 B】。

242. 如图所示，在这个路口怎样左转弯？（ ）

　　A. 靠路口中心点右侧转弯
　　B. 靠路口中心点左侧转弯
　　C. 骑路口中心点转弯
　　D. 不能左转弯

【解析】依据《实施条例》第 51 条第 3 项，在图中路口应
靠路口中心点左侧转弯，故本题【答案为 B】。

243. 在路口右转弯遇同车道前车等候放行信号
时应如何行驶？（ ）
　　A. 依次停车等候
　　B. 鸣喇叭让前车让路
　　C. 从右侧占道转弯
　　D. 从前车左侧转弯

【解析】依据《实施条例》第 51 条第 6 项，题中情形，应
依次停车等候，故本题【答案为 A】。

244. 如图所示，A 车具有优先通行权。（ ）

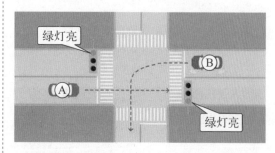

【解析】依据《实施条例》第 51 条第 7 项，转弯让直行，
故本题【答案为√】。

245. 如图所示，B 车具有优先通行权。（ ）

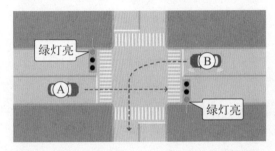

【解析】依据《实施条例》第51条第7项，转弯让直行，故本题【答案为×】。

246. 如图所示，B车具有优先通行权。（　）

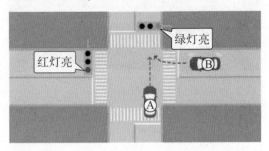

【解析】A车直行，B车右转弯，依据《实施条例》第51条第7项，转弯让直行，因此A车具有优先通行权，故本题【答案为×】。

247. 如图所示，A车具有优先通行权。（　）

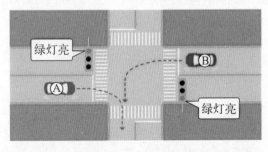

【解析】图中A车右转弯，B车左转弯，依据《实施条例》第51条第7项，右转让左转，所以A车应当让B车先行，故本题【答案为×】。

248. 如图所示，两车在路口发生事故，A车没有让右方道路来车先行，在无其他过错的情况下，A车应负全责。（　）

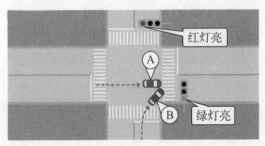

【解析】图中A车直行，B车右转弯，依据《实施条例》第51条第7项，转弯让直行，所以B车应负全责，故本题【答案为×】。

249. 在下图所示的交通事故中，有关责任认定，正确的说法是什么？（　）

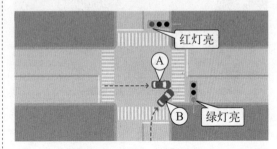

A. B车闯红灯，所以B车负全责

B. B车可以右转，但不得妨碍被放行的直行车辆，所以B车负全责

C. 直行车辆不得妨碍右转车辆，所以A车负全责

D. 右侧方向的车辆具有优先通行权，故A车负全责

【解析】依据《实施条例》第51条第7项，转弯的机动车让直行的车辆先行，故本题【答案为B】。

250. 在下图所示的交通事故中，有关责任认定，正确的说法是什么？（　）

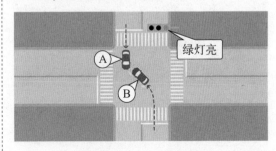

A. B车违反交通信号灯通行，所以B负全责

B. B车不得妨碍被放行的直行车辆，所以B车负全责

C. 直行车辆不得妨碍左转车辆，所以A车负全责

D. 右侧方向的车辆具有优先通行权，故B车负全责

【解析】依据《实施条例》第51条第7项，转弯的机动车让直行的车辆先行，故本题【答案为B】。

251. 如图所示，在这个路口右转弯应如何通行？（　）

A. 直接向右转弯

B. 抢在对面车前右转弯

C. 鸣喇叭催促

D. 先让对面车左转弯

【解析】依据《实施条例》第51条第7项，相对方向行驶的右转弯机动车让左转弯车辆先行，故本题【答案为D】。

252. 如图所示，在路口遇到这种情况，应该怎样通行？（　）

A. 鸣喇叭告知让行

B. 直接加速转弯

C. 减速缓慢转弯

D. 让左方来车先行

【解析】图中车辆前方有减速让行标志，依据《实施条例》第52条第1项，题中情形，应让左方来车先行，故本题【答案为D】。

253. 如图所示，在路口直行时，遇这种情况该如何通行？（　）

A. 开启危险报警闪光灯通行

B. 直接加速直行通过

C. 让右方道路车辆先行

D. 让左方道路车辆先行

【解析】依据《实施条例》第52条第2项，题中情形，应让右方道路车辆先行，故本题【答案为C】。

254. 在图中这种情况下，遇到左侧路口有车辆直行，怎样做是正确的？（　）

A. 如果已经越过停止线，就可以加速向右转弯

B. 不用考虑左侧车辆，直接向右转弯

C. 只要不影响左侧车辆直行，就可以向右转弯

D. 等待左侧车辆直行通过后，再向右转弯

【解析】依据《实施条例》第52条第3项，题中情形，应等待左侧车辆直行通过后，再向右转弯，故本题【答案为D】。

255. 在图中这种情况下，遇到路口对面有车辆直行，怎么做是正确的？（　）

A. 如果已经越过停止线，就可以加速向左转弯

B. 不用考虑对面车辆，直接向左转弯

C. 只要不影响对面车辆直行，就可以向左转弯

D. 等待对面车辆直行通过后，再向左转弯

【解析】依据《实施条例》第52条第3项，题中情形，应等待对面车辆直行通过后，再向左转弯，故本题【答案为D】。

256. 在图中这种交叉路口转弯，要让直行车先行。（　）

【解析】依据《实施条例》第 52 条第 3 项,题中表述正确,故本题【答案为√】。

257. 如图所示,驾驶机动车在路口前遇到这种情况,A 车具有优先通行权。( )

【解析】依据《实施条例》第 52 条第 3 项,转弯的机动车(货车)让直行的车辆(A 车)先行,故本题【答案为√】。

258. 在图中这种情况下,遇到对面车辆发出左转信号,怎样做是正确的?( )

A. 只要不影响对面车辆左转,就可以向右转弯

B. 不要考虑对面车辆,直接向右转弯

C. 等待对面车辆向左转后,再向右转弯

D. 如果已经越过停止线,就可以加速向右转弯

【解析】依据《实施条例》第 52 条第 4 项,题中情形,应等待对面车辆向左转后,再向右转弯,故本题【答案为 C】。

259. 在交叉路口遇到图中这种情况,本车享有优先通行权。( )

【解析】依据《实施条例》第 52 条第 4 项,对面车辆享有优先通行权,故本题【答案为 ×】。

260. 在交叉路口遇到图中这种情况,本车享有优先通行权。( )

【解析】依据《实施条例》第 52 条第 4 项,题中表述正确,故本题【答案为√】。

261. 驾驶机动车通过未设置交通信号灯的交叉路口时,下列说法错误的是什么?( )

A. 转弯的机动车让直行的车辆、行人先行

B. 没有交通标志、标线控制时,在进入路口前停车瞭望,让右方道路的来车先行

C. 相对方向行驶的右转弯机动车让左转弯的车辆先行

D. 相对方向行驶的左转弯机动车让右转弯的车辆先行

【解析】依据《实施条例》第 52 条第 4 项,题中说法错误的是"相对方向行驶的左转弯机动车让右转弯的车辆先行",故本题【答案为 D】。

262. 驾驶机动车遇前方交叉路口交通阻塞时,路口内无网状线的,可停车在路口内等候。( )

【解析】依据《实施条例》第 53 条第 1 款,题中情形,应当依次停在路口以外等候,不得进入路口,故本题【答案为 ×】。

263. 在路口遇到图中这种情形应该怎样做?( )

A.停在网状线区域内等待

B.停在路口以外等待

C.跟随前车通过路口

D.停在路口内等待

【解析】图中路口交通阻塞，依据《实施条例》第53条第1款，题中情形，应停在路口以外等待，不得进入路口，故本题【答案为B】。

264.驾驶机动车遇前方交叉路口交通阻塞时怎么办?（　　）

A.可借对向车道通过

B.依次停在路口外等候

C.从前车两侧穿插通过

D.进入路口内等候

【解析】依据《实施条例》第53条第1款，题中情形，应依次停在路口外等候，不得进入路口，故本题【答案为B】。

265.遇到图中这种路段，可以进入网状线区域停车等候。（　　）

【解析】依据《实施条例》第53条第2款，不得在网状线区域内停车等候，故本题【答案为×】。

266.如图所示，驾驶机动车直行遇前方道路堵塞，车辆可以在黄色网状线区域临时停车等待，但不得在人行横道停车。（　　）

【解析】依据《实施条例》第53条第2款，黄色网状线区域和人行横道都不能停车，故本题【答案为×】。

267.遇到图中这种排队等候的情形应该怎么做?（　　）

A.从左侧跨越实线超越

B.从两侧随意超越

C.依次排队等候

D.从右侧借道超越

【解析】依据《实施条例》第53条第2款，题中情形，应依次排队等候，故本题【答案为C】。

268.如图所示，遇到前方车辆缓慢行驶时应怎样做?（　　）

A.依次排队行驶

B.占对向车道超越

C.从右侧借道超越

D.从两侧随意超越

【解析】依据《实施条例》第53条第2款，题中情形，应依次排队行驶，故本题【答案为A】。

269.如图所示，遇到前面车辆停车等待的情形，怎样做是正确的?（　　）

A. 穿插到红色小型客车前停车

B. 依次在红色小型客车后停车等待

C. 向前直行至不能继续行驶时为止

D. 鸣喇叭催促红色小型客车向前移动

【解析】依据《实施条例》第53条第2款，题中情形，应依次在红色小型客车后停车等待，故本题【答案为B】。

270. 驾驶机动车在车道减少的路口，遇前方车辆依次停车或缓慢行驶时怎么办？（ ）

A. 从前车右侧路肩进入路口

B. 从有空隙的一侧进入路口

C. 每车道一辆依次交替驶入路口

D. 向左变道穿插进入路口

【解析】依据《实施条例》第53条第3款，题中情形，应每车道一辆依次交替驶入路口，故本题【答案为C】。

271. 如图所示，驾驶机动车行驶至车道减少的路段时，遇前方机动车排队等候或行驶缓慢，以下做法正确的是什么？（ ）

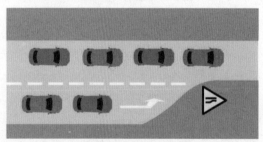

A. 右侧车让左侧车先行

B. 每车道一辆依次交替驶入左侧车道

C. 左侧车让右侧车先行

D. 右侧车寻找空隙提前进入左侧车道

【解析】依据《实施条例》第53条第3款，题中情形，应每车道一辆依次交替驶入左侧车道，故本题【答案为B】。

272. 遇前方路段车道减少、车辆行驶缓慢时，为保证道路通畅，应借对向车道迅速通过。（ ）

【解析】依据《实施条例》第53条第3款，题中情形，应每车道一辆依次交替驶入减少的车道，借对向车道通行是错误的，故本题【答案为×】。

273. 遇前方路段车道减少、车辆行驶缓慢时，

为了确保有序、安全，应依次交替通行。（ ）

【解析】依据《实施条例》第53条第3款，题中表述正确，故本题【答案为√】。

274. 以下机动车中，哪种车型可以牵引挂车？（ ）

A. 半挂牵引车　　　B. 大型载客汽车

C. 三轮汽车　　　　D. 低速载货汽车

【解析】依据《实施条例》第56条第1款第1项，题中情形，半挂牵引车可以牵引挂车，故本题【答案为A】。

275. 驾驶机动车牵引挂车时，以下说法正确的是什么？（ ）

A. 半挂牵引车可以牵引2辆挂车

B. 载货汽车所牵引挂车的载质量可以超过载货汽车本身的载质量

C. 低速载货汽车可以牵引挂车

D. 三轮汽车不得牵引挂车

【解析】依据《实施条例》第56条第2款，三轮汽车不得牵引挂车，故本题【答案为D】。

276. 驾驶机动车在道路上向左变更车道时如何使用灯光？（ ）

A. 提前开启右转向灯

B. 不用开启转向灯

C. 提前开启左转向灯

D. 提前开启近光灯

【解析】依据《实施条例》第57条第1项，题中情形，应提前开启左转向灯，故本题【答案为C】。

277. 驾驶机动车在道路上掉头时，应当提前开启左转向灯。（ ）

【解析】依据《实施条例》第57条第1项，题中表述正确，故本题【答案为√】。

278. 如图所示，在这个位置怎样使用灯光？（ ）

A. 开启右转向灯

B. 开启左转向灯

C. 开启危险报警闪光灯

D. 开启前照灯

【解析】图中车辆将并入左侧的车道，依据《实施条例》第57条第1项，应开启左转向灯，故本题【答案为B】。

279. 如图所示，前方小型客车在提示什么？（ ）

A. 准备向左转弯　　　B. 前方有障碍物

C. 准备向左变道　　　D. 超越前方车辆

【解析】图中前方小型客车左侧转向灯闪亮，依据《实施条例》第57条第1项，说明该车准备向左变道，故本题【答案为C】。

280. 如图所示，进入减速车道时怎样使用灯光？（ ）

A. 开启危险报警闪光灯

B. 开启前照灯

C. 开启左转向灯

D. 开启右转向灯

【解析】图中车辆将进入右侧的减速车道，依据《实施条例》第57条第2项，应开启右转向灯，故本题【答案为D】。

281. 驾驶机动车在道路上靠路边停车的过程中如何使用灯光？（ ）

A. 开启危险报警闪光灯

B. 提前开启右转向灯

C. 变换使用远近光灯

D. 不用指示灯提示

【解析】依据《实施条例》第57条第2项，题中情形，应提前开启右转向灯，故本题【答案为B】。

282. 请判断图中前面蓝色小型客车在提示什么？（ ）

A. 准备直行通过路口

B. 准备向右转弯

C. 准备在路口停车

D. 准备向左转弯

【解析】图中前面蓝色小型客车右侧转向灯闪亮，依据《实施条例》第57条第2项，说明该车准备向右转弯，故本题【答案为B】。

283. 驾驶机动车在道路上向右变更车道时可以不使用转向灯。（ ）

【解析】依据《实施条例》第57条第2项，题中情形，应开启右转向灯，故本题【答案为×】。

284. 下列情形中，需要使用转向灯的是哪项？①准备超车②路口转弯③靠边停车④变更车道（ ）

A. ①②③④　　　　B. 只有①

C. 只有①②③　　　D. 只有①②

【解析】依据《实施条例》第57条，题中情形都需要使用转向灯，故本题【答案为A】。

285. 驾驶机动车应在变更车道的同时开启转向灯。（ ）

【解析】依据《实施条例》第57条，题中情形，应提前开启转向灯，而不是同时开启，故本题【答案为×】。

286. 驾驶机动车在沙尘天气条件下行车时不用开启前照灯、示廓灯和后位灯。（ ）

【解析】依据《实施条例》第58条，题中情形，应当开启前照灯、示廓灯和后位灯，故本题【答案为×】。

287. 图中前方机动车存在什么违法行为？（ ）

A. 没开启信号灯　　　B. 没有及时让行

C. 没开启远光灯　　　D. 行驶速度缓慢

【解析】依据《实施条例》第58条，题中的违法行为是"没开启信号灯"，故本题【答案为A】。

288. 图中车辆存在什么违法行为?（　　）

A. 没开启远光灯　　　　B. 没有及时让行
C. 占用内侧车道　　　　D. 没开启信号灯

【解析】依据《实施条例》第58条，题中的违法行为是"没开启信号灯"，故本题【答案为D】。

289. 驾驶机动车在雾天行车应开启雾灯和危险报警闪光灯。（　　）

【解析】依据《实施条例》第58条，题中表述正确，故本题【答案为√】。

290. 如图所示，在这种天气条件下行车应如何使用灯光?（　　）

A. 使用远光灯　　　　B. 使用雾灯
C. 不使用灯光　　　　D. 开启右转向灯

【解析】图中车辆在雾天行驶，依据《实施条例》第58条，应使用雾灯，故本题【答案为B】。

291. 如图所示，在这种天气条件下行车应如何使用灯光?（　　）

A. 开启右转向灯、示廓灯、后位灯和危险报警闪光灯
B. 使用雾灯、示廓灯、后位灯和危险报警闪

光灯
C. 使用远光灯、示廓灯、后位灯和危险报警闪光灯
D. 不使用灯光

【解析】图中车辆在雾天行驶，依据《实施条例》第58条，应使用雾灯、示廓灯、后位灯和危险报警闪光灯，故本题【答案为B】。

292. 如图所示，在这种雨天跟车行驶应如何使用灯光?（　　）

A. 使用雾灯　　　　B. 不能使用远光灯
C. 不能使用近光灯　　D. 使用远光灯

【解析】依据《实施条例》第58条，雨天跟车行驶不能使用远光灯，故本题【答案为B】。

293. 夜间尾随前车行驶时，后车可以使用远光灯。（　　）

【解析】依据《实施条例》第58条，题中情形，后车不得使用远光灯，故本题【答案为×】。

294. 在图中这种环境中行车，应该怎样使用灯光?（　　）

A. 变换远近光灯　　　B. 关闭前照灯
C. 开启远光灯　　　　D. 开启近光灯

【解析】图中车辆夜间行驶在有路灯的路段，依据《实施条例》第58条，应开启近光灯，故本题【答案为D】。

295. 如图所示，夜间驾驶机动车在没有照明的路段行驶，当与前车跟车距离较近时，可以开启远光灯照明。（　　）

【解析】依据《实施条例》第58条，题中情形，不得使用远光灯，故本题【答案为×】。

296. 如图所示，在这种路况下跟车行驶，应当开启远光灯照明。（　）

【解析】图中车辆车距较近，依据《实施条例》第58条，不得使用远光灯，故本题【答案为×】。

297. 在图中这种急弯道路上行车，应交替使用远近光灯。（　）

【解析】依据《实施条例》第59条第1款，题中表述正确，故本题【答案为√】。

298. 如图所示，在这种环境下通过路口，应如何使用灯光?（　）

　　A.交替使用远近光灯
　　B.使用危险报警闪光灯
　　C.关闭远光灯

D.使用远光灯

【解析】图中车辆夜间在没有交通信号灯控制的路口行驶，依据《实施条例》第59条第1款，应当交替使用远近光灯，故本题【答案为A】。

299. 如图所示，在这种情况下通过路口，交替使用远近光灯的目的是什么?（　）

　　A. 检查灯光是否能正常使用
　　B. 提示其他交通参与者注意来车
　　C. 准备变更车道
　　D. 超车前提示前车

【解析】依据《实施条例》第59条第1款，机动车在夜间通过没有交通信号灯控制的路口时，应当交替使用远近光灯，其目的是提示其他交通参与者注意来车，故本题【答案为B】。

300. 驾驶机动车在夜间通过人行横道时应怎样使用灯光?（　）
　　A.交替使用远近光灯
　　B.开启雾灯
　　C.开启远光灯
　　D.关闭前大灯

【解析】依据《实施条例》第59条第1款，题中情形，应交替使用远近光灯，故本题【答案为A】。

301. 夜间通过无交通信号灯控制的交叉路口时，不得变换使用远近光灯。（　）

【解析】依据《实施条例》第59条第1款，题中情形，应变换使用远近光灯，故本题【答案为×】。

302. 夜间驾驶机动车通过人行横道时需要交替使用远近光灯。（　）

【解析】依据《实施条例》第59条第1款，题中表述正确，故本题【答案为√】。

303. 在图中这种环境下通过路口应如何使用灯光?（　）

A.关闭远光灯

B.使用危险报警闪光灯

C.交替使用远近光灯

D.使用远光灯

【解析】依据《实施条例》第59条第1款，题中情形，应交替使用远近光灯，故本题【答案为C】。

304.如图所示，夜间行车遇到这种交叉路口，不管有没有车辆和行人通过，都要开启远光灯提示。（ ）

【解析】依据《实施条例》第59条第1款，题中情形，应交替使用远近光灯示意，而不是开启远光灯，故本题【答案为×】。

305.在图中这种路段如何行驶？（ ）

A.占对方道路转弯

B.在弯道中心转弯

C.加速鸣喇叭通过

D.减速鸣喇叭示意

【解析】依据《实施条例》第59条第2款，题中情形，应减速鸣喇叭示意，故本题【答案为D】。

306.机动车行经视线受阻的急弯路段时，如遇对方车辆鸣喇叭示意，也应当及时鸣喇叭进行回应。（ ）

【解析】依据《实施条例》第59条第2款，题中表述正确，故本题【答案为√】。

307.驾驶机动车上坡时，在将要到达坡道顶端时应加速并鸣喇叭。（ ）

【解析】依据《实施条例》第59条第2款，题中情形，应减速并鸣喇叭，故本题【答案为×】。

308.如图所示，这辆停在路边的机动车没有违法行为。（ ）

【解析】依据《实施条例》第60条，图中车辆有两项违法行为：一是没有开启危险报警闪光灯；二是警告标志设置得太近，应在50～100米处设置，故本题【答案为×】。

309.当车辆发生故障而无法移动时，首先应在车辆后方50~150米处放置危险警告标志，防止后车追尾。（ ）

【解析】依据《实施条例》第60条，题中情形，应是50～100米，而不是50～150米，故本题【答案为×】。

310.在高速公路以外的道路上使用三角警告牌，应设置在来车方向多远处？（ ）

A.50～100米 B.100～150米

C.25～50米 D.0～25米

【解析】依据《实施条例》第60条，题中情形，应设置在来车方向50～100米处，故本题【答案为A】。

311.机动车在夜间道路上发生故障难以移动时，要开启危险报警闪光灯、示廓灯、后位灯。（ ）

【解析】依据《实施条例》第60条，题中表述正确，故本题【答案为√】。

312.驾驶机动车发生故障或事故不能正常行驶时，应立即打开危险报警闪光灯。（ ）

【解析】依据《实施条例》第60条，题中表述正确，故本题【答案为√】。

313.驾驶机动车在高速公路上发生故障时，应开启危险报警闪光灯以增大警示范围。（ ）

【解析】依据《实施条例》第60条，题中表述正确，故本题【答案为√】。

314. 如图所示，该机动车因发生故障而在应急车道停车。该车存在的不安全行为是什么？①未开启危险报警闪光灯②警告标志放置小于150米③车上人员未转移到安全区域。（　）

A. ①③
B. ②③
C. ①②③
D. ①②

【解析】依据《实施条例》第60条，题中列举的三个不安全行为在图中全部存在，故本题【答案为C】。

315. 牵引故障车时，牵引与被牵引的机动车在行驶中都要开启危险报警闪光灯。（　）

【解析】依据《实施条例》第61条第5项，题中表述正确，故本题【答案为√】。

316. 如图所示，车辆因故障等原因需要被牵引时，以下说法正确的是什么？（　）

A. 前后车均应打开危险报警闪光灯
B. 所有车辆都应让行
C. 两车尽量快速行驶
D. 不受交通信号限制

【解析】依据《实施条例》第61条第5项，题中情形，前后车均应打开危险报警闪光灯，故本题【答案为A】。

317. 在下列哪种情况下不得行车？（　）

A. 车门没关好
B. 驾乘人员系好安全带
C. 顶窗没关好
D. 车窗没关好

【解析】依据《实施条例》第62条第1项，题中情形，在车门没关好的情况下不得行车，故本题【答案为A】。

318. 在车门、车厢没有关好时不要驾驶机动车起步。（　）

【解析】依据《实施条例》第62条第1项，题中表述正确，故本题【答案为√】。

319. 如图所示，车辆后备箱门未关好是可以上路行驶的。（　）

【解析】依据《实施条例》第62条第1项，后备箱门关好才能上路行驶，故本题【答案为×】。

320. 行驶过程中发现车门未关好，应及时关闭车门，否则车辆在转弯等激烈运动的过程中会使人员或货物甩到车外。（　）

【解析】题中表述符合车辆运动规律，故本题【答案为√】。

321. 不要在驾驶室的前后窗范围内悬挂和放置妨碍驾驶人视线的物品。（　）

【解析】依据《实施条例》第62条第2项，题中表述正确，故本题【答案为√】。

322. 行车中，在道路情况良好的条件下可以观看车载视频。（　）

【解析】依据《实施条例》第62条第3项，行车中任何情况下都不允许观看车载视频，故本题【答案为×】。

323. 开车过程中不得主动打电话，但在车流量较少的道路上，有他人打来电话时，可以临时边开车边接电话。（　）

【解析】依据《实施条例》第62条第3项，开车时接电话是不允许的，故本题【答案为×】。

324. 驾驶过程中需接听电话时，应先将车辆停在安全的地点。（　）

【解析】依据《实施条例》第62条第3项，题中做法正确，故本题【答案为√】。

325. 对于驾驶过程中接打手机的说法正确的是哪项？（　）

A. 开车过程中不主动打电话，但是有重要电话打进来时是可以边开车边接听手持电话的
B. 根据驾龄和驾车技术，经验丰富的驾驶人

可以在驾驶过程中接打手持电话

C. 在车流量不大的道路上驾驶时，短时接听手持电话是可以的

D. 开车需要接打电话时，应该先找到安全的地方停车再操作

【解析】依据《实施条例》第62条第3项，题中情形，正确的是"开车需要接打电话时，应该先找到安全的地方停车再操作"，故本题【答案为D】。

326. 驾驶小型汽车下陡坡时允许熄火滑行。（　　）

【解析】依据《实施条例》第62条第4项，题中情形，不允许熄火滑行，故本题【答案为×】。

327. 车辆在下坡行驶时，可充分利用空挡滑行。（　　）

【解析】依据《实施条例》第62条第4项，题中情形，不允许空挡滑行，故本题【答案为×】。

328. 驾驶机动车下陡坡时不得有哪项危险行为？（　　）

A. 空挡滑行　　　　B. 低挡行驶

C. 制动减速　　　　D. 提前减挡

【解析】依据《实施条例》第62条第4项，题中情形，不得有空挡滑行的行为，故本题【答案为A】。

329. 驾驶机动车在山路行驶时，为了减少油耗，下坡时可以空挡滑行，并使用行车制动器控制速度。（　　）

【解析】依据《实施条例》第62条第4项，题中情形，不允许空挡滑行，故本题【答案为×】。

330. 下面关于下坡熄火滑行的说法错误的是哪项？（　　）

A. 对于采用真空助力刹车系统的车辆而言，下坡时熄火会使刹车系统失效

B. 对于采用助力转向系统的车辆而言，下坡时熄火会使转向盘变重，难以控制

C. 下坡熄火时，车辆不能使用发动机制动

D. 下坡滑行是利用坡道的位能推动汽车前进，发动机不工作，可以节油，应大力提倡

【解析】对于电喷车，下坡熄火滑行并不节油，所以题中说法错误的是"下坡滑行是利用坡道的位能推动汽车前进，发动机不工作，可以节油，应大力提倡"，故本题【答案为D】。

331. 对于驾驶车辆时在道路上抛撒物品，以下说法不正确的是哪项？（　　）

A. 抛撒纸张等轻质物品会阻挡驾驶人视线，分散驾驶人注意力

B. 有可能使其他驾驶人产生紧急躲避等应激

反应，进而引发事故

C. 破坏环境，影响环境整洁，甚至造成路面损坏

D. 保持车内整洁，减少燃油消耗

【解析】依据《实施条例》第62条第5项，题中情形，不正确的说法是"保持车内整洁，减少燃油消耗"，故本题【答案为D】。

332. 驾驶人连续驾驶不得超过多长时间？（　　）

A.6 小时　　　　　B.8 小时

C.10 小时　　　　D.4 小时

【解析】依据《实施条例》第62条第7项，题中时间是"4小时"，故本题【答案为D】。

333. 驾驶人连续驾驶 4 小时以上，停车休息的时间不得少于多少？（　　）

A.10 分钟　　　　B.15 分钟

C.20 分钟　　　　D.5 分钟

【解析】依据《实施条例》第62条第7项，题中停车休息的时间不得少于20分钟，故本题【答案为C】。

334. 如图所示，在这段道路上一定要减少鸣喇叭的频率。（　　）

【解析】图中有禁止鸣喇叭标志，依据《实施条例》第62条第8项，在该路段禁止鸣喇叭，故本题【答案为×】。

335. 如图所示，这辆小轿车不能在这个位置停车。（　　）

【解析】图中车辆停在人行横道上，依据《实施条例》第63条第1项，题中表述正确，故本题【答案为√】。

336. 如图所示，这样在路边临时停放机动车有什么违法行为？（　　）

A.停车占用机动车道

B.距离路边超过 30 厘米

C.在有禁停标线的路段停车

D.在非机动车道停车

【解析】图中右侧路边有黄色禁止停车标线，依据《实施条例》第 63 条第 1 项，此处停车违法，故本题【答案为 C】。

337. 在图中所示的道路上需要停车时，应怎样选择停放位置？（ ）

A.在路边不妨碍通行的地方停车

B.在标志前方安全的位置停车

C.只要没有禁停标线的路段都能停车

D.在这段道路上的任何地方都不能停车

【解析】图中路段设有禁停标志、标线，依据《实施条例》第 63 条第 1 项，在这段道路上的任何地方都不能停车，故本题【答案为 D】。

338. 如图所示，这样在路边临时停放机动车有什么违法行为？（ ）

A.在人行横道上停车

B.距离路边超过 30 厘米

C.在有禁停标线的路段停车

D.在非机动车道停车

【解析】依据《实施条例》第 63 条第 1 项，图中车辆存在的违法行为是"在人行横道上停车"，故本题【答案为 A】。

339. 图中红色车辆在该地点临时停车是可以的。
（ ）

【解析】依据《实施条例》第 63 条第 1 项，人行横道不得停车，故本题【答案为 ×】。

340. 如图所示，可以在这个路段的非机动车道上临时停车。（ ）

【解析】图中道路设有隔离设施，依据《实施条例》第 63 条第 1 项，此处禁止停车，故本题【答案为 ×】。

341. 驾驶机动车在人行横道上临时停车属于违法行为。（ ）

【解析】依据《实施条例》第 63 条第 1 项，题中表述正确，故本题【答案为√】。

342. 距离交叉路口 50 米以内的路段不能停车。
（ ）

【解析】依据《实施条例》第 63 条第 2 项，题中表述正确，故本题【答案为√】。

343. 在距这段路多少米以内的路段不能停放机动车？（ ）

A.5 米以内

B.10 米以内

C.50 米以内

D.30 米以内

【解析】图中道路为急弯路，依据《实施条例》第 63 条第 2 项，题中距离应是 50 米以内，故本题【答案为 C】。

344. 距离桥梁、陡坡、隧道 50 米以内的路段不能停车。（ ）

【解析】依据《实施条例》第 63 条第 2 项，题中表述正确，故本题【答案为√】。

345. 距离宽度不足 4 米的窄路 50 米以内的路段不能停车。（ ）

【解析】依据《实施条例》第 63 条第 2 项，题中表述正确，故本题【答案为√】。

346. 驾驶机动车在隧道内行驶时，可以临时停车。（ ）

【解析】依据《实施条例》第 63 条第 2 项，隧道内不允许停车，故本题【答案为 ×】。

347. 如图所示，A 车在此处临时停车是可以的。（ ）

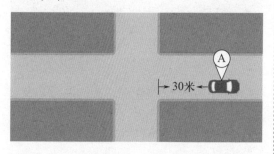

【解析】依据《实施条例》第 63 条第 2 项，距交叉路口 50 米以内的路段不允许停车，故本题【答案为 ×】。

348. 如图所示，这样临时停放红色轿车有什么违法行为？（ ）

A. 距离路边超过 30 厘米

B. 在有禁停标线的路段停车

C. 距离加油站不到 30 米

D. 停车占用非机动车道

【解析】图中红色轿车距离加油站不到 30 米，依据《实施条例》第 63 条第 3 项，此处停车违法，故本题【答案为 C】。

349. 图中车辆在该地点停车是可以的。（ ）

【解析】图中标注车辆距离加油站不到 30 米，依据《实施条例》第 63 条第 3 项，此处停车违法，故本题【答案为 ×】。

350. 如图所示，这样停放机动车有什么违法行为？（ ）

A. 在非机动车道停车

B. 在有禁停标志的路段停车

C. 在公共汽车站停车

D. 停车占用人行道

【解析】依据《实施条例》第 63 条第 3 项，图中轿车在公共汽车站停车属于违法行为，故本题【答案为 C】。

351. 如图所示，A 车在此处临时停车是可以的。（ ）

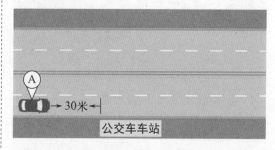

【解析】依据《实施条例》第 63 条第 3 项，题中表述正确，故本题【答案为√】。

352. 图中小型汽车的停放地点是正确的。（ ）

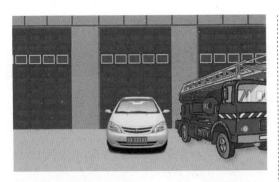

【解析】图中轿车停在消防队门前，依据《实施条例》第63条第3项，该车不能停在此处，故本题【答案为×】。

353. 社会车辆在距离消火栓或者消防队（站）门前30米以内的路段不能停车。（　）

【解析】依据《实施条例》第63条第3项，题中表述正确，故本题【答案为√】。

354. 机动车停稳前不能开车门和上下人员。（　）

【解析】依据《实施条例》第63条第4项，题中表述正确，故本题【答案为√】。

355. 打开机动车车门时，不得妨碍其他车辆和行人通行。（　）

【解析】依据《实施条例》第63条第4项，题中表述正确，故本题【答案为√】。

356. 机动车驾驶人及乘车人下车时，应用远离车门一侧的手开门，并转头观察车辆侧方和后方通行状况，避免妨碍他人通行。（　）

【解析】依据《实施条例》第63条第4项，题中表述正确，故本题【答案为√】。

357. 驾驶人上车时应观察开门是否安全，用右手开车门，同时左手扶车门角。（　）

【解析】上车时应用左手开车门，右手扶车门角，故本题【答案为×】。

358. 如图所示，A车在倒车过程中发生事故，应负什么责任？（　）

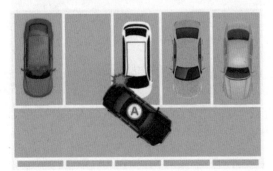

A. 次要责任　　　　　B. 主要责任
C. 全部责任　　　　　D. 没有责任

【解析】图中被撞车辆停在规定的停车位内，无违法行为。事故原因是A车倒车操作不当，因此A车应负全部责任，故本题【答案为C】。

359. 如图所示，驾驶机动车遇到这种情况时，正确的做法是什么？（　）

A. 应停车察明水情，确认安全后，低速通过
B. 应停车察明水情，确认安全后，快速通过
C. 应减速观察水情，然后加速行驶通过
D. 可随意通行

【解析】图中车辆前方为漫水桥，依据《实施条例》第64条，正确的做法是"停车察明水情，确认安全后，低速通过"，故本题【答案为A】。

360. 驾驶机动车通过漫水路时要加速行驶。（　）

【解析】依据《实施条例》第64条，题中情形，应低速通过，加速行驶是错误的，故本题【答案为×】。

361. 驾驶机动车遇到图中这种桥时应怎样办？（　）

A. 保持匀速通过　　　　B. 尽快加速通过
C. 停车察明水情　　　　D. 低速缓慢通过

【解析】图中车辆前方为漫水桥，依据《实施条例》第64条，题中情形，应停车察明水情，故本题【答案为C】。

362. 驾驶机动车行经漫水路或者漫水桥时，应当停车察明水情，快速通过。（　）

【解析】依据《实施条例》第64条，题中情形，应当低速通过，故本题【答案为×】。

363. 行至漫水路时, 应当怎样做? ( )

　　A. 高速通过, 减少涉水时间

　　B. 空挡滑行

　　C. 低速通过

　　D. 高挡位低速通过

【解析】依据《实施条例》第64条, 遇题中情形, 应低速通过, 故本题【答案为C】。

364. 通过漫水路时要谨慎慢行, 不得空挡滑行。( )

【解析】遇题中情形, 如空挡滑行, 会影响制动效果, 故本题【答案为√】。

365. 在机动车道上不得从机动车右侧上下车。( )

【解析】依据《实施条例》第77条第2项, 在机动车道上不得从机动车左侧上下车, 故本题【答案为×】。

366. 如图所示, 在这条车道上行驶的最低车速是多少? ( )

　　A. 100 千米 / 时　　　　B. 110 千米 / 时

　　C. 60 千米 / 时　　　　D. 90 千米 / 时

【解析】图中高速公路同方向有3条车道, 依据《实施条例》第78条, 车辆所在中间车道的最低车速为每小时90千米, 故本题【答案为D】。

367. 如图所示, 在这条车道上行驶的最低车速是多少? ( )

　　A. 60 千米 / 时　　　　B. 90 千米 / 时

　　C. 100 千米 / 时　　　D. 110 千米 / 时

【解析】图中高速公路同方向有2条车道, 依据《实施条例》第78条, 车辆所在车道的最低车速是100千米 / 时, 故本题【答案为C】。

368. 《实施条例》规定, 高速公路上最高时速不得超过120千米。因此, 在高速公路上行驶只要时速不超过120千米就不违法。( )

【解析】依据《实施条例》第78条, 高速公路上不仅有最高限速, 还有最低限速。另外, 对不同车型的限速不同, 不同车道的限速也不同, 故本题【答案为×】。

369. 驾驶机动车在高速公路要按照限速标志标明的车速行驶。( )

【解析】依据《实施条例》第78条, 题中表述正确, 故本题【答案为√】。

370. 在高速公路上行驶的除小型载客汽车之外的其他机动车的车速不得超过每小时多少千米? ( )

　　A. 90　　　　　　　　B. 120

　　C. 80　　　　　　　　D. 100

【解析】依据《实施条例》第78条, 题中情形, 其他机动车的车速不得超过每小时100千米, 故本题【答案为D】。

371. 如图所示, 在这段高速公路上行驶的最高车速是多少? ( )

　　A. 60 千米 / 时　　　　B. 90 千米 / 时

　　C. 100 千米 / 时　　　D. 120 千米 / 时

【解析】依据《实施条例》第78条, 题中情形, 最高车速是120千米 / 时, 故本题【答案为D】。

372. 如图所示, 在这段高速公路上行驶的最低车速是多少? ( )

　　A. 100 千米 / 时　　　　B. 80 千米 / 时

　　C. 60 千米 / 时　　　　D. 50 千米 / 时

【解析】图中蓝色标志为最低限速标志, 依据《实施条例》

第78条，题中情形，最低车速是60千米/时，故本题【答案为C】。

373. 如图所示，在这条车道上行驶的最高车速是多少？（　）

A.100 千米 / 时

B.90 千米 / 时

C.120 千米 / 时

D.110 千米 / 时

【解析】依据《实施条例》第78条，题中情形，最高车速是90千米/时，故本题【答案为B】。

374. 机动车在高速公路行驶时，可以不受速度限制。（　）

【解析】依据《实施条例》第78条，在高速公路行驶，不仅有最高和最低车速限制，而且对不同车型及不同车道的车速也有限制，故本题【答案为×】。

375. 如图所示，在高速公路同方向3条机动车道的右侧车道行驶，车速不能低于多少？（　）

A.100 千米 / 时

B.60 千米 / 时

C.110 千米 / 时

D.80 千米 / 时

【解析】依据《实施条例》第78条，在图中车道行驶时速度不能低于60千米/时，故本题【答案为B】。

376. 如图所示，在高速公路同方向3条机动车道的中间车道行驶，车速不能低于多少？（　）

A.100 千米 / 时

B.90 千米 / 时

C.110 千米 / 时

D.60 千米 / 时

【解析】依据《实施条例》第78条，在图中车道行驶时速度不能低于90千米/时，故本题【答案为B】。

377. 如图所示，在高速公路同方向2条机动车道的左侧车道行驶，应保持什么车速？（　）

A.110～130 千米 / 时

B.100～120 千米 / 时

C.90～110 千米 / 时

D.60～120 千米 / 时

【解析】依据《实施条例》第78条，在图中车道行驶应保持100～120千米/时的车速，故本题【答案为B】。

378. 如图所示，在高速公路同方向3条机动车道的最左侧车道行驶，应保持什么车速？（　）

A.110～120 千米 / 时

B.100~120 千米 / 时

C.90~110 千米 / 时

D.60~120 千米 / 时

【解析】依据《实施条例》第 78 条，在图中车道行驶应保持 110~120 千米 / 时的车速，故本题【答案为 A】。

379. 驾驶机动车在高速公路行驶时，要严格按照车载导航指示的车速行驶。（ ）

【解析】依据《实施条例》第 78 条，题中情形，应按照车道行驶车速规定的和道路限速标志标明的车速行驶，故本题【答案为 ×】。

380. 如图所示，驾驶机动车驶离高速公路时，在这个位置怎样行驶？（ ）

A. 驶入减速车道

B. 继续向前行驶

C. 车速保持 100 千米 / 时

D. 车速降到 40 千米 / 时以下

【解析】依据《实施条例》第 79 条第 2 款，机动车在图中位置应驶入减速车道，故本题【答案为 A】。

381. 以下说法正确的是什么？（ ）

A. 从匝道驶入高速公路，应提前开启右转向灯

B. 驶离高速公路进入匝道，应提前开启右转向灯

C. 匝道路段可以超车

D. 驶入错误的匝道后，可倒车驶回高速公路

【解析】依据《实施条例》第 79 条第 2 款，选项中只有"驶离高速公路进入匝道，应提前开启右转向灯"的说法是正确的，故本题【答案为 B】。

382. 车辆驶离高速公路时，应当经减速车道减速后进入匝道。（ ）

【解析】依据《实施条例》第 79 条第 2 款，题中表述正确，故本题【答案为√】。

383. 如图所示，车前蓝色轿车驶离高速公路行车道的方法是正确的。（ ）

【解析】车前蓝色轿车正驶入减速车道，依据《实施条例》第 79 条第 2 款，题中表述正确，故本题【答案为√】。

384. 如图所示，驾驶车辆驶离高速公路时，可以从这个位置直接驶入匝道。（ ）

【解析】依据《实施条例》第 79 条第 2 款，机动车驶离高速公路时，应先进入减速车道，再驶入匝道，而图中车辆压实线直接进入匝道，故本题【答案为 ×】。

385. 驾驶小型载客汽车在高速公路上的时速超过 100 千米时的跟车距离是多少？（ ）

A. 保持 50 米以上　　B. 保持 60 米以上

C. 保持 100 米以上　　D. 保持 80 米以上

【解析】依据《实施条例》第 80 条，题中情形，跟车距离应保持 100 米以上，故本题【答案为 C】。

386. 车辆在高速公路以每小时 100 千米的速度行驶，与前车距离多少米是危险车间距？（ ）

A.50 米　　　　　　B.100 米

C.110 米　　　　　　D.120 米

【解析】依据《实施条例》第 80 条，题中情形，50 米为危险车间距，故本题【答案为 A】。

387. 驾驶小型载客汽车在高速公路上的时速低于 100 千米时的跟车距离是多少？（ ）

A. 不得少于 20 米　　B. 不得少于 10 米

C. 不得少于 50 米　　D. 不得少于 30 米

【解析】依据《实施条例》第 80 条，题中情形，跟车距离不得少于 50 米，故本题【答案为 C】。

388. 车辆在高速公路以每小时 100 千米的速度行驶，距同车道前车 100 米以上为安全距离。（ ）

【解析】依据《实施条例》第 80 条，题中表述正确，故本题【答案为√】。

389. 如图所示，在高速公路行车道跟随前车行驶，跟车距离不得少于 100 米。（　）

【解析】依据《实施条例》第 80 条，题中表述正确，故本题【答案为√】。

390. 驾驶机动车在高速公路遇到能见度低于 200 米的气象条件时，车速应不超过多少？（　）

　　A. 不得超过 100 千米 / 时

　　B. 不得超过 90 千米 / 时

　　C. 不得超过 60 千米 / 时

　　D. 不得超过 80 千米 / 时

【解析】依据《实施条例》第 81 条第 1 项，题中情形，车速不得超过 60 千米 / 时，故本题【答案为 C】。

391. 驾驶机动车在高速公路上行驶，遇能见度低于 200 米的气象条件，车速不得超过每小时多少千米，与同车道前车至少保持多少米的距离？（　）

　　A.60，100　　　　　B.70，100

　　C.40，80　　　　　D.30，80

【解析】依据《实施条例》第 81 条第 1 项，题中情形，车速不得超过每小时 60 千米，与同车道前车至少保持 100 米的距离，故本题【答案为 A】。

392. 如图所示，在能见度小于 200 米的高速公路上以 60 千米 / 时的速度行驶时，与同车道前车应保持的安全距离是多少？（　）

　　A.100 米以上

B.100 米以内

C. 与车速相同的距离

D. 不小于 50 米

【解析】依据《实施条例》第 81 条第 1 项，题中情形，应保持 100 米以上的距离，故本题【答案为 A】。

393. 驾驶机动车在高速公路上行驶，能见度小于 200 米时，车速不得超过每小时 60 千米。（　）

【解析】依据《实施条例》第 81 条第 1 项，题中表述正确，故本题【答案为√】。

394. 雪天在高速公路上行驶时，关于安全车距的错误说法是什么？（　）

　　A. 雪天路滑，制动距离比干燥柏油路更长

　　B. 雪天能见度低，应该根据能见度控制安全距离

　　C. 能见度小于 200 米时，与前车至少保持 50 米的安全距离

　　D. 能见度小于 50 米时，应该驶离高速公路

【解析】依据《实施条例》第 81 条第 1 项，题中情形，错误的说法是"能见度小于 200 米时，与前车至少保持 50 米的安全距离"，故本题【答案为 C】。

395. 驾驶机动车在高速公路遇到能见度低于 100 米的气象条件时，车速应不超过多少？（　）

　　A. 不得超过 40 千米 / 时

　　B. 不得超过 60 千米 / 时

　　C. 不得超过 80 千米 / 时

　　D. 不得超过 90 千米 / 时

【解析】依据《实施条例》第 81 条第 2 项，题中情形，车速不得超过 40 千米 / 时故本题【答案为 A】。

396. 驾驶机动车在高速公路上行驶，遇雾、雨、雪、沙尘、冰雹等低能见度气象条件，且能见度在 100 米以下时，车速不得超过每小时多少千米，与同车道前车至少保持多少米的距离？（　）

　　A.40，50　　　　　B.40，40

　　C.50，40　　　　　D.50，30

【解析】依据《实施条例》第 81 条第 2 项，题中情形，车速不得超过每小时 40 千米，与同车道前车至少保持 50 米的距离，故本题【答案为 A】。

397. 驾驶机动车在高速公路遇到能见度低于 50 米的气象条件时，除车速不得超过 20 千米 / 时，还应怎么做？（　）

　　A. 进入应急车道行驶

　　B. 尽快驶离高速公路

　　C. 尽快在路边停车

D. 在路肩低速行驶

【解析】依据《实施条例》第 81 条第 3 项，题中情形，还应尽快驶离高速公路，故本题【答案为 B】。

398. 在高速公路上长时间骑、轧车行道分界线行驶，会同时占用两个车道，导致后方车辆行驶困难，易引发交通事故。（　）

【解析】依据《实施条例》第 82 条第 3 项，题中表述正确，故本题【答案为√】。

399. 如图所示，前车在行驶过程中没有违法行为。（　）

【解析】图中车辆前方有一辆教练车，依据《实施条例》第 82 条第 5 项，不得在高速公路上学习汽车驾驶，故本题【答案为×】。

400. 驾驶机动车发生交通事故，仅造成财产损失，但是对交通事故事实及成因有争议的，应当怎么处理？（　）
A. 迅速报警
B. 占道继续和对方争辩
C. 找中间人帮忙解决
D. 自行协商损害赔偿事宜

【解析】依据《实施条例》第 86 条，题中情形，应迅速报警，故本题【答案为 A】。

401. 驾驶机动车发生交通事故后，当事人故意破坏、伪造现场，毁灭证据的，应当承担什么责任？（　）
A. 主要责任　　　　B. 次要责任
C. 同等责任　　　　D. 全部责任

【解析】依据《实施条例》第 92 条第 2 款，题中情形，应承担全部责任，故本题【答案为 D】。

402. 发生交通事故后，当事人故意破坏、伪造现场，毁灭证据的，承担全部责任。（　）

【解析】依据《实施条例》第 92 条第 2 款，题中表述正确，故本题【答案为√】。

403. 如图所示，请判断左侧这辆小型客车有几种违法行为？（　）

A. 有两种违法行为　　B. 有三种违法行为
C. 有四种违法行为　　D. 有五种违法行为

【解析】图中左侧车辆有四种违法行为（未系安全带、开车打电话、未悬挂机动车号牌和占用应急车道），故本题【答案为 C】。

404. 请判断图中这辆黄色机动车有几种违法行为？（　）

A. 有一种违法行为　　B. 有两种违法行为
C. 有三种违法行为　　D. 有四种违法行为

【解析】图中黄色车辆有三种违法行为（压黄实线变道、在路口超车、超车未开转向灯），故本题【答案为 C】。

三、机动车驾驶证申领和使用规定

405. 驾驶机动车应当依法取得哪种证件？（　）
A. 工作证　　　　　B. 机动车驾驶证
C. 身份证　　　　　D. 职业资格证

【解析】依据《机动车驾驶证申领和使用规定》（以下简称《驾驶证规定》）第 10 条，驾驶机动车，应当依法取得机动车驾驶证，故本题【答案为 B】。

406. 准驾车型为小型汽车的，可以驾驶下列哪种车辆？（　）
A. 低速载货汽车　　B. 中型客车
C. 三轮摩托车　　　D. 轮式自行机械车

【解析】依据《驾驶证规定》第 11 条附件 1，题中情形，可以驾驶的车辆是低速载货汽车，故本题【答案为 A】。

407. B1 表示哪种车型？
A. 重型牵引挂车　　B. 大型货车
C. 中型客车　　　　D. 大型客车

【解析】依据《驾驶证规定》第 11 条附件 1，B1 表示中型客车，故本题【答案为 C】。

408. C6 车型代号对应的准驾车型是什么？（ ）

    A. 重型牵引挂车   B. 中型客车

    C. 轻型牵引挂车   D. 小型自动挡汽车

【解析】依据《驾驶证规定》第 11 条附件 1，C6 表示轻型牵引挂车，故本题【答案为 C】。

409. 准驾车型为小型自动挡汽车的，可以驾驶以下哪种车型？（ ）

    A. 低速载货汽车

    B. 小型汽车

    C. 二轮摩托车

    D. 轻型自动挡载货汽车

【解析】依据《驾驶证规定》第 11 条附件 1，题中情形，可以驾驶的车辆是轻型自动挡载货汽车，故本题【答案为 D】。

410. 初次申领的机动车驾驶证的有效期为多少年？（ ）

    A.3 年   B.5 年

    C.6 年   D.12 年

【解析】依据《驾驶证规定》第 13 条，题中情形，有效期为 6 年，故本题【答案为 C】。

411. 申请小型汽车准驾车型驾驶证的人年龄条件是什么？（ ）

    A.16 周岁以上   B.18 周岁以上

    C.20 周岁以上   D.22 周岁以上

【解析】依据《驾驶证规定》第 14 条第 1 项，题中情形，年龄条件是 18 周岁以上，故本题【答案为 B】。

412. 申请小型汽车驾驶证的，年龄应在 18 周岁以上 70 周岁以下。（ ）

【解析】依据《驾驶证规定》第 14 条第 1 项，题中情形，年龄没有上限（70 周岁）限制，故本题【答案为 ×】。

413. 申请轻型牵引挂车准驾车型的，年龄应满多少周岁？（ ）

    A.18 周岁   B.19 周岁

    C.22 周岁   D.20 周岁

【解析】依据《驾驶证规定》第 14 条第 1 项，年龄应满 20 周岁，故本题【答案为 D】。

414. 以下哪种身体条件，不可以申请机动车驾驶证？（ ）

    A. 糖尿病

    B. 红绿色盲

    C. 高血压

    D. 怀孕

【解析】依据《驾驶证规定》第 14 条第 2 项，有红绿色盲的人不可以申请机动车驾驶证，故本题【答案为 B】。

415. 申请人患有精神病的，可以申领机动车驾驶证，但是在发病期间不得驾驶机动车。（ ）

【解析】依据《驾驶证规定》第 15 条第 1 项，题中情形，不可以申领机动车驾驶证，故本题【答案为 ×】。

416. 申请人患有癫痫病的，可以申领机动车驾驶证，但是驾驶时必须有人陪同。（ ）

【解析】依据《驾驶证规定》第 15 条第 1 项，题中情形，不可以申领机动车驾驶证，故本题【答案为 ×】。

417. 3 年内有下列哪种行为的人不得申请机动车驾驶证？（ ）

    A. 吸烟成瘾   B. 注射毒品

    C. 注射胰岛素   D. 酒醉经历

【解析】依据《驾驶证规定》第 15 条第 2 项，有注射毒品行为的人，按题中情形处理，故本题【答案为 B】。

418. 造成交通事故后逃逸构成犯罪的人不能申请机动车驾驶证。（ ）

【解析】依据《驾驶证规定》第 15 条第 3 项，题中表述正确，故本题【答案为 √】。

419. 酒后驾驶发生重大交通事故被依法追究刑事责任的人不能申请机动车驾驶证。（ ）

【解析】依据《驾驶证规定》第 15 条第 4 项，题中表述正确，故本题【答案为 √】。

420. 醉酒后驾驶营运机动车依法被吊销机动车驾驶证未满 10 年的，不得申请机动车驾驶证。（ ）

【解析】依据《驾驶证规定》第 15 条第 6 项，题中表述正确，故本题【答案为 √】。

421. 驾驶机动车追逐竞驶、超员、超速构成犯罪依法被吊销机动车驾驶证未满 3 年的，不得申请机动车驾驶证。（ ）

【解析】依据《驾驶证规定》第 15 条第 7 项，题中时间应是 5 年，故本题【答案为 ×】。

422. 驾驶机动车追逐竞驶、超员、超速、违反危险化学品安全管理规定运输危险化学品构成犯罪依法被吊销机动车驾驶证未满 5 年的，不得申请机动车驾驶证。（ ）

【解析】依据《驾驶证规定》第 15 条第 7 项，题中表述正确，故本题【答案为 √】。

423. 驾驶许可依法被撤销未满多少年的，不得申请机动车驾驶证？（ ）

    A.1 年   B.2 年

    C.3 年   D.5 年

【解析】依据《驾驶证规定》第 15 条第 10 项，题中时间应是 3 年内，故本题【答案为 C】。

424. 初次申领机动车驾驶证的,可以申请下列哪种准驾车型?( )

　　A.中型客车　　　　　　B.大型客车

　　C.普通三轮摩托车　　　D.轻型牵引挂车

【解析】依据《驾驶证规定》第16条,题中情形,可以申请的准驾车型是普通三轮摩托车,故本题【答案为C】。

425. 在居住地初次申领机动车驾驶证的,不能直接申领大型货车驾驶证。( )

【解析】依据《驾驶证规定》第16条,题中情形,可以直接申领大型货车驾驶证,故本题【答案为×】。

426. 取得驾驶小型汽车、小型自动挡汽车准驾车型资格多长时间以上的,可以申请增加轻型牵引挂车准驾车型?( )

　　A.1 年　　　　　　　　B.2 年

　　C.3 年　　　　　　　　D.5 年

【解析】依据《驾驶证规定》第17条第1项,题中时间应是1年,故本题【答案为A】。

427. 关于申请增加轻型牵引挂车准驾车型的要求,以下说法正确的是什么?( )

　　A.取得小型汽车、小型自动挡汽车驾驶证1年以上

　　B.取得小型自动挡汽车驾驶证3年以上

　　C.本记分周期和最近连续一个记分周期内有记满12分记录的,已参加满分教育且考试通过

　　D.本记分周期和最近连续三个以上记分周期内没有记满12分记录的

【解析】依据《驾驶证规定》第17条第1项,选项中"取得小型汽车、小型自动挡汽车驾驶证1年以上"是正确说法,故本题【答案为A】。

428. 取得驾驶小型汽车准驾车型资格多少年以上的,可以申请增加中型客车准驾车型?( )

　　A.2 年　　　　　　　　B.5 年

　　C.1 年　　　　　　　　D.3 年

【解析】依据《驾驶证规定》第17条第2项,题中时间为2年,故本题【答案为A】。

429. 已持有机动车驾驶证,申请增加准驾车型的,只需在本记分周期内没有记满12分的记录即可。( )

【解析】依据《驾驶证规定》第17条第3、第4项,申请某些准驾车型,还应在申请前最近两(或三)个记分周期内没有记满12分的记录,故本题【答案为×】。

430. 在造成人员死亡的交通事故中有承担同等以上责任记录的,不得申请下列哪种车的准驾车型?( )

　　A.大型货车　　　　　　B.小型自动挡汽车

　　C.轻型牵引挂车　　　　D.小型汽车

【解析】依据《驾驶证规定》第18条第1项,题中情形,不得申请大型货车准驾车型,故本题【答案为A】。

431. 醉酒后驾驶机动车的,不得申请大型客车、重型牵引挂车、城市公交车、中型客车、大型货车准驾车型。( )

【解析】依据《驾驶证规定》第18条第2项,题中表述正确,故本题【答案为√】。

432. 有吸食、注射毒品后驾驶机动车行为的,可以申请大型货车准驾车型。( )

【解析】依据《驾驶证规定》第18条第4项,题中情形,不可申请,故本题【答案为×】。

433. 被吊销或者撤销机动车驾驶证未满多少年的,不得申请大型客车准驾车型?( )

　　A.2 年　　　　　　　　B.3 年

　　C.5 年　　　　　　　　D.10 年

【解析】依据《驾驶证规定》第18条第6项,题中时间为10年,故本题【答案为D】。

434. 持有境外机动车驾驶证入境短期停留的,可以申领有效期为3个月的临时机动车驾驶许可。( )

【解析】依据《驾驶证规定》第21条,题中表述正确,故本题【答案为√】。

435. 申领机动车驾驶证的人在户籍所在地居住的,应当向什么地方的车辆管所提出申请?( )

　　A.居住地

　　B.户籍所在地

　　C.所持机动车驾驶证核发地

　　D.全国任何地方公安机关交通管理部门

【解析】依据《驾驶证规定》第22条第1项,题中情形,应向户籍所在地车辆管理所提出申请,故本题【答案为B】。

436. 申请机动车驾驶证的人在户籍所在地以外居住的,应向户籍所在地车辆管理所提出申请。( )

【解析】依据《驾驶证规定》第22条第2项,题中情形,应向居住地车辆管理所提出申请,故本题【答案为×】。

437. 申请增加准驾车型的,应当向什么地方的车辆管理所提出申请?( )

　　A.居住地

　　B.户籍所在地

　　C.机动车驾驶证核发地

D. 全国任何地方公安机关交通管理部门

【解析】依据《驾驶证规定》第22条第5项，题中情形，应向机动车驾驶证核发地车辆管理所提出申请，故本题【答案为C】。

438. 在申请机动车驾驶证时，必须提交县级或者部队团级以上医疗机构出具的身体条件证明。（　）

【解析】依据《驾驶证规定》第23条第2项，题中情形，没有"县级或者部队团级以上"的限制，故本题【答案为×】。

439. 允许自学直考人员使用图中所示的教练车，在具备安全驾驶经历等条件的人员随车指导下学习驾驶。（　）

【解析】依据《驾驶证规定》第26条，自学直考人员应使用加装安全辅助装置并粘贴学车专用标识的自备机动车，而不是驾校的教练车，故本题【答案为×】。

440. 持有C2准驾车型驾驶证申请增加C1准驾车型的，应当考试科目二和科目三。（　）

【解析】依据《驾驶证规定》第30条，题中表述正确，故本题【答案为√】。

441. 小型手动挡汽车（C1）科目二考试内容包括倒车入库、坡道定点停车和起步、侧方停车、曲线行驶、直角转弯。（　）

【解析】依据《驾驶证规定》第33条第2项，题中表述正确，故本题【答案为√】。

442. 科目一考试满分为100分，成绩达到90分的为合格。（　）

【解析】依据《驾驶证规定》第38条第1项，题中表述正确，故本题【答案为√】。

443. 科目三道路驾驶技能和安全文明驾驶常识考试满分分别为100分，成绩分别达到80和90分的为合格。（　）

【解析】依据《驾驶证规定》第38条第3项，题中情形，成绩分别达到90分的为合格，故本题【答案为×】。

444. 申请人在申请小型汽车驾驶证期间，申请变更考试地不得超过3次。（　）

【解析】依据《驾驶证规定》第39条，题中表述正确，故本题【答案为√】。

445. 申请人在场地和道路上学习驾驶，应当按规定取得学习驾驶证明，学习驾驶证明的有效期为5年。（　）

【解析】依据《驾驶证规定》第41条，题中有效期为3年，故本题【答案为×】。

446. 未取得驾驶证的学员在道路上学习驾驶技能，下列哪种做法是正确的？（　）

　　A. 使用所学车型的教练车由教练员随车指导

　　B. 使用所学车型的教练车单独驾驶学习

　　C. 使用私家车由教练员随车指导

　　D. 使用所学车型的教练车由非教练员的驾驶人随车指导

【解析】依据《驾驶证规定》第42条，题中情形，应使用所学车型的教练车由教练员随车指导，故本题【答案为A】。

447. 下列哪种标识是自学直考人员在道路上学习驾驶时，应当在车上放置的？（　）

　　A. 产品合格标识　　　　B. 保持车距标识

　　C. 提醒危险标识　　　　D. 学车专用标识

【解析】依据《驾驶证规定》第42条，题中情形，应放置学车专用标识，故本题【答案为D】。

448. 符合什么条件可以驾驶图中这辆自学直考小型客车上路学习？（　）

　　A. 有随车人员指导

　　B. 取得学习驾驶证明

　　C. 符合自学直考规定

　　D. 没有条件限制

【解析】依据《驾驶证规定》第42条，符合自学直考规定，就可以按题中所述进行，故本题【答案为C】。

449. 图中上路学习驾驶的自学直考小客车存在什么违法行为？（　）

A. 学车专用标识粘贴的位置不符合规定
B. 搭载了除随车指导人员以外的其他人员
C. 自学人员和随车指导人员都没有系安全带
D. 没有使用教练车在道路进行训练

【解析】图中车内有 3 个人，依据《驾驶证规定》第 42 条，存在的违法行为是"搭载了除随车指导人员以外的其他人员"，故本题【答案为 B】。

450. 报考小型自动挡汽车准驾车型科目三考试的，在取得学习驾驶证明满多长时间后预约考试？（ ）
A.7 日　　　　　B.10 日
C.20 日　　　　　D.30 日

【解析】依据《驾驶证规定》第 44 条，题中时间是 20 日，故本题【答案为 C】。

451. 申请人因故不能按照预约时间参加考试的，应当提前 1 日申请取消预约，对申请人未按照预约考试时间参加考试的，判定该次考试不合格。（ ）

【解析】依据《驾驶证规定》第 46 条，题中表述正确，故本题【答案为√】。

452. 申请人因故不能按照预约时间参加考试的，应当提前多长时间申请取消预约？（ ）
A.1 日　　　　　B.3 日
C.15 日　　　　　D.30 日

【解析】依据《驾驶证规定》第 46 条，题中时间是 1 日，故本题【答案为 A】。

453. 在学习驾驶证明有效期内，科目二和科目三道路驾驶技能考试预约的次数分别不得超过多少次？（ ）
A.3 次　　　　　B.4 次
C.5 次　　　　　D.6 次

【解析】依据《驾驶证规定》第 47 条，题中情形，应分别不得超过 5 次，故本题【答案为 C】。

454. 科目三安全文明驾驶常识考试不合格的，已通过的道路驾驶技能考试成绩无效。（ ）

【解析】依据《驾驶证规定》第 47 条，题中情形，成绩有

效，故本题【答案为×】。

455. 申请人考试合格后，应当接受不少于多长时间的交通安全文明驾驶常识和交通事故案例警示教育？（ ）
A.5 分钟　　　　　B.10 分钟
C.15 分钟　　　　　D.30 分钟

【解析】依据《驾驶证规定》第 60 条，题中时间是 30 分钟，故本题【答案为 D】。

456. 机动车驾驶人可以通过互联网在交通安全综合服务管理平台申请机动车驾驶证电子版。（ ）

【解析】依据《驾驶证规定》第 61 条，题中表述正确，故本题【答案为√】。

457. 机动车驾驶证电子版与纸质版具有同等效力。（ ）

【解析】依据《驾驶证规定》第 61 条，题中表述正确，故本题【答案为√】。

458. 驾驶人在机动车驾驶证的 6 年有效期内，每个记分周期均未达到 12 分的，换发长期的机动车驾驶证。（ ）

【解析】依据《驾驶证规定》第 62 条，题中情形，应换发 10 年有效期的机动车驾驶证，故本题【答案为×】。

459. 在机动车驾驶证的 10 年有效期内，每个记分周期均未记满 12 分的，换发长期有效的机动车驾驶证。（ ）

【解析】依据《驾驶证规定》第 62 条，题中表述正确，故本题【答案为√】。

460. 驾驶人在驾驶证有效期满前多长时间申请换证？（ ）
A.30 日内　　　　　B.60 日内
C.90 日内　　　　　D.6 个月内

【解析】依据《驾驶证规定》第 63 条，题中时间是 90 日内，故本题【答案为 C】。

461. 机动车驾驶人驾驶证有效期满换领驾驶证时，必须提交县级以上医疗机构出具的身体条件证明。（ ）

【解析】依据《驾驶证规定》第 63 条，医疗机构没有县级以上要求，乡镇、社区医疗机构均可，故本题【答案为×】。

462. 驾驶人户籍迁出原车辆管理所，需要向什么地方的车辆管理所提出申请？（ ）
A. 迁出地　　　　　B. 居住地
C. 所在地　　　　　D. 迁入地

【解析】依据《驾驶证规定》第 64 条，题中情形，应向迁入地的车辆管理所提出申请，故本题【答案为 D】。

463. 驾驶人在驾驶证核发地车辆管理所管辖区以外居住的，应向驾驶证核发地车辆管理所申请换证。（ ）

【解析】依据《驾驶证规定》第64条，题中情形，应向居住地车辆管理所申请换证，故本题【答案为×】。

464. 驾驶人在驾驶证核发地车辆管理所管辖区以外地方居住的，可以向政务大厅申请换证。（ ）

【解析】依据《驾驶证规定》第64条，题中情形，应向居住地车辆管理所申请换证，故本题【答案为×】。

465. 自愿降级的驾驶人需要到车辆管理所申请换领驾驶证。（ ）

【解析】依据《驾驶证规定》第65条，题中表述正确，故本题【答案为√】。

466. 驾驶证记载的驾驶人信息发生变化时应在多长时间内申请换证？（ ）

　　A.60 日　　　　　　　B.50 日

　　C.40 日　　　　　　　D.30 日

【解析】依据《驾驶证规定》第66条第1项，题中时间是30日，故本题【答案为D】。

467. 机动车驾驶证损毁无法辨认的，机动车驾驶人应当在 60 日内申请换证。（ ）

【解析】依据《驾驶证规定》第66条第2项，题中时间应是30日内，故本题【答案为×】。

468. 机动车驾驶证遗失、损毁无法辨认时，机动车驾驶人可以向机动车驾驶证核发地车辆管理所申请补发。（ ）

【解析】依据《驾驶证规定》第69条，题中表述正确，故本题【答案为√】。

469. 机动车驾驶证补领后，以下说法正确的是什么？（ ）

　　A.原驾驶证继续使用

　　B.原驾驶证作废，不得继续使用

　　C.原驾驶证特殊情况下使用

　　D.替换使用

【解析】依据《驾驶证规定》第69条，题中情形，说法正确的是"原驾驶证作废，不得继续使用"，故本题【答案为B】。

470. 机动车驾驶人补领机动车驾驶证后，原机动车驾驶证作废，不得继续使用。（ ）

【解析】依据《驾驶证规定》第69条，题中表述正确，故本题【答案为√】。

471. 机动车驾驶证遗失的，机动车驾驶人应当向哪里的车辆管理所申请补发？（ ）

　　A.核发地　　　　　　　B.户籍地

　　C.居住地　　　　　　　D.以上均可

【解析】依据《驾驶证规定》第69条，题中选项均可，故本题【答案为D】。

472. 机动车驾驶证被依法扣押、扣留、暂扣期间能否申请补发？（ ）

　　A.可以申请

　　B.扣留期间可以临时申请

　　C.暂扣期间可以临时申请

　　D.不得申请补发

【解析】依据《驾驶证规定》第69条，题中情形，不得申请补发，故本题【答案为D】。

473. 下列哪种情况可以向机动车驾驶证核发地车辆管理所申请补发？（ ）

　　A.驾驶证被扣押　　　　B.驾驶证被扣留

　　C.驾驶证遗失　　　　　D.驾驶证被暂扣

【解析】依据《驾驶证规定》第69条，驾驶证遗失时可按题中情形办理，故本题【答案为C】。

474. 道路交通安全违法行为累积记分的周期是多长时间？（ ）

　　A.3 个月　　　　　　　B.6 个月

　　C.12 个月　　　　　　D.24 个月

【解析】依据《驾驶证规定》第71条，题中时间是"12个月"，故本题【答案为C】。

475. 道路交通安全违法行为累积记分一个周期满分为 12 分。（ ）

【解析】依据《驾驶证规定》第71条，题中表述正确，故本题【答案为√】。

476. 持有大型客车、重型牵引挂车、城市公交车、中型客车、大型货车驾驶证的驾驶人，应当在每个记分周期结束后 30 日内到公安机关交通管理部门接受审验。但在一个记分周期内没有记分记录的，免予本记分周期审验。（ ）

【解析】依据《驾驶证规定》第72条第3款，题中表述正确，故本题【答案为√】。

477. 小型汽车驾驶人发生交通事故造成人员死亡承担同等以上责任未被吊销驾驶证的，应当在记分周期结束后 30 日内接受审验。（ ）

【解析】依据《驾驶证规定》第72条第4款，题中表述正确，故本题【答案为√】。

478. 持有小型汽车驾驶证的驾驶人，发生交通事故造成人员死亡承担同等以上责任未被吊销机动车驾驶证的，应当在本记分周期结束后 30 日内到公安机关交通管理部门接受审验，同时应当申报身体条件情况。
（　）

【解析】依据《驾驶证规定》第72条、第73条，题中表述正确，故本题【答案为√】。

479. 持有大型客车、牵引车、城市公交车、中型客车、大型货车驾驶证的驾驶人，记分周期内有记分的，应当在记分周期结束后30日内到公安机关交通管理部门接受审验，同时还应当申报身体条件情况。（　）

【解析】依据《驾驶证规定》第72条、第73条，题中表述正确，故本题【答案为√】。

480. 驾驶证审验内容不包括以下哪一项？（　）
A. 道路交通安全违法行为、交通事故处理情况
B. 身体条件情况
C. 道路交通安全违法行为记分及记满12分后参加学习和考试的情况
D. 机动车检验情况

【解析】依据《驾驶证规定》第73条，驾驶证审验内容不包括机动车检验情况，故本题【答案为D】。

481. 以下不属于机动车驾驶证审验内容的是什么？（　）
A. 道路交通安全违法行为、交通事故处理情况
B. 驾驶人身体条件
C. 记满12分后参加学习和考试的情况
D. 驾驶车辆累计行驶里程

【解析】依据《驾驶证规定》第73条，选项中"驾驶车辆累计行驶里程"不属于机动车驾驶证审验内容，故本题【答案为D】。

482. 年龄在70周岁以上的机动车驾驶人审验时，应当按照规定进行记忆力、判断力、反应力等能力测试。（　）

【解析】依据《驾驶证规定》第73条，题中表述正确，故本题【答案为√】。

483. 年龄在70周岁以上的驾驶人多长时间提交一次身体条件证明？（　）
A. 每3年　　　　　B. 每2年
C. 每1年　　　　　D. 每6个月

【解析】依据《驾驶证规定》第74条，题中时间是每1年，故本题【答案为C】。

484. 年龄在70周岁以上的机动车驾驶人，每年进行一次身体检查的目的是什么？（　）
A. 体现对老年人的关心
B. 例行程序仅供参考

C. 检查是否患有老年常见病
D. 检查是否患有妨碍安全驾驶的疾病

【解析】依据《驾驶证规定》第74条，题中情形，目的是检查是否患有妨碍安全驾驶的疾病，故本题【答案为D】。

485. 年龄在50周岁以上的机动车驾驶人，应当每年进行一次身体检查，并向公安机关交通管理部门申报身体条件情况。（　）

【解析】依据《驾驶证规定》第74条，题中年龄应是70周岁以上，故本题【答案为×】。

486. 驾驶人因服兵役、出国（境）等原因无法办理审验时，延期审验期限最长不超过多长时间？（　）
A.1年　　　　　　B.2年
C.3年　　　　　　D.5年

【解析】依据《驾驶证规定》第75条，题中时间是3年，故本题【答案为C】。

487. 驾驶人因服兵役、出国（境）等原因延期审验期间不得驾驶机动车。（　）

【解析】依据《驾驶证规定》第75条，题中表述正确，故本题【答案为√】。

488. 机动车驾驶人初次申领驾驶证后的实习期是多长时间？（　）
A.6个月　　　　　B.12个月
C.16个月　　　　　D.18个月

【解析】依据《驾驶证规定》第76条，题中时间是12个月，故本题【答案为B】。

489. 机动车驾驶人初次取得汽车类准驾车型或者初次取得摩托车类准驾车型后的多长时间为实习期？（　）
A.6个月　　　　　B.12个月
C.3个月　　　　　D.2年

【解析】依据《驾驶证规定》第76条，题中时间是12个月，故本题【答案为B】。

490. 机动车驾驶人由摩托车类准驾车型增加汽车类准驾车型后的多长时间为实习期？（　）
A.6个月　　　　　B.12个月
C.18个月　　　　　D.24个月

【解析】依据《驾驶证规定》第76条，由摩托车驾驶证增加小型汽车准驾车型的，属于初次取得汽车类准驾车型，应有12个月的实习期，故本题【答案为B】。

491. 在实习期内驾驶机动车的，应当在车身后部粘贴或者悬挂哪种标志？（　）
A. 注意新手标志
B. 注意避让标志

C.统一式样的实习标志

D.注意车距标志

【解析】依据《驾驶证规定》第76条，题中情形，应粘贴统一式样的实习标志，故本题【答案为C】。

492.驾驶人在实习期内驾驶机动车时，应当在车身后部粘贴或者悬挂统一式样的实习标志。（　）

【解析】依据《驾驶证规定》第76条，题中表述正确，故本题【答案为√】。

493.初次申领驾驶证的驾驶人在实习期内可以单独驾驶机动车上高速公路行驶。（　）

【解析】依据《驾驶证规定》第77条，题中情形，应当由持相应或者包含其准驾车型驾驶证3年以上的驾驶人陪同，不可以单独驾驶，故本题【答案为×】。

494.驾驶人在实习期内，任何情况下都不得上高速公路行驶。（　）

【解析】依据《驾驶证规定》第77条，题中情形，在有符合相关规定的人员陪同下可以上高速行驶，故本题【答案为×】。

495.实习期驾驶人驾驶机动车上高速公路行驶，以下说法正确的是什么？（　）

A.任何情况下都不允许上高速

B.不需要其他人员陪同

C.需要持有相应或者包含其准驾车型驾驶证3年以上的驾驶人陪同

D.需要持有相应或者包含其准驾车型驾驶证、同在实习期的驾驶人陪同

【解析】依据《驾驶证规定》第77条，选项中正确的是"需要持有相应或者包含其准驾车型驾驶证3年以上的驾驶人陪同"，故本题【答案为C】。

496.驾驶人在实习期内驾驶机动车上高速公路行驶，应由持相应或者包含其准驾车型驾驶证1年以上的驾驶人陪同。（　）

【解析】依据《驾驶证规定》第77条，题中情形，应由持相应或者包含其准驾车型驾驶证3年以上的驾驶人陪同，故本题【答案为×】。

497.驾驶人在实习期内可以独立驾驶图中这辆小型客车进入高速公路行驶。（　）

【解析】依据《驾驶证规定》第77条，题中情形，驾驶人

不可以独立驾驶，故本题【答案为×】。

498.驾驶人在实习期内不得单独驾驶机动车上高速公路行驶，在增加准驾车型后的实习期内，驾驶原准驾车型的机动车不受上述限制。（　）

【解析】依据《驾驶证规定》第77条，题中表述正确，故本题【答案为√】。

499.如图所示，驾驶这辆小型客车能否进入高速公路行驶？（　）

A.由取得该车型驾驶证的驾驶人随车指导可以进入

B.由持该车型驾驶证3年以上的驾驶人陪同可以进入

C.取得该准驾车型驾驶证的驾驶人可以独立驾驶车辆进入

D.在高速公路收费人员许可的前提下由收费口进入

【解析】依据《驾驶证规定》第77条，题中情形，由持该车型驾驶证3年以上的驾驶人陪同才能进入高速公路行驶，故本题【答案为B】。

500.有视力矫正的机动车驾驶人驾驶机动车时，无须佩戴眼镜。（　）

【解析】依据《驾驶证规定》第78条，题中情形，需佩戴眼镜，故本题【答案为×】。

501.有吸食、注射毒品后驾驶车辆行为的机动车驾驶人，不会被注销驾驶证。（　）

【解析】依据《驾驶证规定》第79条第6项，题中情形应注销驾驶证，故本题【答案为×】。

502.正在执行社区戒毒、强制隔离戒毒、社区康复措施的驾驶人，车辆管理所将注销其驾驶证。（　）

【解析】依据《驾驶证规定》第79条第6项，题中表述正确，故本题【答案为√】。

503.驾驶人吸食或注射毒品后驾驶机动车的，一经查获，驾驶证将被注销。（　）

【解析】依据《驾驶证规定》第79条第6项，题中表述正确，故本题【答案为√】。

504.机动车驾驶人代替他人参加机动车驾驶人

考试的，车辆管理所应当注销其机动车驾驶证。（ ）

【解析】依据《驾驶证规定》第79条第7项，题中表述正确，故本题【答案为√】。

505. 超过机动车驾驶证有效期一年未换证被注销，但未超过 2 年的，机动车驾驶人应当如何恢复驾驶资格？（ ）

    A. 参加道路交通安全法律、法规和相关知识考试合格后

    B. 参加场地考试合格后

    C. 参加道路驾驶技能考试合格后

    D. 参加安全文明驾驶常识考试合格后

【解析】依据《驾驶证规定》第79条第8项，题中情形，参加道路交通安全法律、法规和相关知识考试合格后恢复驾驶资格，故本题【答案为A】。

506. 超过机动车驾驶证有效期一年未换证的，驾驶证将被注销。（ ）

【解析】依据《驾驶证规定》第79条第8项，题中表述正确，故本题【答案为√】。

507. 年龄在 70 周岁以上，在一个记分周期结束后一年内未提交身体条件证明的，其机动车驾驶证将会被车辆管理所注销。（ ）

【解析】依据《驾驶证规定》第79条第9项，题中表述正确，故本题【答案为√】。

508. 年龄在 70 周岁以上，所持机动车驾驶证只具有低速载货汽车、三轮汽车准驾车型的，其机动车驾驶证将会被车辆管理所注销。（ ）

【解析】依据《驾驶证规定》第79条第10项，题中表述正确，故本题【答案为√】。

509. 机动车驾驶证依法被吊销或者驾驶许可依法被撤销的，车辆管理所应当对机动车驾驶人处以何种处罚？（ ）

    A. 注销其行驶证

    B. 注销其驾驶证

    C. 扣留机动车

    D. 罚款

【解析】依据《驾驶证规定》第79条第11项，题中情形，应处以注销其驾驶证的处罚，故本题【答案为B】。

510. 机动车驾驶人在实习期内有记满12分记录的，应注销其实习的准驾车型驾驶资格。（ ）

【解析】依据《驾驶证规定》第80条，题中表述正确，故本题【答案为√】。

511. 持有大型客车、重型牵引挂车、城市公交

车、中型客车、大型货车驾驶证的驾驶人从业单位等信息发生变化的，应当在信息变更后 30 日内，向从业单位所在地车辆管理所备案。（ ）

【解析】依据《驾驶证规定》第81条，题中表述正确，故本题【答案为√】。

512. 机动车驾驶人联系电话、联系地址等信息发生变化，应当在信息变更后 30 日内，向驾驶证核发地车辆管理所备案。（ ）

【解析】依据《驾驶证规定》第81条，题中表述正确，故本题【答案为√】。

513. 发现以下哪种情形，车辆管理所在办理驾驶证业务时应及时开展调查？（ ）

    A. 申请换领驾驶证的

    B. 向公安机关交通管理部门备案的

    C. 参加机动车驾驶证审验的

    D. 涉嫌提交虚假申请材料的

【解析】依据《驾驶证规定》第83条第1项，发现涉嫌提交虚假申请材料的，车辆管理所应当开展调查，故本题【答案为D】。

514. 车辆管理所在办理驾驶证核发及相关业务过程中发现涉嫌在考试过程中有贿赂、舞弊行为的，应当及时开展调查。（ ）

【解析】依据《驾驶证规定》第83条第2项，题中表述正确，故本题【答案为√】。

515. 发现以下哪种情形，车辆管理所在办理驾驶证业务时不需要开展调查？（ ）

    A. 涉嫌以欺骗、贿赂等不正当手段取得机动车驾驶证的

    B. 涉嫌使用伪造、变造的机动车驾驶证的

    C. 参加机动车驾驶证审验的

    D. 存在短期内频繁补换领、转出转入驾驶证等异常情形的

【解析】依据《驾驶证规定》第83条第3、第4、第5项，题中选项"参加机动车驾驶证审验的"不需要开展调查，故本题【答案为C】。

516. 驾驶人办理机动车驾驶证业务时提交的身体条件证明，自出具之日起多长时间内有效？（ ）

    A. 3 个月   B. 6 个月

    C. 1 年   D. 3 年

【解析】依据《驾驶证规定》第85条，题中时间是 6 个月，故本题【答案为B】。

517. 医疗机构出具虚假身体条件证明的，公安机关交通管理部门有权停止认可该医疗机

构出具的证明，并通报卫生健康行政部门。（ ）

【解析】依据《驾驶证规定》第86条，题中表述正确，故本题【答案为√】。

518. 提供虚假材料申领驾驶证的申请人会承担下列哪种法律责任？（ ）
　　A. 处20元以上200元以下罚款
　　B. 取消申领驾驶证资格
　　C.1年内不得再次申领驾驶证
　　D.2年内不能再次申领驾驶证

【解析】依据《驾驶证规定》第93条第1款，承担的法律责任是"1年内不得再次申领驾驶证"，故本题【答案为C】。

519. 隐瞒有关情况或者提供虚假材料申请机动车驾驶证，申请人在多少年内不得再次申领机动车驾驶证？（ ）
　　A.1年　　　　　　B.2年
　　C.3年　　　　　　D.4年

【解析】依据《驾驶证规定》第93条第1款，题中情形，申请人在1年内不得再次申领机动车驾驶证，故本题【答案为A】。

520. 隐瞒有关情况或者提供虚假材料申领机动车驾驶证的，申请人在1年内不得再次申领机动车驾驶证。（ ）

【解析】依据《驾驶证规定》第93条第1款，题中表述正确，故本题【答案为√】。

521. 申请人隐瞒有关情况或者提供虚假材料申领机动车驾驶证的，会受到什么处罚？（ ）
　　A. 处2000元以下罚款，申请人在1年内不得再次申领机动车驾驶证
　　B. 处500元以下罚款，申请人在1年内不得再次申领机动车驾驶证
　　C. 处500元以上2000元以下罚款，申请人终生不得再次申领机动车驾驶证
　　D. 申请人终身不得再次申领机动车驾驶证

【解析】依据《驾驶证规定》第93条第1款，题中情形，应处500元以下罚款，申请人在1年内不得再次申领机动车驾驶证，故本题【答案为B】。

522. 申请人在考试过程中有贿赂、舞弊行为的，取消考试资格，已经通过考试的其他科目成绩无效。（ ）

【解析】依据《驾驶证规定》第93条第2款，题中表述正确，故本题【答案为√】。

523. 存在以下哪种行为的申请人在1年内不得

再次申领机动车驾驶证？（ ）
　　A. 在考试过程中出现身体不适
　　B. 在考试过程中有舞弊行为
　　C. 不能按照教学大纲认真练习驾驶技能
　　D. 未参加理论培训

【解析】依据《驾驶证规定》第93条第2款，在考试过程中有舞弊行为的，按题中情形处理，故本题【答案为B】。

524. 申请人在考试过程中有贿赂、舞弊行为的，申请人在多少年内不得再次申领机动车驾驶证？（ ）
　　A.1年　　　　　　B.2年
　　C.3年　　　　　　D.4年

【解析】依据《驾驶证规定》第93条第2款，题中情形，申请人在1年内不得再次申领机动车驾驶证，故本题【答案为A】。

525. 申请人以欺骗、贿赂等不正当手段取得机动车驾驶证的（被撤销的），申请人在多长时间内不得再次申领机动车驾驶证？（ ）
　　A.6个月　　　　　B.1年
　　C.2年　　　　　　D.3年

【解析】依据《驾驶证规定》第93条第3款，题中时间应为3年，故本题【答案为D】。

526. 申请人以欺骗、贿赂等不正当手段取得驾驶证且被依法撤销驾驶许可的，申请人在1年内不得再次申领机动车驾驶证？（ ）

【解析】依据《驾驶证规定》第93条第3款，题中情形，申请人在3年内不得再次申领机动车驾驶证，故本题【答案为×】。

527. 申请人有下列哪种行为，3年内不得再次申领机动车驾驶证？（ ）
　　A. 实习期记满12分，注销驾驶证的
　　B. 申请人在考试过程中有舞弊行为的
　　C. 申请人以欺骗、贿赂等不正当手段取得机动车驾驶证的
　　D. 申请人未能在培训过程中认真练习的

【解析】依据《驾驶证规定》第93条第3款，申请人以欺骗、贿赂等不正当手段取得机动车驾驶证的，按题中情形处理，故本题【答案为C】。

528. 申请人以欺骗、贿赂等不正当手段取得机动车驾驶证的，公安机关交通管理部门收缴机动车驾驶证，撤销机动车驾驶许可，处多少元以下罚款，申请人在多长时间内不得再次申领机动车驾驶证？（ ）
　　A.500元，1年　　　B.500元，3年
　　C.2000元，1年　　　D.2000元，3年

【解析】依据《驾驶证规定》第93条第3款，题中情形，

应处 2000 元以下罚款，申请人在 3 年内不得再次申领机动车驾驶证，故本题【答案为 D】。

529. 组织、参与实施以欺骗、贿赂等不正当手段取得机动车驾驶证行为并牟取经济利益的，由公安机关交通管理部门处违法所得 3 倍以上 5 倍以下罚款，但最高不超过 10 万元。（　）

【解析】依据《驾驶证规定》第 93 条第 4 款，题中表述正确，故本题【答案为√】。

530. 申请人隐瞒有关情况或者提供虚假材料申请校车驾驶资格的，公安机关交通管理部门不予受理或者不予办理，并处 500 元以下罚款。（　）

【解析】依据《驾驶证规定》第 93 条第 5 款，题中表述正确，故本题【答案为√】。

531. 申请人以欺骗、贿赂等不正当手段取得校车驾驶资格，处 2000 元以下罚款，申请人在 3 年内不得再次申请校车驾驶资格。（　）

【解析】依据《驾驶证规定》第 93 条第 5 款，题中表述正确，故本题【答案为√】。

532. 学员驾驶符合规定的机动车在学习驾驶的过程中有违反道路交通安全法的行为或者造成交通事故的，由教练员或者随车指导人员承担责任。（　）

【解析】依据《驾驶证规定》第 94 条，题中表述正确，故本题【答案为√】。

533. 申请人在道路学习驾驶时，未按照公安机关交通管理部门指定的路线、时间进行的，公安机关交通管理部门应对申请人处以 20 元以上 200 元以下罚款。（　）

【解析】依据《驾驶证规定》第 95 条第 1 项，题中情形，处罚的应是教练员或者随车指导人员，而不是申请人，故本题【答案为 ×】。

534. 自学直考人员在道路上学习驾驶时，未在自学用车上按规定放置、粘贴学车专用标识的，由公安机关交通管理部门对教练员或者随车指导人员处多少元罚款？（　）
A.20 元以上 200 元以下
B.200 元以上 500 元以下
C.1000 元以上 2000 元以下
D.200 元以上 1000 元以下

【解析】依据《驾驶证规定》第 95 条第 2 项，题中情形，应处 20 元以上 200 元以下罚款，故本题【答案为 A】。

535. 申请人在道路上学习驾驶时未使用符合

规定的机动车，由公安机关交通管理部门对教练员或者随车指导人员处多少元罚款？（　）
A.20 元以上 200 元以下
B.200 元以上 500 元以下
C.1000 元以上 2000 元以下
D.200 元以上 1000 元以下

【解析】依据《驾驶证规定》第 96 条第 1 项，题中情形，应处 200 元以上 500 元以下罚款，故本题【答案为 B】。

536. 申请人在道路上学习驾驶时，自学用车搭载随车指导人员以外的其他人员的，由公安机关交通管理部门对教练员或者随车指导人员处 200 元以上 500 元以下罚款。（　）

【解析】依据《驾驶证规定》第 96 条第 2 项，题中表述正确，故本题【答案为√】。

537. 申请人在道路上学习驾驶时，未取得学习驾驶证明的，由公安机关交通管理部门处多少元罚款？（　）
A.20 元以上 200 元以下
B.200 元以上 2000 元以下
C.1000 元以上 2000 元以下
D.2000 元以上 5000 元以下

【解析】依据《驾驶证规定》第 97 条第 1 项，题中情形，应处 200 元以上 2000 元以下罚款，故本题【答案为 B】。

538. 申请人在道路上学习驾驶时，没有教练员或者随车指导人员的，由公安机关交通管理部门处多少元罚款？（　）
A.20 元以上 200 元以下
B.200 元以上 2000 元以下
C.1000 元以上 2000 元以下
D.2000 元以上 5000 元以下

【解析】依据《驾驶证规定》第 97 条第 2 项，题中情形，应处 200 元以上 2000 元以下罚款，故本题【答案为 B】。

539. 机动车驾驶人补换领机动车驾驶证后，使用原机动车驾驶证驾驶的，除由公安机关交通管理部门收回原机动车驾驶证外，还应当处多少元罚款？（　）
A.20 元以上 200 元以下
B.200 元以上 500 元以下
C.1000 元以上 2000 元以下
D.200 元以上 1000 元以下

【解析】依据《驾驶证规定》第 98 条第 1 项，题中情形，还应当处 20 元以上 200 元以下罚款，故本题【答案为 A】。

540. 机动车驾驶人补领机动车驾驶证后，使用

原机动车驾驶证驾驶的，除由公安机关交通管理部门收回原机动车驾驶证外，还应当受到何种处罚？（　）

A. 吊销驾驶证　　　　B. 拘留驾驶人

C. 警告　　　　　　　D. 罚款

【解析】依据《驾驶证规定》第98条第1项，题中情形，还应当受到罚款的处罚，故本题【答案为D】。

541. 机动车驾驶人在实习期内驾驶机动车牵引挂车的，由公安机关交通管理部门处多少元罚款？（　）

A. 20元以上200元以下

B. 200元以上2000元以下

C. 1000元以上2000元以下

D. 2000元以上5000元以下

【解析】依据《驾驶证规定》第98条第2项，题中情形，应处20元以上200元以下罚款，故本题【答案为A】。

542. 持有大型客车、牵引车、城市公交车、中型客车、大型货车驾驶证的驾驶人联系电话、从业单位等信息发生变化未及时申报变更信息的，由公安机关交通管理部门处20元以上200元以下罚款。（　）

【解析】依据《驾驶证规定》第98条第3项，题中表述正确，故本题【答案为√】。

543. 机动车驾驶证被依法扣押、扣留或者暂扣期间，采用隐瞒、欺骗手段补领机动车驾驶证的，会受到下列哪种处罚？（　）

A. 处20元以上200元以下罚款

B. 处200元以上500元以下罚款

C. 吊销驾驶证

D. 吊销行驶证

【解析】依据《驾驶证规定》第99条第1项，题中情形，应受到200元以上500元以下罚款的处罚，故本题【答案为B】。

544. 机动车驾驶人身体条件发生变化不适合驾驶机动车，依旧驾驶机动车的，除由公安机关交通管理部门收回机动车驾驶证外，还会受到什么处罚？（　）

A. 警告

B. 吊销驾驶证

C. 罚款

D. 拘留驾驶人

【解析】依据《驾驶证规定》第99条第2项，题中情形，还会受到罚款的处罚，故本题【答案为C】。

545. 机动车驾驶人逾期不参加审验仍驾驶机动车的，会受到什么处罚？（　）

A. 20元以上200元以下

B. 200元以上500元以下

C. 1000元以上2000元以下

D. 吊销驾驶证

【解析】依据《驾驶证规定》第99条第3项，题中情形，应受到200元以上500元以下罚款的处罚，故本题【答案为B】。

546. 关于机动车驾驶人参加审验教育时在签注学习记录、学习过程中弄虚作假受到的处罚，以下说法错误的是什么？（　）

A. 处1000元以下罚款

B. 相应学习记录无效

C. 暂扣机动车驾驶证

D. 重新参加审验学习

【解析】依据《驾驶证规定》第100条第1款，题中情形，暂扣机动车驾驶证的说法是错误的，故本题【答案为C】。

547. 代替实际机动车驾驶人参加审验教育的，由公安机关交通管理部门处2000元以下罚款。（　）

【解析】依据《驾驶证规定》第100条第2款，题中表述正确，故本题【答案为√】。

548. 组织他人代替实际机动车驾驶人参加审验教育，有违法所得的，由公安机关交通管理部门处违法所得3倍以下罚款，但最高不超过2万元。（　）

【解析】依据《驾驶证规定》第100条第3款，题中表述正确，故本题【答案为√】。

549. 组织他人参加审验教育时在签注学习记录、学习过程中弄虚作假，没有违法所得的，由公安机关交通管理部门处2万元以下罚款。（　）

【解析】依据《驾驶证规定》第100条第3款，题中表述正确，故本题【答案为√】。

四、道路交通安全违法行为记分管理办法

550. 记分周期自机动车驾驶人初次领取机动车驾驶证之日起连续计算，或者自初次取得临时机动车驾驶许可之日起累积计算。（　）

【解析】依据《道路交通安全违法行为记分管理办法》（以下简称《记分管理办法》）第3条，题中表述正确，故本题【答案为√】。

551. 根据交通违法行为的严重程度，一次记分的分值为多少？（　）

A. 12分、9分、2分、1分

B.12分、6分、2分、1分

C.12分、9分、6分、3分、1分

D.12分、9分、6分、2分、1分

【解析】依据《记分管理办法》第7条，题中情形，一次记分的分值应为12分、9分、6分、3分、1分，故本题【答案为C】。

552. 饮酒后驾驶机动车的，一次记几分？（ ）

　　A.3分　　　　　　　　B.6分

　　C.9分　　　　　　　　D.12分

【解析】依据《记分管理办法》第8条第1项，题中情形，应记12分，故本题【答案为D】。

553. 关于醉酒驾驶机动车的处罚，以下说法错误的是什么？（ ）

　　A.公安机关交通管理部门约束至酒醒

　　B.吊销驾驶证

　　C.5年内不得重新取得机动车驾驶证

　　D.记6分

【解析】依据《记分管理办法》第8条第1项，醉酒驾驶机动车的应记12分，所以记6分的说法是错误的，故本题【答案为D】。

554. 饮酒后驾驶机动车的，一次记12分。（ ）

【解析】依据《记分管理办法》第8条第1项，题中表述正确，故本题【答案为√】。

555. 如图所示，驾驶人的这种违法行为会被记多少分？（ ）

　　A.3分　　　　　　　　B.6分

　　C.12分　　　　　　　D.24分

【解析】图中驾驶人酒后驾车，依据《记分管理办法》第8条第1项，应记12分，故本题【答案为C】。

556. 造成致人轻伤以上或者死亡的交通事故后逃逸尚不构成犯罪的，一次记几分？（ ）

　　A.12分　　　　　　　B.9分

　　C.6分　　　　　　　　D.3分

【解析】依据《记分管理办法》第8条第2项，题中情形，应记12分，故本题【答案为A】。

557. 图中机动车驾驶人造成事故后逃逸尚不构成犯罪的违法行为，会被记12分。（ ）

【解析】依据《记分管理办法》第8条第2项，题中表述正确，故本题【答案为√】。

558. 驾驶人有下列哪种违法行为一次记12分？（ ）

　　A.不按交通信号灯指示通行

　　B.使用伪造的机动车号牌

　　C.违反禁令标志指示

　　D.拨打、接听手机

【解析】依据《记分管理办法》第8条第3项，题中情形，一次记12分的违法行为是"使用伪造机动车号牌"，故本题【答案为B】。

559. 使用伪造、变造的机动车号牌一次记几分？（ ）

　　A.9分　　　　　　　　B.3分

　　C.6分　　　　　　　　D.12分

【解析】依据《记分管理办法》第8条第3项，题中情形，应记12分，故本题【答案为D】。

560. 机动车驾驶人使用伪造、变造的行驶证的，一次记9分。（ ）

【解析】依据《记分管理办法》第8条第3项，题中情形应记12分，故本题【答案为×】。

561. 使用伪造、变造的行驶证一次记几分？（ ）

　　A.12分　　　　　　　B.6分

　　C.3分　　　　　　　　D.9分

【解析】依据《记分管理办法》第8条第3项，题中情形，应记12分，故本题【答案为A】。

562. 使用伪造、变造的驾驶证一次记12分。（ ）

【解析】依据《记分管理办法》第8条第3项，题中表述正确，故本题【答案为√】。

563. 使用其他机动车号牌、行驶证的，一次记3分。（ ）

【解析】依据《记分管理办法》第8条第3项，题中情形，应记12分，故本题【答案为×】。

564. 驾驶小型载客汽车载人超过核定人数100% 的，一次记多少分？（ ）

　A.3 分　　　　　　　B.6 分
　C.9 分　　　　　　　D.12 分

【解析】依据《记分管理办法》第 8 条第 4 项，题中情形，应记 12 分，故本题【答案为 D】。

565. 驾驶校车、公路客运汽车、旅游客运汽车载人超过核定人数多少的，一次记 12 分？（ ）

　A.5%　　　　　　　B.15%
　C.20%　　　　　　　D.10%

【解析】依据《记分管理办法》第 8 条第 4 项，题中情形，应是超过核定人数的 20%，故本题【答案为 C】。

566. 有下列哪种违法行为时，机动车驾驶人将被一次记 12 分？（ ）

　A. 驾驶小型汽车在高速路行驶超速 50% 以上
　B. 驾驶故意污损号牌的机动车上道路行驶
　C. 机动车驾驶证被暂扣期间驾驶机动车
　D. 驾驶机动车不按规定避让校车

【解析】依据《记分管理办法》第 8 条第 5 项，题中情形，一次记 12 分的违法行为是"驾驶小型汽车在高速路行驶超速 50% 以上"，故本题【答案为 A】。

567. 驾驶小型汽车在高速公路行驶，车速超过规定时速 50% 的，一次记 12 分。（ ）

【解析】依据《记分管理办法》第 8 条第 5 项，题中表述正确，故本题【答案为√】。

568. 驾驶机动车在高速公路上倒车、逆行、穿越中央分隔带掉头的，一次记 6 分。（ ）

【解析】依据《记分管理办法》第 8 条第 6 项，题中情形，应记 12 分，故本题【答案为 ×】。

569. 下列交通违法行为，一次记 12 分的是哪项？（ ）

　A. 连续驾驶中型以上载客汽车、危险物品运输车超过 4 小时未停车休息的
　B. 驾驶机动车在城市快速路上违法占用应急车道行驶的
　C. 机动车驾驶证被暂扣或者扣留期间驾驶机动车的
　D. 驾驶机动车在高速公路或者城市快速路上倒车的

【解析】依据《记分管理办法》第 8 条第 6 项，一次记 12 分的是"驾驶机动车在高速公路或者城市快速路上倒车的"，故本题【答案为 D】。

570. 如图所示，黄色小型客车驾驶人在高速公路逆向行驶属违法行为，会被记 6 分。（ ）

【解析】依据《记分管理办法》第 8 条第 6 项，题中情形，应记 12 分，故本题【答案为 ×】。

571. 代替实际机动车驾驶人接受交通违法行为处罚和记分牟取经济利益的，一次记多少分？（ ）

　A.3 分　　　　　　　B.6 分
　C.9 分　　　　　　　D.12 分

【解析】依据《记分管理办法》第 8 条第 7 项，题中情形，应记 12 分，故本题【答案为 D】。

572. 代替实际机动车驾驶人接受交通违法行为处罚和记分牟取经济利益的，一次记 12 分。（ ）

【解析】依据《记分管理办法》第 8 条第 7 项，题中表述正确，故本题【答案为√】。

573. 下列交通违法行为，一次记 12 分的是哪项？（ ）

　A. 驾驶机动车运载超限的不可解体的物品，未按指定的时间、路线行驶的
　B. 代替实际机动车驾驶人接受交通违法行为处罚和记分牟取经济利益的
　C. 驾驶货车载运爆炸物品，未按指定的时间、路线行驶的
　D. 驾驶小型客车在高速公路上行驶超过规定时速 20% 但未达到 50% 的

【解析】依据《记分管理办法》第 8 条第 7 项，题中情形，一次记 12 分的违法行为是"代替实际机动车驾驶人接受交通违法行为处罚和记分牟取经济利益的"，故本题【答案为 B】。

574. 驾驶 7 座以上载客汽车载人超过核定人数 50% 未达到 100% 的，一次记多少分？（ ）

　A.12　　　　　　　B.9
　C.6　　　　　　　D.3

【解析】依据《记分管理办法》第 9 条第 1 项，题中情形，应记 9 分，故本题【答案为 B】。

575. 驾驶校车、中型以上载客载货汽车、危险物品运输车辆在高速公路、城市快速路

以外的道路上行驶超过规定时速 50% 的，一次记多少分？（　）

A.12 分　　　　　　　　B.9 分

C.6 分　　　　　　　　D.3 分

【解析】依据《记分管理办法》第 9 条第 2 项，题中情形，应记 9 分，故本题【答案为 B】。

576. 驾驶人有下列哪种违法行为一次记 9 分？（　）

A. 驾驶机动车在高速公路上逆行的

B. 使用其他机动车号牌、行驶证的

C. 驾驶机动车在城市快速路上违法停车的

D. 驾驶机动车在高速公路上穿越中央分隔带掉头的

【解析】依据《记分管理办法》第 9 条第 3 项，题中情形，一次记 9 分的是"驾驶机动车在城市快速路上违法停车的"，故本题【答案为 C】。

577. 驾驶机动车在高速公路上违法停车的，一次记 12 分。（　）

【解析】依据《记分管理办法》第 9 条第 3 项，题中情形，应记 9 分，故本题【答案为 ×】。

578. 有下列哪种违法行为时，机动车驾驶人将被一次记 9 分？（　）

A. 使用伪造的机动车号牌上道路行驶的

B. 机动车驾驶证被暂扣期间驾驶机动车的

C. 驾驶故意污损号牌的机动车上道路行驶的

D. 驾驶机动车行经人行横道不按规定避让行人的

【解析】依据《记分管理办法》第 9 条第 4 项，题中情形，一次记 9 分的是"驾驶故意污损号牌的机动车上道路行驶的"，故本题【答案为 C】。

579. 驾驶未悬挂机动车号牌的机动车上道路行驶的，一次记 12 分。（　）

【解析】依据《记分管理办法》第 9 条第 4 项，题中情形，应记 9 分，故本题【答案为 ×】。

580. 上道路行驶的机动车未悬挂机动车号牌的，一次记多少分？（　）

A.12 分　　　　　　　　B.3 分

C.6 分　　　　　　　　D.9 分

【解析】依据《记分管理办法》第 9 条第 4 项，题中情形，应记 9 分，故本题【答案为 D】。

581. 上道路行驶的机动车故意遮挡、污损机动车号牌的，一次记多少分？（　）

A.9 分　　　　　　　　B.6 分

C.3 分　　　　　　　　D.12 分

【解析】依据《记分管理办法》第 9 条第 4 项，题中情形，

应记 9 分，故本题【答案为 A】。

582. 如图所示，驾驶人的这种违法行为是非常严重的，会被记 9 分。（　）

【解析】图中车辆未悬挂机动车号牌，依据《记分管理办法》第 9 条第 4 项，题中表述正确，故本题【答案为√】。

583. 如图所示，驾驶人的这种违法行为会被记多少分？（　）

A.12 分　　　　　　　　B.3 分

C.6 分　　　　　　　　D.9 分

【解析】图中车辆号牌被遮挡，依据《记分管理办法》第 9 条第 4 项，应记 9 分，故本题【答案为 D】。

584. 下列交通违法行为，一次记 9 分的是哪项？（　）

A. 造成致人轻伤或者财产损失的交通事故后逃逸，尚不构成犯罪的

B. 驾驶机动车不按交通信号灯指示通行的

C. 驾驶故意遮挡、污损机动车号牌的机动车上道路行驶的

D. 机动车驾驶证被暂扣或者扣留期间驾驶机动车的

【解析】依据《记分管理办法》第 9 条第 4 项，题中情形，一次记 9 分的违法行为是"驾驶故意遮挡、污损机动车号牌的机动车上道路行驶的"，故本题【答案为 C】。

585. 驾驶与准驾车型不符的机动车一次记多少分？（　）

A.9 分　　　　　　　　B.6 分

C.3 分　　　　　　　　D.1 分

【解析】依据《记分管理办法》第 9 条第 5 项，题中情形，应记 9 分，故本题【答案为 A】。

586. 未取得校车驾驶资格驾驶校车的,一次记多少分?(　)

A.6 分　　　　　　　　B.3 分

C.9 分　　　　　　　　D.12 分

【解析】依据《记分管理办法》第9条第6项,题中情形,应记9分,故本题【答案为C】。

587. 有下列哪种违法行为时,机动车驾驶人将被一次记9分?(　)

A. 使用伪造的机动车号牌上道路行驶的

B. 饮酒后驾驶机动车的

C. 驾驶机动车不按交通信号灯指示通行的

D. 未取得校车驾驶资格驾驶校车的

【解析】依据《记分管理办法》第9条第6项,题中情形,一次记9分的违法行为是"未取得校车驾驶资格驾驶校车的",故本题【答案为D】。

588. 连续驾驶中型以上载客汽车、危险物品运输车辆超过4小时未停车休息或者停车休息时间少于20分钟的,一次记9分。(　)

【解析】依据《记分管理办法》第9条第7项,题中表述正确,故本题【答案为√】。

589. 驾驶校车、公路客运汽车、旅游客运汽车、7座以上载客汽车以外的其他载客汽车载人超过核定人数50%但未达到100%的,一次记9分。(　)

【解析】依据《记分管理办法》第10条第1项,题中情形,应记6分,故本题【答案为×】。

590. 驾驶校车、公路客运汽车、旅游客运汽车、7座以上载客汽车以外的其他载客汽车载人超过核定人数60%的,一次记6分。(　)

【解析】依据《记分管理办法》第10条第1项,题中表述正确,故本题【答案为√】。

591. 驾驶校车、公路客运汽车、旅游客运汽车载人超过核定人数未达到20%的,一次记多少分?(　)

A.9 分　　　　　　　　B.6 分

C.3 分　　　　　　　　D.12 分

【解析】依据《记分管理办法》第10条第1项,题中情形,应记6分,故本题【答案为B】。

592. 驾驶校车、中型以上载客载货汽车、危险物品运输车辆以外的机动车在高速公路、城市快速路以外的道路上行驶超过规定时速50%的,一次记几分?(　)

A.9 分　　　　　　　　B.6 分

C.3 分　　　　　　　　D.1 分

【解析】依据《记分管理办法》第10条第3项,题中情形,应记6分,故本题【答案为B】。

593. 驾驶校车、中型以上载客载货汽车、危险物品运输车辆以外的机动车在高速公路、城市快速路以外的道路上行驶超过规定时速50%的,一次记6分。(　)

【解析】依据《记分管理办法》第10条第3项,题中表述正确,故本题【答案为√】。

594. 驾驶机动车在高速公路行驶,超过规定时速20%但未达50%的,一次记多少分?(　)

A.3 分　　　　　　　　B.6 分

C.9 分　　　　　　　　D.12 分

【解析】依据《记分管理办法》第10条第3项,题中情形,应记6分,故本题【答案为B】。

595. 驾驶载货汽车载物超过最大允许总质量50%的,一次记多少分?(　)

A.9 分　　　　　　　　B.12 分

C.3 分　　　　　　　　D.6 分

【解析】依据《记分管理办法》第10条第4项,题中情形,应记6分,故本题【答案为D】。

596. 驾驶机动车载运危险物品,未按指定的时间、路线、速度行驶的,一次记多少分?(　)

A.12 分　　　　　　　B.9 分

C.6 分　　　　　　　　D.3 分

【解析】依据《记分管理办法》第10条第5项,题中情形,应记6分,故本题【答案为C】。

597. 驾驶机动车载运爆炸物品,未悬挂警示标志并采取必要的安全措施的,一次记12分。(　)

【解析】依据《记分管理办法》第10条第5项,题中情形,应记6分,故本题【答案为×】。

598. 驾驶机动车运输危险化学品,未经批准进入危险化学品运输车辆限制通行的区域的,一次记9分。(　)

【解析】依据《记分管理办法》第10条第7项,题中情形,应记6分,故本题【答案为×】。

599. 驾驶人驾驶机动车不按交通信号灯指示通行的,一次记多少分?(　)

A.1 分　　　　　　　　B.3 分

C.6 分　　　　　　　　D.12 分

【解析】依据《记分管理办法》第10条第8项,题中情形,应记6分,故本题【答案为C】。

600. 有下列哪种违法行为时，机动车驾驶人将被一次记6分？（ ）

A. 驾驶与准驾车型不符的机动车
B. 饮酒后驾驶机动车
C. 驾驶机动车不按交通信号灯指示通行
D. 未取得校车驾驶资格驾驶校车

【解析】依据《记分管理办法》第10条第8项，题中情形，一次记6分的违法行为是"驾驶机动车不按交通信号灯指示通行"，故本题【答案为C】。

601. 驾驶机动车不按交通信号灯指示通行的，一次记3分。（ ）

【解析】依据《记分管理办法》第10条第8项，题中情形，应记6分，故本题【答案为×】。

602. 机动车驾驶证被暂扣或者扣留期间驾驶机动车的，一次记多少分？（ ）

A.3分
B.6分
C.9分
D.12分

【解析】依据《记分管理办法》第10条第9项，题中情形，应记6分，故本题【答案为B】。

603. 机动车驾驶证被暂扣或者扣留期间驾驶机动车的，将被一次记9分。（ ）

【解析】依据《记分管理办法》第10条第9项，题中情形，应记6分，故本题【答案为×】。

604. 关于交通违法行为，以下说法错误的是哪项？（ ）

A. 造成致人轻微伤或者财产损失的交通事故后逃逸尚不构成犯罪的，一次记9分
B. 驾驶机动车在高速公路或者城市快速路上违法占用应急车道行驶的，一次记6分
C. 驾驶机动车在高速公路或者城市快速路上违法停车的，一次记9分
D. 机动车驾驶证被暂扣或者扣留期间驾驶机动车的，一次记6分

【解析】依据《记分管理办法》第10条第10项，造成致人轻微伤或者财产损失的交通事故后逃逸尚不构成犯罪的，应一次记6分"，故本题【答案为A】。

605. 驾驶人有下列哪种违法行为一次记6分？（ ）

A. 饮酒后驾驶机动车
B. 使用其他车辆的行驶证
C. 使用伪造、变造的驾驶证
D. 违法占用应急车道行驶

【解析】依据《记分管理办法》第10条第11项，题中情形，一次记6分的违法行为是"违法占用应急车道行驶"，故本题【答案为D】。

606. 如图所示，绿色机动车驾驶人违法占用高速公路应急车道行驶，会被记3分。（ ）

【解析】依据《记分管理办法》第10条第11项，题中情形，应记6分，故本题【答案为×】。

607. 驾驶校车、公路客运汽车、旅游客运汽车、7座以上载客汽车以外的其他载客汽车载人超过核定人数20%但未达到50%的，一次记多少分？（ ）

A.3分
B.6分
C.9分
D.12分

【解析】依据《记分管理办法》第11条第1项，题中情形，应记3分，故本题【答案为A】。

608. 驾驶小型汽车在高速公路、城市快速路以外的道路上行驶，超过规定时速20%但未达50%的，一次记多少分？（ ）

A.12分
B.9分
C.6分
D.3分

【解析】依据《记分管理办法》第11条第2项，题中情形，应记3分，故本题【答案为D】。

609. 驾驶小型汽车在普通道路上行驶，超过规定时速20%但未达50%的，一次记6分？（ ）

【解析】依据《记分管理办法》第11条第2项，题中情形，应记3分，故本题【答案为×】。

610. 驾驶机动车在高速公路或者城市快速路上不按规定车道行驶的，将被一次记多少分？（ ）

A.6分
B.3分
C.9分
D.12分

【解析】依据《记分管理办法》第11条第3项，题中情形，应记3分，故本题【答案为B】。

611. 如图所示，驾驶人的这种违法行为会被记多少分？（ ）

题【答案为D】。

A.1 分　　　　　　　　B.3 分
C.6 分　　　　　　　　D.9 分

【解析】图中车辆驶入公交专用车道，依据《记分管理办法》第 11 条第 3 项，题中情形，应记 3 分，故本题【答案为 B】。

612. 如图所示，黄车驾驶人的这种违法行为会被记多少分？（　　）

A.1 分　　　　　　　　B.3 分
C.6 分　　　　　　　　D.12 分

【解析】图中黄色车辆逆向行驶，依据《记分管理办法》第 11 条第 4 项，应记 3 分，故本题【答案为 B】。

613. 驾驶机动车不按规定超车、让行的，将被一次记多少分？（　　）

A.1 分　　　　　　　　B.3 分
C.6 分　　　　　　　　D.12 分

【解析】依据《记分管理办法》第 11 条第 4 项，题中情形，应记 3 分，故本题【答案为 B】。

614. 驾驶机动车在高速公路以外的道路上逆行的，将被一次记多少分？（　　）

A.12 分　　　　　　　B.6 分
C.3 分　　　　　　　　D.1 分

【解析】依据《记分管理办法》第 11 条第 4 项，题中情形，应记 3 分，故本题【答案为 C】。

615. 驾驶机动车遇前方机动车停车排队或者缓慢行驶时，借道超车或者占用对面车道、穿插等候车辆的，将被一次记多少分？（　　）

A.3 分　　　　　　　　B.6 分
C.9 分　　　　　　　　D.12 分

【解析】依据《记分管理办法》第 11 条第 5 项，题中情形，应记 3 分，故本题【答案为 A】。

616. 驾驶机动车有拨打、接听手持电话等妨碍安全驾驶的行为，一次记多少分？（　　）

A.9 分　　　　　　　　B.6 分
C.3 分　　　　　　　　D.1 分

【解析】依据《记分管理办法》第 11 条第 6 项，题中情形，应记"3 分"，故本题【答案为 C】。

617. 如图所示，驾驶人的这种违法行为会被记多少分？（　　）

A.3 分　　　　　　　　B.6 分
C.9 分　　　　　　　　D.12 分

【解析】依据《记分管理办法》第 11 条第 6 项，题中情形，应记 3 分，故本题【答案为 A】。

618. 驾驶机动车行经人行横道，不按规定减速、停车避让行人的，一次记多少分？（　　）

A.9 分　　　　　　　　B.6 分
C.3 分　　　　　　　　D.1 分

【解析】依据《记分管理办法》第 11 条第 7 项，题中情形，应记 3 分，故本题【答案为 C】。

619. 驾驶机动车不按规定避让校车的，一次记 3 分。（　　）

【解析】依据《记分管理办法》第 11 条第 8 项，题中表述正确，故本题【答案为√】。

620. 驾驶载货汽车载物超过最大允许总质量 30% 但未达到 50% 的，或者违反规定载客的，一次记 3 分。（　　）

【解析】依据《记分管理办法》第 11 条第 9 项，题中表述正确，故本题【答案为√】。

621. 上道路行驶的机动车不按规定安装机动车号牌的，一次记多少分？（　　）

A.12 分　　　　　　　B.9 分
C.6 分　　　　　　　　D.3 分

【解析】依据《记分管理办法》第 11 条第 10 项，题中情形，应记 3 分，故本题【答案为 D】。

622. 机动车驾驶人存在下列哪种交通违法行为的, 一次记 3 分? ( )

   A. 使用伪造、变造的机动车号牌、行驶证、驾驶证、校车标牌或者使用其他机动车号牌、行驶证

   B. 驾驶不按规定安装机动车号牌的机动车上道路行驶的

   C. 驾驶未悬挂机动车号牌的机动车上道路行驶的

   D. 驾驶故意遮挡、污损机动车号牌的机动车上道路行驶的

【解析】依据《记分管理办法》第 11 条第 10 项, 题中情形, 一次记 3 分的违法行为是"驾驶不按规定安装机动车号牌的机动车上道路行驶的", 故本题【答案为 B】。

623. 如图所示, 这辆在路边临时停放的故障车, 未开启危险报警闪光灯的行为, 会被记多少分? ( )

   A.9 分　　　　　　　　B.6 分
   C.3 分　　　　　　　　D.1 分

【解析】依据《记分管理办法》第 11 条第 11 项, 题中情形, 应记 3 分, 故本题【答案为 C】。

624. 驾驶机动车在道路上发生故障、事故停车后, 不按规定使用灯光或者设置警告标志的, 一次记 3 分。( )

【解析】依据《记分管理办法》第 11 条第 11 项, 题中表述正确, 故本题【答案为√】。

625. 驾驶未按规定定期进行安全技术检验的公路客运汽车、旅游客运汽车、危险物品运输车辆上道路行驶的, 一次记 6 分。( )

【解析】依据《记分管理办法》第 11 条第 12 项, 题中情形, 应记 3 分, 故本题【答案为 ×】。

626. 驾驶校车上道路行驶前, 未对校车车况是否符合安全技术要求进行检查的, 一次记 6 分。( )

【解析】依据《记分管理办法》第 11 条第 13 项, 题中情形, 应记 3 分, 故本题【答案为 ×】。

627. 驾驶存在安全隐患的校车上道路行驶的, 一次记多少分? ( )

   A.12 分　　　　　　　B.9 分
   C.6 分　　　　　　　D.3 分

【解析】依据《记分管理办法》第 11 条第 13 项, 题中情形, 应记 3 分, 故本题【答案为 D】。

628. 连续驾驶载货汽车超过 4 小时未停车休息或者停车休息时间少于 20 分钟的, 一次记 6 分。( )

【解析】依据《记分管理办法》第 11 条第 14 项, 题中情形, 应记 3 分, 故本题【答案为 ×】。

629. 驾驶机动车在高速公路上行驶低于规定最低时速的, 一次记多少分? ( )

   A.12 分　　　　　　　B.9 分
   C.6 分　　　　　　　D.3 分

【解析】依据《记分管理办法》第 11 条第 15 项, 题中情形, 记 3 分, 故本题【答案为 D】。

630. 驾驶机动车在高速公路上行驶低于规定最低时速的, 一次记 3 分。( )

【解析】依据《记分管理办法》第 11 条第 15 项, 题中表述正确, 故本题【答案为√】。

631. 驾驶校车、中型以上载客载货汽车、危险物品运输车辆在高速公路、城市快速路以外的道路上行驶超过规定时速 10% 但未达到 20% 的, 一次记多少分? ( )

   A.1 分　　　　　　　　B.3 分
   C.6 分　　　　　　　D.9 分

【解析】依据《记分管理办法》第 12 条第 1 项, 题中情形, 应记 1 分, 故本题【答案为 A】。

632. 驾驶机动车不按规定会车的, 一次记多少分? ( )

   A.1 分　　　　　　　　B.3 分
   C.6 分　　　　　　　D.9 分

【解析】依据《记分管理办法》第 12 条第 2 项, 题中情形, 应记 1 分, 故本题【答案为 A】。

633. 驾驶机动车不按规定会车, 或者在高速公路、城市快速路以外的道路上不按规定倒车、掉头的, 一次记 3 分。( )

【解析】依据《记分管理办法》第 12 条第 2 项, 题中情形, 应记 1 分, 故本题【答案为 ×】。

634. 驾驶机动车不按规定使用灯光的, 一次记多少分? ( )

   A.1 分　　　　　　　　B.3 分
   C.6 分　　　　　　　D.9 分

【解析】依据《记分管理办法》第 12 条第 3 项, 题中情形, 应记 1 分, 故本题【答案为 A】。

635. 下列交通违法行为，一次记1分的是什么?（ ）

    A. 驾驶校车在高速公路、城市快速路以外的道路上行驶超过规定时速20%但未达到50%的

    B. 驾驶机动车在高速公路或者城市快速路上违法停车的

    C. 驾驶机动车不按规定超车、让行的

    D. 驾驶机动车不按规定使用灯光的

【解析】依据《记分管理办法》第12条第3项，一次记1分的违法行为是"驾驶机动车不按规定使用灯光的"，故本题【答案为D】。

636. 驾驶机动车违反禁令标志、禁止标线指示的，一次记1分。（ ）

【解析】依据《记分管理办法》第12条第4项，题中表述正确，故本题【答案为√】。

637. 在图中位置停车会被记多少分?（ ）

    A.1分　　　　　　B. 不记分

    C.12分　　　　　　D.3分

【解析】图中车辆违反禁止停车标志，依据《记分管理办法》第12条第4项，应记1分，故本题【答案为A】。

638. 驾驶机动车载货长度、宽度、高度超过规定的，一次记1分。（ ）

【解析】依据《记分管理办法》第12条第5项，题中表述正确，故本题【答案为√】。

639. 驾驶载货汽车载物超过最大允许总质量未达到30%的，一次记3分。（ ）

【解析】依据《记分管理办法》第12条第6项，题中情形，应记1分，故本题【答案为×】。

640. 上道路行驶的机动车未按规定定期进行安全技术检验的，一次记6分。（ ）

【解析】依据《记分管理办法》第12条第7项，题中情形，应记1分，故本题【答案为×】。

641. 驾驶擅自改变已登记的结构、构造或者特征的载货汽车上道路行驶的，一次记多少分?（ ）

    A.1分

    B.3分

    C.6分

    D.9分

【解析】依据《记分管理办法》第12条第8项，题中情形，应记1分，故本题【答案为A】。

642. 驾驶机动车在高速公路上行驶时，机动车驾驶人未按规定系安全带的，一次记3分。（ ）

【解析】依据《记分管理办法》第12条第9项，题中情形，应记1分，故本题【答案为×】。

643. 下列交通违法行为，一次记1分的是什么?（ ）

    A. 驾驶与准驾车型不符的机动车的

    B. 驾驶机动车在道路上行驶时，机动车驾驶人未按规定系安全带的

    C. 驾驶机动车不按交通信号灯指示通行的

    D. 驾驶载货汽车载物超过最大允许总质量50%的

【解析】依据《记分管理办法》第12条第9项，题中情形，一次记1分的违法行为是"驾驶机动车在道路上行驶时，机动车驾驶人未按规定系安全带的"，故本题【答案为B】。

644. 图中驾驶人的违法行为会被记多少分?（ ）

    A. 记1分

    B. 记4分

    C. 记3分

    D. 记9分

【解析】图中有两个违法行为：开车打电话和未系安全带。依据《记分管理办法》第11条第6项和第12条第9项，分别应记3分和1分，合计记4分，故本题【答案为B】。

645. 机动车驾驶人一次有两个以上违法行为记分的，应当分别计算并累加分值。（ ）

【解析】依据《记分管理办法》第14条，题中表述正确，故本题【答案为√】。

646. 交通违法行为累积记分未满12分的，可以处理其驾驶的其他机动车的交通违法行为记录。（ ）

【解析】依据《记分管理办法》第14条，题中表述正确，

故本题【答案为√】。

647. 机动车驾驶人有两起以上交通违法行为应当予以记分的，记分分值不累积计算。（　）

【解析】依据《记分管理办法》第14条，题中情形，记分分值应累积计算，故本题【答案为×】。

648. 机动车驾驶人可以一次性处理完毕同一辆机动车的多起交通违法行为记录，记分分值累积计算。（　）

【解析】依据《记分管理办法》第14条，题中表述正确，故本题【答案为√】。

649. 驾驶人记分没达到满分，有罚款尚未缴纳的，记分转入下一记分周期。（　）

【解析】依据《记分管理办法》第15条，题中表述正确，故本题【答案为√】。

650. 行政处罚决定被依法变更或者撤销的，相应记分不会变更或撤销。（　）

【解析】依据《记分管理办法》第16条，题中情形，相应记分应当变更或撤销，故本题【答案为×】。

651. 机动车驾驶人在一个记分周期内累积记分满多少分的，公安机关交通管理部门应当扣留其机动车驾驶证，开具强制措施凭证，并送达满分教育通知书，通知机动车驾驶人参加满分学习、考试？（　）

　　A.12分　　　　　　　B.18分
　　C.24分　　　　　　　D.36分

【解析】依据《记分管理办法》第17条，题中情形，记分应满12分，故本题【答案为A】。

652. 公安机关交通管理部门对累积记分达到规定分值的驾驶人怎样处理？（　）

　　A. 依法追究刑事责任
　　B. 处15日以下拘留
　　C. 终生禁驾
　　D. 进行法律、法规教育，重新考试

【解析】依据《记分管理办法》第17条第1款，题中情形，应进行法律、法规教育，重新考试，故本题【答案为D】。

653. 临时入境的机动车驾驶人在一个记分周期内累积记分满12分的，公安机关交通管理部门应当注销其临时机动车驾驶许可，并送达满分教育通知书。（　）

【解析】依据《记分管理办法》第17条第2款，题中表述正确，故本题【答案为√】。

654. 小型汽车驾驶人在一个记分周期内累积记分满12分的，应参加为期几天的道路交通安全法律、法规和相关知识学习？（　）

　　A.3 天　　　　　　　B.7 天
　　C.15 天　　　　　　　D.30 天

【解析】依据《记分管理办法》第18条，题中情形，学习时间为 7 天，故本题【答案为B】。

655. 小型载客汽车驾驶人在一个记分周期内参加满分教育的次数每增加一次或者累积记分每增加 12 分，道路交通安全法律、法规和相关知识的学习时间增加 7 天，每次满分学习的时间最多 60 天。（　）

【解析】依据《记分管理办法》第18条，题中表述正确，故本题【答案为√】。

656. 机动车驾驶人参加满分教育现场学习、网络学习的天数累计不得少于 5 天，其中，现场学习的天数不得少于 1 天。（　）

【解析】依据《记分管理办法》第19条，题中情形，网络学习的天数累计不得少于 5 天，其中，现场学习的天数不得少于 2 天，故本题【答案为×】。

657. 机动车驾驶人可以在机动车驾驶证核发地或交通违法行为发生地、处理地参加公安机关交通管理部门组织的道路交通法律、法规和相关知识学习，并在学习地参加考试。（　）

【解析】依据《记分管理办法》第20条，题中表述正确，故本题【答案为√】。

658. 小型自动挡汽车驾驶人在一个记分周期内两次累积记分满 12 分，应当在科目一考试合格，取得学习驾驶证明多长时间后预约参加科目三考试？（　）

　　A.7 日　　　　　　　B.10 日
　　C.20 日　　　　　　　D.30 日

【解析】依据《记分管理办法》第22条，题中时间应是 20 日，故本题【答案为C】。

659. 机动车驾驶人在一个记分周期内累积记满 36 分的，应当在道路交通安全法律、法规和相关知识考试合格后，按规定预约参加场地驾驶技能和道路驾驶技能考试。（　）

【解析】依据《记分管理办法》第22条，题中表述正确，故本题【答案为√】。

660. 机动车驾驶人经满分学习、考试合格且罚款已缴纳的，记分予以清除，并发还机动车驾驶证。（　）

【解析】依据《记分管理办法》第23条，题中表述正确，故本题【答案为√】。

661. 机动车驾驶人被处以暂扣机动车驾驶证的，经满分学习、考试合格且罚款已缴纳的，记分予以清除，无须等暂扣期限届满，就可以发还机动车驾驶证。（　）

【解析】依据《记分管理办法》第23条，题中情形，要等暂扣期限届满，才可以发还机动车驾驶证，故本题【答案为×】。

662. 符合记分减免条件的，在一个记分周期内累计最高可扣减多少分？（　）

　　A.3分　　　　　　　B.6分
　　C.9分　　　　　　　D.12分

【解析】依据《记分管理办法》第25条，题中情形，最高可扣减6分，故本题【答案为B】。

663. 在本记分周期内或者上一个记分周期内，机动车驾驶人有两次以上参加满分教育记录的，不得参加学法减分。（　）

【解析】依据《记分管理办法》第26条第1项，题中表述正确，故本题【答案为√】。

664. 机动车驾驶人饮酒后驾驶机动车受到过处罚的，在最近几个记分周期内，不得通过接受交通安全教育扣减交通违法行为记分？（　）

　　A.2　　　　　　　　B.4
　　C.1　　　　　　　　D.3

【解析】依据《记分管理办法》第26条第2项，应是最近3个记分周期，故本题【答案为D】。

665. 机动车驾驶证在实习期内，驾驶人不得通过接受交通安全教育扣减交通违法行为记分。（　）

【解析】依据《记分管理办法》第26条第3项，题中表述正确，故本题【答案为√】。

666. 机动车驾驶人申请学法减分时，参加道路交通安全法律、法规和相关知识现场学习满1小时且考试合格的，一次可扣减几分？（　）

　　A.1分　　　　　　　B.2分
　　C.3分　　　　　　　D.6分

【解析】依据《记分管理办法》第27条，题中情形，一次可扣减2分，故本题【答案为B】。

667. 参加公安机关交通管理部门组织的道路交通安全法律、法规和相关知识现场学习满1小时且考试合格的，一次扣减12分。（　）

【解析】依据《记分管理办法》第27条，题中情形，一次扣减2分，故本题【答案为×】。

668. 参加公安机关交通管理部门组织的道路交通安全法律、法规和相关知识网上学习3日内累计满30分钟且考试合格的，一次扣减1分。（　）

【解析】依据《记分管理办法》第27条，题中表述正确，故本题【答案为√】。

669. 参加公安机关交通管理部门组织的交通安全公益活动，满几小时为一次，一次扣减几分？（　）

　　A.2小时，2分　　　B.1小时，1分
　　C.2小时，1分　　　D.1小时，2分

【解析】依据《记分管理办法》第27条，题中情形，满1小时为一次，一次扣减1分，故本题【答案为B】。

670. 机动车驾驶人在一个记分周期内累积记分满12分，拒不参加满分学习、考试的，由公安机关交通管理部门处以何种处罚？（　）

　　A. 吊销其驾驶证
　　B. 撤销其驾驶证
　　C. 注销其驾驶证
　　D. 公告其驾驶证停止使用

【解析】依据《记分管理办法》第29条，题中情形，应处以"公告其驾驶证停止使用"的处罚，故本题【答案为D】。

671. 记分满12分的驾驶人拒不参加学习和考试的，将被公告驾驶证停止使用。（　）

【解析】依据《记分管理办法》第29条，题中表述正确，故本题【答案为√】。

672. 机动车驾驶人请他人代为接受交通违法行为处罚和记分并支付款项的，由公安机关交通管理部门处所支付款项多少倍以下罚款，但最高不超过多少万元？（　）

　　A.2倍，5万　　　　B.3倍，5万
　　C.2倍，2万　　　　D.3倍，3万

【解析】依据《记分管理办法》第30条第1款，题中情形，应处3倍以下罚款，但最高不超过5万元，故本题【答案为B】。

673. 代替实际机动车驾驶人接受交通违法行为处罚和记分牟取经济利益的，由公安机关交通管理部门处违法所得多少倍以下罚款，但最高不超过多少元？（　）

　　A.3倍，5万　　　　B.3倍，10万
　　C.5倍，5万　　　　D.5倍，10万

【解析】依据《记分管理办法》第30条第2款，题中情形，应处违法所得3倍以下罚款，但最高不超过5万元，故本题【答案为A】。

674. 机动车驾驶人在满分学习考试中弄虚作假的，相应考试成绩无效，并被处以多少罚款？（ ）

    A.1000 元以下   B.2000 元以下

    C.3000 元以下   D.5000 元以下

【解析】依据《记分管理办法》第 31 条第 1 款，题中情形，应处 1000 元以下罚款，故本题【答案为 A】。

675. 机动车驾驶人在接受交通安全教育扣减交通违法行为记分中弄虚作假的，由公安机关交通管理部门撤销相应的记分扣减记录，恢复相应记分，并处多少元以下罚款？（ ）

    A.500 元以下   B.1000 元以下

    C.2000 元以下   D.3000 元以下

【解析】依据《记分管理办法》第 31 条第 2 款，题中情形，应处 1000 元以下罚款，故本题【答案为 B】。

676. 代替实际机动车驾驶人参加满分教育签注学习记录、满分学习考试或者接受交通安全教育扣减交通违法行为记分的，由公安机关交通管理部门处以多少罚款。

    A.1000 元以下   B.2000 元以下

    C.3000 元以下   D.5000 元以下

【解析】依据《记分管理办法》第 31 条第 3 款，题中情形，应处 2000 元以下罚款，故本题【答案为 B】。

五、机动车登记规定

677. 机动车登记分为注册登记、变更登记、转移登记、抵押登记和注销登记。（ ）

【解析】依据《实施条例》第 4 条，题中表述正确，故本题【答案为√】。

678. 申请人办理机动车登记时提交的证明、凭证齐全、有效的，公安机关交通管理部门应当（ ）办理登记手续。

    A.1 个月内   B.1 周内

    C.隔天   D.当场

【解析】依据《实施条例》第 10 条，题中情形，应当场办理，故本题【答案为 D】。

679. 对实现信息共享、网上核查的，申请人必须提交相关证明凭证。（ ）

【解析】依据《机动车登记规定》第 4 条第 2 款，题中情形，申请人免予提交相关证明凭证，故本题【答案为×】。

680. 初次申领机动车号牌、行驶证的，应当向哪里的车辆管理所申请？（ ）

    A.登记地车辆管理所

    B.户籍所在地车辆管理所

    C.住所地车辆管理所

    D.驾驶证核发地车辆管理所

【解析】依据《机动车登记规定》第 10 条，题中情形，应当向住所地车辆管理所申请，故本题【答案为 C】。

681. 免予安全技术检验的机动车，在申请注册登记前发生了交通事故的，也应进行安全技术检验。（ ）

【解析】依据《机动车登记规定》第 11 条第 3 项，题中表述正确，故本题【答案为√】。

682. 申请机动车登记，只需提交车辆购置税的完税证明或者免税凭证，与机动车所有人的身份无关。（ ）

【解析】依据《机动车登记规定》第 12 条第 1 项，题中情形，也应提交机动车所有人的身份证明，故本题【答案为×】。

683. 申请机动车注册登记时，以下哪项材料不需要提交？（ ）

    A.购车发票   B.行驶证

    C.身份证明   D.交强险证明

【解析】依据《机动车登记规定》第 12 条第 1、第 2、第 4 项，题中情形，不需要提交行驶证，故本题【答案为 B】。

684. 申请机动车注册登记的，机动车所有人必须提交机动车交通事故责任强制保险凭证。（ ）

【解析】依据《机动车登记规定》第 12 条第 4 项，题中表述正确，故本题【答案为√】。

685. 申请危险货物运输车登记的，机动车所有人应当为个人。（ ）

【解析】依据《机动车登记规定》第 13 条，题中情形，机动车所有人应当为单位，故本题【答案为×】。

686. 机动车达到国家强制报废标准的，不能办理注册登记。（ ）

【解析】依据《机动车登记规定》第 15 条第 7 项，题中表述正确，故本题【答案为√】。

687. 机动车被监察机关、人民法院、人民检察院、行政执法部门依法查封、扣押的，不予办理注册登记。（ ）

【解析】依据《机动车登记规定》第 15 条第 8 项，题中表述正确，故本题【答案为√】。

688. 机动车属于被盗抢骗的，不予办理注册登记。（ ）

【解析】依据《机动车登记规定》第 15 条第 9 项，题中表述正确，故本题【答案为√】。

689. 已注册登记的机动车，改变车身颜色的，机动车所有人应到登记地车辆管理所申请

变更登记。（　）

【解析】依据《机动车登记规定》第16条第1项，题中表述正确，故本题【答案为√】。

690. 已注册登记的机动车，改变车身颜色的，机动车所有人不需要向登记地车辆管理所申请变更登记。（　）

【解析】依据《机动车登记规定》第16条第1项，题中情形，需要申请变更登记，故本题【答案为×】。

691. 已注册登记的小型载客汽车有下列哪种情形的，所有人不需要办理变更登记？（　）
　　A. 机动车更换发动机
　　B. 加装前后防撞装置
　　C. 改变车身颜色
　　D. 更换车身或者车架

【解析】依据《机动车登记规定》第16条第1、第2、第3项，选项A、C、D都需要办理变更登记，故本题【答案为B】。

692. 机动车所有人的住所迁出、迁入车辆管理所管辖区域的，应当向登记地车辆管理所申请什么登记？（　）
　　A. 注销　　　　　　B. 变更
　　C. 注册　　　　　　D. 转移

【解析】依据《机动车登记规定》第16条第6项，题中情形，应申请变更登记，故本题【答案为B】。

693. 小型、微型载客汽车因改变车身颜色申请变更登记时，车辆不在登记地的，可以向车辆所在地车辆管理所提出申请。（　）

【解析】依据《机动车登记规定》第17条第3款，题中表述正确，故本题【答案为√】。

694. 机动车所有人住所迁出车辆管理所管辖区域的，转出地车辆管理所应当自受理之日起多少日内，查验机动车？（　）
　　A. 1日　　　　　　B. 5日
　　C. 10日　　　　　D. 3日

【解析】依据《机动车登记规定》第18条，题中时间应是3日，故本题【答案为D】。

695. 关于同一机动车所有人名下两辆机动车的号牌号码互换，以下说法正确的是什么？（　）
　　A. 同一机动车一年内可以多次互换变更
　　B. 两辆机动车使用性质为营运的可以申请互换
　　C. 申请前两车无未处理的道路交通安全违法行为和交通事故记录
　　D. 两辆机动车在不同辖区车辆管理所登记的

可以申请互换

【解析】依据《机动车登记规定》第20条，题中情形，说法正确的是"申请前两车无未处理的道路交通安全违法和交通事故记录"，故本题【答案为C】。

696. 改变机动车的品牌、型号和发动机型号的，经国务院机动车产品主管部门许可选装的发动机除外，不予办理变更登记。（　）

【解析】依据《机动车登记规定》第21条第1项，题中表述正确，故本题【答案为√】。

697. 以下哪种情况不需要办理变更登记？（　）
　　A. 更换发动机
　　B. 机动车登记的使用性质改变
　　C. 改变车身颜色
　　D. 增加机动车内饰

【解析】依据《机动车登记规定》第22条第1项，题中情形，增加机动车内饰不需要办理变更登记，故本题【答案为D】。

698. 已注册登记的机动车，所有人住所在车辆管理所管辖区域内迁移或者机动车所有人姓名（单位名称）、联系方式变更的，应当向登记地车辆管理所备案。（　）

【解析】依据《机动车登记规定》第23条第1、第3项，题中表述正确，故本题【答案为√】。

699. 已注册登记的机动车，以下哪种情况应向登记地车辆管理所申请备案？（　）
　　A. 小型汽车加装出入口踏步件
　　B. 增加车内装饰
　　C. 车辆部件发生损坏
　　D. 所有人电话号码变更

【解析】依据《机动车登记规定》第23条第3项，题中情形，所有人电话号码变更的应申请备案，故本题【答案为D】。

700. 车辆识别代号因磨损、锈蚀、事故等原因辨认不清或者损坏的，可以向登记地车辆管理所申请备案。（　）

【解析】依据《机动车登记规定》第23条第4项，题中表述正确，故本题【答案为√】。

701. 小型、微型自动挡载客汽车加装、拆除、更换肢体残疾人操纵辅助装置的，机动车所有人应在信息或事项变更后40日内，向登记地车辆管理所申请变更备案。（　）

【解析】依据《机动车登记规定》第23条第5项，题中时间应是30日内，故本题【答案为×】。

702. 已注册登记的机动车所有权发生转让的，

现机动车所有人应当自交付之日起多少日内申请登记？（　）

A.40日　　　　　　B.10日

C.20日　　　　　　D.30日

【解析】依据《机动车登记规定》第25条第1款，题中时间应是30日，故本题【答案为D】。

703. 机动车所有人申请转让登记前，应当将涉及该车的道路交通安全违法行为和交通事故处理完毕。（　）

【解析】依据《机动车登记规定》第25条第2款，题中表述正确，故本题【答案为√】。

704. 申请转让登记的，以下哪种资料不需要提供？（　）

A.行驶证　　　　　B.身份证明

C.驾驶证　　　　　D.机动车登记证书

【解析】依据《机动车登记规定》第26条第1款第1、第3、第4项，题中情形，不需要提供驾驶证，故本题【答案为C】。

705. 机动车在抵押登记、质押备案期间不可以办理转让登记。（　）

【解析】依据《机动车登记规定》第26条第3、第4款，题中情形可以办理转让登记，故本题【答案为×】。

706. 机动车所有人将机动车作为抵押物抵押的，机动车所有人应当向居住地车辆管理所申请抵押登记。（　）

【解析】依据《机动车登记规定》第31条，题中情形，应当向登记地车辆管理所申请抵押登记，而不是居住地，故本题【答案为×】。

707. 已注册登记的机动车达到国家强制报废标准的，应当向登记地车辆管理所申请注销登记。（　）

【解析】依据《机动车登记规定》第37条第1项，题中表述正确，故本题【答案为√】。

708. 机动车未达到国家强制报废标准，机动车所有人自愿报废的，机动车所有人应当向哪个地方的车辆管理所申请注销登记？（　）

A.暂住地　　　　　B.居住地

C.登记地　　　　　D.户籍所在地

【解析】依据《机动车登记规定》第37条第2项，题中情形，应当向登记地车辆管理所申请注销登记，故本题【答案为C】。

709. 机动车所有人因质量问题退车的，应当向户籍所在地车辆管理所提出注销登记。（　）

【解析】依据《机动车登记规定》第37条第5项，题中情形，应当向登记地车辆管理所申请注销登记，故本题【答案为×】。

710. 机动车已达到国家强制报废标准的，申请注销登记时应将机动车怎样处理？（　）

A.交给车辆管理所

B.交售给报废机动车回收企业

C.卖给废品收购站

D.交给安全技术检验机构

【解析】依据《机动车登记规定》第38条，题中情形，应将机动车交售给回收企业，故本题【答案为B】。

711. 驾驶达到报废标准的机动车上道路行驶的，公安交通管理部门将会予以收缴，以下说法错误的是什么？（　）

A.驾驶报废车影响驾驶人行车安全

B.报废车机械老化、容易发生交通事故

C.车辆不符合安全技术标准，需要强制报废

D.不美观，影响城市形象

【解析】请注意，题干要求选出说法错误的选项。收缴报废机动车与美不美观没有关系，故本题【答案为D】。

712. 以下哪种情形，已注册登记的机动车会被车辆管理所注销？（　）

A.距离达到国家强制报废标准一年以内

B.机动车属于被盗抢骗的

C.机动车登记的使用性质改变的

D.机动车登记被依法撤销的

【解析】依据《机动车登记规定》第40条第1项，题中情形，机动车登记被依法撤销的会被注销，故本题【答案为D】。

713. 机动车在抵押登记、质押备案期间不可以办理注销登记。（　）

【解析】依据《机动车登记规定》第42条，题中表述正确，故本题【答案为√】。

714. 将夫妻双方共同所有的机动车所有人姓名变更为另一方姓名，婚姻关系存续期满1年且经夫妻双方共同申请的，不可以使用原机动车号牌号码。（　）

【解析】依据《机动车登记规定》第45条，题中情形，可以使用原机动车号牌号码，故本题【答案为×】。

715. 经购买、调拨、赠予等方式获得机动车后尚未注册登记的，向车辆管理所申领临时行驶车号牌后，方可临时上道路行驶。（　）

【解析】依据《机动车登记规定》第46条第2项，题中表述正确，故本题【答案为√】。

716. 机动车购买后尚未注册登记，需要临时上道路行驶的，可以凭什么临时上道路行驶？（ ）

　　A. 合法来源凭证　　　B. 临时行驶车号牌
　　C. 借用的机动车号牌　D. 法人单位证明

【解析】依据《机动车登记规定》第46条第2项，题中情形，可以凭临时行驶车号牌临时上道路行驶，故本题【答案为B】。

717. 申领临时行驶车号牌的，应先办理机动车交通事故责任强制保险。（ ）

【解析】依据《机动车登记规定》第47条第1款第2项，题中表述正确，故本题【答案为√】。

718. 机动车所有人收到机动车号牌之日起多少日后，临时行驶车号牌作废，不得继续使用？（ ）

　　A.5日　　　　　　　B.3日
　　C.1日　　　　　　　D.2日

【解析】依据《机动车登记规定》第47条第6款，题中时间应是3日，故本题【答案为B】。

719. 机动车号牌损毁的，机动车所有人要向登记地车辆管理所申请补领、换领。（ ）

【解析】依据《机动车登记规定》第51条第1款，题中表述正确，故本题【答案为√】。

720. 车辆管理所收到机动车所有人补领、换领机动车号牌的申请后，自受理之日起多少日内补发、换发号牌？（ ）

　　A.5日　　　　　　　B.10日
　　C.3日　　　　　　　D.15日

【解析】依据《机动车登记规定》第51条第2款，题中时间应是15日，故本题【答案为D】。

721. 补发、换发号牌期间，申请人可以申领有效期不超过多少日的临时行驶车号牌？（ ）

　　A.3日　　　　　　　B.15日
　　C.5日　　　　　　　D.10日

【解析】依据《机动车登记规定》第51条第3款，题中时间应是15日，故本题【答案为B】。

722. 机动车登记证书、号牌、行驶证灭失、丢失或者损毁的，机动车所有人应当向哪个部门申请补领、换领。（ ）

　　A. 居住地交警支队车辆管理所
　　B. 驾驶证核发地车辆管理所
　　C. 登记地车辆管理所
　　D. 当地公安局

【解析】依据《机动车登记规定》第51、第52条，题中情形，应当向登记地车辆管理所申请补领、换领，故本题【答案为C】。

723. 机动车登记证书、号牌、行驶证灭失、丢失或者损毁的，机动车所有人应当向居住地车辆管理所申请补领、换领。（ ）

【解析】依据《机动车登记规定》第51、第52条，题中情形，应当向登记地车辆管理所申请补领、换领，而不是居住地，故本题【答案为×】。

724. 关于机动车号牌灭失、丢失或者损毁，以下说法错误的是什么？（ ）

　　A. 补领、换领机动车号牌的，原机动车号牌可以继续使用
　　B. 补发、换发号牌期间，可申领有效期不超过15日的临时号牌
　　C. 车辆管理所补发、换发号牌，原机动车号码不变
　　D. 向登记地车辆管理所申请补领、换领

【解析】依据《机动车登记规定》第51条，题中情形，错误的说法是"补领、换领机动车号牌的，原机动车号牌可以继续使用"，故本题【答案为A】。

725. 机动车行驶证灭失、丢失的，机动车所有人要向登记地车辆管理所申请补领、换领。（ ）

【解析】依据《机动车登记规定》第52条，题中表述正确，故本题【答案为√】。

726. 机动车登记证丢失后应及时补办，以免被不法分子利用。（ ）

【解析】依据《机动车登记规定》第52条，题中表述正确，故本题【答案为√】。

727. 机动车涉嫌走私、被盗抢骗、非法生产销售、拼（组）装、非法改装的，不需要进行调查。（ ）

【解析】依据《机动车登记规定》第74条第1项，题中情形，车辆管理所应当及时开展调查，故本题【答案为×】。

728. 重型、中型载货汽车的车厢后部未按照规定喷涂放大的牌号或者放大的牌号不清晰的，由公安机关交通管理部门处警告或者多少元以下罚款？（ ）

　　A.200元　　　　　　B.500元
　　C.1000元　　　　　D.2000元

【解析】依据《机动车登记规定》第78条第1项，题中情形，应由公安机关交通管理部门处警告或者200元以下罚款，故本题【答案为A】。

729. 以下哪种情形会被公安机关交通管理部门处警告或者200元以下罚款？（ ）

A. 提供虚假材料申请机动车登记的

B. 机动车喷涂、粘贴标识或者车身广告，影响安全驾驶的

C. 隐瞒有关情况申请机动车登记的

D. 以欺骗、贿赂等不正当手段取得机动车登记的

【解析】依据《机动车登记规定》第78条第2项，机动车喷涂、粘贴标识或者车身广告，影响安全驾驶的，会受到题中处罚，故本题【答案为 B】。

730. 改变车身颜色，更换发动机、车身或车架，未在规定时限内办理变更登记的，由公安机关交通管理部门处警告或者 200 元以下罚款。（ ）

【解析】依据《机动车登记规定》第78条第5项，题中表述正确，故本题【答案为√】。

731. 已注册登记的机动车所有权转让后，现机动车所有人未按照规定的时限办理转让登记的，由公安机关交通管理部门处警告或者 1000 元以下罚款。（ ）

【解析】依据《机动车登记规定》第78条第6项，题中情形，应处警告或者 200 元以下罚款，故本题【答案为 ×】。

六、道路交通安全违法行为处理程序规定

732. 已在现场被处理的违法行为，可以申请消除电子眼处罚。（ ）

【解析】依据《道路交通安全违法行为处理程序规定》（以下简称《违法行为处理程序规定》）第22条第1款第4项，题中表述正确，故本题【答案为√】。

733. 上道路行驶的机动车有哪种情形时，交通警察可依法扣留车辆？（ ）

A. 未悬挂机动车号牌

B. 未携带身份证

C. 未携带保险合同

D. 未放置城市环保标志

【解析】依据《违法行为处理程序规定》第27条第1款第1项，题中情形，依法扣留车辆的是"未悬挂机动车号牌"，故本题【答案为 A】。

734. 上道路行驶的机动车有哪种情形时交通警察可依法扣留车辆？（ ）

A. 未放置检验合格标志

B. 未携带身份证

C. 未放置城市环保标志

D. 未携带机动车登记证书

【解析】依据《违法行为处理程序规定》第27条第1款第

1 项，题中情形，依法扣留车辆的是"未放置检验合格标志"，故本题【答案为 A】。

735. 上道路行驶的机动车有哪种情形时交通警察可依法扣留车辆？（ ）

A. 未携带机动车登记证书

B. 未携带保险合同

C. 未放置城市环保标志

D. 未放置保险标志

【解析】依据《违法行为处理程序规定》第27条第1款第1项，题中情形，依法扣留车辆的是"未放置保险标志"，故本题【答案为 D】。

736. 驾驶人未携带哪种证件驾驶机动车上路的，交通警察可依法扣留车辆？（ ）

A. 机动车驾驶证　　　B. 居民身份证

C. 机动车通行证　　　D. 从业资格证

【解析】依据《违法行为处理程序规定》第27条第1款第1项，题中未携带的证件应是机动车驾驶证，故本题【答案为 A】。

737. 交通警察对未放置保险标志上道路行驶的车辆可依法扣留行驶证。（ ）

【解析】依据《违法行为处理程序规定》第27条第1款第1项，题中情形，应扣留车辆，故本题【答案为 ×】。

738. 对有使用伪造或变造检验合格标志嫌疑的车辆，交通警察只进行罚款处罚。（ ）

【解析】《违法行为处理程序规定》第27条第1款第2项，题中情形，应扣留车辆，故本题【答案为 ×】。

739. 对有伪造或变造号牌、行驶证嫌疑的车辆，交通警察可依法予以扣留。（ ）

【解析】依据《违法行为处理程序规定》第27条第1款第2项，题中表述正确，故本题【答案为√】。

740. 对使用其他车辆号牌、行驶证的车辆，交通警察可依法予以扣留。（ ）

【解析】依据《违法行为处理程序规定》第27条第1款第2项，题中表述正确，故本题【答案为√】。

741. 驾驶人有使用其他车辆号牌、行驶证嫌疑的，交通警察可依法扣留车辆。（ ）

【解析】依据《违法行为处理程序规定》第27条第1款第2项，题中表述正确，故本题【答案为√】。

742. 驾驶人有使用其他车辆检验合格标志嫌疑的，交通警察可依法扣留车辆。（ ）

【解析】依据《违法行为处理程序规定》第27条第1款第2项，题中表述正确，故本题【答案为√】。

743. 驾驶人有使用其他车辆保险标志嫌疑的，交通警察可依法扣留车辆。（ ）

【解析】依据《违法行为处理程序规定》第27条第1款第

2 项，题中表述正确，故本题【答案为√】。

744. 对未按照国家规定投保交强险的车辆，交通警察可依法予以扣留。（ ）

【解析】依据《违法行为处理程序规定》第 27 条第 1 款第 3 项，题中表述正确，故本题【答案为√】。

745. 驾驶人驾驶有达到报废标准嫌疑机动车上路的，交通警察依法予以拘留。（ ）

【解析】依据《违法行为处理程序规定》第 27 条第 1 款第 6 项，题中情形，应扣留车辆，故本题【答案为×】。

746. 对发生道路交通事故需要搜集证据的事故车，交通警察可以依法予以扣留。（ ）

【解析】依据《违法行为处理程序规定》第 27 条第 2 款，题中表述正确，故本题【答案为√】。

747. 驾驶人有哪种情形时，交通警察可依法扣留机动车驾驶证？（ ）
　　A. 超过规定速度 10%
　　B. 疲劳后驾驶机动车
　　C. 行车中未系安全带
　　D. 饮酒后驾驶机动车

【解析】依据《违法行为处理程序规定》第 31 条第 1 项，题中扣留驾驶证的情形应是"饮酒后驾驶机动车"，故本题【答案为 D】。

748. 驾驶人将机动车交由什么样的人驾驶时，交通警察可依法扣留机动车驾驶证？（ ）
　　A. 实习期驾驶人
　　B. 取得驾驶证的人
　　C. 驾驶证被吊销的人
　　D. 驾驶证记分达到 6 分的人

【解析】依据《违法行为处理程序规定》第 31 条第 2 项，将机动车交由驾驶证被吊销的人驾驶，交通警察应依法扣留驾驶证，故本题【答案为 C】。

749. 驾驶人将机动车交给驾驶证被吊销的人驾驶的，交通警察应依法扣留驾驶证。（ ）

【解析】依据《违法行为处理程序规定》第 31 条第 2 项，题中表述正确，故本题【答案为√】。

750. 驾驶人将机动车交给驾驶证被暂扣的人驾驶的，交通警察应给予口头警告。（ ）

【解析】依据《违法行为处理程序规定》第 31 条第 2 项，题中情形，应扣留驾驶证，而不是口头警告，故本题【答案为×】。

751. 驾驶人在一个记分周期内累积记分达到 12 分的，交通警察应依法扣留驾驶证。（ ）

【解析】依据《违法行为处理程序规定》第 31 条第 5 项，题中表述正确，故本题【答案为√】。

752. 机动车驾驶人血液中酒精含量大于或者等于多少时可认定为醉驾？（ ）
　　A.20 毫克 /100 毫升
　　B.60 毫克 /100 毫升
　　C.80 毫克 /100 毫升
　　D.50 毫克 /100 毫升

【解析】依据 GB 19522《车辆驾驶人员血液、呼气酒精含量阈值与检验》中规定，机动车驾驶人血液中酒精含量大于或者等于 80 毫克 /100 毫升时可认定为醉驾，故本题【答案为 C】。

753. 当驾驶人的血液中酒精含量为 100 毫克 /100 毫升时，属于醉酒驾驶。（ ）

【解析】题中表述符合 GB 19522《车辆驾驶人员血液、呼气酒精含量阈值与检验》中的规定，故本题【答案为√】。

七、交通事故处理程序规定

754. 发生人员死亡的交通事故时，当事人应当保护现场并立即报警。（ ）

【解析】依据《交通事故处理程序规定》第 13 条第 1 款，题中表述正确，故本题【答案为√】。

755. 发生交通事故时，下列哪种情况下当事人应当保护现场并立即报警？（ ）
　　A. 未造成人员伤亡的
　　B. 未发生财产损失的
　　C. 未损害公共设施及建筑物的
　　D. 驾驶人有酒后驾驶嫌疑的

【解析】依据《交通事故处理程序规定》第 13 条第 1 款第 2 项，题中情形，驾驶人有饮酒嫌疑的，当事人应当保护现场并立即报警，故本题【答案为 D】。

756. 道路交通事故中，驾驶人有饮酒、醉酒嫌疑时，当事人要保护现场并立即报警。（ ）

【解析】依据《交通事故处理程序规定》第 13 条第 1 款第 2 项，题中表述正确，故本题【答案为√】。

757. 驾驶机动车在道路上发生交通事故，当事人不能自行移动车辆的，应当保护现场并立即报警。（ ）

【解析】依据《交通事故处理程序规定》第 13 条第 1 款第 5 项，题中表述正确，故本题【答案为√】。

758. 驾驶机动车在道路上发生交通事故，任何情况下都应在标明现场位置后，先行撤离。（ ）

【解析】依据《交通事故处理程序规定》第 13 条，发生人员伤亡及某些情形的财产损失事故的，当事人应保护现场并立即报警，故本题【答案为×】。

759. 道路交通事故中，机动车无号牌、检验合格标志、保险标志时，当事人要保护现场并立即报警。（ ）

【解析】依据《交通事故处理程序规定》第13和14条，题中表述正确，故本题【答案为√】。

760. 驾驶机动车碰撞建筑物、公共设施后可即行撤离现场。（ ）

【解析】依据《交通事故处理程序规定》第14条第2项，题中情形，车辆可以移动的，当事人应当把车上人员疏散到路外安全地点，在确保安全的原则下，采取现场拍照或者标划事故车辆现场位置等方式固定证据，将车辆移至不妨碍交通的地点后报警。即行撤离现场是错误的，故本题【答案为×】。

761. 驾驶机动车发生财产损失的交通事故后，当事人对事实及成因无争议移动车辆时，需要对现场拍照或者标划停车位置。（ ）

【解析】依据《交通事故处理程序规定》第14条第2项，题中表述正确，故本题【答案为√】。

762. 如图所示，遇到这种单方交通事故，当事人应如何处理？（ ）

A. 不用报警
B. 报警
C. 直接联系路政部门进行理赔
D. 直接联系绿化部门

【解析】图中的车辆撞坏隔离栏杆，依据《交通事故处理程序规定》第14条第2项，当事人应报警，故本题【答案为B】。

763. 当事人对事故报警时，要向交警提供事故地点、人员伤情、车辆号牌等信息，以协助交警快速定位到达现场。（ ）

【解析】报警时，当事人只要提供题中所述的简要信息、事故经过等细节，可等交警到现场后再详述，故本题【答案为√】。

764. 发生无人员伤亡的、财产轻微损失的交通事故后，以下做法正确的是什么？（ ）

A. 必须报警，等候警察处理
B. 开车离开现场
C. 在确保安全的情况下，对现场拍照，然后

将车辆移至路边等不妨碍交通的地点
D. 停在现场保持不动

【解析】依据《交通事故处理程序规定》第19条第1款，题中情形，应在确保安全的情况下，对现场拍照，然后将车辆移至路边等不妨碍交通的地点，故本题【答案为C】。

765. 机动车发生轻微财产损失的交通事故，对应当自行撤离现场而未撤的，交通警察有权责令当事人撤离现场。（ ）

【解析】依据《交通事故处理程序规定》第19条第3款，题中表述正确，故本题【答案为√】。

766. 机动车发生财产损失的交通事故，对应当自行撤离现场而未撤离造成交通堵塞的，交通警察可以对驾驶人处以200元罚款。（ ）

【解析】依据《交通事故处理程序规定》第19条第3款，题中表述正确，故本题【答案为√】。

767. 车辆发生责任明确的轻微剐蹭事故，双方驾驶人争执不下，能够自行撤离现场而未自行撤离，坚持在原地等待警察来处理，造成路面堵塞的，驾驶人会受到罚款的处罚。（ ）

【解析】依据《交通事故处理程序规定》第19条第3款，题中表述正确，故本题【答案为√】。

768. 车辆发生轻微剐蹭事故，双方驾驶人争执不下，坚持在原地等待警察来处理，造成路面堵塞的，驾驶人会受到罚款的处罚。（ ）

【解析】依据《交通事故处理程序规定》第19条第3款，题中表述正确，故本题【答案为√】。

769. 以下何种交通事故可以适用简易程序处理？（ ）

A. 造成人员重伤的
B. 造成人员死亡的
C. 涉及交通肇事罪的
D. 财产损失事故不涉及其他犯罪嫌疑的

【解析】依据《交通事故处理程序规定》第23条第1项，财产损失事故可以适用简易程序处理，故本题【答案为D】。

八、中华人民共和国刑法

770. 驾驶人违反交通运输管理法规发生重大事故致人重伤、死亡的，可能会受到什么处罚？（ ）

A. 处3年以下徒刑或者拘役
B. 处3年以上7年以下徒刑

C. 处 5 年以上徒刑

D. 处 7 年以上徒刑

【解析】依据《中华人民共和国刑法》（以下简称《刑法》）第 133 条，题中情形，会处 3 年以下徒刑或者拘役，故本题【答案为 A】。

771. 驾驶人违反交通运输管理法规发生重大事故使公私财产遭受重大损失的，可能会受到什么处罚？（ ）

　　A. 处 5 年以上徒刑

　　B. 处 3 年以下徒刑或者拘役

　　C. 处 3 年以上徒刑

　　D. 处 3 年以上 7 年以下徒刑

【解析】依据《刑法》第 133 条，题中情形，会处 3 年以下徒刑或者拘役，故本题【答案为 B】。

772. 驾驶人违反交通运输管理法规发生重大事故致人重伤的，可被判处 3 年以下徒刑或拘役。（ ）

【解析】依据《刑法》第 133 条，题中表述正确，故本题【答案为√】。

773. 驾驶人违反交通运输管理法规发生重大事故致人死亡的，会被处 3 年以上有期徒刑。（ ）

【解析】依据《刑法》第 133 条，题中情形，应处 3 年以下有期徒刑，而不是以上，故本题【答案为 ×】。

774. 驾驶人违反交通运输管理法规发生重大事故使公私财产遭受重大损失的，可被处 3 年以下徒刑或拘役。（ ）

【解析】依据《刑法》第 133 条，题中表述正确，故本题【答案为√】。

775. 驾驶人违反交通运输管理法规发生重大事故致人死亡且逃逸的，应处多少年有期徒刑？（ ）

　　A.7 年以上　　　　B.3 年以下

　　C.3 年以上 7 年以下　　D.10 年以上

【解析】依据《刑法》第 133 条，题中情形，应处 3 年以上 7 年以下有期徒刑，故本题【答案为 C】。

776. 驾驶人违反交通运输管理法规发生重大事故，因逃逸致人死亡的，应处多少年有期徒刑？（ ）

　　A.2 年以下　　　　B.3 年以下

　　C.7 年以下　　　　D.7 年以上

【解析】依据《刑法》第 133 条，题中情形，应处 7 年以上有期徒刑，故本题【答案为 D】。

777. 驾驶人违反交通运输管理法规发生重大事故后逃逸或者有其他特别恶劣情节的，

处 7 年以上有期徒刑。（ ）

【解析】依据《刑法》第 133 条，题中情形，应处 3 年以上 7 年以下有期徒刑，故本题【答案为 ×】。

778. 驾驶人违反交通运输管理法规发生重大事故，因逃逸致人死亡的，处 3 年以上 7 年以下有期徒刑。（ ）

【解析】依据《刑法》第 133 条，题中情形，应处 7 年以上有期徒刑，故本题【答案为 ×】。

779. 驾驶机动车在道路上追逐竞驶，情节恶劣的，会受到什么处罚？（ ）

　　A. 处 6 个月徒刑

　　B. 处 1 年以上徒刑

　　C. 处管制，并处罚金

　　D. 处拘役，并处罚金

【解析】依据《刑法》第 133 条之一第 1 项，题中情形，会受到"处拘役，并处罚金"的处罚，故本题【答案为 D】。

780. 驾驶人在道路上驾驶机动车追逐竞驶，情节恶劣的，处 3 年以下有期徒刑。（ ）

【解析】依据《刑法》第 133 条之一第 1 项，题中情形，应处拘役，并处罚金，故本题【答案为 ×】。

781. 醉酒驾驶机动车在道路上行驶的，会受到什么处罚？（ ）

　　A. 处管制，并处罚金

　　B. 处 2 年以上徒刑

　　C. 处拘役，并处罚金

　　D. 处 2 年以下徒刑

【解析】依据《刑法》第 133 条之一第 2 项，题中情形，会受到"处拘役，并处罚金"的处罚，故本题【答案为 C】。

782. 驾驶人在道路上醉酒驾驶机动车的，处 3 年以上有期徒刑。（ ）

【解析】依据《刑法》第 133 条之一第 2 项，题中情形，应处拘役，并处罚金，故本题【答案为 ×】。

783. 在道路上从事校车业务，严重超员超速的，构成危险驾驶罪，将处拘役，并处罚金。（ ）

【解析】依据《刑法》第 133 条之一第 3 项，题中表述正确，故本题【答案为√】。

784. 无证驾驶可构成危险驾驶罪。（ ）

【解析】根据《刑法》第 133 条之一，危险驾驶罪中没有无证驾驶一项，故本题【答案为 ×】。

785. 驾驶人员在行驶的公共交通工具上擅离职守，与他人互殴或者殴打他人，危及公共安全的，处 1 年以下有期徒刑、拘役或者管制，并处或者单处罚金。（ ）

【解析】依据《刑法》第 133 条之二第 2 款，题中表述正确，故本题【答案为√】。

786. 申请人在机动车驾驶人考试过程中组织作弊，情节严重构成犯罪的，会受到什么处罚？（ ）
　　A. 处管制，并处罚金
　　B. 处 3 年以下有期徒刑，并处罚金
　　C. 处 3 年以上 7 年以下有期徒刑，并处罚金
　　D. 处 7 年以上有期徒刑，并处罚金

【解析】依据《刑法》第 284 条之一第 1 款，题中情形，会处 3 年以上 7 年以下有期徒刑，故本题【答案为 C】。

九、机动车交通事故责任强制保险条例等其他法规

（一）机动车交通事故责任强制保险条例

787. 道路交通事故的损失是由受害人故意造成的，保险公司是否予以赔偿？（ ）
　　A. 应当赔偿　　　　B. 不予赔偿
　　C. 应当补偿　　　　D. 可以赔偿

【解析】依据《机动车交通事故责任强制保险条例》第 21 条，题中情形，保险公司不予赔偿，故本题【答案为 B】。

（二）最高人民法院关于审理交通肇事刑事案件具体应用法律若干问题的解释

788. 交通肇事致一人以上重伤，负事故全部或者主要责任，并具有下列哪种行为，构成交通肇事罪。（ ）
　　A. 未报警的
　　B. 未抢救受伤人员的
　　C. 酒后、吸食毒品后驾驶机动车辆的
　　D. 未带驾驶证的

【解析】依据《最高人民法院关于审理交通肇事刑事案件具体应用法律若干问题的解释》（以下简称《交通肇事刑事案件法律解释》）第 2 条第 2 款第 1 项，题中情形，具有"酒后、吸食毒品后驾驶机动车辆的"行为，构成交通肇事罪，故本题【答案为 C】。

789. 交通肇事致一人以上重伤，负事故全部或者主要责任，并具有下列哪种行为，构成交通肇事罪。（ ）
　　A. 未带驾驶证的
　　B. 未报警的
　　C. 无驾驶资格驾驶机动车辆的
　　D. 未抢救受伤人员的

【解析】依据《交通肇事刑事案件法律解释》第 2 条第 2 款第 2 项，题中情形，具有"无驾驶资格驾驶机动车辆的"行为，构成交通肇事罪，故本题【答案为 C】。

790. 交通肇事致一人以上重伤，负事故全部或者主要责任，并具有下列哪种行为，构成交通肇事罪。（ ）
　　A. 未带驾驶证的
　　B. 未报警的
　　C. 明知是安全装置不全或者安全机件失灵的机动车辆而驾驶的
　　D. 未抢救受伤人员的

【解析】依据《交通肇事刑事案件法律解释》第 2 条第 3 项，题中情形，具有"明知是安全装置不全或者安全机件失灵的机动车辆而驾驶的"行为的，构成交通肇事罪，故本题【答案为 C】。

791. 交通肇事致一人以上重伤，负事故全部或者主要责任，并具有下列哪种行为，构成交通肇事罪。（ ）
　　A. 未及时报警的
　　B. 未抢救受伤人员的
　　C. 严重超载驾驶的
　　D. 未带驾驶证的

【解析】依据《交通肇事刑事案件法律解释》第 2 条第 5 项，题中情形，具有"严重超载驾驶的"行为的，构成交通肇事罪，故本题【答案为 C】。

792. 交通肇事致一人以上重伤，负事故全部或者主要责任，并具有下列哪种行为，构成交通肇事罪。（ ）
　　A. 未抢救受伤人员的
　　B. 未带驾驶证的
　　C. 未报警的
　　D. 为逃避法律追究逃离事故现场的

【解析】依据《交通肇事刑事案件法律解释》第 2 条第 6 项，题中情形，具有"为逃避法律追究逃离事故现场的"行为的，构成交通肇事罪，故本题【答案为 D】。

（三）关于深化机动车检验制度改革优化车检服务工作的意见

793. 非营运小微型载客汽车自注册登记之日起超过几年的，每年检验一次？（ ）
　　A.8 年
　　B.1 年
　　C.5 年
　　D.10 年

【解析】《关于深化机动车检验制度改革优化车检服务工作的意见》（以下简称《车检工作意见》）规定：自 2022 年 10 月 1 日起，非营运小微型载客汽车（面包车除外）、摩托车自注册登记之日起第 6 年、第 10 年进行安全技术检验，在 10 年内每两年向公安机关申领检验标志；超过 10 年的，每年检验一次。车辆发生造成人员伤亡的交通事故或者

非法改装被依法处罚的，仍按原规定周期检验。机动车环检周期与安检周期一致，免于安检的车辆不进行环检。因此，题中年限为10年，故本题【答案为D】。

794. 非营运小微型载客汽车自注册登记之日起超过10年的，每年检验一次，并向公安机关申领检验标志。（　）

【解析】依据《车检工作意见》，题中表述正确，故本题【答案为√】。

795. 非营运小微型载客汽车自注册登记之日起10年内，多长时间向公安机关申领一次检验标志？（　）

A. 每2年
B. 每1年
C. 每5年
D. 每10年

【解析】依据《车检工作意见》，题中时间为每2年，故本题【答案为A】。

第二章
道路交通信号

一、交通信号灯

（一）机动车信号灯

1. 如图所示，前方路口这种信号灯亮表示什么意思？（　）

　A. 准许通行　　　　B. 提醒注意
　C. 路口警示　　　　D. 禁止通行

【解析】依据《道路交通安全法》第26条，图中红灯亮，表示禁止通行，故本题【答案为D】。

2. 如图所示，前方路口这种信号灯亮表示什么意思？（　）

　A. 加速左转　　　　B. 禁止右转
　C. 路口警示　　　　D. 加速直行

【解析】依据《道路交通安全法》第26条，图中黄灯亮，表示路口警示，故本题【答案为C】。

3. 如图所示，前方路口这种信号灯亮表示什么意思？（　）

　A. 路口警示
　B. 禁止通行

C. 提醒注意
D. 准许通行

【解析】依据《道路交通安全法》第26条，图中绿灯亮，表示准许通行，故本题【答案为D】。

4. 如图所示，在路口看到这种信号灯不断闪烁时，要减速或停车瞭望，确认安全后再通过。（　）

【解析】依据《道路交通安全法》第26条，题中表述正确，故本题【答案为√】。

5. 如图所示，驾驶机动车在路口遇到这种信号灯，表示什么意思？（　）

　A. 禁止右转
　B. 路口警示
　C. 准许直行
　D. 加速通过

【解析】依据《道路交通安全法》第26条，图中黄灯亮，表示路口警示，故本题【答案为B】。

6. 如图所示，驾驶机动车在路口遇到这种信号灯，表示禁止通行。（　）

【解析】依据《道路交通安全法》第26条，图中绿灯亮，表示准许通行，故本题【答案为×】。

7. 如图所示，驾驶机动车在路口直行遇到这种信号灯应该怎样行驶？（ ）

A. 进入路口等待　　　B. 左转弯行驶
C. 加速直行通过　　　D. 不得越过停止线

【解析】图中车辆前方红灯亮，直行车辆遇到这种信号灯应将车停在停止线之前，故本题【答案为 D】。

8. 如图所示，在路口看到这种信号灯亮时，怎样做才正确？（ ）

A. 在不妨碍被放行车辆、行人的情况下，可以通行
B. 在不妨碍被放行车辆、行人的情况下，可以直行
C. 在不妨碍被放行车辆、行人的情况下，可以左转
D. 在不妨碍被放行车辆、行人的情况下，可以右转

【解析】图中车辆前方红灯亮，遇到这种信号灯，右转车辆在不妨碍被放行车辆、行人的情况下，可以通行，故本题【答案为 D】。

9. 如图所示，驾驶机动车行驶到这个位置时，如果车前轮已越过停止线，可以继续通过。（ ）

【解析】图中车辆前方亮的是红灯，而不是黄灯，所以前轮已越过停止线也不能继续通过，故本题【答案为 ×】。

10. 遇到图中这种情况，要在停止线以外停车，等待绿灯亮后再向右转弯。（ ）

【解析】图中情形，右转弯的车辆无须停车，可直接行驶，故本题【答案为 ×】。

11. 如图所示，驾驶机动车在这种信号灯亮的路口，可以右转弯。（ ）

【解析】在红灯亮的路口，右转弯的车辆在不妨碍被放行车辆、行人通行的情况下，可以向右转弯，故本题【答案为√】。

12. 如图所示，驾驶机动车在路口遇到这种信号灯亮时，要在停止线前停车瞭望。（ ）

【解析】图中绿灯亮，车辆可继续通行，不需要停车瞭望，故本题【答案为 ×】。

13. 如图所示，驾驶机动车在路口遇到这种信号灯亮时，不能右转弯。（ ）

【解析】图中绿灯亮，车辆可以右转弯，故本题【答案为×】。

14. 如图所示，驾驶机动车遇到这种信号灯亮时，可在对面直行车前直接向左转弯。（　）

【解析】图中绿灯亮，左转弯的车辆不得妨碍被放行的直行车辆，故本题【答案为×】。

15. 如图所示，驾驶机动车在路口看到这种信号灯亮时，要加速通过。（　）

【解析】图中黄灯亮，未越过停止线的车辆禁止通行，故本题【答案为×】。

16. 如图所示，驾驶机动车在前方路口不能右转弯。（　）

【解析】图中黄灯亮，右转弯的车辆可以通行，故本题【答

案为×】。

17. 如图所示，驾驶机动车遇到这种信号灯亮时，如果已越过停止线，可以继续通行。（　）

【解析】图中黄灯亮，已越过停止线的车辆可以继续通行，故本题【答案为√】。

18. 如图所示，在路口看到这种信号灯亮时，怎样做才正确？（　）

A. 在确保通行安全的情况下加速通过路口

B. 停在路口停车线以外等待下一个绿灯信号

C. 不妨碍被放行车辆、行人通行的也不能右转弯

D. 不妨碍被放行车辆、行人通行的可以直行通过

【解析】看到黄灯亮时，未越过停止线的车辆禁止通行，所以题中正确的做法是"停在路口停车线以外等待下一个绿灯信号"，故本题【答案为B】。

19. 如图所示，路口遇到黄灯不断闪烁的情况时，表示什么？（　）

A. 路口禁止一切车辆通行

B. 路口发生道路交通事故

C. 路口交通管制需要清空

D. 路口交通信号暂时解除

【解析】黄灯闪烁起警示作用，只要确认安全，便可通过路口，相当于信号解除，故本题【答案为 D】。

20. 如图所示，在这种情况下可加速通过交叉路口。（ ）

【解析】图中黄灯亮，未越过停止线的车辆禁止通行，故本题【答案为 ×】。

21. 如图所示，这种情形下，B 车可加速通过。（ ）

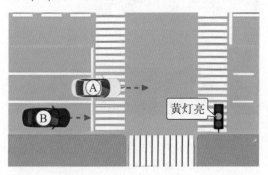

黄灯亮

【解析】图中黄灯亮，B 车未越过停止线，应停车等待，加速通过是错误的，故本题【答案为 ×】。

（二）车道信号灯

22. 驾驶机动车应选择绿色箭头灯亮的车道行驶。（ ）

【解析】依据《实施条例》第 40 条第 1 项，题中表述正确，故本题【答案为 √】。

23. 如图所示，遇到这种情况应怎样行驶?（ ）

A. 加速进入两侧车道行驶

B. 进入右侧车道行驶

C. 减速进入两侧车道行驶

D. 禁止车辆在两侧车道通行

【解析】图中车辆两侧车道为红灯，依据《实施条例》第 40 条第 2 项，禁止车辆在两侧车道通行，故本题【答案为 D】。

24. 如图所示，遇到这种情况时，中间车道不允许车辆通行。（ ）

【解析】图中中间车道红灯亮，依据《实施条例》第 40 条第 2 项，题中表述正确，故本题【答案为 √】。

25. 如图所示，这辆红色轿车可以在该车道行驶。（ ）

【解析】图中红色轿车行驶的车道亮红灯，依据《实施条例》第 40 条第 2 项，不允许在该车道行驶，故本题【答案为 ×】。

26. 如图所示，遇到这种有车道信号灯的路段，应该选择右侧或者左侧车道行驶。（ ）

【解析】依据《实施条例》第40条，题中表述正确，故本题【答案为√】。

27. 图中这辆红色机动车选择的行车道是正确的。（ ）

【解析】图中中间车道信号灯为红色叉形灯，表示禁止通行，所以红色机动车选择的行车道是错误的，故本题【答案为×】。

28. 如图所示，在有车道信号灯的路段，哪辆机动车行驶的车道是正确的？（ ）

  A. 红色小型客车（E）行驶的车道是正确的

  B. 灰色小型客车（A）行驶的车道是正确的

  C. 黄色小型客车（B）行驶的车道是正确的

  D. 蓝色小型客车（C）行驶的车道是正确的

【解析】图中左侧和右侧车道都是红灯，只有中间车道是绿灯，所以蓝色小型客车（C）行驶的车道是正确的，故本题【答案为D】。

29. 遇到图中这种有信号灯的路段，选择哪条车道行驶才正确？（ ）

  A. 选择左侧车道行驶

  B. 选择中间车道行驶

  C. 选择右侧车道行驶

  D. 选择任一车道行驶

【解析】图中只有中间车道是绿灯，所以应选择中间车道行驶，故本题【答案为B】。

30. 驾驶机动车不能进入红色叉形灯或者红色箭头灯亮的车道。（ ）

【解析】依据《实施条例》第40条第2项，题中表述正确，故本题【答案为√】。

（三）方向指示信号灯

31. 如图所示，在有这种信号灯的路口，机动车如何行驶？（ ）

  A. 向右转弯   B. 停车等待

  C. 向左转弯   D. 直行通过

【解析】图中车辆前方只有右转的灯是绿灯，依据《实施条例》第41条，只有向右转弯的车辆可以行驶，故本题【答案为A】。

32. 如图所示，在这个路口车辆怎样行驶？（ ）

  A. 直行或向右转弯   B. 向左转弯

C.直行或向左转弯　　D.向左、向右转弯

【解析】图中车辆前方直行和右转的灯是绿灯，所以直行或向右转弯的车辆可以行驶，故本题【答案为 A】。

33. 如图所示，在这个路口车辆怎样行驶?（　）

A.直行或向右转弯　　B.向右转弯
C.向左转弯　　　　　D.直行

【解析】图中车辆前方只有左转的灯是绿灯，所以只有向左转弯的车辆可以行驶，故本题【答案为 C】。

34. 如图所示，在这个路口车辆怎样行驶?（　）

A.直行　　　　　　　B.向右转弯
C.向左转弯　　　　　D.直行或向左转弯

【解析】图中车辆前方只有右转的灯是绿灯，所以只有向右转弯的车辆可以行驶，故本题【答案为 B】。

35. 遇到图中这种情况时，应该如何行驶?（　）

A.直行通过路口　　　B.向左转弯通过路口
C.向右转弯通过路口　D.在路口掉头行驶

【解析】图中向右转弯为绿灯，所以应向右转弯通过路口，故本题【答案为 C】。

36. 如图所示，驾驶机动车在这种情况下不能左转弯。（　）

【解析】图中车辆前方左转的灯是红灯，所以不能左转弯，故本题【答案为√】。

37. 在路口直行遇到图中这种情况，要在停止线外停车等待对面直行车通过后再起步。（　）

【解析】题中情形无须停车让行，可直接通过，故本题【答案为×】。

38. 如图所示，驾驶机动车在这种情况下可以右转弯。（　）

【解析】图中车辆前方右转的灯是红灯，所以不能右转弯，故本题【答案为×】。

39. 如图所示，驾驶机动车在这种情况下不能直行和左转弯。（　）

【解析】图中车辆前方直行和左转的灯是红灯，所以直行和左转弯的车辆不能行驶，故本题【答案为√】。

（四）闪光警告信号灯

40. 如图所示，驾驶机动车遇到这种信号灯不断闪烁时应怎样行驶?（ ）

　A. 尽快加速通过

　B. 靠边停车等待

　C. 注意瞭望，确认安全后通过

　D. 紧急制动

【解析】依据《实施条例》第42条，闪光警告信号灯为持续闪烁的黄灯，提示车辆、行人通行时注意瞭望，确认安全后通过，故本题【答案为C】。

41. 如图所示，遇到这种情况的路口怎样通过?（ ）

　A. 确认安全后通过　　B. 右转弯加速通过
　C. 加速直行通过　　　D. 左转弯加速通过

【解析】依据《实施条例》第42条，题中情形，应确认安全后通过，故本题【答案为A】。

42. 如图所示，看到路边有一个黄灯在闪烁时，正确的做法是什么?（ ）

　A. 只要没有行人横过就可以加速通过

　B. 提前减速观察确认是否能安全通过

　C. 鸣喇叭告知两边的行人和非机动车

　D. 如果来不及减速就直接按常速通过

【解析】依据《实施条例》第42条，题中正确的做法是"提前减速观察确认是否能安全通过"，故本题【答案为B】。

43. 路口黄灯持续闪烁，警示驾驶人要注意瞭望，确认安全后通过。（ ）

【解析】依据《实施条例》第42条，题中表述正确，故本题【答案为√】。

44. 闪光警告信号灯为持续闪烁的黄灯，其作用是提示车辆、行人快速通过。（ ）

【解析】依据《实施条例》第42条，题中黄灯的作用是提示车辆、行人通行时注意瞭望，确认安全后通过，故本题【答案为×】。

45. 黄灯持续闪烁，表示机动车可以加速通过。（ ）

【解析】依据《实施条例》第42条，题中情形，应确认安全后通过，而不是加速通过，故本题【答案为×】。

（五）道路与铁路平面交叉道口信号灯

46. 如图所示，驾驶机动车在铁路道口看到这种信号灯时应怎样行驶?（ ）

　A. 在火车到来前通过

　B. 不得越过停止线

　C. 边观察边缓慢通过

　D. 不换挡加速通过

【解析】依据《实施条例》第43条，题中车辆不得越过停止线，故本题【答案为B】。

47. 如图所示，在铁路道口遇到两个红灯交替闪烁时要停车等待。（ ）

【解析】依据《实施条例》第 43 条，题中表述正确，故本题【答案为√】。

48. 如图所示，在道路与铁路道口遇到一个红灯亮时要尽快通过。（ ）

【解析】图中一个红灯亮，依据《实施条例》第 43 条，车辆应停车等待，故本题【答案为×】。

二、交通标志

（一）警告标志

49. 图中所示属于哪一种标志?（ ）

A. 警告标志　　　　B. 指路标志
C. 指示标志　　　　D. 禁令标志

【解析】图中标志属于警告标志，故本题【答案为 A】。

50. 图中这个标志是何含义?（ ）

A. 十字交叉路口　　B. 环形交叉路口
C. T 型交叉路口　　D. Y 型交叉路口

【解析】此标志的含义是十字交叉路口，用以警告车辆驾驶人谨慎慢行，注意横向来车，故本题【答案为 A】。

51. 图中这个标志是何含义?（ ）

A. Y 型交叉路口　　B. T 型交叉路口
C. 十字交叉路口　　D. 环形交叉路口

【解析】此标志的含义是 T 型交叉路口，用以警告车辆驾驶人谨慎慢行，注意横向来车，故本题【答案为 B】。

52. 图中这个标志是何含义?（ ）

A. 向右急转弯　　　B. 向右绕行
C. 连续弯路　　　　D. 向左急转弯

【解析】此标志的含义是向右急转弯，用以警告车辆驾驶人减速慢行，故本题【答案为 A】。

53. 图中这个标志是何含义?（ ）

A. 向左绕行　　　　B. 连续弯路
C. 向左急转弯　　　D. 向右急转弯

【解析】此标志的含义是向左急转弯，用以警告车辆驾驶人减速慢行，故本题【答案为 C】。

54. 图中这个标志是何含义?（ ）

A. 下陡坡　　　　　B. 连续上坡
C. 上陡坡　　　　　D. 堤坝路

【解析】此标志的含义是上陡坡，用以警告车辆驾驶人小心驾驶，故本题【答案为 C】。

55. 图中这个标志是何含义?（ ）

A. 堤坝路　　　　　B. 上陡坡
C. 连续上坡　　　　D. 下陡坡

【解析】此标志的含义是下陡坡，用以警告车辆驾驶人小心驾驶，故本题【答案为D】。

56. 图中这个标志是何含义?（　）

A. 连续下坡　　　　B. 下陡坡
C. 上陡坡　　　　　D. 连续上坡

【解析】此标志的含义是连续下坡，用以警告车辆驾驶人小心驾驶，故本题【答案为A】。

57. 图中这个标志是何含义?（　）

A. 左侧变窄　　　　B. 窄桥
C. 窄路　　　　　　D. 右侧变窄

【解析】此标志的含义是窄桥，用以警告车辆驾驶人前方桥面宽度变狭，应谨慎驾驶，故本题【答案为B】。

58. 图中这个标志是何含义?（　）

A. 减速让行　　　　B. 潮汐车道
C. 分离式道路　　　D. 双向交通

【解析】此标志的含义是双向交通，用以提醒车辆驾驶人注意会车，故本题【答案为D】。

59. 图中标志是何含义?（　）

A. 注意行人　　　　B. 注意儿童
C. 学校区域　　　　D. 人行横道

【解析】此标志的含义是注意行人，用以警告车辆驾驶人减速慢行，注意行人，故本题【答案为A】。

60. 图中标志是何含义?（　）

A. 学校区域　　　　B. 注意儿童
C. 人行横道　　　　D. 注意行人

【解析】此标志的含义是注意儿童，用以警告车辆驾驶人减速慢行，注意儿童，故本题【答案为B】。

61. 图中这个标志是何含义?（　）

A. 注意牲畜　　　　B. 注意野生动物
C. 野生动物保护区　D. 大型畜牧场

【解析】此标志的含义是注意牲畜，用以提醒车辆驾驶人减速慢行，故本题【答案为A】。

62. 图中这个标志是何含义?（　）

A. 注意野生动物　　B. 注意牲畜
C. 动物公园　　　　D. 开放的牧区

【解析】此标志的含义是注意野生动物，用以提醒车辆驾驶人减速慢行，故本题【答案为A】。

63. 图中这个标志是何含义?（　）

A. 人行横道灯　　　B. 注意行人
C. 注意信号灯　　　D. 交叉路口

【解析】此标志的含义是注意信号灯，用以警告车辆驾驶人前方路段设有信号灯，应依信号灯指示行车，故本题【答案为C】。

64. 图中这个标志是何含义?( )

A. 傍山险路　　　　B. 悬崖路段

C. 注意落石　　　　D. 危险路段

【解析】此标志的含义是注意落石,用以提醒车辆驾驶人注意左侧有落石,故本题【答案为 C】。

65. 图中这个标志是何含义?( )

A. 隧道入口　　　　B. 气象台

C. 注意横风　　　　D. 风向标

【解析】此标志的含义是注意横风,用以提醒车辆驾驶人小心驾驶,故本题【答案为 C】。

66. 图中这个标志是何含义?( )

A. 易滑路段　　　　B. 急转弯路

C. 试车路段　　　　D. 曲线路段

【解析】此标志的含义是易滑路段,用以提醒车辆驾驶人减速慢行,故本题【答案为 A】。

67. 图中这个标志是何含义?( )

A. 堤坝路　　　　　B. 傍山险路

C. 落石路　　　　　D. 临崖路

【解析】此标志的含义是傍山险路,用以提醒车辆驾驶人小心驾驶,故本题【答案为 B】。

68. 图中这个标志是何含义?( )

A. 堤坝路　　　　　B. 临崖路

C. 傍水路　　　　　D. 易滑路

【解析】此标志的含义是堤坝路,用以提醒车辆驾驶人小心驾驶,故本题【答案为 A】。

69. 图中这个标志是何含义?( )

A. 注意行人　　　　B. 有人行横道

C. 村庄或集镇　　　D. 有小学校

【解析】此标志的含义是村庄或集镇,用以提醒车辆驾驶人小心驾驶,故本题【答案为 C】。

70. 图中这个标志是何含义?( )

A. 水渠　　　　　　B. 桥梁

C. 隧道　　　　　　D. 涵洞

【解析】此标志的含义是隧道,用以提醒车辆驾驶人减速慢行,故本题【答案为 C】。

71. 图中这个标志是何含义?( )

A. 驼峰桥　　　　　B. 路面高突

C. 路面低洼　　　　D. 不平路面

【解析】此标志的含义是驼峰桥,用以提醒车辆驾驶人谨慎驾驶,故本题【答案为 A】。

72. 图中这个标志是何含义?( )

A. 路面低洼　　　B. 驼峰桥

C. 路面不平　　　D. 路面高突

【解析】此标志的含义是路面不平，用以提醒车辆驾驶人减速慢行，故本题【答案为C】。

73. 图中这个标志是何含义？（　）

A. 路面不平　　　B. 减速丘

C. 路面低洼　　　D. 驼峰桥

【解析】此标志的含义是减速丘，用以提醒车辆驾驶人减速慢行，前方路段设有减速丘，故本题【答案为B】。

74. 图中这个标志是何含义？（　）

A. 泥泞道路　　　B. 低洼路面

C. 过水路面　　　D. 渡口

【解析】此标志的含义是过水路面，用以提醒车辆驾驶人谨慎慢行，故本题【答案为C】。

75. 图中这个标志是何含义？（　）

A. 有人看守铁路道口

B. 多股铁路与道路相交

C. 立交式铁路道口

D. 无人看守铁路道口

【解析】此标志的含义是有人看守铁路道口，用以警告车辆驾驶人减速慢行，及时停车，故本题【答案为A】。

76. 图中这个标志是何含义？（　）

A. 注意长时鸣喇叭

B. 无人看守铁路道口

C. 有人看守铁路道口

D. 多股铁路与道路相交

【解析】此标志的含义是无人看守铁路道口，用以警告车辆驾驶人减速慢行，及时停车，故本题【答案为B】。

77. 图中这个标志是何含义？（　）

A. 有人看守铁路道口

B. 无人看守铁路道口

C. 多股铁路与道路相交

D. 注意避让火车

【解析】此标志的含义是多股铁路与道路相交，用以警告车辆驾驶人减速慢行，及时停车，故本题【答案为C】。

78. 图中这个标志是何含义？（　）

A. 距无人看守铁路道口100米

B. 距有人看守铁路道口100米

C. 距无人看守铁路道口50米

D. 距有人看守铁路道口50米

【解析】此标志的含义是距无人看守铁路道口50米，用以警告车辆驾驶人减速慢行，及时停车，故本题【答案为C】。

79. 图中这个标志是何含义？（　）

A. 距有人看守铁路道口50米

B. 距无人看守铁路道口100米

C. 距有人看守铁路道口100米

D. 距无人看守铁路道口50米

【解析】此标志的含义是距无人看守铁路道口100米，用以警告车辆驾驶人减速慢行，及时停车，故本题【答案为B】。

80. 图中这个标志是何含义? ( )

A. 距无人看守铁路道口 150 米
B. 距无人看守铁路道口 100 米
C. 距有人看守铁路道口 100 米
D. 距有人看守铁路道口 150 米

【解析】此标志的含义是距无人看守铁路道口 150 米，用以警告车辆驾驶人减速慢行，及时停车，故本题【答案为 A】。

81. 图中这个标志是何含义? ( )

A. 非机动车道　　B. 避让非机动车
C. 禁止非机动车通行　D. 注意非机动车

【解析】此标志的含义是注意非机动车，用以提醒车辆驾驶人减速慢行，故本题【答案为 D】。

82. 图中这个标志是何含义? ( )

A. 禁止非机动车通行　B. 注意电动自行车
C. 电动自行车车道　　D. 注意非机动车

【解析】此标志的含义是注意电动自行车，用以提醒车辆驾驶人谨慎驾驶，注意电动自行车，故本题【答案为 B】。

83. 图中标志是何含义? ( )

A. 残疾人出入口　　B. 注意残疾人
C. 残疾人休息处　　D. 残疾人专用通道

【解析】此标志的含义是注意残疾人，用以提醒车辆驾驶人减速慢行，注意残疾人，故本题【答案为 B】。

84. 图中这个标志是何含义? ( )

A. 事故易发路段　　B. 施工路段
C. 减速慢行路段　　D. 拥堵路段

【解析】此标志的含义是事故易发路段，用以提醒车辆驾驶人前方道路为事故易发路段，需谨慎驾驶，故本题【答案为 A】。

85. 图中这个标志是何含义? ( )

A. 施工路段绕行　　B. 双向交通
C. 左右绕行　　　　D. 注意危险

【解析】此标志的含义是左右绕行，用以提醒车辆驾驶人前方道路有障碍物，应减速慢行，故本题【答案为 C】。

86. 图中这个标志是何含义? ( )

A. 注意危险　　　　B. 右侧绕行
C. 左侧绕行　　　　D. 单向通行

【解析】此标志的含义是左侧绕行，用以提醒车辆驾驶人前方道路有障碍物，应减速慢行，故本题【答案为 C】。

87. 图中这个标志是何含义? ( )

A. 右侧绕行　　　　B. 单向通行
C. 注意危险　　　　D. 左侧绕行

【解析】此标志的含义是右侧绕行，用以提醒车辆驾驶人前方道路有障碍物，应减速慢行，故本题【答案为 A】。

88. 图中这个标志是何含义? ( )

A. 减速慢行　　　　　B. 注意危险

C. 拥堵路段　　　　　D. 事故多发路段

【解析】此标志的含义是注意危险，用以提醒车辆驾驶人谨慎驾驶，故本题【答案为 B】。

89. 图中这个标志是何含义?（　　）

A. 塌方路段　　　　　B. 施工路段

C. 前方工厂　　　　　D. 道路堵塞

【解析】此标志的含义是施工路段，用以提醒车辆驾驶人前方道路施工，应减速慢行或绕道行驶，故本题【答案为 B】。

90. 图中这个标志是何含义?（　　）

A. 最高速度　　　　　B. 限制速度

C. 建议速度　　　　　D. 最低速度

【解析】此标志的含义是建议速度，用以提醒车辆驾驶人以建议的速度行驶，故本题【答案为 C】。

91. 图中这个标志是何含义?（　　）

A. 注意双向行驶　　　B. 靠两侧行驶

C. 注意潮汐车道　　　D. 可变车道

【解析】此标志的含义是注意潮汐车道，用以警告车辆驾驶人前方为潮汐车道，故本题【答案为 C】。

92. 图中这个标志是何含义?（　　）

A. 两侧变窄路段　　　B. 车速测试路段

C. 车距确认路段　　　D. 注意保持车距

【解析】此标志的含义是注意保持车距，用以警告车辆驾驶人注意和前方车辆保持安全距离，故本题【答案为 D】。

93. 图中这个标志是何含义?（　　）

A.Y 型交叉口　　　　B. 主路让行

C. 注意分流　　　　　D. 注意合流

【解析】此标志的含义是注意合流，用以警告车辆驾驶人前方有车辆汇合进来，故本题【答案为 D】。

94. 图中这个标志是何含义?（　　）

A. 避险车道　　　　　B. 应急车道

C. 路肩　　　　　　　D. 急弯道

【解析】此标志的含义是避险车道，用以提醒汽车驾驶人注意是否使用避险车道，故本题【答案为 A】。

95. 图中这个标志是何含义?（　　）

A. 注意危险　　　　　B. 交通事故管理

C. 事故易发路段　　　D. 施工路段

【解析】此标志的含义是交通事故管理，用以警告车辆驾驶人前方路段正在进行道路交通事故管理，应减速慢行、停车等候或绕道行驶，故本题【答案为 B】。

96. 图中这个标志是何含义?（　　）

A. 应急车道　　　　　B. 注意车道数变少

C. 合流处　　　　　　D. 向左变道

【解析】此标志的含义是注意车道数变少，用以提醒车辆驾驶人前方车道数量变少，故本题【答案为 B】。

97. 图中这个标志是何含义?（　）

A. 分流诱导标志　　　B. 合流诱导标志
C. 线形诱导标志　　　D. 转弯诱导标志

【解析】此标志的含义是线形诱导标志,用以引导行车方向,提示驾驶人谨慎驾驶,注意前方线形变化,故本题【答案为C】。

98. 图中这个标志是何含义?（　）

A. 不准通行　　　　　B. 两侧通行
C. 左侧通行　　　　　D. 右侧通行

【解析】此标志的含义是两侧通行,用以引导行车方向,提示驾驶人谨慎驾驶,注意前方线形变化,故本题【答案为B】。

99. 图中这个标志是何含义?（　）

A. 两侧通行　　　　　B. 不准通行
C. 左侧通行　　　　　D. 右侧通行

【解析】此标志的含义是右侧通行,用以引导行车方向,提示驾驶人谨慎驾驶,注意前方线形变化,故本题【答案为D】。

100. 图中这个标志是何含义?（　）

A. 左侧通行　　　　　B. 右侧通行
C. 两侧通行　　　　　D. 不准通行

【解析】此标志的含义是左侧通行,用以引导行车方向,提示驾驶人谨慎驾驶,注意前方线形变化,故本题【答案为A】。

101. 图中这个标志是何含义?（　）

A. 限制高度　　　　　B. 注意积水
C. 限制轴重　　　　　D. 限制宽度

【解析】此标志的含义是注意积水,用以提醒车辆驾驶人注意前方路段积水,故本题【答案为B】。

102. 图中这是什么交通标志?（　）

A. 两侧变窄　　　　　B. 右侧变窄
C. 左侧变窄　　　　　D. 桥面变窄

【解析】此为左侧变窄标志,用以警告车辆驾驶人注意前方道路左侧变窄,遇有来车应减速避让,故本题【答案为C】。

103. 图中这是什么交通标志?（　）

A. 两侧变窄　　　　　B. 右侧变窄
C. 左侧变窄　　　　　D. 桥面变窄

【解析】此为右侧变窄标志,用以警告车辆驾驶人注意前方道路右侧变窄,遇有来车应减速避让,故本题【答案为B】。

104. 图中这是什么交通标志?（　）

A. 两侧变窄   B. 右侧变窄
C. 左侧变窄   D. 桥面变窄

【解析】此为两侧变窄标志，用以警告车辆驾驶人注意前方道路两侧变窄，遇有来车应减速避让，故本题【答案为A】。

105. 图中这是什么交通标志?（   ）

A. 易滑路段   B. 急转弯路
C. 反向弯路   D. 连续弯路

【解析】此为连续弯路标志，用以警告车辆驾驶人减速慢行，故本题【答案为D】。

106. 图中这个标志的含义是前方为塌方路段，车辆应绕道行驶。（   ）

【解析】此标志表示前方道路施工，与塌方没有关系，故本题【答案为×】。

107. 图中这个标志的含义是前方道路为单向通行路段。（   ）

【解析】此标志表示前方道路有障碍物，车辆应从右侧绕行，而不是表示单向通行路段，故本题【答案为×】。

108. 图中这个标志的含义是前方道路有障碍物，车辆应从左侧绕行。（   ）

【解析】此标志的含义是左侧绕行，表示前方道路有障碍物，车辆应从左侧绕行，故本题【答案为√】。

109. 图中这个标志的含义是前方道路施工，车辆应左右绕行。（   ）

【解析】此标志表示前方道路有障碍物，而不是前方道路施工，故本题【答案为×】。

110. 图中这个标志的含义是前方为拥堵路段，注意减速慢行。（   ）

【解析】此标志表示前方道路为事故易发路段，而不是拥堵路段，故本题【答案为×】。

111. 图中这个标志是提醒车辆驾驶人前方为非机动车道。（   ）

【解析】此标志的含义是注意非机动车，而不是非机动车道，故本题【答案为×】。

112. 图中这个标志是提醒车辆驾驶人谨慎驾驶，注意电动自行车。（   ）

【解析】此为注意电动自行车标志，题中表述正确，故本题【答案为√】。

113. 图中这个标志是提醒车辆驾驶人前方为无人看守铁路道口。（   ）

【解析】此为无人看守铁路道口标志，用以提醒车辆驾驶人前方是无人看守铁路道口，故本题【答案为√】。

114. 图中这个标志是提醒车辆驾驶人前方为无人看守铁路道口。（　）

【解析】此标志的含义是前方为有人看守铁路道口，而不是无人看守铁路道口，故本题【答案为×】。

115. 图中这个标志是提醒车辆驾驶人前方为过水路面或漫水桥路段。（　）

【解析】此为过水路面或漫水桥标志，用以提醒车辆驾驶人前方是过水路面或漫水桥路段，故本题【答案为√】。

116. 图中这个标志是提醒车辆驾驶人前方路面颠簸或有桥头跳车现象。（　）

【解析】此为路面不平标志，用以提醒车辆驾驶人前方路面颠簸或有桥头跳车现象，故本题【答案为√】。"桥头跳车"是指由于公路桥头及伸缩缝（桥头引道）处的差异沉降或伸缩缝损坏而使路面纵坡出现台阶使车辆通过时产生跳跃现象。

117. 图中这个标志是提醒车辆驾驶人前方为桥头跳车较严重的路段。（　）

【解析】此标志为驼峰桥，表示前方拱度很大，影响视距，故本题【答案为×】。

118. 图中这个标志是提醒车辆驾驶人前方为单向行驶并且照明不好的涵洞。（　）

【解析】此标志的含义是双向行驶并且照明不好的隧道，而不是单向行驶的涵洞，故本题【答案为×】。

119. 图中这个标志是提醒车辆驾驶人前方路段通过村庄或集镇。（　）

【解析】此为村庄或集镇标志，用以提醒车辆驾驶人前方路段通过村庄或集镇，故本题【答案为√】。

120. 图中这个标志是提醒车辆驾驶人前方为堤坝路段。（　）

【解析】此标志表示前方是傍山险路路段，而不是堤坝路段，故本题【答案为×】。

121. 图中这个标志是提醒车辆驾驶人前方为急转弯路段。（　）

【解析】此标志表示前方是易滑、容易发生事故的路段，而不是急转弯路段，故本题【答案为×】。

122. 图中这个标志是提醒车辆驾驶人前方有很强的侧向风。（　）

【解析】此为注意横风标志，用以提醒车辆驾驶人前方有很强的侧向风，故本题【答案为√】。

123. 图中这个标志是提醒车辆驾驶人前方为傍山险路路段。（　）

【解析】此标志表示前方是有落石危险的傍山路段，而不是傍山险路路段，故本题【答案为 ×】。

124. 图中这个标志是警告车辆驾驶人前方设有信号灯。（ ）

【解析】此为注意信号灯标志，用以警告车辆驾驶人前方设有信号灯，故本题【答案为√】。

125. 图中标志是警告车辆驾驶人前方为学校区域。（ ）

【解析】此标志是提醒车辆驾驶人前方为儿童经常出入的地点，应减速慢行，注意儿童，而不是表示学校区域，故本题【答案为 ×】。

126. 图中标志是警告车辆驾驶人前方为人行横道。（ ）

【解析】此标志的含义是注意行人，而不是人行横道，故本题【答案为 ×】。

127. 图中这个标志是提醒车辆驾驶人前方道路变为不分离双向行驶路段。（ ）

【解析】此为双向交通标志，用以提醒车辆驾驶人前方道路变为不分离双向行驶路段，注意会车，故本题【答案为√】。

128. 图中这个标志是提醒车辆驾驶人前方两侧行车道或路面变窄。（ ）

【解析】此标志的含义的是前方桥面宽度变窄，而不是两侧行车道或路面变窄，故本题【答案为 ×】。

129. 图中这个标志是提醒车辆驾驶人前方左侧行车道或路面变窄。（ ）

【解析】此为左侧变窄标志，用以提醒车辆驾驶人前方左侧行车道或路面变窄，故本题【答案为√】。

130. 图中这个标志是提醒车辆驾驶人前方右侧行车道或路面变窄。（ ）

【解析】此为右侧变窄标志，用以提醒车辆驾驶人前方右侧行车道或路面变窄，故本题【答案为√】。

131. 图中这个标志的含义是前方桥面宽度变窄。（ ）

【解析】此标志表示前方车行道或路面两侧变窄，而不是桥面宽度变窄，故本题【答案为 ×】。

132. 图中这个标志的含义是表示前方有两个相邻的反向转弯道路。（ ）

【解析】此标志表示前方为连续弯路，而不是反向转弯道路，故本题【答案为×】。

133. 图中这个标志是提醒车辆驾驶人前方道路易滑，请注意慢行。（　）

【解析】此标志表示前方为反向弯路，而不是道路易滑，故本题【答案为×】。

134. 图中这个标志是提醒车辆驾驶人前方出现向左的急转弯路。（　）

【解析】此为向左急弯路标志，用以表示前方出现向左的急转弯路，故本题【答案为√】。

135. 图中这个标志的含义是前方道路有障碍物，车辆应减速绕行。（　）

【解析】此标志表示前方为向右急弯路，而不是道路有障碍物，故本题【答案为×】。

136. 图中这个标志的含义是前方即将行驶至Y型交叉路口。（　）

【解析】此标志表示前方即将行驶至T型交叉路口，而不是Y型交叉路口，故本题【答案为×】。

137. 图中这个标志用以警告车辆驾驶人谨慎慢行，注意横向来车。（　）

【解析】此为十字型交叉路口标志，用以警告车辆驾驶人谨慎慢行，注意横向来车，故本题【答案为√】。

138. 如图所示，这个标志设置在有人看守的铁路道口，提示驾驶人距有人看守的铁路道口还有100米。（　）

【解析】此图标志设置在无人看守的铁路道口，提示驾驶人距无人看守的铁路道口还有100米，故本题【答案为×】。

139. 如图所示，铁路道口设置这个标志，是提示驾驶人前方路口有单股铁道。（　）

【解析】铁路道口设置图中标志，是提示驾驶人前方路口有多股铁道，而不是单股铁道，故本题【答案为×】。

140. 遇到图中这个标志时，车辆驾驶人应该主动确认与前车之间的距离。（　）

【解析】此标志表示注意保持车距，警告驾驶人注意与前车保持安全距离，故本题【答案为√】。

141. 图中这个标志是提醒车辆驾驶人注意潮汐车道。（　）

【解析】题中表述正确，故本题【答案为√】。

142. 图中标志表示前方道路有Y型交叉路口，会有横向车辆。（　）

【解析】题中表述正确，故本题【答案为√】。

143. 图中标志表示前方道路有环形交叉路口，前方路口可以掉头行驶。（　）

【解析】题中表述正确，故本题【答案为√】。

144. 图中标志表示前方是易发生车辆追尾的路段。（　）

【解析】图中标志表示前方为事故易发路段，故本题【答案为×】。

145. 图中标志的作用是警告车辆驾驶人前方有危险，应谨慎通行。（　）

【解析】图中标志的含义分别为T型交叉路口、向右急弯路、两侧变窄，这些路段都有一定危险，车辆驾驶人应谨慎通行，故本题【答案为√】。

146. 图中哪个标志是提醒驾驶人下陡坡？（　）

图1　　　　图2　　　　图3　　　　图4

A. 图1
B. 图2
C. 图3
D. 图4

【解析】图4的标志表示下陡坡，故本题【答案为D】。

147. 图中哪个标志是提醒驾驶人前面为连续弯路？（　）

图1　　　　图2　　　　图3　　　　图4

A. 图1
B. 图2
C. 图3
D. 图4

【解析】图2的标志表示连续弯路，故本题【答案为B】。

148. 图中哪个标志是提醒驾驶人前方车道数量变少？（　）

图1　　　　图2　　　　图3　　　　图4

A. 图1
B. 图2
C. 图3
D. 图4

【解析】图4的标志表示前方车道数量变少，故本题【答案为D】。

149. 当驾驶员看到图中标志时，需减速慢行，原因是什么？（　）

A. 前方车行道或路面变窄
B. 前方有弯道
C. 前方车流量较大
D. 前方有窄桥

【解析】图中为右侧变窄标志，车辆驾驶人需减速慢行，故本题【答案为A】。

（二）禁令标志

150. 这属于哪一种标志?（ ）

A. 警告标志　　　　B. 禁令标志

C. 指示标志　　　　D. 指路标志

【解析】此标志图案为白底、红圈、红杠、黑图案、图案压杠，是禁令标志的特征，故本题【答案为B】。

151. 禁令标志的作用是什么?（ ）

A. 指示车辆行进　　B. 警告前方危险

C. 禁止或限制行为　D. 告知方向信息

【解析】禁令标志的作用是对车辆加以禁止或限制，如禁止通行、禁止停车、限制速度、限制高度等，故本题【答案为C】。

152. 图中这个标志是何含义?（ ）

A. 停车让行　　　　B. 不准临时停车

C. 不准车辆驶入　　D. 不准长时间停车

【解析】此标志的含义是停车让行，表示车辆应在停止线前停车瞭望，确认安全后，方可通行，故本题【答案为A】。

153. 图中这个标志是何含义?（ ）

A. 不准让行　　　　B. 会车让行

C. 减速让行　　　　D. 停车让行

【解析】此标志的含义是减速让行，车辆驾驶人应慢行或停车，观察干道行车情况，在干道车辆优先，并确保安全的前提下，方可进入路口，故本题【答案为C】。

154. 图中这个标志是何含义?（ ）

A. 会车时停车让右侧车先行

B. 右侧道路禁止车辆通行

C. 前方是双向通行路段

D. 会车时停车让对方车先行

【解析】此标志的含义是停车让行，表示车辆会车时，应停车让对方车先行，故本题【答案为D】。

155. 图中这个标志是何含义?（ ）

A. 禁止通行　　　　B. 减速行驶

C. 限时进入　　　　D. 禁止驶入

【解析】此标志的含义是禁止通行，表示禁止一切车辆和行人通行，故本题【答案为A】。

156. 图中这个标志表示哪种车型禁止通行?（ ）

A. 各种车辆　　　　B. 小型客车

C. 中型客车　　　　D. 小型货车

【解析】此标志表示小型客车禁止通行，故本题【答案为B】。

157. 图中这个标志是何含义?（ ）

A. 禁止三轮车驶入

B. 禁止机动车驶入

C. 禁止挂车、半挂车驶入

D. 禁止停车

【解析】此为禁止挂车、半挂车驶入标志，故本题【答案为C】。

158.图中这个标志是禁止电动自行车进入。（　）

【解析】题中表述正确，故本题【答案为√】。

159.图中这个标志是何含义？（　）

A.禁止车辆掉头　　B.禁止向左变道

C.禁止向左转弯　　D.禁止驶入左车道

【解析】此标志的含义是禁止向左转弯，故本题【答案为C】。

160.图中这个标志是何含义？（　）

A.禁止驶入路口　　B.禁止向右转弯

C.禁止变更车道　　D.禁止车辆掉头

【解析】此标志的含义是禁止向右转弯，故本题【答案为B】。

161.图中这个标志是何含义？（　）

A.禁止向右转弯　　B.禁止掉头

C.禁止直行　　　　D.禁止向左转弯

【解析】此标志的含义是禁止直行，故本题【答案为C】。

162.图中这个标志是何含义？（　）

A.禁止在路口掉头

B.禁止向左向右变道

C.禁止向左向右转弯

D.禁止车辆直行

【解析】此标志的含义是禁止向左向右转弯，故本题【答案为C】。

163.图中这个标志是何含义？（　）

A.禁止直行和向左变道

B.禁止直行和向左转弯

C.允许直行和向左变道

D.禁止直行和向右转弯

【解析】此标志的含义是禁止直行和向左转弯，故本题【答案为B】。

164.图中这个标志是何含义？（　）

A.禁止直行和向左变道

B.禁止直行和向右转弯

C.允许直行和向左变道

D.禁止直行和向右转弯

【解析】此标志的含义是禁止直行和向右转弯，故本题【答案为D】。

165.图中这个标志是何含义？（　）

A.禁止变道　　　　B.禁止左转

C. 禁止直行　　　　　D. 禁止掉头

【解析】此标志的含义是禁止掉头, 故本题【答案为D】。

166. 图中这个标志是何含义? ( )

A. 禁止借道　　　　B. 禁止变道
C. 禁止超车　　　　D. 禁止掉头

【解析】此标志的含义是禁止超车, 表示该标志至前方解除禁止超车标志的路段内, 不允许机动车超车, 故本题【答案为C】。

167. 图中这个标志是何含义? ( )

A. 解除禁止超车　　B. 准许变道行驶
C. 解除禁止变道　　D. 解除禁止借道

【解析】此标志的含义是解除禁止超车, 表示禁止超车路段结束, 故本题【答案为A】。

168. 图中这个标志是何含义? ( )

A. 允许临时停车　　B. 允许长时停车
C. 禁止长时停车　　D. 禁止停放车辆

【解析】此标志的含义是禁止停放车辆, 表示在限定的范围内, 禁止一切车辆停放, 故本题【答案为D】。

169. 图中这个标志是何含义? ( )

A. 禁止临时停车　　B. 禁止长时停车
C. 禁止停放车辆　　D. 允许长时停车

【解析】此标志的含义是禁止长时停车, 表示在限定的范围内, 禁止一切车辆长时停放, 但临时停车不受限制, 故本题【答案为B】。

170. 图中这个标志是何含义? ( )

A. 禁止长时鸣喇叭　　B. 断续鸣喇叭
C. 减速鸣喇叭　　　　D. 禁止鸣喇叭

【解析】此标志的含义是禁止鸣喇叭, 故本题【答案为D】。

171. 图中这个标志是何含义? ( )

A. 预告宽度为3米　　B. 限制宽度为3米
C. 解除3米限宽　　　D. 限制高度为3米

【解析】此标志的含义是限制宽度为3米, 表示禁止装载宽度超过3米的车辆通行, 故本题【答案为B】。

172. 图中这个标志是何含义? ( )

A. 限制宽度为3.5米
B. 解除3.5米限高
C. 限制车距为3.5米
D. 限制高度为3.5米

【解析】此标志的含义是限制高度为3.5米, 表示禁止装载高度超过3.5米的车辆通行, 故本题【答案为D】。

173. 图中这个标志是何含义? ( )

A. 前方40米减速
B. 最低时速40千米
C. 限制40吨轴重
D. 限制最高时速40千米

【解析】此标志的含义是限制最高时速 40 千米，表示该标志至前方解除限制速度标志或另一块不同限速值的限制速度标志的路段内，机动车时速不准超过 40 千米，故本题【答案为 D】。

174. 图中这个标志是何含义？（ ）

A. 40 米减速行驶路段

B. 最低时速 40 千米

C. 最高时速 40 千米

D. 解除时速 40 千米限制

【解析】此标志的含义是解除时速 40 千米限制，表示限制速度路段结束，故本题【答案为 D】。

175. 图中这个标志是何含义？（ ）

A. 海关检查　　　　B. 停车检查

C. 边防检查　　　　D. 禁止通行

【解析】此标志的含义是停车检查，表示机动车应停车接受检查，故本题【答案为 B】。

176. 图中这个标志是何含义？（ ）

A. 禁止电动自行车进入

B. 禁止非机动车停车

C. 禁止电动自行车停车

D. 禁止非机动车进入

【解析】此标志的含义是禁止电动自行车进入，故本题【答案为 A】。

177. 图中这个标志表示车辆会车时，对方车辆应停车让行。（ ）

【解析】此标志的含义是会车让行，表示车辆会车时，应让对方车先行，故本题【答案为 ×】。答题技巧：看线条粗细，谁粗谁先行。

178. 图中这个标志是提醒车辆驾驶人慢行或停车，确保干道车辆优先。（ ）

【解析】此为减速让行标志，用以提醒车辆驾驶人慢行或停车，确保干道车辆优先，故本题【答案为√】。

179. 在驾车过程中遇到图中标志时，应慢行或停车，观察干道行车情况，在干道车辆优先，并确保安全的前提下，方可进入路口。（ ）

【解析】题中表述正确，故本题【答案为√】。

180. 遇到图中这个标志，车辆驾驶人不可以左转，但是可以掉头。（ ）

【解析】因为掉头是通过左转实现的，所以遇到此标志，既不可以左转，也不可以掉头，故本题【答案为 ×】。

181. 图中标志表示前方路段在限定的范围内，禁止一切车辆长时间停放，但临时停车不受限制。（ ）

【解析】图中为禁止停车标志, 禁止一切车辆停放, 故本题【答案为×】。

182. 图中标志表示前方路段禁止一切车辆驶入。( )

【解析】图中标志表示前方路段禁止通行, 即除车辆外, 人员也不能进入, 故本题【答案为×】。

183. 如图所示, 该交通标志的含义是限制宽度为 3 米, 表示禁止装载宽度超过 3 米的车辆进入。( )

【解析】题中表述正确, 故本题【答案为√】。

184. 图中这个标志是什么意思? ( )

A. 进入前方路口要加速通过
B. 进入前方路口要停车观察
C. 进入前方路口要注意车辆
D. 进入前方路口要减速让行

【解析】此为停车让行标志, 表示进入路口前要停车观察, 让其他车辆先行, 故本题【答案为B】。

185. 图中这个标志是什么意思? ( )

A. 进入前方路口要注意观察
B. 进入前方路口要停车让行
C. 进入前方路口要减速让行
D. 进入前方路口要注意车辆

【解析】此为减速让行标志, 表示进入路口前要降低车速,

让其他车辆先行, 故本题【答案为C】。

186. 图中这个标志是什么意思? ( )

A. 会车时让对向车先行
B. 会车时有优先通行权
C. 前方是会车困难路段
D. 会车时对方应停车让行

【解析】此为会车让行标志, 表示会车时让对向车先行, 故本题【答案为A】。

187. 如图所示, 以下交通标志表示除小客车和货车外, 其他车辆可以直行。( )

【解析】图中小客车和货车是辅助标志, 设在禁止直行标志下方, 表示除小客车和货车外, 其他车辆可以直行, 故本题【答案为√】。

188. 如图所示, 以下交通标志中, 表示禁止一切车辆和行人通行的是哪个? ( )

图1　　　图2　　　图3　　　图4

A. 图 1　　　　　　B. 图 2
C. 图 3　　　　　　D. 图 4

【解析】图1是禁止通行标志, 表示禁止一切车辆和行人通行, 故本题【答案为A】。

189. 如图所示, 下列哪个交通标志表示不能停车? ( )

图1　　　图2　　　图3　　　图4

A. 图 1
B. 图 2
C. 图 3
D. 图 4

【解析】图 1 至图 4 分别为禁止长时停车标志、禁止停车标志、停车检查标志和停车让行标志，故本题【答案为 B】。

190. 如图所示，下列哪个标志表示禁止一切车辆长时间停放，但临时停车不受限制？（ ）

图1 图2 图3 图4

A. 图 1
B. 图 2
C. 图 3
D. 图 4

【解析】图 4 为禁止长时停车标志，表示禁止一切车辆长时间停放，但临时停车不受限制，故本题【答案为 D】。

191. 如图所示，下列哪个标志表示禁止挂车、半挂车驶入？（ ）

图1 图2 图3 图4

A. 图 1
B. 图 2
C. 图 3
D. 图 4

【解析】图 3 表示禁止挂车、半挂车驶入，故本题【答案为 C】。

192. 图中所示属于哪一种标志？（ ）

A. 禁令标志
B. 指示标志
C. 指路标志
D. 警告标志

【解析】图中为禁令标志，故本题【答案为 A】。

193. 图中交通标志的含义是什么？（ ）

A. 禁止机动车驶入
B. 禁止小客车驶入
C. 禁止所有车辆驶入
D. 禁止非机动车驶入

【解析】图中交通标志的含义是禁止机动车驶入，故本题【答案为 A】。

（三）指示标志

194. 指示标志的作用是什么？（ ）
A. 告知方向信息
B. 警告前方危险
C. 限制车辆、行人通行
D. 指示车辆、行人行进

【解析】指示标志用来指示车辆和行人按规定方向、地点行驶，故本题【答案为 D】。

195. 图中所示属于哪一种标志？（ ）

A. 警告标志　　　　B. 禁令标志
C. 指示标志　　　　D. 指路标志

【解析】此标志颜色为蓝底、白图案，形状为圆形，是指示标志的特征，故本题【答案为 C】。

196. 图中这个标志是何含义？（ ）

A. 直行车道　　　　B. 只准直行
C. 单行路　　　　　D. 禁止直行

【解析】此标志的含义是只准直行，故本题【答案为B】。

197. 图中这个标志是何含义？（　　）

A. 向左转弯　　　　　B. 禁止直行
C. 直行车道　　　　　D. 单行路

【解析】此标志的含义是向左转弯，表示一切车辆只准向左转弯，故本题【答案为A】。

198. 图中这个标志是何含义？（　　）

A. 向右转弯　　　　　B. 单行路
C. 只准直行　　　　　D. 直行车道

【解析】此标志的含义是向右转弯，表示一切车辆只准向右转弯，故本题【答案为A】。

199. 图中这个标志是何含义？（　　）

A. 直行和向左转弯
B. 直行和向右转弯
C. 禁止直行和向右转弯
D. 只准向左和向右转弯

【解析】此标志的含义是直行和向右转弯，表示一切车辆只准直行和向右转弯，故本题【答案为B】。

200. 图中这个标志是何含义？（　　）

A. 直行和向右转弯
B. 直行和向左转弯
C. 禁止直行和向左转弯
D. 只准向右和向左转弯

【解析】此标志的含义是直行和向左转弯，表示一切车辆只准直行和向左转弯，故本题【答案为B】。

201. 图中这个标志是何含义？（　　）

A. 禁止向左转弯　　　B. 向左和向右转弯
C. 禁止向左右转弯　　D. 禁止向右转弯

【解析】此标志的含义是向左和向右转弯，表示一切车辆只准向左和向右转弯，故本题【答案为B】。

202. 图中这个标志是何含义？（　　）

A. 右侧是下坡路段　　B. 分隔带右侧行驶
C. 靠道路右侧停车　　D. 只准向右转弯

【解析】此标志的含义是分隔带右侧行驶，表示一切车辆只准在分隔设施的右侧行驶，故本题【答案为B】。

203. 图中这个标志是何含义？（　　）

A. 靠道路左侧停车　　B. 左侧是下坡路段
C. 只准向左转弯　　　D. 分隔带左侧行驶

【解析】此标志的含义是分隔带左侧行驶，表示一切车辆只准在分隔设施的左侧行驶，故本题【答案为D】。

204. 图中这个标志是何含义？（　　）

A. 右侧通行　　　　　B. 左侧通行
　　　　C. 向右行驶　　　　　D. 环岛行驶

【解析】此标志的含义是环岛行驶，表示一切车辆只准靠右环行，故本题【答案为D】。

205. 图中标志是何含义？（　）

 A. 左转让行　 B. 直行单行路
 C. 向右单行路　 D. 向左单行路

【解析】此标志的含义是向左单行路，表示该道路为单向行，已进入的车辆应依标志指示方向行驶，故本题【答案为 D】。

206. 图中标志是何含义？（　）

 A. 向左单行路　 B. 向右单行路
 C. 直行单行路　 D. 右转让行

【解析】此标志的含义是向右单行路，表示该道路为单向行，已进入的车辆应依标志指示方向行驶，故本题【答案为 B】。

207. 图中这个标志是何含义？（　）

 A. 靠右侧行驶
 B. 不允许直行
 C. 直行单行路
 D. 直行车让行

【解析】此标志的含义是直行单行路，表示该道路为单向行，已进入的车辆应依标志指示方向行驶，故本题【答案为 C】。

208. 图中这个标志是何含义？（　）

 A. 禁止鸣高音喇叭
 B. 禁止鸣低音喇叭
 C. 应当鸣喇叭
 D. 禁止鸣喇叭

【解析】此标志的含义是应当鸣喇叭，表示机动车行至该标志处应鸣喇叭，以提醒对向车辆驾驶人注意并减速慢行，

故本题【答案为 C】。

209. 图中标志是何含义？（　）

 A. 人行横道　 B. 学生通道
 C. 注意行人　 D. 儿童通道

【解析】此标志的含义是人行横道，表示该处为人行横道，故本题【答案为 A】。

210. 图中这个标志是何含义？（　）

 A. 最低限速 60 千米 / 时
 B. 高度限速 60 千米 / 时
 C. 水平高度 60 米
 D. 海拔高度 60 米

【解析】此标志的含义是最低限速 60 千米 / 时，表示前方道路的最低限速为 60 千米 / 时，故本题【答案为 A】。

211. 图中这个标志是何含义？（　）

 A. 停车让行　 B. 单行路
 C. 会车先行　 D. 对向先行

【解析】此标志的含义是会车先行，表示车辆在会车时享有优先通行权，故本题【答案为 C】。

212. 图中这个标志是何含义？（　）

 A. 右转车道　 B. 掉头车道
 C. 左转车道　 D. 分向车道

【解析】此标志的含义是右转车道，表示车辆可以右转行驶的车道，故本题【答案为 A】。

213. 图中这个标志是何含义?( )

A. 右转车道　　　　B. 掉头车道

C. 左转车道　　　　D. 分向车道

【解析】此标志的含义是左转车道,表示车辆可以左转行驶的车道,故本题【答案为C】。

214. 图中这个标志是何含义?( )

A. 右转车道　　　　B. 掉头车道

C. 左转车道　　　　D. 直行车道

【解析】此标志的含义是直行车道,表示车辆可以直行的车道,故本题【答案为D】。

215. 图中这个标志是何含义?( )

A. 直行和左转车道

B. 直行和辅路出口车道

C. 直行和右转合用车道

D. 分向行驶车道

【解析】此标志的含义是直行和右转合用车道,表示车辆可以直行和右转行驶的车道,故本题【答案为C】。

216. 图中这个标志是何含义?( )

A. 直行和掉头合用车道

B. 直行和左转合用车道

C. 直行和右转车道

D. 分向行驶车道

【解析】此标志的含义是直行和左转合用车道,表示车辆可以直行和左转行驶的车道,故本题【答案为B】。

217. 图中这个标志是何含义?( )

A. 掉头车道　　　　B. 绕行车道

C. 分向车道　　　　D. 左转车道

【解析】此标志的含义是掉头车道,表示车辆可以掉头行驶的车道,故本题【答案为A】。

218. 图中这个标志是何含义?( )

A. 分向行驶车道

B. 掉头和左转合用车道

C. 禁止左转和掉头车道

D. 直行和左转合用车道

【解析】此标志的含义是掉头和左转合用车道,表示车辆可以掉头和左转行驶的车道,故本题【答案为B】。

219. 图中这个标志是何含义?( )

A. 左转行驶车道　　B. 直线行驶车道

C. 右转行驶车道　　D. 分向行驶车道

【解析】此标志的含义是分向行驶车道,车辆可按箭头指示方向选择行驶车道,故本题【答案为D】。

220. 图中这个标志是何含义?( )

A. 大型客车专用车道

B. 公交线路专用车道

C. 快速公交系统专用车道

D. 多乘员车辆专用车道

【解析】此标志的含义是公交线路专用车道,表示该车道专供公交车辆行驶,故本题【答案为B】。

221. 图中这个标志是何含义?（　）

A. 公交车专用车道　　B. 有轨电车专用车道

C. 大型客车专用车道　D. BRT车辆专用车道

【解析】此标志的含义是有轨电车专用车道，表示该车道仅供有轨电车通行，故本题【答案为B】。

222. 图中这个标志是何含义?（　）

A. 不准小型车通行　　B. 只准小型车行驶

C. 机动车行驶　　　　D. 禁止小型车行驶

【解析】此标志的含义是机动车行驶，表示该道路只供机动车行驶，故本题【答案为C】。

223. 图中这个标志是何含义?（　）

A. 小型车车道

B. 小型车专用车道

C. 多乘员车辆专用车道

D. 机动车车道

【解析】此标志的含义是机动车车道，表示该车道只供机动车行驶，故本题【答案为D】。

224. 图中这个标志是何含义?（　）

A. 电动自行车行驶　　B. 非机动车停车位

C. 非机动车停放区　　D. 非机动车行驶

【解析】此标志的含义是非机动车行驶，表示该道路只供非机动车行驶，故本题【答案为D】。

225. 图中这个标志是何含义?（　）

A. 非机动车推行

B. 非机动车与行人共享空间通行

C. 非机动车骑行

D. 非机动车与行人分开空间通行

【解析】此标志的含义是非机动车推行，表示该道路仅供非机动车推行，不准骑行，故本题【答案为A】。

226. 图中这个标志是何含义?（　）

A. 非机动车行驶　　　B. 电动自行车行驶

C. 电动自行车车道　　D. 非机动车车道

【解析】此标志的含义是电动自行车行驶，表示该道路仅供电动自行车通行，故本题【答案为B】。

227. 图中这个标志是何含义?（　）

A. 开远光灯　　　　　B. 开示廓灯

C. 开车灯　　　　　　D. 开前雾灯

【解析】此标志的含义是开车灯，表示机动车开至该标志处应开启车灯，通常设在隧道口等需要开车灯处，故本题【答案为C】。

228. 图中这个标志是何含义?（　）

A. 指示非机动车与行人分开空间通行

B. 禁止非机动车与行人通行

C. 指示机动车与行人通行

D. 指示非机动车与行人共享空间通行

【解析】此标志指示非机动车与行人分开空间通行，故本题【答案为 A】。

229. 图中这个标志是何含义？（ ）

A. 指示行人骑行通过

B. 指示非机动车与行人分开空间通行

C. 指示非机动车与行人共享空间通行

D. 指示行人推行通过

【解析】此标志指示非机动车与行人共享空间通行，故本题【答案为 C】。

230. 图中标志是何含义？（ ）

A. 指示大型货车靠右侧车道行驶

B. 指示大型货车通行

C. 只允许小型汽车行驶

D. 只允许货车通行

【解析】此标志指示大型货车靠右侧车道行驶，表示车辆除必要的超车行为外应靠右侧车道行驶，故本题【答案为 A】。

231. 图中这个标志是何含义？（ ）

A. 禁止自行车通行车道

B. 非机动车车道

C. 自行车专用车道

D. 停放自行车路段

【解析】此标志的含义是非机动车车道，表示该车道只供非机动车行驶，故本题【答案为 B】。

232. 图中这个标志是何含义？（ ）

A. 电动自行车行驶　　B. 非机动车车道

C. 非机动车行驶　　D. 电动自行车车道

【解析】此标志的含义是电动自行车车道，表示该车道仅供电动自行车通行，故本题【答案为 D】。

233. 图中这个标志是何含义？（ ）

A. 大型客车专用车道

B. 多乘员车专用车道

C. 公交车专用车道

D.BRT 车辆专用车道

【解析】此标志的含义是 BRT 车辆专用车道，表示该车道专供 BRT（快速公交系统）车辆行驶，故本题【答案为 D】。

234. 图中这个标志是何含义？（ ）

A. 小型汽车专用车道

B. 机动车专用车道

C. 出租汽车专用车道

D. 多乘员车辆专用车道

【解析】此标志的含义是多乘员车辆专用车道，表示该车道只供多乘员车辆行驶，故本题【答案为 D】。

235. 图中这个标志是何含义？（ ）

A. 掉头　　　　　　B. 倒车

C. 左转　　　　　　D. 绕行

【解析】此标志的含义是掉头，表示该处允许机动车掉头，故本题【答案为 A】。

236. 图中这个标志是何含义?（　）

A. 只准直行
B. 硬路肩允许行驶起点
C. 车道数增加
D. 分流处

【解析】此标志的含义是硬路肩允许行驶起点，表示硬路肩允许行驶路段开始，故本题【答案为 B】。

237. 图中这个标志是何含义?（　）

A. 分流处
B. 硬路肩允许行驶即将结束
C. 车道数减少
D. 前方左转

【解析】此标志的含义是硬路肩允许行驶即将结束，表示硬路肩允许行驶路段即将结束，故本题【答案为 B】。

238. 图中这个标志是何含义?（　）

A. 车道数增加
B. 禁止硬路肩行驶
C. 车道数减少
D. 硬路肩允许行驶终点

【解析】此标志的含义是硬路肩允许行驶终点，表示硬路肩允许行驶路段结束，故本题【答案为 D】。

239. 图中这个标志是何含义?（　）

A. 公交专用车道

B. HOV 专用车道
C. 靠右侧车道行驶
D. 有轨电车专用车道

【解析】此标志的含义是靠右侧车道行驶，表示车辆除必要的超车行为外应靠右侧车道行驶，故本题【答案为 C】。

240. 图中标志指示前方道路仅供行人步行，任何车辆不准进入。（　）

【解析】此标志的含义是人行横道，车辆可以进入，但驾驶人应注意观察，行人已进入人行横道时应停车让行人通过，故本题【答案为 ×】。

241. 图中这个标志是何含义?（　）

A. 绿色通道　　　　B. 禁止货车通行
C. 允许客车通行　　D. 允许货车通行

【解析】此标志的含义是允许货车通行，表示货车可以在该道路上行驶，其他车辆也可以在该道路上行驶，故本题【答案为 D】。

242. 图中这个标志是何含义?（　）

A. 减速拍照区　　　B. 道路流量监测
C. 全路段抓拍　　　D. 交通监控设备

【解析】此标志的含义是交通监控设备，用以告知驾驶人所在高速公路有交通监控设备，故本题【答案为 D】。

243. 图中所示属于哪一种标志?（　）

A. 指路标志　　　　　　B. 指示标志
C. 禁令标志　　　　　　D. 警告标志

【解析】图中为指示标志,故本题【答案为B】。

244. 如图所示,遇到下列哪个标志,驾驶人不需要主动让行?( )

图1　　　图2　　　图3　　　图4

A. 图1　　　　　　　　B. 图2
C. 图3　　　　　　　　D. 图4

【解析】图1至图3分别表示停车让行、减速让行、会车让行,这3个标志都是禁令标志。而图4是指示标志,表示会车先行,所以驾驶人不需要主动让行,故本题【答案为D】。

245. 如图所示,下列哪个标志为最低限速标志?( )

图1　　　图2　　　图3　　　图4

A. 图1　　　　　　　　B. 图2
C. 图3　　　　　　　　D. 图4

【解析】图2的标志为最低限速标志,故本题【答案为B】。

246. 如图所示,下列哪个标志表示该车道仅供有轨电车通行?( )

图1　　　图2　　　图3　　　图4

A. 图1　　　　　　　　B. 图2
C. 图3　　　　　　　　D. 图4

【解析】图2的标志表示该车道仅供有轨电车通行,故本题【答案为B】。

247. 如图所示,下列哪个标志表示硬路肩允许行驶路段即将结束,车辆应尽快合流?( )

图1　　　图2　　　图3　　　图4

A. 图1　　　　　　　　B. 图2

C. 图3　　　　　　　　D. 图4

【解析】图2的标志表示硬路肩允许行驶路段即将结束,车辆应尽快合流,故本题【答案为B】。

248. 如图所示,以下交通标志表示单行线的是哪一项?( )

图1　　　图2　　　图3　　　图4

A. 图1　　　　　　　　B. 图2
C. 图3　　　　　　　　D. 图4

【解析】表示单行线的是图1,故本题【答案为A】。

249. 如图所示,下列哪个标志表示车辆直行和右转合用车道?( )

图1　　　图2　　　图3　　　图4

A. 图1　　　　　　　　B. 图2
C. 图3　　　　　　　　D. 图4

【解析】图1的标志表示车辆直行和右转合用车道,故本题【答案为A】。

250. 如图所示,下列哪个标志用以表示无障碍设施的位置?( )

图1　　　图2　　　图3　　　图4

A. 图1　　　　　　　　B. 图2
C. 图3　　　　　　　　D. 图4

【解析】图3的标志用以表示无障碍设施的位置,故本题【答案为C】。

(四)一般道路指路标志

251. 图中所示属于哪一类标志?( )

A. 指路标志　　　　　　B. 指示标志

C. 禁令标志 　　　　D. 警告标志

【解析】此标志为长方形，蓝底、白图案，文字内容是道路信息指引，这些都是一般道路指路标志的特征，故本题【答案为A】。

252. 指路标志的作用是什么?（　）

　　A. 限制车辆通行　　　B. 提示限速信息
　　C. 提供方向信息　　　D. 警告前方危险

【解析】指路标志的作用是为驾驶人提供去往目的地所经过的道路、沿途相关城镇、重要公共设施、服务设施、地点、距离和行车方向等信息，选项中只有C与此相符，故本题【答案为C】。

253. 图中这个标志是何含义?（　）

　　A. 车道方向预告　　　B. 交叉路口预告
　　C. 分道信息预告　　　D. 分岔处预告

【解析】此标志的含义是交叉路口预告，用以预告交叉路口通往方向等信息，故本题【答案为B】。

254. 图中这个标志是何含义?（　）

　　A. 分道信息预告　　　B. 道路分岔处预告
　　C. 地点和距离预告　　D. 十字交叉路口预告

【解析】此标志的含义是十字交叉路口预告，用以预告十字交叉路口通往方向等信息，故本题【答案为D】。

255. 图中这个标志是何含义?（　）

　　A. 丁字交叉路口预告
　　B. 道路分叉处预告
　　C. Y 型交叉路口预告
　　D. 十字交叉路口预告

【解析】此标志的含义是丁字交叉路口预告，用以预告丁字交叉路口通往方向的信息，故本题【答案为A】。

256. 图中这个标志是何含义?（　）

　　A. 环形交叉路口预告
　　B. 十字交叉路口预告
　　C. Y 型交叉路口预告
　　D. 丁字交叉路口预告

【解析】此标志的含义是Y型交叉路口预告，用以预告Y型交叉路口通往方向的信息，故本题【答案为C】。

257. 图中这个标志是何含义?（　）

　　A. 十字交叉路口预告
　　B. 互通立体交叉预告
　　C. Y 型交叉路口预告
　　D. 环形交叉路口预告

【解析】此标志的含义是环形交叉路口预告，用以预告环形交叉路口出口方向的信息，故本题【答案为D】。

258. 图中这个标志是何含义?（　）

　　A. 乡道编号　　　　　B. 县道编号
　　C. 省道编号　　　　　D. 国道编号

【解析】此标志的含义是国道编号，用以指示当前道路为国道，并标明其编号，故本题【答案为D】。

259. 图中这个标志是何含义?（　）

S203

　　A. 省道编号　　　　　B. 国道编号
　　C. 县道编号　　　　　D. 乡道编号

【解析】此标志的含义是省道编号，用以指示当前道路为省道，并标明其编号，故本题【答案为A】。

260. 图中这个标志是何含义?（　）

X008

A. 省道编号　　　　　B. 国道编号
C. 县道编号　　　　　D. 乡道编号

【解析】此标志的含义是县道编号，用以指示当前道路为县道，并标明其编号，故本题【答案为 C】。

261. 图中这个标志是何含义？（　）

A. 省道编号　　　　　B. 县道编号
C. 乡道编号　　　　　D. 国道编号

【解析】此标志的含义是乡道编号，用以指示当前道路为乡道，并标明其编号，故本题【答案为 C】。

262. 图中这个标志是何含义？（　）

A. 地点距离　　　　　B. 行驶路线
C. 终点地名　　　　　D. 行驶方向

【解析】此标志的含义是地点距离，用以指示前方所要经过的重要公路编号、道路名、地名和距离，故本题【答案为 A】。

263. 图中这个标志是何含义？（　）

A. 内部停车场　　　　B. 专用停车场
C. 露天停车场　　　　D. 室内停车场

【解析】此标志的含义是露天停车场，用以指示此处设有露天停车场，故本题【答案为 C】。

264. 图中这个标志是何含义？（　）

A. 专用停车场　　　　B. 露天停车场
C. 室内停车场　　　　D. 内部停车场

【解析】此标志的含义是室内停车场，用以指示此处设有室内停车场，故本题【答案为 C】。记忆技巧：P 字上方有遮挡为室内停车场，无遮挡为露天停车场。

265. 图中这个标志是何含义？（　）

A. 露天停车场

B. 紧急停车带

C. 停车位

D. 错车道

【解析】此标志的含义是错车道，用以指示前方设有避让来车的处所，故本题【答案为 D】。

266. 图中这个标志是何含义？（　）

A. 观景台

B. 停车场

C. 休息区

D. 停车位

【解析】此标志的含义是观景台，用以指示路侧为观景地带，故本题【答案为 A】。

267. 图中这个标志是何含义？（　）

A. 应急避难场所

B. 生活服务区

C. 行人专用通道

D. 横过道路设施

【解析】此标志的含义是应急避难场所，用以指示附近设有疏散通道以及其他应急避难设施，故本题【答案为 A】。

268. 图中这个标志是何含义?（ ）

A. 服务站　　　　　B. 观景台

C. 休息区　　　　　D. 停车点

【解析】此标志的含义是服务站,故本题【答案为A】。

269. 图中这个标志是何含义?（ ）

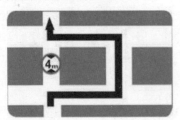

A. 禁止左转　　　　B. 此路不通

C. 禁止通行　　　　D. 绕行

【解析】此标志的含义是绕行,用以指示前方路口车辆需绕行的路线,故本题【答案为D】。

270. 图中这个标志是何含义?（ ）

A. T型路口　　　　B. 分流路口

C. 减速通行　　　　D. 此路不通

【解析】此标志的含义是此路不通,用以指示前方道路无出口,不能通行,故本题【答案为D】。

271. 图中这个标志是何含义?（ ）

A. 地铁　　　　　　B. 急救站

C. 加油站　　　　　D. 电动汽车充电站

【解析】此标志的含义是电动汽车充电站,用以指示前方有电动汽车充电站,故本题【答案为D】。

272. 图中这个标志是何含义?（ ）

A. 隧道出口距离　　B. 隧道入口距离

C. 隧道跟车距离　　D. 隧道总长度

【解析】此标志的含义是隧道出口距离,用以指示到前方隧道出口的距离,故本题【答案为A】。

273. 图中这个标志是何含义?（ ）

A. 港湾式紧急停车带　B. 绕行

C. 停车场　　　　　　D. 错车道

【解析】此标志的含义是港湾式紧急停车带,用以指引港湾式紧急停车带的位置,故本题【答案为A】。

274. 图中这个标志是何含义?（ ）

A. 人行天桥　　　　B. 人行地下通道

C. 无障碍设施　　　D. 应急避难设施

【解析】此标志的含义是无障碍设施,用以指示无障碍设施的位置,故本题【答案为C】。

275. 图中这个标志的含义是此处设有室内停车场。（ ）

【解析】此为室内停车场标志,用以指示此处设有室内停车

场，故本题【答案为√】。

276. 图中这个标志的含义是此处设有室内停车场。（　）

【解析】此标志表示此处设有露天停车场，而不是室内停车场，故本题【答案为×】。

277. 图中这个标志是何含义？（　）

A. 充电停车位
B. 校车专用停车位
C. 公交车专用停车位
D. 出租车专用停车位

【解析】此标志的含义是公交车专用停车位，表示此处仅允许公交车停放，故本题【答案为C】。

278. 图中这个标志是何含义？（　）

A. 服务站　　　　B. 观景台
C. 休息区　　　　D. 停车点

【解析】此标志的含义是停车点，故本题【答案为D】。

279. 图中这个标志是何含义？（　）

A. 低速行驶　　　　B. 注意行人
C. 行人先行　　　　D. 仅供行人步行

【解析】此标志的含义是仅供行人步行，表示该段道路仅

供行人步行，任何车辆不准进入，故本题【答案为D】。

280. 图中这个标志为公交专用车道标志，表示该车道仅供公交车辆、通勤班车等大型载客汽车通行。（　）

【解析】此标志的含义是有轨电车专用车道，表示该车道仅供有轨电车通行，故本题【答案为×】。

281. 如图所示，下列哪个标志表示一般道路车道数变少？（　）

图1　　　　图2　　　　图3　　　　图4

A. 图1　　　　B. 图2
C. 图3　　　　D. 图4

【解析】图2表示一般道路车道数变少，故本题【答案为B】。

（五）高速公路、城市快速路指路标志

282. 图中所示属于哪一类标志？（　）

A. 指路标志　　　　B. 指示标志
C. 禁令标志　　　　D. 警告标志

【解析】图中标志包含了道路的指路信息，故本题【答案为A】。

283. 图中这个标志是何含义？（　）

A. 高速公路入口预告
B. 高速公路终点预告
C. 高速公路起点预告
D. 高速公路出口预告

【解析】此标志的含义是高速公路入口预告，用以指示进入

高速公路的入口，故本题【答案为 A】。

284. 图中标志是何含义？（　　）

A. 高速公路右侧出口预告
B. 高速公路下一出口预告
C. 高速公路地点、方向预告
D. 高速公路左侧出口预告

【解析】此标志的含义是高速公路地点、方向预告，用以指示高速公路通往的地点和方向，故本题【答案为 C】。

285. 图中这个标志是何含义？（　　）

A. 高速公路终点地名预告
B. 高速公路行驶路线预告
C. 高速公路行驶方向预告
D. 高速公路地点距离预告

【解析】此标志的含义是高速公路地点距离预告，用以预告高速公路前方所要经过的重要地点、道路的名称和距离，故本题【答案为 D】。

286. 图中这个标志是何含义？（　　）

A. 高速公路里程编号
B. 高速公路界牌编号
C. 高速公路命名编号
D. 高速公路路段编号

【解析】此标志的含义是高速公路命名编号，用以指示高速公路的名称与编号，故本题【答案为 C】。

287. 图中这个标志是何含义？（　　）

A. 高速公路左侧出口预告
B. 高速公路目的地预告
C. 高速公路右侧出口预告
D. 高速公路下一出口预告

【解析】此标志的含义是高速公路下一出口预告，用以预告下一出口的信息和距离，故本题【答案为 D】。

288. 图中这个标志是何含义？（　　）

A. 高速公路右侧出口预告
B. 高速公路目的地预告
C. 高速公路左侧出口预告
D. 高速公路下一出口预告

【解析】此标志的含义是高速公路右侧出口预告，用以预告前方右侧出口信息，故本题【答案为 A】。

289. 图中这个标志是何含义？（　　）

A. 高速公路下一出口预告
B. 高速公路右侧出口预告
C. 高速公路左侧出口预告
D. 高速公路目的地预告

【解析】此标志的含义是高速公路左侧出口预告，用以预告前方左侧出口信息，故本题【答案为 C】。

290. 图中这个标志是何含义？（　　）

A. 高速公路出口　　　B. 高速公路起点
C. 高速公路入口　　　D. 高速公路终点

【解析】此标志的含义是高速公路起点，故本题【答案为 B】。

291. 图中这个标志是何含义?( )

A. 高速公路出口预告
B. 高速公路入口预告
C. 高速公路终点预告
D. 高速公路起点预告

【解析】此标志的含义是高速公路终点预告,故本题【答案为 C】。

292. 图中这个标志是何含义?( )

A. 高速公路救援电话号码
B. 高速公路服务电话号码
C. 高速公路报警电话号码
D. 高速公路交通广播频率

【解析】此标志的含义是高速公路交通广播频率,故本题【答案为 D】。

293. 图中这个标志是何含义?( )

A. 停车领卡 B. 停车缴费
C.ETC 通道 D. 停车检查

【解析】此标志的含义是停车领卡,用以提示前方收费口停车领卡,故本题【答案为 A】。

294. 图中这个标志是何含义?( )

A. 高速公路收费处

B. 高速公路检查站
C. 设有 ETC 的收费站
D. 高速公路领卡处

【解析】此标志的含义是"设有 ETC 的收费站",用以指示前方设有电子不停车收费站,故本题【答案为 C】。

295. 图中这个标志是何含义?( )

A. 高速公路缴费车道
B. 高速公路检查车道
C. 高速公路领卡车道
D. 高速公路 ETC 车道

【解析】此标志的含义是高速公路 ETC 车道,故本题【答案为 D】。

296. 图中这个标志是何含义?( )

A. 高速公路特殊天气建议速度
B. 高速公路特殊天气最低速度
C. 高速公路特殊天气平均速度
D. 高速公路特殊天气最高速度

【解析】此标志的含义是高速公路特殊天气建议速度,用以提醒车辆驾驶人在雨、雪、雾等特殊天气下,以建议速度行驶,故本题【答案为 A】。

297. 图中这个标志是何含义?( )

A. 高速公路公用电话
B. 高速公路报警电话
C. 高速公路紧急电话
D. 高速公路救援电话

【解析】此标志的含义是高速公路紧急电话，用以指示高速公路紧急电话的位置，故本题【答案为 C】。

298. 图中这个标志是何含义？（　）

A. 高速公路报警电话

B. 高速公路公用电话

C. 高速公路紧急电话

D. 高速公路救援电话

【解析】此标志的含义是高速公路救援电话，用以指示高速公路的救援电话号码，故本题【答案为 D】。

299. 图中这个标志是何含义？（　）

A. 电子不停车收费车道

B. 高速公路领卡处

C. 高速公路收费处

D.ETC 收费站入口

【解析】此标志的含义是电子不停车收费车道，故本题【答案为 A】。

300. 图中这个标志是何含义？（　）

A. 高速公路收费站　　B. 高速公路领卡处

C. 人工收费车道　　D.ETC 收费车道

【解析】此标志的含义是人工收费车道，故本题【答案为 C】。

301. 图中这个标志是何含义？（　）

A. 高速公路客车站预告

B. 高速公路避险处预告

C. 高速公路服务区预告

D. 高速公路收费站预告

【解析】此标志的含义是高速公路服务区预告，用以预告高速公路服务区的位置，故本题【答案为 C】。

302. 图中这个标志是何含义？（　）

A. 高速公路停车区预告

B. 高速公路避险处预告

C. 高速公路停车场预告

D. 高速公路服务区预告

【解析】此标志的含义是高速公路停车区预告，用以预告高速公路停车区的位置，故本题【答案为 A】。

303. 如图所示，下列高速公路交通标志与含义对应正确的是哪项？（　）

高速公路起点预告　高速公路停车场预告　高速公路紧急停车带　高速公路公用电话

图1　　　图2　　　图3　　　图4

A. 图 1　　　　　　B. 图 2

C. 图 3　　　　　　D. 图 4

【解析】只有图 3 的标志与含义对应正确，故本题【答案为 C】。

（六）旅游区标志

304. 图中所示属于哪一类标志？（　）

A. 作业区标志　　　B. 告示标志

C. 高速公路标志　　D. 旅游区标志

【解析】此标志的含义是旅游区方向，用以指引旅游区的方向，故本题【答案为 D】。

305. 图中这个标志是何含义？（　）

A. 旅游区距离　　　B. 旅游区方向

C. 旅游区符号　　　D. 旅游区类别

【解析】此标志的含义是旅游区距离，用以指示旅游区的距离，故本题【答案为 A】。

306. 图中这个标志是何含义?( )

A. 旅游区距离　　　B. 旅游区类别
C. 旅游区方向　　　D. 旅游区符号

【解析】此标志的含义是旅游区方向,用以指引旅游区的方向,故本题【答案为 C】。

307. 图中所示属于哪一种标志?( )

A. 作业区标志
B. 告示标志
C. 高速公路标志
D. 旅游区标志

【解析】图中为旅游区标志,故本题【答案为 D】。

三、交通标线

(一)指示标线

308. 如图所示,路中心黄色虚线属于哪一类标线?( )

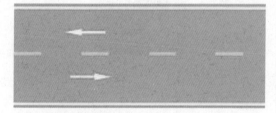

A. 指示标线
B. 禁止标线
C. 警告标志
D. 辅助标线

【解析】路中心黄色虚线是可跨越对向车行道分界线,属于指示标线,故本题【答案为 A】。

309. 指示标线的作用是什么?( )

A. 禁止通行
B. 指示通行
C. 限制通行
D. 警告提醒

【解析】指示标线的作用是指示通行,包括指示车行道、行

车方向等,故本题【答案为 B】。

310. 如图所示,路中心白色虚线是什么标线?( )

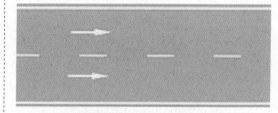

A. 禁止跨越对向车道中心线
B. 限制跨越对向车道中心线
C. 单向行驶车道分界中心线
D. 可跨越同向车道中心线

【解析】路中心白色虚线是可跨越同向车道中心线,用以分隔同向行驶的交通流,故本题【答案为 D】。

311. 如图所示,路中心黄色分界线的作用是什么?( )

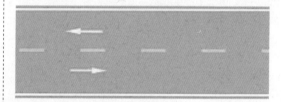

A. 允许在左侧车道行驶
B. 分隔对向行驶的交通流
C. 分隔同向行驶的交通流
D. 禁止跨越对向行车道

【解析】路中心黄色分界线的作用是分隔对向行驶的交通流,故本题【答案为 B】。

312. 如图所示,路中心两条双黄色虚线是什么标线?( )

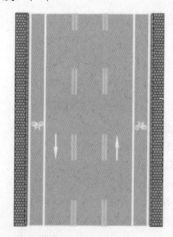

A. 双向分道线

B. 潮汐车道线

C. 可跨越分道线

D. 单向分道线

【解析】路中心两条双黄色虚线是潮汐车道线，故本题【答案为 B】。潮汐车道是指车辆行驶方向可随交通管理需要进行变化的车道。

313. 如图所示，路两侧车行道边缘的白色实线有什么含义？（ ）

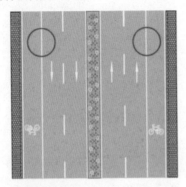

A. 车辆可临时跨越

B. 禁止车辆跨越

C. 机动车可临时跨越

D. 非机动车可临时跨越

【解析】图中圈内白色实线的含义是禁止车辆跨越车行道边缘，故本题【答案为 B】。

314. 如图所示，路右侧车行道边缘的白色虚线有什么含义？（ ）

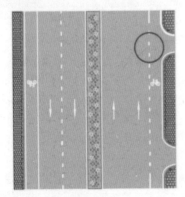

A. 车辆可临时越线行驶

B. 车辆禁止越线行驶

C. 应急车道分界线

D. 人行横道分界线

【解析】图中圈内白色虚线的含义是车辆可临时跨越车行道边缘，故本题【答案为 A】。

315. 图中圈内两条白色虚线是什么标线？（ ）

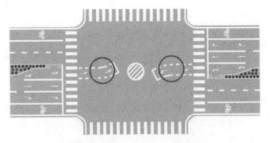

A. 交叉路停车线　　　B. 左弯待转区线

C. 掉头引导线　　　　D. 小型车转弯线

【解析】图中圈内两条白色实线是左弯待转区线，用以指示左转弯车辆在直行时段进入待转区等待左转的位置，故本题【答案为 B】。

316. 图中圈内白色虚线是什么标线？（ ）

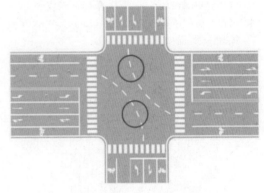

A. 小型车转弯线　　　B. 车道连接线

C. 非机动车引导线　　D. 路口导向线

【解析】图中圈内白色虚线是路口导向线，用以连接同向车行道分界线或机非分界线，故本题【答案为 D】。

317. 图中圈内的黄色虚线是什么标线？（ ）

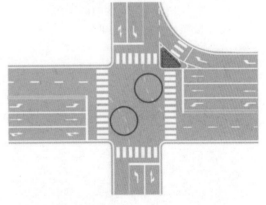

A. 非机动车引导线

B. 路口导向线

C. 车道连接线

D. 小型车转弯线

【解析】图中圈内黄色虚线是路口导向线，用以连接对向车行道分界线，故本题【答案为B】。

318.图中圈内白色实线是什么标线?（ ）

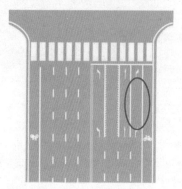

A.导向车道线　　B.可变导向车道线

C.方向引导线　　D.单向行驶线

【解析】图中圈内白色实线是导向车道线，用以指示车辆应按导向方向行驶，故本题【答案为A】。

319.图中圈内的锯齿状白色实线是什么标线?（ ）

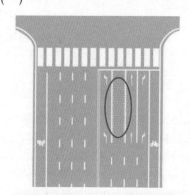

A.导向车道线　　　B.方向引导线

C.可变导向车道线　D.单向行驶线

【解析】图中圈内的锯齿状白色实线是可变导向车道线，用以指示导向方向随需要可变，故本题【答案为C】。

320.图中圈内的路面标记是什么标线?（ ）

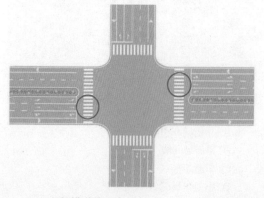

A.人行横道线

B.减速让行线

C.停车让行线

D.路口示意线

【解析】图中圈内的路面标记是人行横道线，既表示一定条件下准许行人横穿道路的路径，又警示机动车驾驶人注意行人及非机动车过街，故本题【答案为A】。

321.图中这个地面标记是什么标线?（ ）

A.人行横道预告

B.交叉路口预告

C.减速让行预告

D.停车让行预告

【解析】此图是人行横道预告标线，表示前方为人行横道，车辆应减速慢行，故本题【答案为A】。

322.图中圈内的白色折线是什么标线?（ ）

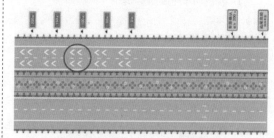

A.车距确认线　　B.减速行驶线

C.车速确认线　　D.路口减速线

【解析】图中圈内的白色折线是车距确认线，是车辆驾驶人保持安全车距的参考，故本题【答案为A】。

323.图中圈内的白色半圆状标记是什么标线?（ ）

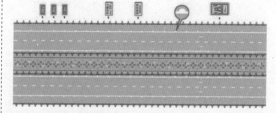

A.减速行驶线

B.车速确认线

C.路口减速线

D. 车距确认线

【解析】图中圈内的白色半圆状标记是车距确认线,是车辆驾驶人保持安全车距的参考,故本题【答案为D】。

324. 如图所示,路面上白色虚线和三角地带标线组成的是什么标线?(　)

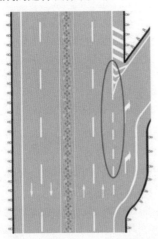

A. 道路入口标线　　　B. 可跨越式分道线

C. 道路出口减速线　　D. 道路出口标线

【解析】路面上白色虚线和三角地带标线组成的是道路出口标线,用于高速公路出口或三角地带,为驶入匝道的车辆提供安全交会引导信号,故本题【答案为D】。

325. 如图所示,路面上白色虚线和三角地带标线组成的是什么标线?(　)

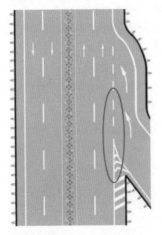

A. 道路入口标线　　　B. 可跨越式分道线

C. 道路入口减速线　　D. 道路出口标线

【解析】路面上白色虚线和三角地带标线组成的是道路入口标线,用于高速公路入口或三角地带,为驶出匝道的车辆提供安全交会引导信号,故本题【答案为A】。

326. 图中这种白色矩形标线框的含义是什么?(　)

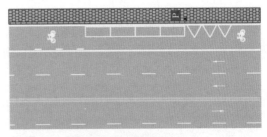

A. 出租车专用上下客停车位

B. 平行式停车位

C. 倾斜式停车位

D. 垂直式停车位

【解析】图中白色矩形标线框的含义是平行式停车位,用以表示车辆停放的位置,故本题【答案为B】。

327. 专属停车位的停车标线用什么颜色表示?(　)

A. 白色　　　　　　B. 红色

C. 蓝色　　　　　　D. 黄色

【解析】收费停车位用白色标线表示,专属停车位用黄色标线表示,免费停车位用蓝色标线表示。题中情形,应该用黄色标线表示,故本题【答案为D】。

328. 图中这种停车标线的含义是什么?(　)

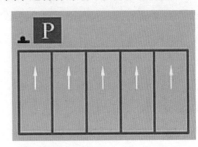

A. 专用待客停车位

B. 专用上下客停车位

C. 机动车限时停车位

D. 固定停车方向停车位

【解析】图中停车标线的含义是固定停车方向停车位,用以表示车辆应按方向停放,故本题【答案为D】。

329. 图中这种白色矩形标线框的含义是什么?(　)

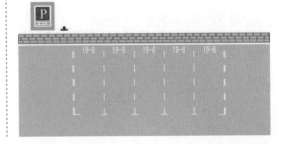

A. 长时停车位　　　B. 限时停车位
C. 免费停车位　　　D. 专用停车位

【解析】图中白色矩形标线框的含义是限时停车位，用以表示车辆应按时段停放，故本题【答案为 B】。

330. 图中红色圆圈内标线的含义是什么?（　）

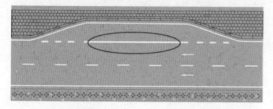

A. 临时停靠站　　　B. 港湾式停靠站
C. 应急停车带　　　D. 公交车停靠站

【解析】图中红圈内标线的含义是港湾式停靠站，用以指示车辆停靠的路径和位置，故本题【答案为 B】。

331. 红色圆圈内标线含义是什么?（　）

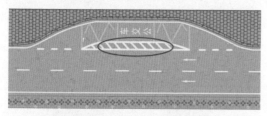

A. 临时停靠站　　　B. 大客车停靠站
C. 公交车停靠站　　D. 应急停车带

【解析】图中红圈内标线的含义是公交车停靠站，用以指示公交车停靠站的位置，并表明除公交车外其他车辆不得在此区域停留，故本题【答案为 C】。

332. 图中这个导向箭头是何含义?（　）

A. 指示禁行　　　　B. 指示车道
C. 指示合流　　　　D. 指示直行

【解析】图中导向箭头的含义是指示直行，表明车辆的行驶方向，故本题【答案为 D】。

333. 图中这个导向箭头是何含义?（　）

A. 指示直行或掉头

B. 指示直行或左转弯
C. 指示直行或向左变道
D. 指示向左转弯或掉头

【解析】图中导向箭头的含义是指示直行或左转弯，故本题【答案为 B】。

334. 图中这个导向箭头是何含义?（　）

A. 指示直行或右转弯
B. 指示向右转弯或掉头
C. 指示直行或向右变道
D. 指示直行或掉头

【解析】图中导向箭头的含义是指示直行或右转弯，故本题【答案为 A】。

335. 图中这个导向箭头是何含义?（　）

A. 指示向左变道
B. 指示前方直行
C. 指示前方左转弯
D. 指示前方右转弯

【解析】图中导向箭头的含义是指示前方左转弯，故本题【答案为 C】。

336. 图中这个导向箭头是何含义?（　）

A. 指示向左变道
B. 指示前方直行
C. 指示前方掉头
D. 指示前方右转弯

【解析】图中导向箭头的含义是指示前方右转弯，故本题【答案为 D】。

337. 图中这个导向箭头是何含义?（ ）

A. 指示向左变道　　B. 指示前方直行
C. 指示前方掉头　　D. 指示前方右转

【解析】图中导向箭头的含义是指示前方掉头,故本题【答案为.C】。

338. 图中这个导向箭头是何含义?（ ）

A. 指示前方可左转或掉头
B. 指示前方可直行或左转
C. 指示前方直行向左变道
D. 指示前方可直行或掉头

【解析】图中导向箭头的含义是指示前方可直行或掉头,故本题【答案为 D】。

339. 图中这个导向箭头是何含义?（ ）

A. 指示前方可直行或掉头
B. 指示前方可左转或掉头
C. 指示前方可直行或向左变道
D. 指示前方可直行或左转

【解析】图中导向箭头的含义是指示前方可左转或掉头,故本题【答案为 B】。

340. 图中这个导向箭头是何含义?（ ）

A. 提示前方有左弯或需向左合流

B. 提示前方有右弯或需向右合流
C. 提示前方右侧有障碍需向左合流
D. 提示前方有左弯或需向左绕行

【解析】图中导向箭头的含义是提示前方有左弯或需向左合流,故本题【答案为 A】。

341. 图中这个导向箭头是何含义?（ ）

A. 提示前方有左弯或需向左绕行
B. 提示前方有障碍需向左合流
C. 提示前方有右弯或需向右合流
D. 提示前方有左弯或需向左合流

【解析】图中导向箭头的含义是提示前方有右弯或需向右合流,故本题【答案为 C】。

342. 图中这个导向箭头是何含义?（ ）

A. 指示前方道路是 Y 型交叉口
B. 指示前方道路是分离式道路
C. 指示前方道路仅可左右转弯
D. 指示前方道路需向左右合流

【解析】图中导向箭头的含义是指示前方道路仅可左右转弯,故本题【答案为 C】。

343. 图中路面的数字标记有何含义?（ ）

A. 保持车距
B. 最小间距
C. 速度限制
D. 道路编号

【解析】图中路面数字标记的含义是速度限制,即最低限速 60 千米 / 时,最高限速 80 千米 / 时,故本题【答案为 C】。

344. 图中这个路面标记是何含义?（　　）

A. 平均速度为 100 千米 / 时

B. 最低限速为 100 千米 / 时

C. 解除 100 千米 / 时限速

D. 最高限速为 100 千米 / 时

【解析】图中路面标记的含义是最高限速为 100 千米 / 时，用于限制车辆的最高行驶速度，故本题【答案为 D】。

345. 图中这个路面标记是何含义?（　　）

A. 最低限速为 80 千米 / 时

B. 平均速度为 80 千米 / 时

C. 最高限速为 80 千米 / 时

D. 解除 80 千米 / 时限速

【解析】图中路面标记的含义是最低限速为 80 千米 / 时，用于限制车辆的最低行驶速度，故本题【答案为 A】。

346. 图中这个路面标记是何含义?（　　）

A. 非机动车道　　　　B. 摩托车专用道

C. 电瓶车专用道　　　D. 自行车专用道

【解析】图中路面标记的含义是非机动车道，施划于车道起点或车道中，表示该车道为非机动车道，故本题【答案为 A】。

347. 如图所示，这个地面标记的含义是预告前方设有交叉路口。（　　）

【解析】图中地面标记的含义是人行横道预告，而不是预告前方设有交叉路口，故本题【答案为 ×】。

348. 如图所示，路中心黄色虚线的含义是分隔对向交通流，在保证安全的前提下，车辆可越线超车或转弯。（　　）

【解析】黄色虚线为可跨越对向车行道分界线，所以车辆可越线超车或转弯，故本题【答案为√】。

（二）禁止标线

349. 如图所示，路中心的双黄实线属于哪一类标线?（　　）

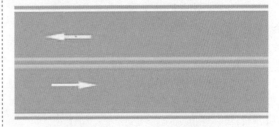

A. 辅助标线　　　　　B. 警告标志

C. 禁止标线　　　　　D. 指示标线

【解析】路中心的双黄实线是禁止跨越对向车行道分界线，属于禁止标线，故本题【答案为 C】。

350. 如图所示，路中心双黄实线是何含义?（　　）

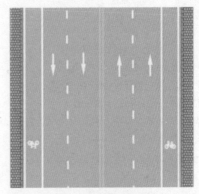

A. 禁止跨越对向车行道分界线

B. 可跨越对向车道分界线

C. 双侧可跨越同向车道分界线

D. 单向行驶车道分界线

【解析】路中心双黄实线的含义是禁止跨越对向车行道分界线，故本题【答案为 A】。

351. 如图所示，路中心黄色虚实线是何含义？
（　　）

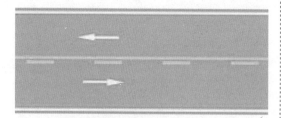

A. 虚线一侧禁止越线
B. 实线一侧禁止越线
C. 实线一侧允许越线
D. 两侧均可越线行驶

【解析】路中心黄色虚实线的含义是单方向禁止跨越对向车行道分界线，即实线一侧禁止车辆越线或压线行驶，虚线一侧准许车辆暂时越线或转弯，故本题【答案为B】。

352. 如图所示，路中心的黄色斜线填充是何含义？（　　）

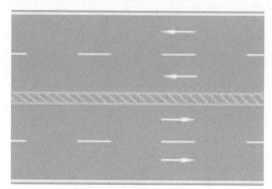

A. 单向行驶车道分界线
B. 禁止跨越对向车行道分界线
C. 双侧可跨越同向车道分界线
D. 可跨越对向车道分界线

【解析】路中心黄色斜线填充的含义是禁止跨越对向车行道分界线，故本题【答案为B】。

353. 如图所示，路中心白色实线是何含义？（　　）

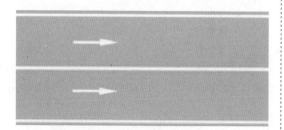

A. 单侧可跨越同向车道分界线
B. 禁止跨越同向车行道分界线

C. 双侧可跨越同向车道分界线
D. 禁止跨越对向车行道分界线

【解析】路中心白色实线的含义是禁止跨越同向车行道分界线，故本题【答案为B】。

354. 如图所示，路缘石上的黄色虚线是何含义？（　　）

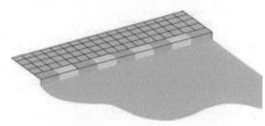

A. 禁止临时停车
B. 禁止上下人员
C. 禁止装卸货物
D. 禁止长时停车

【解析】路缘石上黄色虚线的含义是禁止长时停车，但可以临时停车，故本题【答案为D】。

355. 如图所示，路缘石上的黄色实线是何含义？（　　）

A. 仅允许上下人员
B. 仅允许装卸货物
C. 禁止长时间停车
D. 禁止停放车辆

【解析】路缘石上黄色实线的含义是禁止停放车辆，即禁止长时或临时停车，故本题【答案为D】。

356. 图中圈内白色横实线是何标线？（　　）

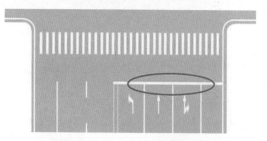

A. 待转线　　　　　B. 减速线
C. 让行线　　　　　D. 停止线

【解析】图中圈内白色横实线是停止线，表示车辆让行、等候放行等情况下的停车位置，故本题【答案为 D】。

357. 如图所示，路口最前端的双白实线是何标线？（ ）

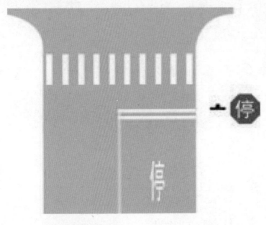

A. 停车让行线
B. 减速让行线
C. 左弯待转线
D. 等候放行线

【解析】路口最前端双白实线是停车让行线，表示车辆在此路口应停车让干道车辆先行，故本题【答案为 A】。

358. 如图所示，路口最前端的双白虚线是何标线？（ ）

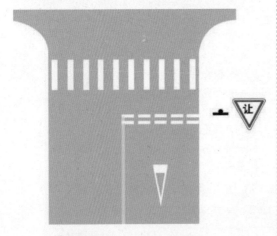

A. 等候放行线
B. 停车让行线
C. 减速让行线
D. 左弯待转线

【解析】路口最前端的双白虚线是减速让行线，表示车辆在此路口应减速让干道车辆先行，故本题【答案为 C】。

359. 图中圈内三角填充区域是什么标线？（ ）

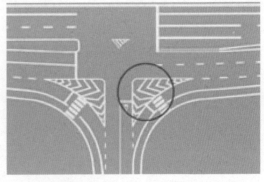

A. 停车线
B. 减速线
C. 导流线
D. 网状线

【解析】图中圈内三角填充区域是导流线，表示车辆需按规定的路线行驶，不得压线或越线行驶，故本题【答案为 C】。

360. 图中这个路面标记是什么标线？（ ）

A. 网状线
B. 禁驶区
C. 导流线
D. 中心圈

【解析】图中路面标记是白色菱形中心圈，用以区分车辆大小转弯或作为交叉口车辆左右转弯的指示，车辆不得压线行驶，故本题【答案为 D】。

361. 图中这个路面标记是什么标线？（ ）

A. 禁驶区
B. 网状线
C. 导流线
D. 中心圈

【解析】图中路面标记是白色圆形中心圈，用以区分车辆大小转弯或作为交叉口车辆左右转弯的指示，车辆不得压线行驶，故本题【答案为 D】。

362. 图中路口中央黄色路面标记是什么标线？（ ）

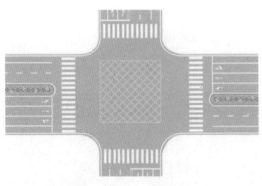

A. 中心圈　　　　B. 导流线
C. 网状线　　　　D. 停车区

【解析】图中路口中央黄色路面标记是网状线，表示禁止以任何原因停车的区域，故本题【答案为C】。

363. 图中圈内两条黄色虚线间的区域是什么?（　）

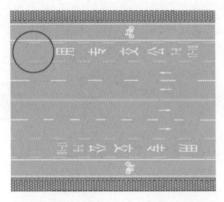

A. 营运客车专用车道　B. 大客车专用车道
C. 出租车专用车道　　D. 公交专用车道

【解析】图中圈内两条黄色虚线间的区域是公交专用车道，表示除公交车外，其他车辆及行人不得进入该车道，故本题【答案为D】。

364. 图中道路最左侧白色虚线区域是什么?（　）

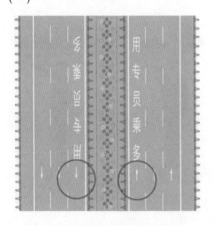

A. 多乘员车辆专用车道
B. 小型客车专用车道
C. 未载客出租车专用车道
D. 大型客车专用车道

【解析】道路最左侧白色虚线区域是多乘员车辆专用车道，乘客或乘员数未达规定的车辆不得入内行驶，故本题【答案为A】。

365. 图中路面上的黄色标记是何含义?（　）

A. 禁止直行
B. 允许掉头
C. 禁止掉头
D. 禁止转弯

【解析】路面上黄色标记的含义是禁止掉头，用于禁止车辆掉头的路口或区间，故本题【答案为C】。

366. 图中路面上的黄色标记是何含义?（　）

A. 禁止掉头
B. 禁止左转
C. 禁止右转
D. 禁止直行

【解析】路面上黄色标记的含义是禁止右转，用于禁止车辆右转弯的路口或区间，故本题【答案为C】。

367. 如图所示，路中心双黄实线的作用是分隔对向交通流，在保证安全的前提下，车辆可越线超车或转弯。（　）

【解析】路中心的双黄实线严禁跨越，所以不允许车辆越线超车或转弯，故本题【答案为×】。

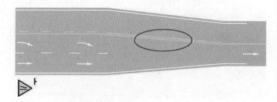
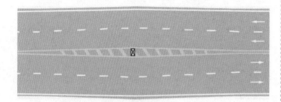
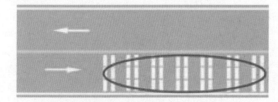
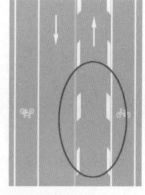
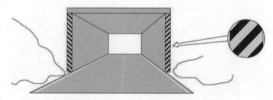

（三）警告标线

368. 图中路面上的黄色标线是何含义？（　）

A. 路面宽度渐变标线
B. 车行道变多标线
C. 接近障碍物标线
D. 施工路段提示标线

【解析】黄色标线是路面宽度渐变标线，用以警告车辆驾驶人注意路宽或车道数变化，谨慎行车，并禁止超车，故本题【答案为 A】。

369. 图中路面上的黄色填充标线是何含义？（　）

A. 接近移动障碍物标线
B. 远离狭窄路面标线
C. 接近障碍物标线
D. 接近狭窄路面标线

【解析】黄色填充标线是接近障碍物标线，用以指示路面有固定性障碍物，警告车辆驾驶人谨慎行车，故本题【答案为 C】。

370. 图中路面上的白色标线是何含义？（　）

A. 道路施工提示标线
B. 车行道横向减速标线
C. 车行道纵向减速标线
D. 车行道变少提示标线

【解析】白色标线是车行道横向减速标线，用于警告车辆驾驶人前方减速慢行，故本题【答案为 B】。

371. 图中路面上的菱形块虚线是何含义？（　）

A. 道路施工提示标线
B. 车行道纵向减速标线
C. 车行道横向减速标线
D. 车行道变少提示标线

【解析】菱形块虚线是车行道纵向减速标线，用于警告车辆驾驶人前方减速慢行，故本题【答案为 B】。

372. 图中这种黄黑相间的倾斜线条是什么标记？（　）

A. 实体标记　　B. 突起标记
C. 立面标记　　D. 减速标记

【解析】黄黑相间的倾斜线条是立面标记，用以提醒驾驶人在车行道或近旁有高出路面的构造，故本题【答案为 C】。

四、交通警察手势信号

373. 如图所示，这一组交通警察手势是什么信号？（　）

A. 右转弯信号

B. 靠边停车信号
C. 左转弯信号
D. 停止信号

【解析】图中交警手势是停止信号，表示不准前方车辆通行，故本题【答案为D】。

374. 如图所示，这一组交通警察手势是什么信号?（　）

A. 直行信号
B. 转弯信号
C. 停止信号
D. 靠边停车信号

【解析】图中交警手势是直行信号，表示准许右方直行的车辆通行，故本题【答案为A】。

375. 如图所示，这一组交通警察手势是什么信号?（　）

A. 左转弯待转信号
B. 靠边停车信号
C. 左转弯信号
D. 右转弯信号

【解析】图中交警手势是左转弯信号，表示准许车辆左转弯，在不妨碍被放行车辆通行的情况下可以调头，故本题【答案为C】。

376. 如图所示，这一组交通警察手势是什么信号?（　）

A. 左转弯待转信号　　B. 靠边停车信号
C. 减速慢行信号　　　D. 左转弯信号

【解析】图中交警手势是左转弯信号，表示准许车辆左转弯，在不妨碍被放行车辆通行的情况下可以调头，故本题【答案为D】。

377. 如图所示，这一组交通警察手势是什么信号?（　）

A. 左转弯信号　　　　B. 左转弯待转信号
C. 减速慢行信号　　　D. 右转弯信号

【解析】图中交警手势是左转弯待转信号，表示准许左方左转弯的车辆进入路口，沿左转弯行驶方向靠近路口中心，等候左转弯信号，故本题【答案为B】。

378. 如图所示，这一组交通警察手势是什么信号?（　）

A. 减速慢行信号
B. 靠边停车信号
C. 停止信号
D. 右转弯信号

【解析】图中交警手势是右转弯信号，表示准许右方的车辆右转弯，故本题【答案为 D】。

379. 如图所示，这一组交通警察手势是什么信号？（　）

A. 左转弯待转信号
B. 靠边停车信号
C. 右转弯信号
D. 减速慢行信号

【解析】图中交警手势是右转弯信号，表示准许右方的车辆右转弯，故本题【答案为 C】。

380. 如图所示，这一组交通警察手势是什么信号？（　）

A. 右转弯信号
B. 减速慢行信号
C. 靠边停车信号
D. 变道信号

【解析】图中交警手势是变道信号，示意车辆腾空指定车道，减速慢行，故本题【答案为 D】。

381. 如图所示，这一组交通警察手势是什么信号？（　）

A. 右转弯信号　　　　B. 变道信号
C. 减速慢行信号　　　D. 靠边停车信号

【解析】图中交警手势是减速慢行信号，示意车辆减速慢行，故本题【答案为 C】。

382. 如图所示，请判断这是一个什么手势？（　）

A. 不准前方车辆通行手势
B. 准许右方直行车辆通行手势
C. 准许车辆左转弯手势
D. 准许右方车辆右转弯手势

【解析】图中交警左臂向前上方直伸，掌心向前，表示不准前方车辆通行，故本题【答案为 A】。

383. 如图所示，请判断这是一个什么手势？（　）

A. 不准前方车辆通行手势

B. 准许右方直行车辆通行手势

C. 准许车辆左转弯手势

D. 准许右方车辆右转弯手势

【解析】图中两手伸直的意思是直行，右手摆动是准许右方直行车辆通行，故本题【答案为 B】。

384. 如图所示，请判断这是一个什么手势?
（　）

A. 不准前方车辆通行手势

B. 准许右方直行车辆通行手势

C. 准许车辆左转弯手势

D. 准许右方车辆右转弯手势

【解析】口诀：手臂平伸掌向前，哪手摆动向哪行。图中交警左手摆动，所以是准许车辆左转弯手势，故本题【答案为 C】。

385. 如图所示，请判断这是一个什么手势?
（　）

A. 不准前方车辆通行手势

B. 准许右方直行车辆通行手势

C. 准许车辆左转弯手势

D. 准许右方车辆右转弯手势

【解析】口诀：手臂平伸掌向前，哪手摆动向哪行。图中交警右手摆动，所以是准许车辆右转弯手势，故本题【答案为 D】。

第三章

安全行车、文明驾驶知识

一、一般道路安全行车

（一）安全起步

1. 车辆起步前，驾驶人应对车辆周围交通情况进行观察，确认安全后再起步。（　）

【解析】为确保安全，防止意外发生，起步前驾驶人应绕车一周，对车辆及周围交通情况进行观察，故本题【答案为√】。

2. 车辆临时靠边停车后准备起步时，应先做什么？（　）

　　A. 加油起步　　　　　　B. 鸣喇叭
　　C. 提高发动机转速　　　D. 观察周围交通情况

【解析】注意，题中问的是最先做什么，当然是先观察，故本题【答案为 D】。

3. 车辆在路边起步后应尽快提速，并向左迅速转向驶入正常行驶道路。（　）

【解析】起步后"尽快提速""迅速转向"会影响行车安全，故本题【答案为 ×】。

（二）安全汇入车流

4. 行车时从其他道路汇入车流前，应注意观察侧后方车辆的动态。（　）

【解析】因为汇入车流时不能影响其他车辆正常通行，所以驾驶人应对侧后方车辆的动态进行观察，故本题【答案为√】。

5. 驾驶车辆汇入车流时，应提前开启转向灯，保持直线行驶，通过后视镜观察左右两边情况，确认安全后再汇入合流。（　）

【解析】安全汇入车流的两个要点就是"提前打灯""注意观察"，故本题【答案为√】。

6. 车辆在主干道上行驶，驶近主支干道交会处时，为防止与从支路突然驶入的车辆相撞，应怎样做？（　）

　　A. 提前减速、观察，谨慎驾驶
　　B. 保持正常速度行驶
　　C. 鸣喇叭，迅速通过
　　D. 提前加速通过

【解析】为避免与支路驶来的车相撞，驾驶人应提前减速、观察，谨慎驾驶，故本题【答案为 A】。

（三）变更车道

7. 驾驶车辆在交叉路口前变更车道时，应怎样驶入要变更的车道？（　）

　　A. 在路口前实线区内根据需要
　　B. 进入路口实线区内

　　C. 在路口停止线前
　　D. 在虚线区按导向箭头指示

【解析】道路上的实线禁止跨越，驾驶人必须在虚线区按导向箭头指示驶入要变更的车道，故本题【答案为 D】。

8. 变更车道时应开启转向灯，并迅速转向驶入相应的车道，以免妨碍同车道机动车正常行驶。（　）

【解析】开启转向灯 3 秒后，才能转向驶入相应的行车道，故本题【答案为 ×】。

9. 变更车道时，开启转向灯后便可迅速转向驶入相应的行车道。（　）

【解析】开启转向灯 3 秒后才能转向，故本题【答案为 ×】。

10. 驾驶车辆变更车道时，应提前开启转向灯，注意观察，保持安全距离，驶入要变更的车道。（　）

【解析】变更车道时，应提前 3 秒钟开启转向灯，观察道路两侧交通情况，在不妨碍其他车辆正常行驶的情况下逐渐变更车道，故本题【答案为√】。

11. 图中这辆红色轿车变更车道的方法和路线是正确的。（　）

【解析】红色轿车有两点错误：一是变更车道没有开启转向灯；二是与后车没留出足够的安全距离，故本题【答案为 ×】。

12. 驾驶机动车向右变更车道前应仔细观察右侧车道车流情况，原因是什么？（　）

　　A. 判断有无变更车道的条件
　　B. 准备抢行
　　C. 迅速变更车道
　　D. 准备迅速停车

【解析】题中做法的原因是判断有无变更车道的条件，故本题【答案为 A】。

13. 驾驶机动车变更车道前应仔细观察，目的是判断有无变更车道的条件。（　）

【解析】题中表述正确，故本题【答案为√】。

14. 驾驶机动车变更车道，为什么要提前开启转向灯？（　）

　　A. 开阔视野，便于观察路面情况

B. 提示前车让行

C. 提示行人让行

D. 提示其他车辆我方准备变更车道

【解析】驾驶机动车变更车道时提前开启转向灯，是为了提示其他车辆我方准备变更车道，故本题【答案为 D】。

15. 如图所示，A 车在此处进入左侧车道，是因为进入实线区不得变更车道。（　）

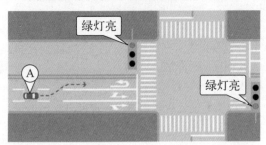

【解析】白色实线不允许跨越，所以 A 车应在虚线区变更车道，故本题【答案为√】。

16. 如图所示，A 车要在前方掉头行驶，可以在此处变换车道，进入左侧车道准备掉头。（　）

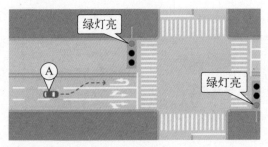

【解析】不能压实线变更车道，A 车如要掉头行驶，应提前在虚线处变换车道，故本题【答案为 ×】。

17. 如图所示，驾驶机动车行驶至此位置时，以下做法正确的是什么？（　）

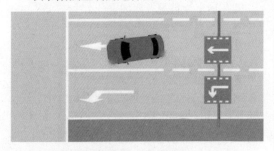

A. 观察左侧无车后，可以左转

B. 从该处直接左转

C. 不得左转，应当直行

D. 倒车退到虚线处换到左转车道

【解析】图中车辆在实线区不得左转，应当直行，故本题

【答案为 C】。

（四）安全跟车

18. 如图所示，A 车在这种情况下应当适当减速。（　）

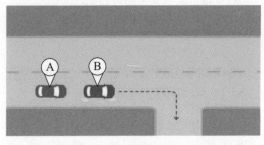

【解析】因 B 车在右转弯之前需要减速，所以跟随其后的 A 车也应随之适当减速，故本题【答案为√】。

19. 在涉水路段跟车行驶时，应当怎样做？（　）

A. 紧跟其后　　　　B. 超越前车，抢先通过

C. 适当增加车距　　D. 并行通过

【解析】因涉水路段道路湿滑，所以在跟车行驶时，应适当增加车距，故本题【答案为 C】。

20. 驾驶机动车在坡道路段跟车行驶时，应保持比平路跟车更大的安全距离。（　）

【解析】题中做法可有效防止前车溜车造成事故，故本题【答案为√】。

21. 如图所示，跟车进入一段漫水路段时，怎样做才正确？（　）

A. 如果跟车距离太近，可停车等待

B. 增加与前车的距离，谨慎跟车慢行

C. 紧跟前车，沿前车留下的痕迹行驶

D. 如果前车速度太慢，可适当鸣喇叭示意

【解析】在漫水路段跟车，应谨慎慢行，并与前车增大距离，故本题【答案为 B】。

（五）安全汇车

22. 会车前选择的交会位置不理想时，应怎样做？（　）

A. 减速、低速会车或停车让行

B. 向左占道，让对方减速让行

C. 打开前照灯，示意对方停车让行

D. 加速选择理想位置

【解析】交会位置不理想时，应降低车速，或停车让行，以确保会车安全，故本题【答案为A】。

23. 在狭窄的路段会车时，应做到礼让三先：先慢、先让、先停。（ ）

【解析】题中是安全、文明的做法，故本题【答案为√】。

24. 行车中需要借道绕过前方障碍物，但对向来车已接近障碍物时，应怎样做？（ ）

A. 加速提前抢过

B. 鸣喇叭示意对向车辆让道

C. 迅速占用车道，迫使对向来车停车让道

D. 降低速度或停车，让对向来车优先通行

【解析】车辆前方有障碍物时，应让无障碍的一方先行。题中正确的做法是减速或停车，让对向来车优先通行，故本题【答案为D】。

25. 夜间会车时，在150米以内使用近光灯的原因是什么？（ ）

A. 提示后方车辆

B. 两车之间相互提示

C. 使用远光灯会造成驾驶人眩目，易引发危险

D. 驾驶人的操作习惯

【解析】夜间会车使用远光灯会造成驾驶人眩目，易引发危险，所以《实施条例》第48条规定，夜间会车时应当在距相对方向来车150米以外改用近光灯，故本题【答案为C】。

26. 如图所示，在这种环境下会车，两车应先交替变换使用远近光灯，观察前方道路情况，会车时两车都要关闭远光灯。（ ）

【解析】夜间会车使用远光灯会造成驾驶人眩目，所以都要关闭远光灯，故本题【答案为√】。

27. 在划有道路中心线的道路上会车时，应当保持安全车速、不越线行驶。（ ）

【解析】题中表述正确，故本题【答案为√】。

28. 在狭窄的山路会车，不靠山体的一方优先行驶的原因是什么？（ ）

A. 靠山体的一方相对安全

B. 靠山体的一方视野宽阔

C. 不靠山体的一方车速较快

D. 三项都正确

【解析】题中情形，原因是靠山体的一方相对安全，故本题【答案为A】。

29. 如图所示，关于驾驶机动车在大雾天气会车，以下说法错误的是什么？（ ）

A. 使用远光灯，提醒对方车辆

B. 靠右行驶

C. 适当降低行驶速度

D. 集中注意力驾驶

【解析】会车时应使用近光灯，故本题【答案为A】。

（六）安全避让

30. 遇后车发出超车信号时，如果具备让超条件，应怎样做？（ ）

A. 靠道路右侧加速行驶

B. 主动减速并靠右侧行驶

C. 让出适当空间加速行驶

D. 迅速减速或紧急制动

【解析】让超应做到既让道又让速，故本题【答案为B】。

31. 驾驶车辆正在被其他车辆超越时，应怎样做？（ ）

A. 靠道路中心行驶

B. 加速让路

C. 继续加速行驶

D. 减速，靠右侧行驶

【解析】为缩短并行时间，应减速靠右行，使其他车辆尽快超越，故本题【答案为D】。

32. 驾驶车辆正在被其他车辆超越，而此时后方还有跟随行驶的车辆，应怎样做？（ ）

A. 继续加速行驶

B. 稍向右侧行驶，保证横向安全距离

C. 靠道路中心行驶

D. 加速向右侧让路

【解析】让超要既让道又让速，题中选项C不让道，选项A和D不让速，所以这三个选项都是错误的，用排除法，故本题【答案为B】。

33. 行车中遇到后方车辆要求超车时，应怎样做？（ ）

A. 保持原有车速行驶

B. 及时减速，观察后靠右行驶让行

C. 靠右侧加速行驶

D. 不让行

【解析】遇题中情形，应观察交通情况，条件允许时，减速靠右让行，故本题【答案为B】。

34. 遇后车超车时，在条件许可的情况下应减速靠右让路，是为了给后车留出超车空间。（ ）

【解析】车辆一般都从左侧超越，题中情形完全符合超车的规定，故本题【答案为√】。

35. 遇到前方车辆停车排队或者缓慢行驶时，关于强行穿插，以下说法正确的是什么？（ ）

A. 禁止，因为这样不利于省油

B. 禁止，因为这样会扰乱车流，加重拥堵

C. 允许，因为可以快速地通过拥堵区

D. 允许，因为可以省油

【解析】遇到前方车辆停车排队或者缓慢行驶时，强行穿插会扰乱车流，加重拥堵，故本题【答案为B】。

36. 如图所示，在这种情况下遇右侧车辆变更车道，应减速、保持间距，注意避让。（ ）

【解析】题中表述正确，故本题【答案为√】。

37. 如图所示，在辅路上行驶，遇到一辆机动车从主路进入辅路时，应该怎样做？（ ）

A. 减速或停车让主路驶出的车辆先进入辅路

B. 鸣喇叭告知进入辅路的车辆停车让行

C. 只要不影响主路驶出的车辆正常行驶就可加速通过

D. 在辅路行驶的车辆有优先通行权，不用减速行驶

【解析】依据辅路车应让主路车先行的规定，本题【答案为A】。

38. 如图所示，驾驶机动车遇到这种情形要让左侧来车先行。（ ）

【解析】图中有减速让行标志，所以应让左侧来车先行，故本题【答案为√】。

39. 为什么规定辅路车让主路车先行？（ ）

A. 辅路车便于观察

B. 主路车流量大、速度快

C. 主路车流量小、速度快

D. 辅路车速度快

【解析】因为主路车流量大、速度快，所以辅路车应让主路车先行，故本题【答案为B】。

40. 如图所示，在这段道路上行驶需要注意什么？（ ）

A. 只要有逆向行驶的车辆就不能越线行驶

B. 既不能越中心线也不能压中心线行驶

C. 如果没有逆向行驶的车辆，允许越中心线行驶

D. 只有在超车的时候才能越中心线行驶

【解析】图中道路中心线为黄色实线，车辆行驶既不能跨越也不能压线，故本题【答案为 B】。

（七）安全超车

41. 驾驶人在超车时，前方车辆不减速、不让道，应怎样做？（　）

　　A. 紧跟其后，伺机再超

　　B. 停止继续超车

　　C. 加速继续超越

　　D. 连续鸣喇叭加速超越

【解析】题中情形表示前车不想让超，出于安全考虑，驾驶人应停止继续超车，故本题【答案为 B】。

42. 进入左侧道路超车，无法与正常行驶的前车保持横向安全间距时，应怎样做？（　）

　　A. 谨慎超越

　　B. 放弃超越

　　C. 并行一段距离后再超越

　　D. 加速超越

【解析】题中情形若继续超车，容易导致碰刮事故，所以应放弃超车，故本题【答案为 B】。

43. 在道路上超车时，应尽量加大横向距离，必要时可越实线超车。（　）

【解析】道路上实线不能跨越，故本题【答案为 ×】。

44. 在风、雨、雪、雾等复杂天气，遇前车速度较低时，应开启前照灯，连续鸣喇叭迅速超车。（　）

【解析】遇到题中情形，连续鸣喇叭不礼貌，迅速超车不安全，故本题【答案为 ×】。

45. 行车超越右侧停放的车辆时，为防止其突然起步或开启车门，应怎样做？（　）

　　A. 加速通过

　　B. 长鸣喇叭

　　C. 保持正常速度行驶

　　D. 预留出横向安全距离，减速行驶

【解析】遇到题中情形，正确的做法是预留出横向安全距离，减速行驶，故本题【答案为 D】。

46. 在图中这种环境下超车时，要变换使用远近光灯告知前车，待前车让行后，再开启远光灯超车。（　）

【解析】题中情形，前车让行后，应开启近光灯超越，故本题【答案为 ×】。

47. 如图所示，在这种情形超车，要提前开启左转向灯，连续鸣喇叭或开启远光灯提示，催促前车让行。（　）

【解析】超车时，不可连续鸣喇叭催促，也不能开远光灯，故本题【答案为 ×】。

48. 在超越前车时，提前开启左转向灯，变换使用远近光灯或者鸣喇叭是为了什么？（　）

　　A. 提醒后车以及前车　　B. 提醒行人

　　C. 仅提醒后车　　　　　D. 仅提醒前车

【解析】题中所做的一切都是为了提醒后车以及前车，故本题【答案为 A】。

49. 驾驶机动车超车时，可以鸣喇叭替代开启转向灯。（　）

【解析】鸣喇叭是给前方车辆发出的超车信号，开启转向灯是给后方车辆发出的将要变更车道进行超车的信号，两者不能替代，故本题【答案为 ×】。

50. 如图所示，A 车可以从左侧超越 B 车。（　）

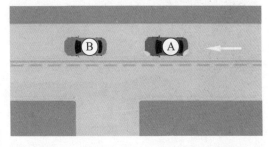

【解析】道路中间是虚实黄线，不允许从实线一方跨越，所以 A 车不能从左侧超越 B 车，故本题【答案为 ×】。

51. 如图所示，驾驶机动车遇左侧车道有车辆正在超车时，可以迅速变道，伺机反超。（　）

【解析】遇到左侧车辆超车，应当减速慢行，靠右边行驶，以保障行车安全。迅速变道，伺机反超的做法是错误的，故本题【答案为×】。

52. 超车时，如果无法与被超车辆保持安全间距，应主动放弃超车。（　）

【解析】超车时，应保证与被超车辆保持安全间距。题中情形，主动放弃超车是正确的，故本题【答案为√】。

53. 当机动车驾驶人准备超车，但无法与被超车辆保持安全距离时，应当加速超过。（　）

【解析】题中情形，应主动放弃超车，加速超过是错误的，故本题【答案为×】。

54. 驾驶机动车正在被其他车辆超越时，减速靠右侧行驶的目的是什么？（　）
　　A. 给该车让出足够的超车空间
　　B. 以便随时停车
　　C. 避让行人与非机动车
　　D. 以上选项都不正确

【解析】驾驶机动车正在被其他车辆超越时，减速靠右侧行驶的目的是给该车让出足够的超车空间，故本题【答案为A】。

55. 如图所示，在超车过程中遇对向有来车时要放弃超车，原因是什么？（　）

　　A. 前车车速快
　　B. 如继续超车，易与对面机动车发生刮擦、

相撞
　　C. 对向来车车速快
　　D. 我方车辆提速太慢

【解析】图中显示对面有来车，如继续超车，易与对面机动车发生刮擦、相撞，所以应放弃超车，故本题【答案为B】。

56. 如图所示，驾驶人超越右侧车辆时，应该尽快超越，减少并行时间。（　）

【解析】超车时，两车并行时间越长，危险性越大，所以应尽快超越，故本题【答案为√】。

57. 超车需从前车左侧超越，以下说法正确的是什么？（　）
　　A. 左侧为慢速车道
　　B. 我国实行左侧通行原则
　　C. 右侧为快速车道
　　D. 便于观察，有利于安全

【解析】超车需从前车左侧超越，是因为便于观察，有利于安全，故本题【答案为D】。

58. 超车时应从前车的左侧超越，是因为左侧超车便于观察，有利于安全。（　）

【解析】题中表述正确，故本题【答案为√】。

59. 超车时，如果前方车辆不让出超车空间，应该怎么做？（　）
　　A. 开启前照灯超越　　B. 连续鸣喇叭超越
　　C. 迅速超越　　　　　D. 停止超车

【解析】遇题中情形，应停止超车，故本题【答案为D】。

60. 如图所示，以下哪种情况可以超车。（　）

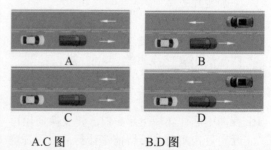

　　A.C 图　　　　　　B.D 图
　　C.B 图　　　　　　D.A 图

【解析】B图对面有来车，不能超车；C图需要跨越虚实线的实线一端才能超车，所以也不能超车；D图具备B图和C图两种情况，更不能超车。所以，只有A图能够超车，故本题【答案为D】。

61. 驾驶机动车超车时，如前方车辆不减速让路，应停止超车并适当减速，与前方车辆保持安全距离。（ ）

【解析】题中表述正确，故本题【答案为√】。

62. 夜间行车，可选择下列哪个地段超车。（ ）

    A. 窄路、窄桥   B. 交叉路口

    C. 路宽车少   D. 弯道陡坡

【解析】夜间行车，可选择路宽车少的地段超车，故本题【答案为C】。

63. 驾驶机动车超车时，如被超越车辆未减速让路，应迅速提速超越前方车辆。（ ）

【解析】驾驶机动车超车时，如被超越车辆未减速让路，应停止超车，迅速提速强行超车易引发交通事故，故本题【答案为×】。

64. 通过铁路道口时，不得超车。（ ）

【解析】依据《道路交通安全法》第43条第4项，题中表述正确，故本题【答案为√】。

65. 通过急转弯路段时，在车辆较少的情况下可以超车。（ ）

【解析】依据《道路交通安全法》第43条第4项，急转弯路段不得超车，故本题【答案为×】。

66. 通过窄路、窄桥时，不得超车。（ ）

【解析】依据《道路交通安全法》第43条第4项，题中表述正确，故本题【答案为√】。

67. 通过隧道时，不得超车。（ ）

【解析】依据《道路交通安全法》第43条第4项，题中表述正确，故本题【答案为√】。

（八）安全停车

68. 机动车在道路边临时停车时，应怎样做？（ ）

    A. 不得逆向或并列停放

    B. 只要出去方便，可随意停放

    C. 可逆向停放

    D. 可并列停放

【解析】"随意停放""逆向停放""并列停放"都是不允许的，故本题【答案为A】。

69. 车辆长时间停放时，应选择在停车场停车。（ ）

【解析】题中做法既安全又不影响道路通行，故本题【答案

为√】。

（九）安全掉头

70. 掉头过程中，应严格控制车速，仔细观察道路前后方情况，确认安全后方可前进或倒车。（ ）

【解析】题中是安全掉头的正确做法，故本题【答案为√】。

71. 人行横道上禁止掉头的原因是什么？（ ）

    A. 人行横道禁止车辆通行

    B. 避免妨碍行人正常通行，确保行人安全

    C. 人行横道禁止停车

    D. 路段有监控设备

【解析】人行横道上禁止掉头的原因是避免妨碍行人正常通行，确保行人安全，故本题【答案为B】。

72. 如图所示，在这个路口不能掉头。（ ）

【解析】图中路口有允许掉头标志，在这个路口可以掉头，故本题【答案为×】。

73. 如图所示，在这个路口怎样掉头？（ ）

    A. 从中心线虚线处掉头

    B. 从右侧车道掉头

    C. 进入路口后掉头

    D. 在人行横道上掉头

【解析】图中车辆左侧道路中心线为虚实线，从虚线一侧可以越线掉头，故本题【答案为A】。

74. 如图所示，这种情况只要后方、对向无来车，就可以掉头。（ ）

【解析】图中道路中心线为虚线，可以掉头，只要注意观察后方、对向有无来车即可，故本题【答案为√】。

（十）安全倒车

75. 在一般道路倒车时，若发现有过往车辆通过，应怎样做?（　）
　　A. 鸣喇叭示意　　　B. 主动停车避让
　　C. 加速倒车　　　　D. 继续倒车

【解析】遇到题中情形，应主动停车避让，故本题【答案为B】。

76. 倒车过程中要缓慢行驶，注意观察车辆两侧和后方的情况，随时做好停车准备。（　）

【解析】题中是安全的做法，故本题【答案为√】。

77. 如图所示，造成事故的原因是大客车倒车时没有避让正常驶来的车辆，小客车看到前车掉头时没有停车等待。（　）

【解析】题中表述正确，故本题【答案为√】。

二、特殊路段安全行车

（一）通过交叉路口

78. 堵车的交叉路口绿灯亮时，车辆应怎样做?（　）
　　A. 可直接驶入交叉路口
　　B. 不能驶入交叉路口
　　C. 可借对向车道通过路口

D. 在保证安全的情况下驶入交叉路口

【解析】遇到题中情形，若车辆驶入交叉路口，会导致堵车更严重，所以车辆应停在路口外等候，故本题【答案为B】。

79. 驾驶车辆进入交叉路口前，应降低行驶速度，注意观察，确认安全。（　）

【解析】题中是安全的做法，故本题【答案为√】。

80. 如图所示，机动车行驶至交叉口的做法是正确的。（　）

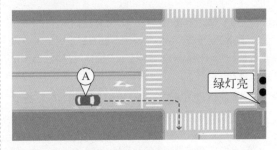

【解析】图中车辆右转弯，做到了提前进入右转车道，并打开了右转向灯，故本题【答案为√】。

81. 车辆行至交叉路口时，左转弯车辆在任何时段都可以进入左转弯待转区。（　）

【解析】题中情形，只有在左转是红灯，直行是绿灯时，才可以进入左转弯待转区，故本题【答案为×】。

82. 如图所示，在路口遇这种情形要减速让行。（　）

【解析】图中有减速让行标志，这种情形车辆要减速让行，故本题【答案为√】。

83. 如图所示，驶近这种路口时，必须先停车，再重新起步通过路口。（　）

【解析】看到停车让行标志，应该在停止线以外停车观察，确认安全后，才可通行，并不是停车后重新起步通过路口，故本题【答案为×】。

84. 如图所示，进入这个路口应该怎样做？（ ）

A. 交替变换远近光灯提醒路口内车辆让行
B. 从路口内车辆前迅速插入
C. 让已在路口内的车辆先行
D. 鸣喇叭直接进入路口

【解析】准备进入环形路口的车应让已在路口内的车先行，故本题【答案为C】。

85. 如图所示，驾驶机动车驶出这个路口时应当怎样使用灯光？（ ）

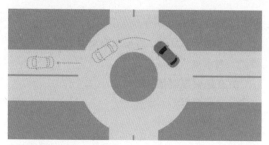

A. 开启右转向灯
B. 开启危险报警闪光灯
C. 不用开启转向灯
D. 开启左转向灯

【解析】驾驶机动车驶出图中路口时应当开启右转向灯，故本题【答案为A】。

86. 如图所示，A车具有优先通行权。（ ）

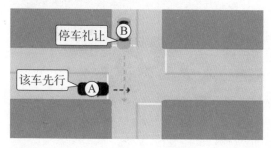

【解析】A车和B车都是直行，但A车距两车交会点较近，若让A车等待B车，则时间更长，所以A车应先行，故本题【答案为√】。

87. 在交叉路口有优先通行权的车辆，遇其他车辆抢行时，应怎样做？（ ）

A. 抢行通过
B. 提前加速通过
C. 按优先权规定正常行驶，不予避让
D. 减速避让，必要时停车让行

【解析】时刻牢记安全第一，遇到车辆抢行时，应主动避让，故本题【答案为D】。

88. 在路口转弯过程中，应持续开启转向灯，主要是因为什么？（ ）

A. 让其他驾驶人知道车辆正在转弯
B. 完成转弯动作前关闭转向灯，会对车辆造成损害
C. 让其他驾驶人知道车辆正在超车
D. 完成转弯动作前关闭转向灯是习惯动作

【解析】题中情形，主要是为了让其他驾驶人知道车辆正在转弯，故本题【答案为A】。

89. 如图所示，在路口遇到这种交通信号时，右转弯的车辆在不妨碍被放行的车辆、行人的情况下，可以通行。（ ）

【解析】图中显示红灯亮，题中表述符合《实施条例》第38条规定，故本题【答案为√】。

90. 如图所示，红圈标注的深色车辆的做法是违法的。（ ）

【解析】图中红圈标注的深色车辆在实线区域变更车道，违反了交通标线的有关规定，故本题【答案为√】。

91. 驾驶机动车在路口右转弯时，应提前开启右转向灯，不受信号灯限制，不受车速限制，迅速通过，防止路口堵塞。（　）

【解析】驾驶机动车在路口右转弯时，应提前开启右转向灯，不受信号灯限制，但必须限制车速，注意观察行人及来往车辆，安全通过，故本题【答案为×】。

92. 如图所示，当车辆驶近这样的路口时，以下说法错误的是什么？（　）

A. 为避免有车辆从路口突然冲出引发危险，应适当降低车速
B. 本车有优先通行权，可加速通过
C. 因为视野受阻，应鸣喇叭提醒侧方道路来车
D. 右前方路口视野受阻，如有车辆突然冲出，容易引发事故

【解析】图中车辆在主路行驶，虽然具有优先通行权，但因前方路口为视线盲区，应降低车速，注意观察，加速通过是错误的，故本题【答案为B】。

93. 如图所示，直行车辆遇到前方路口堵塞，以下说法正确的是什么？（　）

A. 等前方道路疏通后且信号灯为绿灯时，方可继续行驶
B. 有其他机动车进入路口时跟随行驶
C. 只要信号灯为绿灯，就可通过
D. 可以直接驶入路口内等待通行

【解析】前方路口交通阻塞，应将车停在路口以外，等前

方道路疏通后且信号灯为绿灯时，方可继续行驶，故本题【答案为A】。

94. 如图所示，在这种情况下通过前方路口，应该怎么行驶？（　）

此处有行人

A. 加速通过
B. 减速或停车避让行人
C. 赶在行人前通过
D. 靠左侧行驶

【解析】前方路口有行人横穿公路，为确保安全，应减速或停车避让行人，故本题【答案为B】。

95. 交叉路口不得倒车的原因是什么？（　）

A. 交通情况复杂，容易造成交通堵塞，甚至引发事故
B. 交通监控设备多
C. 交通警察多
D. 车道数量少

【解析】交叉路口不得倒车，是因为交叉路口交通情况复杂，在此倒车容易造成交通堵塞，甚至引发事故，故本题【答案为A】。

96. 如图所示，在环岛交叉路口发生的交通事故中，应由A车负全部责任。（　）

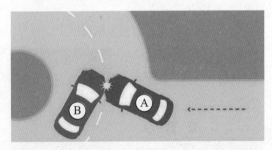

【解析】准备进入环形路口的机动车（A车）应让已在路口内的机动车（B车）先行，故本题【答案为√】。

97. 如图所示，在这种情况下驶近路口，车辆应怎么行驶？（　）

A. 只能直行

B. 左转或者直行

C. 左转或右转

D. 直行或右转

【解析】根据信号灯显示和标线箭头指示，图中车辆应左转或者直行，故本题【答案为 B】。

98. 如图所示，驾车通过此路口时除注意观察是否有行人外，还应如何做？（　）

A. 加速左转

B. 加速右转

C. 减速慢行右转

D. 减速慢行左转

【解析】遇题中情形，可减速慢行右转通过，但不应影响被放行的其他车辆和行人，故本题【答案为 C】。

99. 如图所示，A 车若想左转，以下做法错误的是什么？①直接变更到左转车道②过停止线进入路口后左转③直行通过，此车道不得左转（　）

A. ①③

B. ①②

C. ②③

D. ①②③

【解析】A 车已位于路口的实线区域，此时不允许越实线进入左转车道，更不能从直行车道左转，只能先直行通过路口，再重新选择行驶路线，所以错误的做法是①②，故本题【答案为 B】。

100. 当车辆即将通过交叉路口的时候，才意识到应左转而不是向前，以下说法正确的是什么？（　）

A. 继续向前行驶

B. 停在交叉路口，待安全时左转

C. 在确保安全的情况下，倒车然后左转

D. 以上说法都不正确

【解析】题中情形，只能继续向前行驶，故本题【答案为 A】。

101. 如图所示，在这种情况下通过交叉路口，不得超车的原因是什么？（　）

A. 机动车速度慢，不足以超越前车

B. 路口有交通监控设备

C. 路口设有信号灯

D. 路口内交通情况复杂，易发生交通事故

【解析】行经交叉路口时不得超车，因为路口内交通情况复杂，易发生交通事故，故本题【答案为 D】。

102. 如图所示，在这种情况下准备进入环形路口，为了保证车后车流的通畅，应加速超越红车进入。（　）

【解析】在这种情况下应减速慢行，跟着红车，不能超车，故本题【答案为 ×】。

103. 如图所示，右侧标志表示前方路口要停车让行。（ ）

【解析】图中是停车让行标志，所以题中表述正确，故本题【答案为√】。

104. 如图所示，通过有这个标志的路口时应该减速让行。（ ）

【解析】图中是停车让行标志，光减速是不够的，应停车让行，故本题【答案为×】。

105. 遇前方路段车道减少、车辆行驶缓慢时，为保证安全有序应该怎样做？（ ）

A. 穿插到前方排队车辆中通过
B. 依次交替通行
C. 加速从前车左右超越
D. 借对向车道迅速通过

【解析】依据《实施条例》第53条第3款，题中情形应依次交替通行，故本题【答案为B】。

106. 驶近图中所示的路口时，怎么做是正确的？（ ）

A. 如果路口没有车辆和行人，就可以加速

通过

B. 只要不影响车辆和行人通行，就可以减速通过

C. 在路口停车后向左转头观察，确认安全后通过

D. 在路口减速后向左转头观察，确认安全后通过

【解析】图中有减速让行标志，经过此路口要减速观察，确认安全后才能通过，故本题【答案为D】。

（二）通过铁路道口

107. 如图所示，怎样通过这样的路口？（ ）

A. 不减速通过　　　B. 加速尽快通过
C. 空挡滑行通过　　D. 减速或停车观察

【解析】图中为无人看守的铁路道口，通过这样的路口时应减速或停车观察，故本题【答案为D】。

108. 驾驶车辆通过无人看守的铁路道口时，应怎样做？（ ）

A. 减速通过
B. 匀速通过
C. 一停，二看，三通过
D. 加速通过

【解析】遇到题中情形，应做到一停，二看，三通过，故本题【答案为C】。

109. 如图所示，在这种铁路道口，如果没有看到列车驶来，就应加速通过。（ ）

【解析】图中红灯已亮，说明列车将至，此时应在停止线以外停车等待，切不可加速通过道口，故本题【答案为×】。

110. 驾驶车辆驶入铁路道口前应减速降挡，进入道口后应怎样做？（　）

A. 不能变换挡位　　　B. 可以变换挡位

C. 可换为高挡位　　　D. 停车观察

【解析】为防止变换挡位时造成发动机熄火，车辆进入道口后不要变换挡位，故本题【答案为A】。

111. 车辆通过铁路道口时，应用低速挡安全通过，中途不得换挡，以免发动机熄火。（　）

【解析】车辆通过铁路道口，应提前减速、减挡，低速通行，不得在道口内变换挡位，故本题【答案为√】。

112. 如图所示，铁路道口禁止掉头的原因是什么？（　）

A. 有铁路道口标志

B. 容易引发事故

C. 铁路道口车流量大

D. 有铁路道口信号灯

【解析】机动车在铁路道口禁止掉头，其原因是万一火车来临，容易引发事故，故本题【答案为B】。

113. 驶近一个铁路道口，遇到图中所示信号灯亮着，在栏杆还没落下的情况，怎么做才正确？（　）

A. 只要栏杆还没落下就继续行驶

B. 如果没有看到列车驶来，就可以快速通过道口

C. 在道口的停止线以外停车等待

D. 如果已过道口停止线，就可以急速通过

【解析】图中红灯已亮，尽管栏杆还没放下来，车辆也应在道口的停止线以外停车等待，故本题【答案为C】。

114. 如图所示，驶近铁路道口时，只要看到栏杆还没放下来，就可以加速通过。（　）

【解析】图中两个红灯交替闪烁，尽管栏杆还没放下来，车辆也应在停止线以外停车等待，不能加速通过道口，故本题【答案为×】。

115. 如图所示，驶近这种铁路道口，怎样做才正确？（　）

A. 如果没有看到列车驶来，可以快速通过道口

B. 通过铁路道口要做到"一停，二看，三通过"

C. 只要路口的红色信号灯不亮，就可以加速通过

D. 没有看到铁路管理人员指挥，说明可以迅速通过

【解析】图中为无人看守的铁路道口，通过时要做到"一停，二看，三通过"，故本题【答案为B】。

116. 如图所示，在这种情况下遇到红灯交替闪烁，要尽快通过道口。（　）

【解析】遇题中情形，表示火车已接近道口，此时车辆不得

越过停止线，故本题【答案为×】。

117.如图所示，在铁路道口遇到两个红灯交替闪烁时，确认安全后可通过。（　）

【解析】遇题中情形，表示火车已接近道口，此时车辆不得越过停止线，故本题【答案为×】。

（三）通过人行横道

118.车辆驶近人行横道时，应怎样做?（　）

A.加速通过

B.立即停车

C.先减速注意观察行人、非机动车动态，确认安全后再通过

D.鸣喇叭示意行人让道

【解析】车辆驶近人行横道时，应先减速注意观察行人、非机动车动态，确认安全后再通过，故本题【答案为C】。

119.行驶车道绿灯亮时，车辆前方人行横道仍有行人通行，应怎样做?（　）

A.直接起步通过

B.起步后从行人后方绕过

C.等行人通过后再起步

D.起步后从行人前方绕过

【解析】遇到题中情形，应等行人通过后再起步行车，故本题【答案为C】。

120.驶近没有人行横道的交叉路口时，发现有人横穿道路，应怎样做?（　）

A.减速或停车让行

B.鸣喇叭示意其让道

C.立即变道绕过行人

D.抢在行人之前通过

【解析】遇到题中情形，应减速或停车让行，故本题【答案为A】。

121.在绿灯亮的路口右转，遇到图中所示的情况，应该怎么做?（　）

A.加速在第一个行人的前方右转弯

B.绕到第一个行人的后方向右转弯

C.等待两个行人都通过路口再右转弯

D.鸣喇叭让行人停止通行后向右转弯

【解析】路口人行横道上的行人有优先通过权，所以车辆应等待两个行人都通过路口再右转弯，故本题【答案为C】。

122.驾驶车辆通过人行横道线时，应注意礼让行人。（　）

【解析】题中是文明的做法，故本题【答案为√】。

123.如图所示，在这种情况下可以加速通过人行横道。（　）

此处有行人

【解析】图中车辆前方有行人通过人行横道，若车辆加速行驶，容易造成危险，故本题【答案为×】。

124.如图所示，驾驶机动车遇到没有行人通过的人行横道时不用减速慢行。（　）

【解析】机动车行经人行横道时，即使人行横道没有行人通过，也应减速行驶，故本题【答案为×】。

125.如图所示，驶近这种路段时，只要没有车辆和行人在人行横道上通行，就可以加速通过。（　）

【解析】行经人行横道，即使无行人通过，也应减速行驶，加速通过是错误的，故本题【答案为×】。

126. 如图所示，A车右转遇人行横道有行人通行，应保持较低车速通过。（ ）

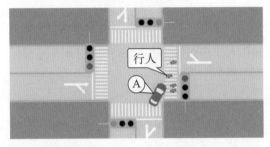

【解析】遇题中情形，应停车让行，而不是低速通过，故本题【答案为×】。

（四）通过弯道、涵洞、隧道、泥泞路

127. 机动车驶近急弯、坡道顶端等影响安全视距的路段时，减速慢行并鸣喇叭示意是为了什么？（ ）
　　A.测试喇叭是否能正常使用
　　B.提示前车后方车辆准备超车
　　C.提示对向交通参与者我方有来车
　　D.避免行至坡道顶端车辆动力不足

【解析】题中情形，鸣喇叭是为了提示对向交通参与者我方有来车，故本题【答案为C】。

128. 如图所示，驾驶机动车行经该路段时，如果前车行驶相对较慢，在对向没有来车的情况下可以超车。（ ）

【解析】依据《道路交通安全法》第43条，行经弯道不得超车，故本题【答案为×】。

129. 如图所示，驾驶机动车遇到这种情况，以下做法正确的是什么？（ ）

　　A.减速慢行，鸣喇叭示意
　　B.为拓宽视野，临时占用左侧车道行驶
　　C.加速行驶
　　D.停车观察

【解析】车辆行驶到山区道路的急弯路段，应减速慢行，鸣喇叭示意，故本题【答案为A】。

130. 如图所示，驾驶机动车行驶至桥梁涵洞时，以下做法正确的是什么？（ ）

　　A.加速，在对向车到达前通过
　　B.减速靠右通过
　　C.保持原速继续正常行驶
　　D.鸣喇叭后加速通过

【解析】驾驶机动车行驶至桥梁涵洞时，应减速靠右通过，故本题【答案为B】。

131. 立交桥上一般都是单向行驶，车辆不必减速。（ ）

【解析】通过立交桥时必须按照限速标志、标线规定的速度行驶，故本题【答案为×】。

132. 如图所示，驾驶机动车行经该路段时，应减速慢行，避免因眩目导致交通事故。（ ）

【解析】题中表述正确，故本题【答案为√】。

133. 车辆驶入双向行驶的隧道前，应开启什么灯？（　）

　　A.远光灯

　　B.危险报警闪光灯

　　C.雾灯

　　D.示廓灯或近光灯

【解析】凡是车辆进入双向行驶的隧道，都应该开启近光灯或示廓灯，以提醒其他车辆，避免发生事故，故本题【答案为D】。

134. 在隧道内行驶，如果发现行驶路线错误，应如何做？（　）

　　A.继续行驶，驶出隧道后寻找合适路线

　　B.在紧急停车带掉头

　　C.在隧道内停车，查找清楚路线之后再通行

　　D.在确认后方无来车的情况下逆向驶出隧道

【解析】遇题中情形，应继续行驶，驶出隧道后寻找合适路线，故本题【答案为A】。

135. 泥泞道路对安全行车的主要影响是什么？（　）

　　A.行驶阻力变小

　　B.车轮极易滑转和侧滑

　　C.能见度低，视野模糊

　　D.路面附着力增大

【解析】泥泞路面特别松软和黏稠，车辆行驶阻力大，附着力小，车轮极易滑转和侧滑，故本题【答案为B】。

136. 在泥泞路上制动时，车轮易发生侧滑或甩尾，导致交通事故。（　）

【解析】泥泞路面摩擦系数很低，易发生题中情形，故本题【答案为√】。

137. 车辆行至泥泞或翻浆路段时，应停车观察，选择平整、坚实的路段缓慢通过。（　）

【解析】题中做法有利于通过泥泞或翻浆路段，故本题【答案为√】。

138. 车辆通过凹凸路面时，应怎样做？（　）

　　A.低速缓慢平稳通过

　　B.依靠惯性加速冲过

　　C.挂空挡滑行驶过

　　D.保持原速通过

【解析】车辆通过凹凸不平的路面时，应低速缓慢平稳通过，这样不仅对车有好处，而且不会造成颠簸影响驾驶，故本题【答案为A】。

（五）通过学校区域和公共汽车站

139. 车辆通过学校和小区时应注意观察标志、标线，低速行驶，不要鸣喇叭。（　）

【解析】题中做法有利于安全，可减少噪声，故本题【答案为√】。

140. 行车中遇列队横过道路的学生时，应怎样做？（　）

　　A.提前加速抢行

　　B.停车让行

　　C.降低车速，缓慢通过

　　D.连续鸣喇叭催促

【解析】遇到题中情形，应停车让行，故本题【答案为B】。

141. 车辆驶近停在车站的公交车时，为预防公交车突然起步或行人从车前穿出，应怎样做？（　）

　　A.减速，保持足够间距，随时准备停车

　　B.保持正常车速行驶

　　C.鸣喇叭提醒，加速通过

　　D.随时准备紧急制动

【解析】遇到题中情形，应减速，保持足够间距，随时准备停车，故本题【答案为A】。

142. 红色车辆遇到图中的情形，下列做法正确的是什么？（　）

　　A.按照前方交通信号灯指示直接通行

　　B.鸣喇叭提醒，让学生队伍空出一个缺口，从缺口中穿行过去

　　C.停车等待，直到学生队伍完全通过

　　D.鸣喇叭，催促还未通过的学生加快速度

通过

【解析】遇到题中情形，正确的做法是，停车等待，直到学生队伍完全通过，故本题【答案为C】。

143. 遇到图中所示的情景，怎样做才正确？（ ）

A. 借左侧车道超越校车
B. 变换远近光灯催促校车离开
C. 停在校车后面等待
D. 鸣喇叭催促校车离开

【解析】依据《校车安全管理条例》第33条，遇题中情形，应停在校车后面等待，故本题【答案为C】。

144. 遇到校车在道路右侧停车上下学生时，同向有两条机动车道的，左侧车道后方机动车可以减速通过。（ ）

【解析】依据《校车安全管理条例》第33条，题中情形，后方机动车应停车等待，故本题【答案为×】。

145. 如图所示，行车中遇到这种情况，应当怎样做？（ ）

A. 提前变更到中间车道超越
B. 提前变更到最左侧车道超越
C. 停在校车后方使用灯光催促
D. 适当鸣喇叭低速从左侧超越

【解析】行车中遇到校车停在路边，依据《校车安全管理条例》第33条，应提前变更到最左侧车道超越"，故本题【答案为B】。

146. 在单位院内驾车时，应低速行驶，避让行人；有限速标志的，按照限速标志行驶。（ ）

【解析】依据《实施条例》第67条，题中表述正确，故本

题【答案为√】。

147. 如图所示，驾车遇到这种情况时，除保证安全会车外，还应提防路边儿童因为打闹而突然进入车行道。（ ）

【解析】驾驶机动车遇到路边有儿童时，要注意观察儿童的动态，发现异常应及时停车避让，故本题【答案为√】。

三、山区道路安全行车

（一）山区一般道路安全行车

148. 山区道路对安全行车的主要影响是什么？（ ）

A. 交通情况单一
B. 坡长弯急，视距不足
C. 车流密度大
D. 道路标志少

【解析】山区道路对安全行车的主要影响是坡长弯急，视距不足，故本题【答案为B】。

149. 车辆在山区道路跟车行驶时，应怎样做？（ ）

A. 适当加大安全距离
B. 紧随前车之后
C. 适当减小安全距离
D. 尽可能寻找机会超车

【解析】车辆在山区道路跟车行驶时，应适当加大安全距离，故本题【答案为A】。

150. 在山区道路超车时，应怎样做？（ ）

A. 尽量抓住任何机会
B. 选择宽阔的缓上坡路段
C. 选择较长的下坡路
D. 选择较缓的下坡路

【解析】在山区道路超车时，应选择宽阔的缓上坡路段，故本题【答案为B】。理由：宽阔路段超车，便于保持安全的横向间距；缓上坡路段超车，有利于前车减速让行。

151. 在山区道路遇对向来车时，应怎样会车？（ ）

A.紧靠道路中心　　B.不减速

C.加速　　　　　　D.减速或停车让行

【解析】山区道路路窄、弯多，遇对向来车时，为安全交会，应减速或停车让行，故本题【答案为 D】。

（二）山区坡道安全行车

152. 下长坡时，控制车速除了刹车制动以外，还有什么有效的辅助方法？（　）

　　A.挂入空挡滑行

　　B.利用发动机制动

　　C.关闭发动机熄火滑行

　　D.踩下离合器滑行

【解析】在山区道路下长坡时，应提前换入低速挡，利用发动机牵阻作用制动，这是最有效的辅助方法，故本题【答案为 B】。

153. 下长坡连续使用行车制动会导致什么？（　）

　　A.缩短发动机寿命

　　B.增加驾驶人的劳动强度

　　C.容易造成车辆倾翻

　　D.使制动器温度升高而使制动效果急剧下降

【解析】行车制动（俗称脚制动）若连续使用，摩擦生热会使制动器温度升高，摩擦片在高温下变软，导致制动效果急剧下降，故本题【答案为 D】。

154. 车辆上坡行驶，要提前观察路况、坡道长度，及时减挡使车辆保持充足的动力。（　）

【解析】为避免车辆在上坡中途因动力不足而导致停车，应提前减挡，使车辆保持充足的动力，故本题【答案为√】。

155. 车辆下坡行驶，要适当控制车速，充分利用发动机进行制动。（　）

【解析】利用发动机制动，可有效控制车速，故本题【答案为√】。

156. 车辆下长坡时要减挡行驶，以充分利用发动机的制动作用。（　）

【解析】只有换入低速挡，才能充分利用发动机制动，故本题【答案为√】。

157. 车辆在山区道路下陡坡时，不得超车。（　）

【解析】车辆行经陡坡，不得超车，故本题【答案为√】。

158. 驾驶机动车下长坡时，利用惯性滑行可以减少燃油消耗，值得提倡。（　）

【解析】依据《实施条例》第 62 条第 4 项，机动车不得下陡坡时熄火或者空挡滑行，故本题【答案为 ×】。

159. 驾驶机动车下长坡时，空挡滑行会导致再次挂挡困难。（　）

【解析】题中表述符合实际情况，故本题【答案为√】。

160. 车辆在山区上坡路行驶，减挡要及时、准确、迅速，避免拖挡行驶导致发动机动力不足。（　）

【解析】上坡路行驶时，为保持发动机动力，必须要做到及时、准确、迅速地减挡，故本题【答案为√】。

161. 驾驶机动车下长坡时，仅靠行车制动器制动，容易引起行车制动器失灵。（　）

【解析】下长坡时如长时间使用行车制动器，会引起摩擦片和制动毂温度升高，摩擦力下降，从而导致制动失灵，故本题【答案为√】。

（三）山区弯道安全行车

162. 车辆在通过山区弯道时，要做到减速、鸣喇叭、靠右行。（　）

【解析】"减速"是防止车辆因高速在转弯时出现侧滑，"鸣喇叭"是告知对向来车，"靠右行"是避免与对向来车发生碰撞，这三点是通过山区弯道的安全行车准则，故本题【答案为√】。

163. 车辆进入山区弯道时，在对面没有来车的情况下，应怎样做？（　）

　　A.可靠弯道外侧行驶

　　B.可短时间借用对方的车道

　　C.可加速沿弯道切线方向通过

　　D.应减速、鸣喇叭、靠右行

【解析】题中情形，即使对面没有来车，也要严格遵守"减速、鸣喇叭、靠右行"的安全行车准则，故本题【答案为 D】。

164. 驾驶车辆行至道路急转弯处，应怎样做？（　）

　　A.急剧制动低速通过

　　B.靠弯道外侧行驶

　　C.充分减速并靠右侧行驶

　　D.借对向车道行驶

【解析】驾驶车辆行至道路急转弯处，应减速、鸣喇叭、靠右行，对应题中选项，故本题【答案为 C】。

165. 车辆转弯时应沿道路右侧行驶，不要侵占对方的车道，做到"左转转大弯，右转转小弯"。（　）

【解析】按题中做法行车，可避免因占道而导致撞车事故，故本题【答案为√】。

166. 车辆行至急转弯处时，应减速并靠右侧行驶，防止与越过弯道中心线的对方车辆相

撞。（　）

【解析】题中做法有利于行车安全，故本题【答案为√】。

167. 车辆进入山区道路后，要特别注意"连续转弯"标志，并主动避让车辆及行人，适时减速和提前鸣喇叭。（　）

【解析】在连续转弯路段，更要严格遵守"减速、鸣喇叭、靠右行"的安全行车准则，故本题【答案为√】。

（四）山区险道安全行车

168. 车辆在较窄的山路上行驶时，如果靠山体的一方不让行，应怎样做？（　）
　　A. 鸣喇叭催其让行
　　B. 保持正常车速行驶
　　C. 提前减速或停车避让
　　D. 向左占道，谨慎驶过

【解析】依据《实施条例》第48条，靠山体的一方应该让行。如果对方没有让行，千万不要斗气，应以安全为重，做到提前减速或停车避让，故本题【答案为C】。

169. 通过山区危险路段，尤其是经常发生塌方、泥石流的山区地段，应谨慎驾驶，避免停车。（　）

【解析】车辆在山区危险路段行驶，应细心观察，谨慎驾驶，不要停留，故本题【答案为√】。

170. 通过经常发生塌方、泥石流的山区地段，应避免停车。（　）

【解析】在山区危险路段停车很不安全，故本题【答案为√】。

171. 车辆行至隧道出口或山谷出口处，容易遇到横风，驾驶人感到车辆行驶方向偏移时，应如何做？（　）
　　A. 采取紧急制动
　　B. 迅速逆风向转动转向盘
　　C. 迅速顺风向转动转向盘
　　D. 双手稳握转向盘，适当减速

【解析】遇题中情形，驾驶人应双手握紧转向盘，向来风的一侧适当修正，并且力度要轻，不要急打转向盘。同时应降低车速，防止高速行驶造成车辆失控，故本题【答案为D】。

172. 驾驶机动车行至山谷出口处，遇到横风导致车辆行驶方向偏移时，应双手握稳转向盘，向来风相反的一侧适当修正，力度要轻，不可急转转向盘。（　）

【解析】题中情形，应向来风方向适当修正转向盘，故本题【答案为×】。

四、高速公路安全行车

（一）高速公路驶入与驶离

173. 驶入高速公路的收费口时，应选择怎样的入口？（　）
　　A. 车辆多　　　　　　B. 红灯亮
　　C. 绿灯亮　　　　　　D. 暂停服务

【解析】与红灯停、绿灯行的规则一样，应选择绿灯亮的入口，故本题【答案为C】。

174. 驾驶机动车驶入高速公路收费口时，应减速慢行，有序行驶，选择绿灯亮起的收费口进入。（　）

【解析】题中表述正确，故本题【答案为√】。

（二）高速公路匝道和加速车道安全行驶

175. 如图所示，驾驶机动车可以从匝道直接驶入行车道。（　）

【解析】进入高速公路先在加速车道提速后才能驶入行车道，从匝道直接驶入行车道是错误的，故本题【答案为×】。

176. 驾驶机动车由加速车道进入高速公路行驶，以下做法错误的是什么？（　）
　　A. 在加速车道上加速，同时开启左转向灯
　　B. 密切注意左侧行车道的车流状态，同时用后视镜观察后方情况
　　C. 充分利用加速车道的长度加速，确认安全后，平稳地进入行车道
　　D. 经加速车道充分加速后，可直接驶入最左侧车道

【解析】机动车由加速车道进入高速公路，应先驶入最右侧的行车道，如需变更车道，应逐条车道变更，直接驶入最左侧车道是错误的，故本题【答案为D】。

177. 机动车从匝道驶入高速公路，应当开启左转向灯。（　）

【解析】机动车从匝道应先驶入加速车道，再并入行车道，由于行车道在加速车道的左侧，所以机动车应开启左转向

灯，故本题【答案为√】。

178. 高速公路上行车，如果因疏忽驶过出口，应怎样做？（　）

　　A. 立即停车

　　B. 在原地掉头

　　C. 在原地倒车驶回

　　D. 继续向前行驶，寻找下一个出口

【解析】高速公路不允许停车、掉头、倒车，遇题中情形，应继续向前行驶，寻找下一个出口，故本题【答案为D】。

179. 如果在高速公路上不小心错过了准备驶出的路口，正确的做法是什么？（　）

　　A. 紧急刹车，倒车至想要驶出的路口

　　B. 继续前行，到下一出口驶离高速公路掉头

　　C. 在应急停车道上停车，等待车辆较少的时候再伺机倒车

　　D. 借用应急停车道进行掉头，逆向行驶

【解析】选项中通过倒车、停车、掉头等方法驶出路口都是不允许的，遇题中情形，应继续前行，到下一出口驶离高速公路掉头，故本题【答案为B】。

180. 驾驶机动车在高速公路上行驶，错过出口时，如果确认后方无来车，可以倒回出口驶离高速公路。（　）

【解析】机动车在高速公路不允许倒车，错过出口时，应到下一出口驶离，故本题【答案为×】。

181. 如图所示，A车的行为是正确的。（　）

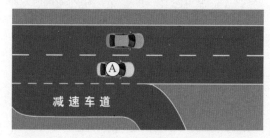

【解析】驶离高速公路时先进入减速车道减速后才能驶入匝道，图中A车直接驶入匝道是错误的，故本题【答案为×】。

182. 车辆在高速公路匝道上可以停车。（　）

【解析】高速公路匝道上不允许停车，故本题【答案为×】。

183. 车辆不得在高速公路匝道上掉头。（　）

【解析】高速公路匝道上不允许掉头，故本题【答案为√】。

184. 车辆驶入高速公路匝道后，应迅速将车速提高到每小时60千米以上。（　）

【解析】匝道大多为弯道，车速一般不要超过每小时40千米，提速应在加速车道进行，故本题【答案为×】。

185. 驾驶车辆进入高速公路加速车道后，应

尽快将车速提高到每小时多少千米以上？（　）

　　A.50　　　　　　　　B.60

　　C.30　　　　　　　　D.40

【解析】在加速车道应将车速提高到每小时60千米以上，故本题【答案为B】。

186. 驾驶车辆进入高速公路加速车道后，应尽快将车速提高到每小时60千米以上，原因是什么？（　）

　　A. 以防被其他车辆超过

　　B. 以防后方车辆发生追尾事故

　　C. 以防汇入车流时影响主线车道上行驶的车辆

　　D. 以防违反最低限速要求受到处罚

【解析】由于高速公路主线车道上的车辆速度不能低于每小时60千米，所以进入高速公路的车辆应先在加速车道将车速提高到每小时60千米以上，否则会影响主线车道上行驶的车辆，故本题【答案为C】。

187. 车辆在高速公路匝道提速到每小时60千米以上时，可直接驶入行车道。（　）

【解析】匝道大多为弯道，车速不宜过快，所以不能在匝道提速直接驶入行车道，故本题【答案为×】。

188. 如图所示，驾驶车辆可以从这个位置直接驶入高速公路行车道。（　）

【解析】汽车驶入高速公路，应先从匝道驶入加速车道，经加速后再驶入车行道。而图中车辆从匝道直接驶入车行道，故本题【答案为×】。

189. 如图所示，这辆小型载客汽车进入高速公路行车道的方法是正确的。（　）

【解析】汽车驶入高速公路，应先从匝道驶入加速车道，经加速后再驶入车行

道，故本题【答案为 ×】。

（三）高速公路车道选择

190. 在标志、标线齐全的高速公路上行车，应当按照什么规定的车道和车速行驶？（　）

　　A. 标志或标线　　　　B.《道路交通安全法》
　　C. 车辆说明书　　　　D. 地方法规

【解析】题中情形，应当按照标志或标线规定的车道和车速行驶，故本题【答案为 A】。

191. 在同向 4 车道高速公路上行车，车速高于每小时 110 千米的车辆应在哪条车道上行驶？（　）

　　A. 最左侧　　　　　　B. 第二条
　　C. 最右侧　　　　　　D. 第三条

【解析】依据《实施条例》第 78 条，同向 4 车道的高速公路，从左至右最低限速依次为每小时 110、90、90、60 千米，故本题【答案为 A】。

192. 如图所示，当车速为 95 千米 / 时，可以在哪条车道内行驶？（　）

　　A. 车道 A　　　　　　B. 车道 B
　　C. 车道 C　　　　　　D. 车道 D

【解析】依据图中标志速度显示，题中情形，车辆可以在车道 B 内行驶，故本题【答案为 B】。

193. 如图所示，在同向 3 车道高速公路上行车，车速为每小时 115 千米，应在哪条行车道行驶？（　）

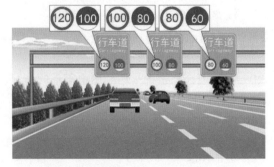

　　A. 最右侧行车道

　　B. 最左侧行车道
　　C. 中间行车道
　　D. 哪条都行

【解析】依据图中标志速度显示，题中车辆应在最左侧行车道行驶，故本题【答案为 B】。

（四）高速公路行车道安全行驶

194. 机动车在高速公路行驶，下列做法正确的是什么？（　）

　　A. 非紧急情况下不得在应急车道行驶或者停车
　　B. 可在减速车道或加速车道超车、停车
　　C. 可在紧急停车带停车装卸货物
　　D. 可在路肩停车上下人员

【解析】高速公路应急车道主要用于车辆遇紧急情况临时停放，非紧急情况下不得在应急车道行驶或者停车，故本题【答案为 A】。

195. 车辆应在高速公路右侧的路肩上行驶。（　）

【解析】路肩只有在紧急情况下才能使用，非紧急情况车辆不得在路肩上行驶，故本题【答案为 ×】。

196. 因发生事故造成高速公路堵塞时，车辆可在右侧紧急停车带或路肩行驶。（　）

【解析】高速公路堵塞时，右侧紧急停车带或路肩仅供救援等执行紧急公务的车辆使用，其他社会车辆不得使用，故本题【答案为 ×】。

197. 如图所示，下列做法是正确的。（　）

【解析】在高速公路牵引故障车时应在最右侧车道上行驶，故本题【答案为 ×】。

198. 如图所示，在高速公路最左侧车道行驶时，想驶离高速公路，以下说法正确的是什么？（　）

A. 每次变更一条车道，直到最右侧车道

B. 为了快速变更车道，可以加速超越右侧车辆后变更车道

C. 找准机会一次变更到最右侧车道

D. 立即减速后向右变更车道

【解析】题中情形，正确的说法是每次变更一条车道，直到最右侧车道，故本题【答案为A】。

199. 驾驶机动车在高速公路上行驶，遇到图中所示的情形，怎么做才正确？（ ）

A. 可以借右侧应急车道行驶

B. 与前车保持安全距离跟车行驶

C. 紧跟左侧车道红色小客车行驶

D. 鸣喇叭或变换远近光灯催促

【解析】用排除法，选项A和D有明显错误，选项C长时间占用超车道，也不对，故本题【答案为B】。

200. 车辆在高速公路行驶时，可以仅凭感觉确认车速。（ ）

【解析】车速应通过车速表来确认，不能仅凭感觉，故本题【答案为×】。

201. 车辆在高速公路上行驶，可以频繁地变更车道。（ ）

【解析】高速公路车辆多，车速快，频繁变更车道非常危险，故本题【答案为×】。

202. 在高速公路变更车道时，应提前开启转向灯，观察情况，确认安全后，驶入需要变更的车道。（ ）

【解析】题中为变更车道的正确做法，故本题【答案为√】。

203. 行驶在高速公路上遇大雾视线受阻时，应当立即紧急制动停车。（ ）

【解析】遇到题中情形，应逐渐减速停车，不能立即紧急制动，故本题【答案为×】。

204. 机动车在高速公路上遇前方交通受阻时，应当跟随前车顺序排队，并立即开启危险报警闪光灯，防止追尾。（ ）

【解析】题中是安全的做法，故本题【答案为√】。

205. 小型客车行驶在平坦的高速公路上，突然有颠簸感觉时，应迅速降低车速，防止爆胎。（ ）

【解析】在平坦的道路上，突然有颠簸感觉，说明轮胎可能出现问题，故本题【答案为√】。

206. 在高速公路上遇分流交通管制时，可不驶出高速公路，就地靠边停车，等待管制结束后继续前行。（ ）

【解析】高速公路的分流交通管制就是指在高速公路上遇到紧急情况后，将后续来车在匝道口进行管制，以免发生次生事故和交通拥堵。为此，在匝道口的车辆都应驶出高速公路，故本题【答案为×】。

207. 在高速公路上行驶感觉疲劳时，应立即停车休息，以保证行车安全，以免因疲劳驾驶而导致交通事故。（ ）

【解析】高速公路上不准停车，感觉疲劳时，应到最近的服务区停车休息，故本题【答案为×】。

208. 驾驶机动车在高速公路上遇到雨雪天气时，关于降低车速、保持安全距离的原因，以下说法错误的是什么？（ ）

A. 能见度下降，驾驶人难以及时发现前方车辆

B. 此类天气条件下的道路，车辆的制动距离变长

C. 为车辆行驶提供足够的安全距离

D. 降低恶劣天气对车辆造成的损害

【解析】题中情形，错误的说法是降低恶劣天气对车辆造成的损害，故本题【答案为D】。

209. 在高速公路上开车遇到图中所示的情况时，以下操作不正确的是什么？（ ）

A. 应该打开雾灯、近光灯、示廓灯、前后位灯、危险报警灯光

B. 能见度低，应该与同车道前车保持一定距离

C. 降低车速，防止紧急情况下无法及时制动

D. 继续维持高速行驶，防止后面车辆堵塞

【解析】在高速公路遇图中大雾天气，继续维持高速行驶，很容易导致交通事故，故本题【答案为 D】。

210. 驾驶机动车在高速公路上行驶，能见度小于 200 米时，与同车道前车应保持 100 米以上的距离。（　）

【解析】题中表述符合《实施条例》第 1 项规定，故本题【答案为√】。

211. 驾驶机动车在高速公路上行驶，遇有雾、雨、雪、沙尘、冰雹等低能见度气象条件，能见度在 50 米以下时，以下做法正确的是什么？（　）

　　A. 加速驶离高速公路

　　B. 在应急车道上停车等待

　　C. 可以继续行驶，但车速不得超过每小时 40 千米

　　D. 以不超过每小时 20 千米的车速从最近的出口尽快驶离高速公路

【解析】依据《实施条例》第 81 条第 3 项，遇题中情形，正确的做法是"以不超过每小时 20 千米的车速从最近的出口尽快驶离高速公路"，故本题【答案为 D】。

212. 驾驶机动车上高速公路行驶，以下说法正确的是什么？（　）

　　A. 可在匝道、加速车道、减速车道上超车

　　B. 非紧急情况下可在应急车道行驶

　　C. 可以试车或学习驾驶

　　D. 不准倒车、逆行、穿越中央分隔带掉头

【解析】题中情形，正确的说法是"不准倒车、逆行、穿越中央分隔带掉头"，故本题【答案为 D】。

（五）高速公路车辆故障处置

213. 驾驶机动车在高速公路上发生故障时，为获得其他车辆的帮助，可将警告标志放置在其他车道。（　）

【解析】题中做法会影响其他车道机动车的正常行驶，甚至引发事故，故本题【答案为×】。正确的做法是：将警告

标志放置在本车道，且距离车辆 150 米以外。

214. 驾驶机动车在高速公路发生故障，需要停车排除故障时，以下做法的顺序正确的是哪项？①放置警告标志，转移乘车人员至安全处，迅速报警②开启危险报警闪光灯③将车辆移至不妨碍交通的位置④等待救援（　）

　　A. ④③①②　　　　　　B. ①②③④

　　C. ③②①④　　　　　　D. ②③①④

【解析】遇到题中情形，正确的顺序是②③①④，故本题【答案为 D】。

215. 驾驶机动车在高速公路上发生故障时，若能将车辆移动至应急车道内，只需开启危险报警闪光灯，警告标志可根据交通流情况选择放置。（　）

【解析】题中情形，不仅要开启危险报警闪光灯，还应放置警告标志，故本题【答案为×】。

216. 在高速公路上驾驶机动车，关于车辆发生故障的处置，以下说法错误的是什么？（　）

　　A. 打开危险报警闪光灯，夜间还应开启示廓灯、后位灯

　　B. 在车后 150 米以外设置安全警告标志

　　C. 车内乘员应下车辅助将故障车辆推移到紧急停车带上

　　D. 所有人员需离开故障车辆，在紧急停车带或护栏以外安全位置报警并等候救援

【解析】题中情形，车内乘员应迅速撤离到护栏以外的安全位置。所以，错误的说法是车内乘员应下车辅助将故障车辆推移到紧急停车带上，故本题【答案为 C】。

五、恶劣气候条件下安全行车

（一）雨天安全行车

217. 雨天对安全行车的主要影响是什么？（　）

　　A. 路面湿滑，视线受阻

　　B. 发动机易熄火

　　C. 行驶阻力增大

　　D. 电器设备易受潮短路

【解析】注意题中间的是对安全行车的影响，选项 B、C、D 对安全行车影响并不大，故本题【答案为 A】。

218. 下雨后路面湿滑，车辆在行驶中紧急制动，容易导致什么？（　）

　　A. 发生侧滑，引发交通事故

　　B. 驾驶人视线模糊而撞车

C. 不被其他车辆驾驶人发现

D. 引起发动机熄火

【解析】车辆在湿滑的路面紧急制动，容易发生侧滑，引发交通事故，故本题【答案为A】。

219. 雨天路面湿滑，车辆制动距离增大，行车中尽量使用紧急制动减速。（ ）

【解析】在湿滑的路面上不能使用紧急制动，否则会发生侧滑，故本题【答案为×】。

220. 车辆在雨天临时停车时，应开启什么灯？（ ）

A. 前后雾灯

B. 危险报警闪光灯

C. 前大灯

D. 倒车灯

【解析】雨天视线受阻，临时停车时，应开启危险报警闪光灯，以防追尾事故发生，故本题【答案为B】。

221. 在大暴雨的天气驾车，刮水器无法正常工作时，应怎样做？（ ）

A. 集中注意力谨慎驾驶

B. 立即减速靠边停车

C. 以正常速度行驶

D. 减速行驶

【解析】刮水器无法正常工作时，风挡玻璃上会有雨水，影响驾驶人视线，不能保证行车安全，因此应尽快停车，故本题【答案为B】。

222. 连续降雨的天气，山区公路可能会出现路肩疏松和堤坡坍塌现象，行车时应选择道路中间坚实的路面，避免靠路边行驶。（ ）

【解析】题中情形是雨天在山区公路行驶时应特别注意的事项，故本题【答案为√】。

223. 在大雨天行车，为避免发生"水滑"而造成危险，要控制速度行驶。（ ）

【解析】所谓"水滑"是指在大雨天汽车在积水路面上高速行驶时，轮胎与路面间的存水不能排除，水的压力使车轮上浮，从而形成汽车在积水路面上滑行的现象。"水滑"是汽车高速行驶时的特有现象，低速时极为少见，因此在大雨天行车，为避免发生"水滑"而造成危险，要控制速度行驶，故本题【答案为√】。

224. 如图所示，在雨天跟车行驶时使用灯光，以下做法正确的是什么？（ ）

A. 使用远光灯

B. 不能使用近光灯

C. 不能使用远光灯

D. 使用雾灯

【解析】雨天跟车行驶应使用近光灯，若使用远光灯，会干扰前车视线，故本题【答案为C】。

225. 如图所示，在这种天气行车，由于能见度较低，需要提前开启远光灯告知对向来车。（ ）

【解析】依据《实施条例》第58条，题中情形应开启前照灯、示廓灯和后位灯，但不能开启远光灯，否则不仅会使对向来车驾驶人产生眩目，还会影响其视线，故本题【答案为×】。

226. 水淹路面影响行车安全，车辆不易通行的原因是什么？（ ）

A. 路面附着力增大

B. 无法观察到暗坑和凸起的路面

C. 能见度低，视野模糊

D. 日光反射会阻挡视线

【解析】在水淹路面无法看清路面状况，故本题【答案为B】。

227. 驾驶人在行车中经过积水路面时，应怎样做？（ ）

A. 减速慢行

B. 保持正常车速通过

C. 空挡滑行通过

D. 加速通过

【解析】经过积水路面，应减速慢行，以防水花溅湿电器设备。另外，也可避免泥水溅到路边行人身上，故本题【答案为 A】。

228. 在如图所示的道路跟车行驶，为什么要保持较大的安全距离？（ ）

    A. 因为不能正确判断水的深度
    B. 因为路面积水的反光会影响对距离的判断
    C. 因为前车驾驶人的反应会变得迟缓
    D. 因为溅起来的水会影响视线

【解析】如跟车距离过近，前车溅起的水花会影响视线，故本题【答案为 D】。

229. 车辆涉水后，应保持低速行驶，怎样操作制动踏板，来恢复制动效果？（ ）
    A. 持续重踩   B. 间断重踩
    C. 持续轻踩   D. 间断轻踩

【解析】涉水后，车轮制动器内有水，会影响制动效果，此时可间断轻踩制动踏板，使制动器摩擦生热蒸发水分，恢复制动效果，故本题【答案为 D】。

（二）雾天安全行车

230. 雾天对安全行车的主要影响是什么？（ ）
    A. 发动机易熄火
    B. 易发生侧滑
    C. 能见度低，视线不清
    D. 行驶阻力增大

【解析】雾天对安全行车的主要影响是能见度低，视线不清，故本题【答案为 C】。

231. 雾天行车时，应及时开启什么灯？（ ）
    A. 倒车灯   B. 近光灯
    C. 雾灯   D. 远光灯

【解析】雾天行车时，应及时开启雾灯，故本题【答案为 C】。

232. 遇浓雾或特大雾天气能见度过低，行车困难时，应怎样做？（ ）
    A. 开启前照灯，继续行驶
    B. 开启示廓灯、雾灯，靠右行驶
    C. 开启危险报警闪光灯，继续行驶
    D. 开启危险报警闪光灯和雾灯，选择安全地点停车

【解析】浓雾或特大雾天气，几乎看不清道路，无法继续行驶，只有尽快停车，故本题【答案为 D】。

233. 浓雾天气能见度低，开启远光灯会提高能见度。（ ）

【解析】浓雾天气应开启雾灯，若开启远光灯，浓雾会对灯光反射，使驾驶人视线模糊，故本题【答案为 ×】。

234. 大雾天行车，多鸣喇叭是为了引起对方注意，避免发生危险。（ ）

【解析】大雾天行车，能见度低，因此要多鸣喇叭，故本题【答案为√】。

235. 雾天行车多使用喇叭可引起对方注意；听到对方车辆鸣喇叭，自己也应鸣喇叭回应。（ ）

【解析】既然雾天看不见，就要靠听了，所以要多使用喇叭，故本题【答案为√】。

236. 如图所示，在这种雾天情况下，通过交叉路口时必须鸣喇叭加速通过，以免造成交通拥堵。（ ）

绿灯亮

【解析】在图中雾天情况下，通过交叉路口时必须开雾灯、鸣喇叭，并减速慢行。题中没有明确开什么灯，另外加速通过就更不对了，故本题【答案为 ×】。

237. 大雾天行车，多鸣喇叭是为了什么？（ ）
    A. 催促前车让行
    B. 准备超越前车
    C. 催促前车提速，避免发生追尾
    D. 引起对方注意，避免发生危险

【解析】大雾天行车，多鸣喇叭是为了引起对方注意，避免发生危险，故本题【答案为 D】。

238. 雾天驾驶机动车在道路上行驶，由于能见度低，应加速行驶，尽快到达安全地点。（ ）

【解析】题中情形，能见度低，应降低车速，故本题【答案为 ×】。

239. 驾驶机动车遇到大雾或特大雾等能见度过低天气时，应选择安全地点停车。（ ）

【解析】题中表述正确，故本题【答案为√】。

240. 雾天行车为了提高能见度，应该开启远光灯。（ ）

【解析】雾天行车应打开雾灯、尾灯、示廓灯和前照灯（近光），不能使用远光灯。因远光灯光轴偏上，射出的光线被雾气反射，容易在车前形成白茫茫一片，如同隔着磨砂玻璃一样，驾驶人什么都看不见，故本题【答案为×】。

241. 雾天驾驶机动车跟车行驶，以下做法错误的是什么？（ ）

A. 时刻注意前车刹车灯的变化

B. 降低行车速度

C. 加大两车间的距离

D. 鸣喇叭提醒前车提高车速，避免后车追尾

【解析】雾天行车应加大跟车距离，降低车速，不要鸣喇叭催促，故本题【答案为D】。

（三）雪天安全行驶

242. 冰雪道路对安全行车的主要影响是什么？（ ）

A. 电器设备易受潮短路

B. 能见度降低，视野模糊

C. 行驶阻力增大

D. 制动性能差，方向易跑偏

【解析】在四个选项中，选项B和D都会影响行车安全，但影响最大的是制动性能差，方向易跑偏，故本题【答案为D】。

243. 冰雪路行车时应注意什么？（ ）

A. 制动距离延长

B. 抗滑能力变大

C. 制动性能没有变化

D. 路面附着力增大

【解析】由于冰雪路面摩擦系数很小，所以汽车制动时制动距离会延长，驾驶人应特别注意，故本题【答案为A】。

244. 如图所示，在这种天气条件下行车如何使用灯光？（ ）

A. 使用近光灯   B. 不使用灯光

C. 使用远光灯   D. 使用雾灯

【解析】图中车辆在雪天行驶，应使用近光灯，故本题【答案为A】。跟车时开远光灯会干扰前车驾驶人视线，所以不

能使用；雾灯是雾天使用的，在雪天也不能使用。

245. 雪天行车时，应该开启近光灯和雾灯。（ ）

【解析】下雪天视线受阻，应打开近光灯。但雪天不是雾天，不用开雾灯，故本题【答案为×】。

246. 车辆在雪天临时停车时，应开启什么灯？（ ）

A. 前后雾灯   B. 倒车灯

C. 前大灯   D. 危险报警闪光灯

【解析】雪天能见度低，停车时，应开启危险报警闪光灯，以防止发生追尾等事故，故本题【答案为D】。

247. 雪天行车时，在有车辙的路段应循车辙行驶。（ ）

【解析】车辙是车辆在路面上行驶后留下的车轮压痕。循车辙行驶有两点好处：一是其他车走过的路，相对比较安全；二是车辙已被其他车辆压实，可以减小行驶阻力，故本题【答案为√】。

248. 在冰雪道路行车，由于积雪对光线的反射，极易使驾驶人目眩而产生错觉。（ ）

【解析】题中表述为常识，故本题【答案为√】。

249. 在冰雪道路上行车时，车辆的稳定性降低，加速过急车轮极易空转或溜滑。（ ）

【解析】冰雪路面摩擦系数降低，轮胎不易附着在路面上，所以急加速时车轮极易空转或溜滑，故本题【答案为√】。

250. 在山区冰雪道路上行车，遇前车正在爬坡时，后车应怎样做？（ ）

A. 低速爬坡

B. 紧随其后爬坡

C. 选择适当地点停车，等前车通过后再爬坡

D. 迅速超越前车

【解析】在山区冰雪道路上，为防止爬坡的前车后溜，导致撞车事故，不能出现两辆车同时爬坡，故本题【答案为C】。

251. 在冰雪路面上行车，必须降低车速，加大安全距离。（ ）

【解析】由于冰雪路滑，为确保安全，必须降低车速，加大安全距离，故本题【答案为√】。

252. 车辆在冰雪路面紧急制动易产生侧滑，应低速行驶，可利用发动机制动进行减速。（ ）

【解析】在冰雪路面行车应尽量利用发动机制动，少用行车制动，不用紧急制动，以防侧滑，故本题【答案为√】。

253. 驾驶机动车遇到沙尘、冰雹、雨、雾、结冰等气候条件时，应降低行驶速度。（ ）

【解析】题中不良气候会导致路面湿滑，视线不良，为确保

安全，应降低行驶速度，故本题【答案为√】。

254. 在山区冰雪道路上行车，应当采取在
（　）上安装防滑链等安全防范措施。

    A. 驱动轮   B. 被动轮

    C. 备胎   D. 驱动轮和被动轮

【解析】在冰雪路面上，驱动轮容易产生空转打滑，所以防滑链应安装在驱动轮上，故本题【答案为A】。

（四）夜间安全行车

255. 夜间道路环境对安全行车的主要影响是什么？（　）

    A. 驾驶人体力下降

    B. 驾驶人易产生冲动、幻觉

    C. 能见度低，不利于观察道路交通情况

    D. 路面复杂多变

【解析】注意题中问的是道路环境对安全行车的影响，只有选项C和D与道路环境有关，选项D显然不正确，故本题【答案为C】。

256. 驾驶人在夜间对物体的观察明显比白天差，视距会有什么变化？（　）

    A. 不变   B. 无规律

    C. 变长   D. 变短

【解析】夜间看物体的距离变近，也就是视距变短，故本题【答案为D】。

257. 夜间行车，驾驶人视距变短，影响观察，同时注意力高度集中，易产生疲劳。（　）

【解析】题中表述正确，故本题【答案为√】。

258. 夜间行车，驾驶人的视野受限，很难观察到灯光照射区域以外的交通情况，因此要减速行驶。（　）

【解析】减速行驶是弥补视野受限的有效方法，故本题【答案为√】。

259. 夜间起步前，应当先开启近光灯。（　）

【解析】开启近光灯有利于观察车辆附近交通情况，故本题【答案为√】。

260. 夜间车辆通过照明条件良好的路段时，应使用什么灯？（　）

    A. 危险报警闪光灯   B. 远光灯

    C. 近光灯   D. 雾灯

【解析】由于道路照明条件良好，使用近光灯照明效果更好，故本题【答案为C】。

261. 夜间行车，前方出现弯道时，灯光照射会发生怎样的变化？（　）

    A. 离开路面   B. 由路中移到路侧

    C. 距离不变   D. 由高变低

【解析】夜间灯光照射的变化规律是：道路平直，灯光距离不变；出现弯道，灯光从路中移至路侧；出现上坡，灯光由高变低；出现下坡，灯光离开路面。故本题【答案为B】。

262. 夜间会车，遇对方使用远光灯，应如何安全驾驶？（　）

    A. 加速通过

    B. 直视对方车辆，确定来车位置

    C. 开启远光灯，与对面车对射示意

    D. 降低车速，靠右行驶，必要时停车让行

【解析】遇题中情形，应降低车速，靠右行驶，必要时停车让行，故本题【答案为D】。

263. 夜间会车时，若对方车辆不关闭远光灯，可变换灯光提示对向车辆，同时减速靠右侧行驶或停车。（　）

【解析】题中做法有利于夜间安全会车，故本题【答案为√】。

264. 夜间驾车遇到对向来车未关闭远光灯时，应鸣喇叭并使用远光灯，以提示对方。（　）

【解析】题中做法对夜间安全会车不利，故本题【答案为×】。

265. 夜间行车遇对面来车未关闭远光灯时，应减速行驶，以防两车灯光的交会处有行人通过而发生事故。（　）

【解析】对面来车远光灯未关，会让驾驶人产生眩目，为防止发生交通事故，应减速行驶，故本题【答案为√】。

266. 夜间会车时对面来车使用远光灯，会使驾驶人眩目而看不清前方道路情况，易引发事故。（　）

【解析】题中表述正确，故本题【答案为√】。

267. 夜间行车，要尽量避免超车，确需超车时，可变换使用远近光灯向前车示意。（　）

【解析】夜间超车前变换使用远近光灯，可以代替喇叭向前车示意，故本题【答案为√】。

268. 夜间行车需要超车时，变换使用远近光灯示意是为了提示前车。（　）

【解析】题中表述正确，故本题【答案为√】。

269. 如图所示，夜间驾驶机动车与同方向行驶的前车距离较近时，以下做法正确的是什么？（　）

A. 使用远光灯, 有利于观察路面情况

B. 禁止使用远光灯, 避免灯光照射在前车后视镜造成前车驾驶人眩目

C. 使用远光灯, 有利于告知前方驾驶人后方有来车

D. 禁止使用远光灯, 避免灯光照射在前车后视镜造成自己眩目

【解析】题中情形, 正确的做法是禁止使用远光灯, 避免灯光照射在前车后视镜造成前车驾驶人眩目, 故本题【答案为B】。

270. 如图所示, 夜间驾驶机动车遇对方使用远光灯, 无法看清前方路况时, 以下做法正确的是什么? ( )

A. 保持行驶方向和车速不变

B. 自己也打开远光灯行驶

C. 降低车速, 谨慎会车

D. 加速通过, 尽快摆脱眩目光线

【解析】遇到题中情形, 应降低车速, 谨慎会车, 以免发生交通事故, 故本题【答案为C】。

271. 夜间驾驶机动车在没有中心隔离设施或者没有中心线的道路上行驶, 以下哪种情况下应当改用近光灯? ( )

A. 接近没有交通信号灯控制的交叉路口时

B. 与对向机动车会车时

C. 接近人行横道时

D. 城市道路照明条件不良时

【解析】遇到题中情形, 与对向机动车会车时, 应当改用近光灯, 故本题【答案为B】。

272. 机动车向左转弯、向左变更车道、驶离停车地点或者掉头时, 提前开启左转向灯是为了什么? ( )

A. 提示前车, 将要向左变更行驶路线

B. 提示后车, 将要向右变更行驶路线

C. 提示后车, 将要向左变更行驶路线

D. 提示前车, 将要向右变更行驶路线

【解析】遇到题中情形, 提前开启左转向灯是为了提示后车, 将要向左变更行驶路线, 故本题【答案为C】。

273. 如图所示, 在这种情况下跟车行驶, 不能使用远光灯的原因是什么? ( )

A. 不利于看清远方的路况

B. 会影响自己的视线

C. 会影响前车驾驶人的视线

D. 不利于看清车前的路况

【解析】遇到题中情形, 不能使用远光灯的原因是会影响前车驾驶人的视线, 故本题【答案为C】。

274. 关于机动车灯光的使用, 以下说法正确的是什么? ( )

A. 夜间驾驶机动车在照明条件良好的路段必须使用远光灯

B. 夜间驾驶机动车在照明条件良好的路段可以不使用灯光

C. 机动车灯光一个重要的作用是提示其他机动车驾驶人和行人

D. 机动车灯光的作用仅仅是为了在夜间照明

【解析】机动车灯光一个重要的作用是提示其他机动车驾驶人和行人, 故本题【答案为C】。

275. 机动车在夜间通过没有交通信号灯控制的交叉路口时, 要怎样使用灯光? ( )

A. 交替使用远近光灯示意

B. 使用危险报警闪光灯

C. 使用远光灯

D. 使用近光灯

【解析】题中情形, 应交替使用远近光灯示意, 故本题【答案为A】。

六、轮胎漏气与爆胎

（一）轮胎漏气

276. 驾驶人发现轮胎漏气，将车辆驶离主车道时，不要采用紧急制动，以免造成翻车或后车采取制动不及时导致追尾事故。（　）

【解析】发现轮胎漏气，应轻踩制动踏板，缓慢将车停下，故本题【答案为√】。

277. 轮胎气压过低时，高速行驶会使轮胎出现波浪变形、温度升高，从而导致什么？（　）

　　A.气压更低　　　　B.行驶阻力增大
　　C.爆胎　　　　　　D.气压不稳

【解析】题中情形，轮胎温度升高后，一方面使胎压升高，另一方面会使胎体软化，从而导致爆胎，故本题【答案为C】。

（二）爆胎

278. 避免爆胎的错误做法是什么？（　）

　　A.定期检查轮胎
　　B.更换有裂纹或有很深损伤的轮胎
　　C.降低轮胎气压
　　D.及时清理轮胎沟槽里的异物

【解析】避免爆胎的错误做法主要是降低轮胎气压，故本题【答案为C】。

279. 车辆前轮胎爆裂，危险较大，汽车方向会立刻向爆胎车轮一侧跑偏，直接影响驾驶人对转向盘的控制。（　）

【解析】题中表述正确，故本题【答案为√】。

280. 行车中当车辆前轮爆胎已发生转向时，驾驶人应双手紧握转向盘，尽力控制车辆直线行驶。（　）

【解析】前轮胎爆胎，车辆发生转向时，切忌慌张，向相反的方向猛打转向盘，应尽力稳住转向盘，使车辆保持直线行驶，故本题【答案为√】。

281. 前轮胎爆裂出现转向时，驾驶人不要过度矫正，在控制住方向的情况下，应怎样做，使车辆缓慢减速？（　）

　　A.采取紧急制动
　　B.使用驻车制动
　　C.轻踩制动踏板
　　D.迅速踩下制动踏板

【解析】题中情形，控制住方向后，应轻踩制动踏板，使车辆缓慢减速，故本题【答案为C】。

282. 车辆后轮胎爆裂，车尾会摇摆不定，驾驶

人应双手紧握转向盘，控制车辆保持直线行驶，减速停车。（　）

【解析】题中做法正确，故本题【答案为√】。

283. 行车中当驾驶人意识到爆胎时，应在控制住方向的情况下，轻踩制动踏板，使车辆缓慢减速，逐渐平稳地停靠于路边。（　）

【解析】应先控制方向，后减速停车，故本题【答案为√】。

284. 行车中当车辆突然爆胎时，驾驶人切忌慌乱中急踩制动踏板，应尽量采用"抢挡"的方法，利用发动机制动使车辆减速。（　）

【解析】爆胎时切忌使用紧急制动，故本题【答案为√】。

285. 车辆发生爆胎后，驾驶人在尚未控制住车速前，不要冒险使用行车制动器停车，以免车辆横甩发生更大的险情。（　）

【解析】方向控制住后，才能轻踩制动踏板，缓慢减速停车，故本题【答案为√】。

286. 行车中当驾驶人意识到车辆爆胎时，应在控制住方向的情况下，采取紧急制动，迫使车辆迅速停住。（　）

【解析】先方向后制动是对的，但紧急制动、迅速停车是错误的，故本题【答案为×】。

七、文明驾驶知识

（一）文明行车

287. 一个合格的驾驶人，不仅表现在娴熟的技术上，更重要的是应该具有良好的驾驶习惯和道德修养。（　）

【解析】题中表述正确，故本题【答案为√】。

288. 对驾驶人开展日常安全教育是增强驾驶人（　）意识，提高安全文明素质的重要手段。

　　A.社会责任　　　　B.文明礼貌
　　C.得与失　　　　　D.优先发展交通

【解析】对驾驶人开展日常教育是增强驾驶人社会责任意识，提高安全文明素质的重要手段，故本题【答案为A】。

289. 女驾驶人穿高跟鞋驾驶车辆，不利于安全行车。（　）

【解析】穿高跟鞋不方便踩制动踏板，遇到紧急情况容易导致交通事故，故本题【答案为√】。

290. 驾驶车辆时，左臂长时间搭在车门窗上，或者右手长时间抓住变速器操纵杆，是驾驶陋习。（　）

【解析】题中行为都是不好的驾驶习惯，要尽量克服，故本题【答案为√】。

291. 驾驶人一边驾车，一边吸烟，对安全行车无影响。（ ）

【解析】开车时吸烟会导致驾驶操作不便，还会引发火灾，所以对安全行车影响很大，故本题【答案为×】。

292. 谨慎驾驶的三个原则是集中注意力、仔细观察和提前预防。（ ）

【解析】按此原则行车，可以避免和减少交通事故发生，故本题【答案为√】。

293. 驾驶人观察后方无来车后，未开转向灯就变更车道也是合理的。（ ）

【解析】要养成良好的驾驶习惯，才能防患未然，故本题【答案为×】。

294. 在道路上行车时，驾驶人通过车窗丢弃垃圾，不会干扰其他车辆正常行驶。（ ）

【解析】车辆在行驶的过程中，如果前方车辆突然投掷物体，后车驾驶人会因受惊吓或为躲避垃圾而采取紧急变道等避险操作，极易引发交通事故。因此，车窗抛物，不仅破坏了环境卫生，还是会干扰其他车辆的正常行驶，妨碍安全行车，故本题【答案为×】。

295. 雨天行车，遇撑雨伞和穿雨衣的行人在公路上行走，应怎样做？（ ）

　　A. 持续鸣喇叭示意其让道

　　B. 加速绕行

　　C. 提前鸣喇叭，并适当降低车速

　　D. 以正常速度行驶

【解析】选项A、B、D的做法既不安全，也不文明，故本题【答案为C】。

296. 当驾驶车辆行经两侧有行人且有积水的路面时，应怎样做？（ ）

　　A. 加速通过　　　　B. 正常行驶

　　C. 连续鸣喇叭　　　D. 减速慢行

【解析】为避免泥水飞溅到行人身上，应减速慢行，故本题【答案为D】。

297. 当驾驶车辆行经两侧有非机动车行驶且有积水的路面时，应怎样做？（ ）

　　A. 减速慢行　　　　B. 正常行驶

　　C. 加速通过　　　　D. 连续鸣喇叭

【解析】为避免泥水飞溅到非机动车驾驶人身上，应减速慢行，故本题【答案为A】。

298. 驾驶车辆在道路上应当按照规定的速度安全行驶。（ ）

【解析】按照《道路交通安全法》规定的速度行驶，是交通安全的重要保证，故本题【答案为√】。

299. 如图所示，驾驶机动车时，前风窗玻璃处悬挂干扰视线的物品是错误的。（ ）

【解析】依据《实施条例》第62条第2项，在机动车驾驶室的前后窗范围内不得悬挂、放置妨碍驾驶人视线的物品，故本题【答案为√】。

300. 驾驶人一边驾车，一边手持电话是违法行为。（ ）

【解析】依据《实施条例》第62条第3项，驾驶机动车不得拨打、接听手持电话，故本题【答案为√】。

301. 如图所示，驾驶机动车接打电话容易导致交通事故。（ ）

【解析】依据《实施条例》第62条第3项，题中表述正确，故本题【答案为√】。

302. 驾驶机动车遇紧急事务，可以边开车边接打电话。（ ）

【解析】依据《实施条例》第62条第3项，遇紧急事务应将车停下再接打电话，故本题【答案为×】。

303. 驾驶机动车时接打电话容易引发事故，以下原因错误的是什么？（ ）

　　A. 单手握转向盘，对机动车控制力下降

　　B. 驾驶人注意力不集中，不能及时判断危险

　　C. 电话的信号会对汽车电子设备的运行造成干扰

　　D. 驾驶人对路况观察不到位，容易导致操作失误

【解析】题中原因，错误的是"电话的信号会对汽车电子设备的运行造成干扰"，故本题【答案为C】。

304. 如图所示，机动车驾驶人驾车通过此路口时，应减速慢行，时刻注意观察行人的动态变化，因为行人可能随时改变方向。（　）

【解析】行人参与交通的主要特点是行走随意性大，方向多变，很容易引起险情。因此，驾车通过设有减速让行标志的交叉路口时，要时刻注意观察行人的动态变化，主动减速避让，必要时停车让行，以确保安全通过路口，故本题【答案为√】。

305. 如图所示，驾驶机动车遇到这种情况时，应减速慢行，并持续鸣喇叭提醒其避让。（　）

【解析】遇到题中情形，要提前鸣喇叭提醒，并减速慢行。但持续鸣喇叭是一种不文明行为，故本题【答案为×】。

（二）文明礼让

306. 机动车在环形路口内行驶，遇有其他车辆强行驶入时，只要有优先权就可以不避让。（　）

【解析】要时刻记住"安全第一，礼让三先"，做到既"得理"又"饶人"，故本题【答案为×】。

307. 车辆行至交叉路口，遇有转弯的车辆抢行，应怎样做？（　）
　　A. 提高车速抢先通过
　　B. 鸣喇叭抢先通过
　　C. 停车避让
　　D. 保持正常车速行驶
【解析】不利于安全的选项都是错误的，故本题【答案为C】。

308. 车辆在绿灯亮的交叉路口，遇非机动车抢道行驶，可以不让行。（　）
【解析】记住遇到弱势群体（非机动车、行人等）都要让行，故本题【答案为×】。

309. 会车中遇到对方来车行进有困难需借道时，应怎样做？（　）
　　A. 靠右侧加速行驶
　　B. 尽量礼让对方先行
　　C. 不侵占对方道路，正常行驶
　　D. 示意对方停车让行
【解析】遇到题中情形，应尽量礼让对方先行，故本题【答案为B】。

310. 行车中遇到对向来车占道行驶，应怎样做？（　）
　　A. 逼对方靠右行驶
　　B. 用大灯警示对方
　　C. 主动给对方让行
　　D. 紧靠道路中心行驶
【解析】遇到题中情形，千万不要斗气，应以安全为重，主动给对方让行，故本题【答案为C】。

311. 遇到路口情况复杂时，应做到"宁停三分，不抢一秒"。（　）
【解析】"宁停三分，不抢一秒"是安全行车的口号之一，故本题【答案为√】。

312. 行车中要"文明驾驶，礼让行车"，做到不开英雄车、冒险车、赌气车和带病车。（　）
【解析】此为常识，应该牢记，本题【答案为√】。

313. 行车中遇抢救伤员的救护车从本车道逆向驶来时，应怎样做？（　）
　　A. 靠边减速或停车让行
　　B. 占用其他车道行驶
　　C. 加速变更车道避让
　　D. 在原车道内继续行驶
【解析】遇到题中情形，依据《道路交通安全法》第53条，应靠边减速或停车让行，故本题【答案为A】。

314. 行车中发现前方道路拥堵时，应怎样做？（　）
　　A. 寻找机会超越前车
　　B. 从车辆空间穿插通过
　　C. 减速停车，依次排队等候
　　D. 鸣喇叭催促
【解析】遇到题中情形，应减速停车，依次排队等候，故本题【答案为C】。

315. 发现前方道路堵塞, 正确的做法是什么?
（　）
A. 按顺序停车等候
B. 鸣喇叭示意前方车辆快速行驶
C. 选择空当逐车超越
D. 继续穿插绕行

【解析】遇到题中情形, 正确的做法是按顺序停车等候, 故本题【答案为 A】。

316. 车辆在拥挤路段低速行驶时, 遇其他车辆强行插队, 应怎样做?（　）
A. 鸣喇叭警告其不得进入
B. 加速行驶, 紧跟前车, 不让其进入
C. 挤靠"加塞"车辆, 逼其离开
D. 主动礼让, 确保行车安全

【解析】遇到题中情形, 应主动礼让, 确保行车安全, 故本题【答案为 D】。

317. 行车中突遇对方车辆强行超车, 占据自己车道, 正确的做法是什么?（　）
A. 挡住其去路
B. 保持原车速行驶
C. 尽可能减速避让, 甚至停车
D. 加速行驶

【解析】遇到题中情形, 正确的做法是尽可能减速避让, 甚至停车, 故本题【答案为 C】。

318. 行车中突遇对向车辆强行超车, 占据自己车道时, 可不予避让, 迫使对方让路。（　）

【解析】题中做法很不安全, 如对向车辆来不及让路, 将造成撞车事故, 故本题【答案为 ×】。

319. 如图所示, 车辆在拥挤路段排队行驶时, 遇到其他车辆强行穿插行驶, 以下说法正确的是什么?（　）

A. 迅速左转躲避
B. 减速或停车让行
C. 持续鸣喇叭警告
D. 迅速提高车速不让其穿插

【解析】题中情形, 正确的说法是减速或停车让行, 故本题

【答案为 B】。

320. 如图所示, 驾驶机动车遇到右侧车辆强行变道, 应减速慢行, 让右前方车辆顺利变道。（　）

【解析】题中做法正确, 故本题【答案为√】。

321. 行人参与道路交通的主要特点是什么?
（　）
A. 喜欢聚集、围观
B. 稳定性差
C. 行走随意性大, 方向多变
D. 行动迟缓

【解析】选项 A、B、D 是一小部分行人的特点, 只有选项 C 是所有行人具备的特点, 也是主要特点, 故本题【答案为 C】。

322. 行人参与道路交通除了有行走随意性大、方向多变等特点外, 还喜欢聚集、围观。
（　）

【解析】题中表述正确, 故本题【答案为√】。

323. 行车中遇儿童时, 应怎样做?（　）
A. 减速慢行, 必要时停车避让
B. 长鸣喇叭催促
C. 迅速从一侧通过
D. 加速绕行

【解析】选项 B、C、D 既不安全, 又不文明, 故本题【答案为 A】。

324. 驾驶人在行车中看到注意儿童的标志时, 应怎样做?（　）
A. 加速行驶　　　　　B. 绕道行驶
C. 保持正常车速行驶　D. 谨慎选择行车速度

【解析】看到注意儿童标志, 说明此路段经常有儿童行走, 应注意观察, 降低车速, 谨慎驾驶, 故本题【答案为 D】。

325. 行车中遇残疾人影响通行时, 应主动减速礼让。（　）

【解析】残疾人行动不便, 应主动减速礼让, 故本题【答案为√】。

326. 行车中发现行人突然横过道路时，应迅速减速避让。（ ）

【解析】行人突然横过道路是非常危险的行为，为避免事故发生，车辆只能迅速减速避让，故本题【答案为√】。

327. 驾驶机动车在地下车库寻找停车位时，应注意观察行人的动态，遇行人横穿车道时及时减速，停车避让。（ ）

【解析】题中表述正确，故本题【答案为√】。

328. 如图所示，驾驶机动车遇到这种情况，以下做法正确的是什么？（ ）

　　A. 长鸣喇叭催促行人快速通过

　　B. 开启远光灯警示行人有车辆驶近

　　C. 降低行驶速度，避让行人

　　D. 适当加速从行人前方绕行

【解析】图中行人正在横穿公路，遇到这种情况，正确的做法是降低行驶速度，避让行人，故本题【答案为C】。

329. 如图所示，驾驶机动车经过这种道路时，应降低车速，在道路中间通行。（ ）

【解析】题中表述正确，故本题【答案为√】。

330. 如图所示，驾驶机动车遇到这种情况，可以轻按喇叭提醒前方非机动车和行人后方有来车。（ ）

【解析】题中表述正确，故本题【答案为√】。

331. 如图所示，机动车在这种道路上行驶，在道路中间通行的原因是什么？（ ）

　　A. 在道路中间通行视线好

　　B. 防止车辆冲出路外

　　C. 给两侧的非机动车和行人留出充足的通行空间

　　D. 在道路中间通行速度快

【解析】机动车在图中道路上行驶，在道路中间通行的原因是给两侧的非机动车和行人留出充足的通行空间，故本题【答案为C】。

332. 如图所示，在这种道路上行驶，在道路中间通行的主要原因是通行速度快。（ ）

【解析】在中间通行的原因是与行人保持安全距离，而不是因为通行速度快，故本题【答案为×】。

333. 当行人出现交通安全违法行为时，车辆可以不给行人让行。（ ）

【解析】即使行人出现交通安全违法行为，车辆也应给行人让行，故本题【答案为×】。

334. 行车中遇非机动车准备绕过停放的车辆时，应怎样做？（　）

A. 鸣喇叭示意其让道

B. 让其先行

C. 紧随其后鸣喇叭

D. 加速绕过

【解析】遇到题中情形，应让非机动车先行，故本题【答案为 B】。

335. 行车中，遇非机动车抢行时，应怎样做？（　）

A. 加速通过　　　　B. 鸣喇叭警告

C. 减速让行　　　　D. 临近时突然加速

【解析】遇到题中情形，应减速让行，故本题【答案为 C】。

336. 行车中超越同向行驶的自行车时，应怎样做？（　）

A. 连续鸣喇叭提醒其让路

B. 持续鸣喇叭并加速超越

C. 让自行车先行

D. 注意观察动态，减速慢行，留出足够的安全距离

【解析】遇到题中情形，应注意观察自行车动态，减速慢行，并与自行车保持足够的安全距离，故本题【答案为 D】。

337. 夜间驾驶车辆遇自行车对向驶来时，应怎样做？（　）

A. 连续变换远近光灯

B. 不断鸣喇叭

C. 使用近光灯，减速或停车避让

D. 使用远光灯

【解析】遇到题中情形，应使用近光灯，减速或停车避让，故本题【答案为 C】。

（三）助人为乐

338. 行车中遇前方发生交通事故需要帮助时，应怎样做？（　）

A. 尽量绕道躲避

B. 立即报警，停车观望

C. 协助保护现场，并立即报警

D. 加速通过，不予理睬

【解析】遇到题中情形，应协助保护现场，并立即报警，故本题【答案为 C】。

339. 行车中遇交通事故受伤者需要抢救时，应怎样做？（　）

A. 及时将伤者送医院抢救或拨打急救电话

B. 尽量避开，少惹麻烦

C. 绕过现场行驶

D. 借故避开现场

【解析】遇到题中情形，应及时将伤者送医院抢救或拨打急救电话，故本题【答案为 A】。

第四章

机动车驾驶操作相关基础知识

一、车辆结构与车辆性能常识

（一）汽车仪表

1. 图中这个仪表是何含义？（ ）

A. 发动机转速表　　　B. 行驶速度表

C. 区间里程表　　　　D. 百千米油耗表

【解析】此图为发动机转速表，用于显示发动机转速，故本题【答案为 A】。

2. 图中这个仪表是何含义？（ ）

A. 速度和里程表　　　B. 发动机转速表

C. 最高时速值表　　　D. 百千米油耗表

【解析】此图为速度和里程表，用以显示汽车行驶速度、行驶总里程数和某段区间的行驶里程数，故本题【答案为 A】。

3. 图中这个仪表是何含义？（ ）

A. 水温表　　　　　　B. 燃油表

C. 电流表　　　　　　D. 压力表

【解析】此图为水温表，用以显示发动机冷却液的温度，故本题【答案为 A】。

4. 图中这个仪表是何含义？（ ）

A. 压力表　　　　　　B. 电流表

C. 水温表　　　　　　D. 燃油表

【解析】此图为燃油表，用以显示油箱内存油量，故本题【答案为 D】。

5. 图中仪表显示当前车速是 20 千米 / 时。（ ）

【解析】此图为发动机转速表，显示当前发动机转速是 2000 转 / 分，故本题【答案为 ×】。

6. 图中仪表显示当前发动机转速是 6000 转 / 分。（ ）

【解析】此图为速度和里程表，显示当前车速是 60 千米 / 时，故本题【答案为 ×】。

7. 图中仪表显示当前冷却液的温度是 90℃。（ ）

【解析】此图为水温表，指针指在 90 的位置，所以显示当前冷却液的温度是 90℃，故本题【答案为√】。

8. 图中仪表显示油箱内存油量已在警告线以内。（ ）

【解析】此图为燃油表，指针指在红色区域，表示油箱内存油量已在警告线以内，故本题【答案为√】。

9. 如图所示，以下哪个仪表是发动机转速表？（ ）

图1　图2　图3　图4

A. 图1　　　　　　B. 图2
C. 图3　　　　　　D. 图4

【解析】发动机转速表容易与速度里程表混淆，识别技巧是：发动机转速表刻度不会超过两位数，故本题【答案为A】。

10. 如图所示，以下哪个仪表是速度和里程表？（　）

图1　图2　图3　图4

A. 图1　　　　　　B. 图2
C. 图3　　　　　　D. 图4

【解析】速度里程表容易与发动机转速表混淆，识别技巧是：速度里程表的刻度超过两位数，故本题【答案为B】。

11. 如图所示，以下哪个仪表是水温表？（　）

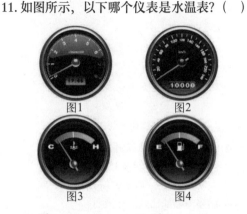

图1　图2　图3　图4

A. 图1　　　　　　B. 图2
C. 图3　　　　　　D. 图4

【解析】水温表中有水温标识（🌡），故本题【答案为C】。

12. 如图所示，以下哪个仪表是燃油表？（　）

图1　图2　图3　图4

A. 图1　　　　　　B. 图2
C. 图3　　　　　　D. 图4

【解析】燃油表中有加油机标识（⛽），故本题【答案为D】。

13. 图中左侧白色轿车，在这种情况下为了保证安全，应适当降低车速。（　）

【解析】此路段限速为60千米／时，车辆速度表指针已指到60，所以应适当降低车速，故本题【答案为√】。

（二）汽车指示灯

14. 如图所示，机动车仪表板上此灯亮表示什么？（　）

A. 后雾灯打开

B. 前照灯近光打开

C. 前照灯远光打开

D. 前雾灯打开

【解析】此图案亮表示前雾灯打开，故本题【答案为D】。

15. 如图所示，机动车仪表板上此灯亮表示什么？（　）

A. 后雾灯打开　　　B. 前照灯近光打开
C. 前照灯远光打开　D. 前雾灯打开

【解析】此图案亮表示后雾灯打开，故本题【答案为A】。记住：前雾灯朝左，后雾灯朝右。

16. 如图所示，机动车仪表板上此灯亮表示什么？（　）

A. 前后雾灯开启　　B. 前后位置灯开启
C. 前照灯开启　　　D. 危险报警闪光灯开启

【解析】此图案亮表示前后位置灯开启，故本题【答案为B】。前后位置灯也称示宽灯，用于夜间显示车身宽度和长度。

17. 如图所示，发动机启动后，仪表板上此灯亮表示什么？（　）

A. 发动机主油道堵塞
B. 发动机机油压力过低
C. 发动机曲轴箱漏气
D. 发动机机油压力过高

【解析】此图案亮表示发动机机油压力过低，故本题【答案为B】。

18. 如图所示，机动车仪表板上此灯亮表示什么？（　）

A. 驻车制动解除　　B. 行车制动器失效
C. 制动系统出现异常　D. 制动踏板没回位

【解析】此图案亮表示制动系统出现异常，故本题【答案为C】。

19. 如图所示，机动车仪表板上此灯亮表示什么？（　）

A. 防抱死制动系统故障
B. 驻车制动器处于解除状态
C. 行车制动系统故障
D. 安全气囊处于故障状态

【解析】此图案亮表示防抱死制动系统故障，故本题【答案为A】。

20. 如图所示，机动车仪表板上此灯亮表示什么？（　）

A. 防抱死制动系统出现故障
B. 驻车制动器处于解除状态
C. 行车制动系统出现故障
D. 驻车制动器处于制动状态

【解析】此图案亮表示驻车制动器处于制动状态，也就是手刹没松或没有完全松开，故本题【答案为D】。

21. 如图所示，发动机启动后仪表板上此灯亮表示什么？（　）

A. 燃油泵出现异常或者故障
B. 发动机点火系统出现故障
C. 发动机供油系统出现异常
D. 油箱内燃油已到最低液面

【解析】此图案亮表示油箱内燃油已到最低液面，故本题【答案为D】。

22. 如图所示，行车中仪表板上此灯亮表示什么？（　）

A. 发动机温度过高
B. 发动机冷却系统故障
C. 发动机润滑系统故障
D. 发动机温度过低

【解析】此图案亮表示发动机温度过高，故本题【答案为A】。

23. 如图所示，机动车仪表板上此灯亮表示什么？（　）

A. 已开启前雾灯　　B. 已开启前照灯近光
C. 已开启前照灯远光　D. 已开启后雾灯

【解析】此图案亮表示已开启前照灯远光，故本题【答案为C】。

24. 如图所示，机动车仪表板上此灯亮表示什么？（　）

A. 已开启后雾灯　　　　B. 已开启前照灯近光
C. 已开启前照灯远光　D. 已开启前雾灯

【解析】此图案亮表示已开启前照灯近光，故本题【答案为B】。记忆技巧：图案中灯光线是平的，表示远光；灯光线向下，表示近光。

25. 如图所示，机动车仪表板上此灯亮表示已开启近光灯。（　）

【解析】题中表述正确，故本题【答案为√】。

26. 如图所示，机动车仪表板上此灯亮表示什么？（　）

A. 没有系好安全带　　B. 安全带出现故障
C. 安全带系得过松　　D. 已经系好安全带

【解析】此图案亮表示没有系好安全带，故本题【答案为A】。

27. 如图所示，机动车仪表板上此灯亮表示什么？（　）

A. 危险报警闪光灯闪烁
B. 右转向指示灯闪烁
C. 左转向指示灯闪烁
D. 车前后位置灯闪烁

【解析】此图案亮表示危险报警闪光灯闪烁，故本题【答案为A】。危险报警闪光灯是一种提醒其他车辆与行人注意本车发生了特殊情况的信号灯。

28. 如图所示，机动车发生故障时，此灯会自动亮起。（　）

【解析】此灯是机动车发生故障以后人为打开的，题中自动亮起是错误的，故本题【答案为×】。

29. 如图所示，机动车仪表板上此灯亮表示什么？（　）

A. 车前后位置灯亮起

B.车前后示宽灯亮起

C.左转向指示灯闪烁

D.右转向指示灯闪烁

【解析】此图案亮表示右转向指示灯闪烁，故本题【答案为 D】。

30.如图所示，机动车仪表板上此灯亮表示什么？（ ）

A.左转向指示灯闪烁

B.车前后示宽灯亮起

C.车前后位置灯亮起

D.右转向指示灯闪烁

【解析】此图案亮表示左转向指示灯闪烁，故本题【答案为 A】。

31.如图所示，机动车仪表板上此灯亮表示什么？（ ）

A.充电电流过大　　B.蓄电池损坏

C.电流表故障　　　D.充电电路故障

【解析】此图案亮表示充电电路故障，故本题【答案为 D】。

32.如图所示，机动车仪表板上此灯亮表示什么？（ ）

A.发动机舱开启

B.燃油箱盖开启

C.两侧车门开启

D.行李舱开启

【解析】此图案亮表示两侧车门开启，故本题【答案为 C】。

33.如图所示，机动车仪表板上这个灯亮表示什么？（ ）

A.行李舱开启　　　B.一侧车门开启

C.发动机舱开启　　D.燃油箱盖开启

【解析】此图案亮表示行李舱开启，故本题【答案为 A】。

34.如图所示，机动车仪表板上这个灯亮表示什么？（ ）

A.行李舱开启　　　B.发动机舱开启

C.燃油箱盖开启　　D.一侧车门开启

【解析】此图案亮表示发动机舱开启，故本题【答案为 B】。

35.如图所示，机动车仪表板上此灯一直亮表示什么？（ ）

A.安全气囊处于工作状态

B.安全带没有系好

C.防抱死制动系统故障

D.安全气囊处于故障状态

【解析】此图案亮表示安全气囊处于故障状态，故本题【答案为 D】。

36.如图所示，机动车仪表板上此灯亮表示什么？（ ）

A.洗涤液不足　　　B.制动液不足

C.冷却系统故障　　D.冷却液不足

【解析】此图案亮表示冷却液不足，故本题【答案为 D】。

37.如图所示，机动车仪表板上这个符号表示什么？（ ）

A. 远光灯开关　　　B. 近光灯开关

C. 车灯总开关　　　D. 后雾灯开关

【解析】此图案表示车灯总开关,故本题【答案为 C】。

38. 如图所示,机动车仪表板上此灯亮表示什么?( )

A. 空气内循环　　　B. 空气外循环

C. 迎面吹风　　　　D. 风窗玻璃除霜

【解析】此图案亮表示空气外循环,故本题【答案为 B】。

39. 如图所示,机动车仪表板上此灯亮表示什么?( )

A. 迎面出风　　　　B. 空气外循环

C. 风窗玻璃除霜　　D. 空气内循环

【解析】此图案亮表示空气内循环,故本题【答案为 D】。

40. 如图所示,机动车仪表板上这个符号表示什么?( )

A. 雪地起步模式　　B. 空气循环

C. 空调制冷　　　　D. 冷风暖气风扇

【解析】此图案表示冷风暖气风扇,故本题【答案为 D】。

41. 如图所示,机动车仪表板上此灯亮表示什么?( )

A. 地板及迎面出风　　B. 空气内循环

C. 空气外循环　　　　D. 侧面及地板出风

【解析】此图案亮表示地板及迎面出风,故本题【答案为 A】。

42. 如图所示,机动车仪表板上此灯亮表示什么?( )

A. 侧面出风　　　　　B. 空气外循环

C. 迎面出风　　　　　D. 空气内循环

【解析】此图案亮表示迎面出风,故本题【答案为 C】。

43. 如图所示,这个符号的开关控制什么装置?( )

A. 前风窗玻璃除霜

B. 后风窗玻璃刮水器

C. 后风窗玻璃除霜

D. 前风窗玻璃刮水器

【解析】图中符号开关控制的是前风窗玻璃刮水器,故本题【答案为 D】。

44. 如图所示,这个符号开关控制什么装置?( )

A. 前风窗玻璃除霜或除雾

B. 后风窗玻璃刮水器及洗涤器

C. 前风窗玻璃刮水器及洗涤器

D. 后风窗玻璃除霜或除雾

【解析】图中符号开关控制前风窗玻璃刮水器及洗涤器，故本题【答案为C】。

45. 如图所示，这个符号开关控制什么装置？（　）

A. 前风窗玻璃刮水器及洗涤器
B. 后风窗玻璃除霜或除雾
C. 后风窗玻璃刮水器及洗涤器
D. 前风窗玻璃除霜或除雾

【解析】图中符号开关控制后风窗玻璃刮水器及洗涤器，故本题【答案为C】。

46. 如图所示，这个符号开关控制什么装置？（　）

A. 两侧车窗玻璃　　　B. 电动车门
C. 车门锁住开锁　　　D. 儿童安全锁

【解析】图中符号开关控制车门锁住开锁，故本题【答案为C】。"车门锁住开锁"是指当车门锁住打不开时，按一下图示按钮，车门就打开了。

47. 如图所示，这个符号开关控制什么装置？（　）

A. 儿童安全锁
B. 两侧车窗玻璃
C. 电动车门
D. 车门锁住开锁

【解析】图中符号开关控制儿童安全锁，故本题【答案为A】。

48. 如图所示，打开前雾灯开关，此灯亮起。（　）

【解析】此图案在打开后雾灯开关时亮起，故本题【答案为×】。

49. 如图所示，打开后雾灯开关，此灯亮起。（　）

【解析】此图案在打开前雾灯开关时亮起，故本题【答案为×】。

50. 如图所示，打开位置灯开关，此灯亮起。（　）

【解析】此图案表示位置灯打开，当打开位置灯开关时，此图案亮起，故本题【答案为√】。

51. 如图所示，机动车仪表板上此灯亮，表示发动机可能机油量不足。（　）

【解析】此图案表示发动机机油压力过低，仪表板上此图案亮，表示发动机可能机油量不足，故本题【答案为√】。

52. 如图所示，机动车仪表板上此灯亮，表示发动机可能机油压力过高。（　）

【解析】仪表板上此图案亮,表示发动机机油压力过低,而不是过高,故本题【答案为 ×】。

53. 如图所示,机动车仪表板上此灯持续亮,可继续行驶,等待报警灯自行熄灭。( )

【解析】遇题中情形,应立即停车检查,继续行驶可能会对车辆造成更严重的损害,故本题【答案为 ×】。

54. 如图所示,机动车仪表板上此灯亮,表示驻车制动器操纵杆可能没松到底。( )

【解析】仪表板上此图案亮,表示行车制动系统可能出现故障,而不是驻车制动器操纵杆可能没松到底,故本题【答案为 ×】。

55. 如图所示,机动车仪表板上此灯亮,表示行车制动系统可能出现故障。( )

【解析】此图案表示行车制动系统可能出现故障,故本题【答案为√】。

56. 如图所示,机动车仪表板上此灯亮,表示防抱死制动系统处于打开状态。( )

【解析】仪表板上此图案亮,表示防抱死制动系统出现故障,而不是处于打开状态,故本题【答案为 ×】。

57. 如图所示,机动车仪表板上此灯亮,表示发动机冷却液可能不足。( )

【解析】此图案表示发动机冷却液可能不足,故本题【答案为√】。

58. 如图所示,机动车仪表板上此灯亮时,是提醒发动机需要加注机油。( )

【解析】仪表板上此图案亮,是提醒发动机冷却液可能不足,而不是发动机需要加注机油,故本题【答案为 ×】。

59. 如图所示,开启前照灯远光时,仪表板上此灯亮起。( )

【解析】开启前照灯近光时,仪表板上此图案亮起,故本题【答案为 ×】。

60. 如图所示,开启前照灯近光时,仪表板上此灯亮起。( )

【解析】开启前照灯远光时,仪表板上此图案亮起,故本题【答案为 ×】。

61. 如图所示,机动车仪表板上此灯亮时,是提醒驾驶人座椅没调整好。( )

【解析】仪表板上此图案亮,表示没有系好安全带,而不是提醒驾驶人座椅没调整好，故本题【答案为 ×】。

62. 如图所示，机动车仪表板上此灯亮时，是提醒驾驶人安全带插头未插入锁扣。（ ）

【解析】此图案表示没有系好安全带，仪表板上此图案亮，是提醒驾驶人安全带插头未插入锁扣，故本题【答案为√】。

63. 如图所示，机动车发生故障时，此灯闪烁。（ ）

【解析】机动车发生故障时，此图案不会自动闪烁，故本题【答案为 ×】。

64. 如图所示，打开左转向灯开关，此灯亮起。（ ）

【解析】打开右转向灯开关，此图案才会亮起，故本题【答案为 ×】。

65. 如图所示，打开右转向灯开关，此灯亮起。（ ）

【解析】打开左转向灯开关，此图案才会亮起，故本题【答案为 ×】。

66. 如图所示，机动车仪表板上此灯亮，表示发电机向蓄电池充电。（ ）

【解析】仪表板上此图案亮，表示充电电路故障，并不是发电机向蓄电池充电，故本题【答案为 ×】。

67. 如图所示，机动车仪表板上此灯亮，提示两侧车门未关闭。（ ）

【解析】此图案的含义是两侧车门未关闭，与题意一致，故本题【答案为√】。

68. 如图所示，机动车仪表板上此灯亮，提示左侧车门未关闭。（ ）

【解析】仪表板上此图案亮，提示右侧车门未关闭，故本题【答案为 ×】。

69. 如图所示，机动车仪表板上此灯亮，提示右侧车门未关闭。（ ）

【解析】仪表板上此图案亮，提示左侧车门未关闭，故本题【答案为 ×】。

70. 如图所示，机动车仪表板上此灯亮，提示行李舱开启。（ ）

【解析】仪表板上此图案亮，提示发动机舱开启，故本题

【答案为 ×】。

71. 如图所示，机动车仪表板上此灯亮，提示发动机舱开启。（ ）

【解析】仪表板上此图案亮，提示行李舱开启，故本题【答案为 ×】。

72. 如图所示，机动车仪表板上此灯一直亮，表示安全气囊处于工作状态。（ ）

【解析】仪表板上此图案一直亮，表示安全气囊处于故障状态，并不是处于工作状态，故本题【答案为 ×】。

73. 如图所示，机动车仪表板上此灯亮，表示启用地板及前风窗玻璃吹风。（ ）

【解析】此图案的含义是启动地板及前风窗玻璃吹风，与题意一致，故本题【答案为√】。

74. 如图所示，机动车仪表板上此灯一直亮，表示发动机控制系统故障。（ ）

【解析】此图案的含义是发动机控制系统故障，与题意一致，故本题【答案为√】。

75. 如图所示，下列哪个指示灯亮表示车辆在使用近光灯？（ ）

图1　　图2　　图3　　图4

A. 图 1　　　　　B. 图 2
C. 图 3　　　　　D. 图 4

【解析】图 3 指示灯亮表示车辆在使用近光灯，故本题【答案为 C】。

76. 如图所示，下列哪个指示灯亮表示车辆在使用远光灯？（ ）

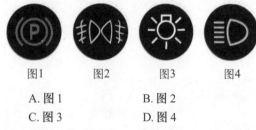

图1　　图2　　图3　　图4

A. 图 1　　　　　B. 图 2
C. 图 3　　　　　D. 图 4

【解析】图 4 指示灯亮表示车辆在使用远光灯，故本题【答案为 D】。

77. 图中哪个报警灯亮，提示充电电路异常或故障？（ ）

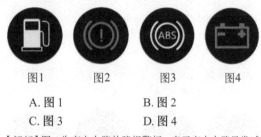

图1　　图2　　图3　　图4

A. 图 1　　　　　B. 图 2
C. 图 3　　　　　D. 图 4

【解析】图 4 为充电电路故障报警灯，表示充电电路异常或故障，故本题【答案为 D】。

78. 下图哪个报警灯亮，提示发动机控制系统异常或故障？（ ）

图1　　图2　　图3　　图4

A. 图 1　　　　　B. 图 2
C. 图 3　　　　　D. 图 4

【解析】图 3 为发动机控制系统故障报警灯，表示发动机控制系统异常或故障，故本题【答案为 C】。

79. 如图所示，为提示车辆和行人注意，雾天必须开启哪个灯？（ ）

机动车驾驶人科目一考试
题库全解

图1　　　　图2　　　　图3　　　　图4

A. 图 1　　　　　　B. 图 2
C. 图 3　　　　　　D. 图 4

【解析】雾天必须开启前后雾灯，图 4 为前后雾灯指示灯，故本题【答案为 D】。

80. 如图所示，以下哪个指示灯亮，表示发动机机油压力过低?（　）

图1　　　　图2　　　　图3　　　　图4

A. 图 1　　　　　　B. 图 2
C. 图 3　　　　　　D. 图 4

【解析】大部分车型的发动机机油压力过低指示灯都是小油壶图标（🛢），也有小部分车型显示的是图 1 图标，故本题【答案为 A】。

81. 机油压力报警灯持续亮，可边行驶边观察，等待报警灯自行熄灭。（　）

【解析】机油压力报警灯持续亮，说明发动机机油压力持续过低，应立即将发动机熄火，如继续行驶，容易造成发动机损坏，故本题【答案为 ×】。

82. 如图所示，以下哪个指示灯亮，表示防抱死制动系统出现故障?（　）

图1　　　　图2　　　　图3　　　　图4

A. 图 1　　　　　　B. 图 2
C. 图 3　　　　　　D. 图 4

【解析】图 3 指示灯亮时，表示防抱死制动系统出现故障，故本题【答案为 C】。

83. 如图所示，行车中下列哪个灯亮，提示驾驶人车辆制动系统出现异常?（　）

图1　　　　图2　　　　图3　　　　图4

A. 图 1　　　　　　B. 图 2

C. 图 3　　　　　　D. 图 4

【解析】行车中图 3 指示灯亮时，提示驾驶人车辆制动系统出现异常，故本题【答案为 C】。

84. 行车中，制动报警灯亮，应试踩一下制动，只要有效便可正常行车。（　）

【解析】行车中，制动报警灯亮，应立刻停车检查，否则影响行车安全，故本题【答案为 ×】。

85. 如图所示，以下哪个指示灯亮时，表示油箱内燃油已到最低液面?（　）

图1　　　　图2　　　　图3　　　　图4

A. 图 1　　　　　　B. 图 2
C. 图 3　　　　　　D. 图 4

【解析】图 4 指示灯亮时，表示油箱内燃油已到最低液面，故本题【答案为 D】。

86. 行车中燃油报警灯亮，应及时到附近加油站加油，以免造成车辆乘员滞留公路，发生交通事故。（　）

【解析】题中说法正确，故本题【答案为 √】。

87. 如图所示，以下哪个指示灯亮时，表示发动机温度过高?（　）

图1　　　　图2　　　　图3　　　　图4

A. 图 1　　　　　　B. 图 2
C. 图 3　　　　　　D. 图 4

【解析】图 2 指示灯亮时，表示发动机温度过高，故本题【答案为 B】。

88. 行车中水温报警灯亮，可能是下列哪个原因?（　）

A. 缺少润滑油　　　B. 指示灯损坏
C. 缺少冷却液　　　D. 冷却液过多

【解析】当发动机冷却液缺少时，水温报警灯会亮，故本题【答案为 C】。

89. 如图所示，以下哪个指示灯亮时，提醒驾驶人安全带插头未插入锁扣?（　）

图1　　　图2　　　图3　　　图4

A. 图1　　　　　　B. 图2
C. 图3　　　　　　D. 图4

图1　　　图2　　　图3　　　图4

A. 图1　　　　　　B. 图2
C. 图3　　　　　　D. 图4

【解析】图1指示灯亮时，提醒驾驶人安全带插头未插入锁扣，故本题【答案为A】。

【解析】雾天行车应及时打开雾灯，图2表示前后雾灯，故本题【答案为B】。

90. 车辆发生意外，要及时打开下图哪个灯?（　　）

图1　　　图2　　　图3　　　图4

A. 图1　　　　　　B. 图2
C. 图3　　　　　　D. 图4

【解析】图4是危险报警闪光灯，车辆发生意外时应打开此灯，故本题【答案为D】。

94. 雾天行车时，应及时开启下图中哪个灯?（　　）

图1　　　图2　　　图3　　　图4

A. 图1　　　　　　B. 图2
C. 图3　　　　　　D. 图4

【解析】雾天行车时，应及时开启前后雾灯，即图2，故本题【答案为B】。

91. 下图哪个指示灯亮时，表示当前汽车发动机温度过高或冷却液过少?（　　）

图1　　　图2　　　图3　　　图4

A. 图1　　　　　　B. 图2
C. 图3　　　　　　D. 图4

【解析】图2为水温报警灯，该指示灯亮时，表示当前汽车发动机温度过高或冷却液过少，故本题【答案为B】。

95. 如图所示，机动车在雾天行驶时，要开启什么灯?（　　）

图1　　　图2　　　图3　　　图4

A. 图1　　　　　　B. 图2
C. 图3　　　　　　D. 图4

【解析】雾天行车时，应及时开启前后雾灯，即图4，故本题【答案为D】。

（三）新能源汽车

96. 驾驶纯电动汽车出行前，应确保电池电量充足，提前规划合适的路线，了解途中充电站或充电桩的位置。（　　）

【解析】纯电动汽车的动力来源是电池，为避免途中发生电量不足导致无法行驶的情况，驾驶人在出行前一定要查看剩余电量，并做好题中表述事项，故本题【答案为√】。

92. 如图所示，车辆发生故障时，需要开启下列哪个灯?（　　）

图1　　　图2　　　图3　　　图4

A. 图1　　　　　　B. 图2
C. 图3　　　　　　D. 图4

【解析】题中情形，需要开启危险报警闪光灯，即图4，故本题【答案为D】。

97. 驾驶电动汽车出行前，必须要检查剩余电量。（　　）

【解析】题中做法正确，故本题【答案为√】。

93. 雾天行车时，应及时打开下图中哪个灯?（　　）

98. 为电动汽车充电，应使用符合规定的充电设备，掌握适当的充电时长，规范充电。（　　）

【解析】题中做法正确，故本题【答案为√】。

99. 电动汽车在低速行驶状态下声音较小，遇到行人和非机动车较多的路段，必要时可轻鸣喇叭提示，以防非机动车和行人未注意靠近的车辆。（ ）

【解析】电动汽车具有低噪声的特点，所以题中做法正确，故本题【答案为√】。

100. 驾驶电动汽车行驶时，可以频繁使用刹车。（ ）

【解析】频繁使用刹车必然伴随着频繁的启动，会导致电池频繁地大电流放电，从而影响使用寿命，故本题【答案为×】。

101. 驾驶电动汽车上路，尽量避免在雨天积水路段行驶。（ ）

【解析】电动汽车在积水路段行驶，容易出现漏电或者电机进水的情况，从而导致汽车故障，故本题【答案为√】。

102. 高温炎热天气，驾驶电动汽车出行时，要避免在户外长时间暴晒。（ ）

【解析】暴晒会使蓄电池温度过高而产生失水，引发电池活性下降，加速极板老化，故本题【答案为√】。

103. 驾驶电动汽车发生起火，报警时告知起火地点即可，不用告知起火车辆的品牌和型号。（ ）

【解析】遇题中情形，在报警时一定要告知起火汽车的品牌和型号，让救援人员能够迅速了解该车的动力电池种类和容量，以及车辆最高电压、高压线路走向等，以便迅速采取应对措施，故本题【答案为×】。

104. 电动汽车发生起火，应立即切断电源。火势较大无法控制时，人员要远离车辆，立即报警。（ ）

【解析】题中表述正确，故本题【答案为√】。

105. 应注意电动汽车的保养，电动汽车出现故障需要维修时，应选择专业的维修机构或者人员。（ ）

【解析】电动汽车的内部结构与传统燃油车不同，驾驶人不得擅自拆卸，故本题【答案为√】。

106. 冬季为电动汽车充电，要提前预热电池。（ ）

【解析】冬季温度较低，充电时电池会先给电池电芯加热，当电池电芯达到一定温度后，才会开始给车辆充电。因此冬季在为电动汽车充电时，要提前预热电池，故本题【答案为√】。

107. 关于驾驶电动汽车，以下说法错误的是什么？（ ）

A. 电量不足时要及时充电

B. 出车前，应确认剩余电量

C. 车辆应配备普通灭火器

D. 充电时不得在车上放置易燃易爆物品

【解析】电动汽车应配备专用的车载灭火器，配备普通灭火器是错误的，故本题【答案为C】。

108. 关于电动汽车连接或者断开充电插座的注意事项，以下说法正确的是什么？（ ）

A. 不要用湿手连接或断开插头

B. 连接或断开插头时可触摸插头边缘

C. 可通过家用电路系统给车辆充电

D. 可通过拉动充电电缆断开插头

【解析】题中正确的说法是"不要用湿手连接或断开插头"，故本题【答案为A】。

109. 关于电动汽车的能量回收功能，以下不正确的说法是什么？（ ）

A. 可以省电

B. 可以提高刹车效果

C. 可以当制动使用

D. 可以节省刹车片

【解析】电动车的能量回收功能能够把一部分车速转换成电池电量，所以会相对省电；驾驶人合理地利用动能回收来减速，可减少刹车的次数，从而节省刹车片；在刹车的同时，动能回收也在起作用，相当于加强了刹车效果。能量回收功能虽然可以减速，但是不能当成制动使用，不能达到立即停车的效果，所以"可以当制动使用"的说法是错误的，故本题【答案为C】。

二、常见操纵装置

（一）汽车操纵件

110. 此图是什么踏板？（ ）

A. 离合器踏板

B. 制动踏板

C. 驻车制动器

D. 加速踏板

【解析】图中所示是离合器踏板，故本题【答案为A】。离合器踏板用于控制离合器的分离与结合。

111. 此图是什么踏板? ( )

　　A. 离合器踏板

　　B. 加速踏板

　　C. 制动踏板

　　D. 驻车制动器

【解析】图中所示是制动踏板,故本题【答案为 C】。制动踏板又称脚刹车踏板,用于控制行车制动器。

112. 此图是什么踏板? ( )

　　A. 加速踏板

　　B. 离合器踏板

　　C. 驻车制动器

　　D. 制动踏板

【解析】图中所示是加速踏板,故本题【答案为 A】。加速踏板又称油门踏板,用于控制节气门的开度。

113. 此图是什么操纵装置? ( )

　　A. 驻车制动器操纵杆

　　B. 节气门操纵杆

　　C. 变速器操纵杆

　　D. 离合器操纵杆

【解析】图中所示是变速器操纵杆,故本题【答案为 C】。变速器操纵杆又称变速杆或排挡杆,用于操纵变速器。

114. 此图是什么操纵装置? ( )

　　A. 节气门操纵杆

　　B. 变速器操纵杆

　　C. 离合器操纵杆

　　D. 驻车制动器操纵杆

【解析】图中所示是驻车制动器操纵杆,故本题【答案为 D】。驻车制动器操纵杆又称手制动杆或手刹杆,用于操纵驻车制动器。

115. 图中这种握转向盘的动作是正确的。( )

【解析】正确的握法是双手分别握在转向盘左右两侧的适当位置,题中握法是驾驶陋习,故本题【答案为 ×】。

116. 在湿滑路面制动过程中,发现车辆偏离方向,以下做法正确的是什么? ( )

　　A. 连续轻踩轻放制动踏板

　　B. 用力踩制动踏板

　　C. 不要踩制动踏板

　　D. 任意踩制动踏板

【解析】题中情形,如踩制动踏板,会导致车辆发生侧滑,甚至侧翻。正确的做法是控制好方向,不要踩制动踏板,故本题【答案为 C】。

117. 驾车行驶在颠簸路段时,以下做法正确的是什么? ( )

　　A. 稳住加速踏板

　　B. 挂低挡位缓抬加速踏板

　　C. 挂高挡位缓抬加速踏板

　　D. 挂低挡位踩满加速踏板

【解析】通过颠簸路段时,为了使发动机具有足够的牵引力,应挂低挡挡位;为了使车辆能够平稳通过颠簸路段,应缓抬加速踏板,让车辆怠速前进,故本题【答案为 B】。

118. 行驶至图中这种上坡路段时,以下做法正确的是什么? ( )

A. 换低挡位，踩加速踏板
B. 换低挡位，松开加速踏板
C. 换高挡位，踩加速踏板
D. 换高挡位，松开加速踏板

【解析】汽车上陡坡时，为了使发动机具有足够的牵引力，应换低挡位，踩加速踏板，故本题【答案为A】。

（二）汽车开关

119. 此图是什么操纵装置？（　）

A. 空调开关　　　　B. 点火开关
C. 雨刷开关　　　　D. 灯光开关

【解析】图中操纵装置为点火开关，故本题【答案为B】。点火开关用于接通或切断点火系统和部分电器设备。

120. 将点火开关转到图中ACC位置，发动机工作。（　）

【解析】将点火开关转到ACC位置，音响等电器可用，发动机不工作，故本题【答案为×】。

121. 如图所示，点火开关在ON位置，车用电器不能使用。（　）

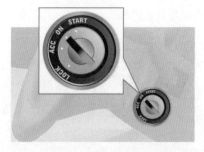

【解析】将点火开关打在ON位置，车用电器可以使用，故本题【答案为×】。

122. 如图所示，点火开关在LOCK位置时，拔出钥匙转向盘会锁住。（　）

【解析】在LOCK位置拔出点火开关钥匙，点火开关不工作，转向盘被锁住，故本题【答案为√】。

123. 如图所示，点火开关在START位置时启动机启动。（　）

【解析】点火开关在START位置时，启动机开始工作，启动发动机，故本题【答案为√】。

124. 此图是什么操纵装置？（　）

A. 倒车灯开关
B. 刮水器开关
C. 危险报警闪光灯开关

D. 灯光、信号组合开关

【解析】图中是灯光、信号组合开关，故本题【答案为D】。此开关包括车灯控制开关、防雾灯开关和转向信号灯开关。

125. 提拉图中这个开关，控制机动车哪个部位？（　）

A. 左右转向灯　　　　B. 倒车灯

C. 示廓灯　　　　　　D. 报警闪光灯

【解析】提拉图中开关，可控制机动车左右转向灯，故本题【答案为A】。

126. 如图所示，旋转开关这一挡，控制机动车哪个部位？（　）

A. 近光灯　　　　　　B. 前后雾灯

C. 远光灯　　　　　　D. 左右转向灯

【解析】旋转图中开关这一挡，可控制机动车前后雾灯，故本题【答案为B】。

127. 如图所示，将转向灯开关向上提，左转向灯亮。（　）

【解析】将转向灯开关向上提，右转向灯亮，故本题【答案为×】。记住：转向灯开关操作是上右下左。

128. 如图所示，将转向灯开关向下拉，右转向灯亮。（　）

【解析】将转向灯开关向下拉，左转向灯亮，故本题【答案为×】。

129. 灯光开关旋转到图中这个位置时，全车灯光点亮。（　）

【解析】灯光开关旋转到图中位置时，前后位置灯、尾灯及仪表板照明灯点亮，前照灯不亮，所以不能说全车灯光点亮，故本题【答案为×】。

130. 灯光开关在图中位置时，前雾灯点亮。（　）

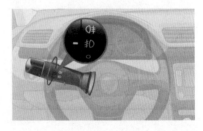

【解析】看开关杆上的标记，图中这种" "标记对准凸点（或横杆），表明前雾灯点亮，故本题【答案为√】。

131. 灯光开关在图中位置时，后雾灯点亮。（　）

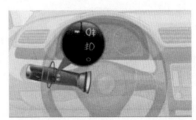

【解析】看开关杆上的标记，图中这种" "标记对准凸点（或横杆），表明后雾灯点亮，故本题【答案为√】。

132. 此图是什么操纵装置?（ ）

A. 刮水器开关　　　　B. 前照灯开关
C. 转向灯开关　　　　D. 除雾器开关

【解析】图中操纵装置是刮水器开关，故本题【答案为 A】。

133. 图中这个开关控制机动车哪个部位?（ ）

A. 风窗玻璃除雾器　　B. 风窗玻璃刮水器
C. 危险报警闪光灯　　D. 照明、信号装置

【解析】图中开关控制机动车风窗玻璃刮水器，故本题【答案为 B】。

134. 上下扳动图中这个开关，前风窗玻璃刮水器开始工作。（ ）

【解析】上下扳动图中开关，前风窗玻璃刮水器按不同的挡位开始工作，故本题【答案为√】。

135. 此图是什么操作装置?（ ）
A. 前挡风除雾键　　B. 后挡风除雾键
C. 前照灯开关　　　D. 刮水器开关

【解析】此图为汽车空调前挡风除雾键，故本题【答案为 A】。

136. 此图是什么操作装置?（ ）

A. 前挡风除雾键　　B. 后挡风除雾键
C. 前照灯开关　　　D. 刮水器开关

【解析】此图为汽车空调后挡风除雾键，故本题【答案为 B】。

137. 此图是什么操纵装置?（ ）

A. 转向灯开关　　　B. 前照灯开关
C. 刮水器开关　　　D. 除雾器开关

【解析】图中操纵装置是除雾器开关，故本题【答案为 D】。

138. 按下图中这个开关，后风窗玻璃除霜器开始工作。（ ）

【解析】除雾器开关有两个按钮，上方的按钮是前风窗玻璃除雾开关，下方的按钮是后风窗玻璃除雾开关。图中按下的是前风窗玻璃除雾开关，应该是前风窗玻璃除霜器开始工作，故本题【答案为 ×】。

139. 下面哪种做法能避免被其他车辆从后方追撞?（ ）
A. 在任何时候都打开转向灯
B. 在转弯前提前打开相应的转向灯
C. 一直打开双闪
D. 转弯前鸣笛示意

【解析】在转弯前提前打开相应的转向灯，可提醒后方来车不要超车，从而能避免因转弯与后方追撞，故本题【答案为 B】。

（三）汽车辅助驾驶装置

140. 以下选项中，车辆导航的英文缩写是什么?（ ）
A.LDW　　　　　　B.GPS
C.ETC　　　　　　D.ACC

【解析】车辆导航是一种以人造地球卫星为基础的高精度无线电导航定位系统，英文缩写 GPS（Global Positioning System），故本题【答案为 B】。

141. 以下选项中，自适应巡航系统的英文缩写是什么?（ ）

A.ACC   B.ABS

C.GPS   D.EBD

【解析】自适应巡航系统是一项提高汽车驾驶舒适性的辅助系统，可视交通情况自动采取适宜措施（加速、减速、制动）。驾驶人员完全可以将脚从踏板上移开，只要关注方向盘即可，这样能大幅降低长途驾驶所带来的疲劳。自适应巡航系统的英文缩写 ACC（Adaptive Cruise Control），故本题【答案为 A】。

142. 以下选项中，车道偏离预警系统的英文缩写是什么?（ ）

A.EBD   B.GPS

C.ACC   D.LDW

【解析】车道偏离预警系统是一种通过报警的方式辅助驾驶员减少汽车因车道偏离而发生交通事故的系统。该系统的英文缩写 LDW（Lane Departure Warning System），故本题【答案为 D】。

143. 以下选项中，前方防碰撞预警系统的英文缩写是什么?（ ）

A.FCW   B.EBD

C.BAR   D.TSR

【解析】前方碰撞预警系统是通过雷达系统来时刻监测前方车辆，判断本车与前车之间的距离、方位及相对速度，当存在潜在碰撞危险时会对驾驶者进行警告。该系统的英文缩写 FCW（Forward Collision Warning），故本题【答案为 A】。

144. 以下选项中，定速巡航系统的英文缩写是什么?（ ）

A.CCS   B.FCW

C.ABS   D.ACC

【解析】定速巡航系统是一种可不踩加速踏板就自动保持车速，使车辆以固定的速度行驶的装置。该系统的英文缩写 CCS（Cruise Control System），故本题【答案为 A】。

145. 以下选项中，车辆电子制动力分配系统的英文缩写是什么?（ ）

A.EBD   B.TSR

C.LCA   D.BAR

【解析】电子制动力分配系统可以在制动时控制制动力在各轮间的分配，更好地利用车轮的附着系数，不仅提高了汽车制动的稳定性和操纵性，而且使各个车轮能够获得更好的制动性能，缩短制动距离，提高安全性。该系统的英文缩写 EBD（Electric Brake force Distribution），故本题【答案为 A】。

146. 以下选项中，车辆交通标志识别系统的英文缩写是什么?（ ）

A.TRC   B.ACC

C.TSR   D.AEB

【解析】车辆交通标志识别系统利用前置摄像头结合模式，可识别常见的交通标志（限速、停车、掉头等），以提醒驾驶人注意。该系统的英文缩写 TSR（Traffic Sign Recognition），故本题【答案为 C】。

147. 以下选项中，车辆紧急制动辅助系统的英文缩写是什么?（ ）

A.EBA   B.FCW

C.LCA   D.ALC

【解析】车辆制动辅助系统是对防抱死制动系统的辅助，用以优化紧急制动操作过程中车辆的制动效能。该系统的英文缩写 EBA（Electronic Brake Assist），故本题【答案为 A】。

148. 以下选项中，车辆盲点监测系统的英文缩写是什么?（ ）

A.FCW   B.ACC

C.AEB   D.BSD

【解析】车辆盲点监测系统通过微波雷达探测车辆两侧后视镜盲区中的超车车辆，并对驾驶者进行提醒，从而避免在变道过程中由于后视镜盲区而发生事故。该系统的英文缩写 BSD（Blind Spot Detection），故本题【答案为 D】。

149. 以下选项中，车辆盲点辅助系统的英文缩写是什么?（ ）

A.AEB   B.FCW

C.BSA   D.BSD

【解析】车辆盲点辅助系统是利用近距离雷达观察车辆后部及侧面区域环境的一种监测系统，英文缩写 BSA（Blind Spot Assist），故本题【答案为 C】。

150. 以下选项中，车辆牵引力控制系统的英文缩写是什么?（ ）

A.LCA   B.TCS/ASR/TRC

C.BSD   D.ESP

【解析】车辆牵引力控制系统的作用是使汽车在各种行驶状况下都能获得最佳的牵引力。该系统的英文缩写 TCS（Traction Control System），也称为 ASR 或 TRC，故本题【答案为 B】。

151. 以下选项中，车辆自动变道辅助系统的英文缩写是什么?（ ）

A.ALC   B.TCS

C.ACC   D.AEB

【解析】车辆自动变道辅助系统是一种辅助驾驶系统，该系统开启后，如果后方车辆超车，本车左右后视镜上会亮起安全警示灯，个别车辆的方向盘会有轻微震动，提醒司机注意后方车辆。该系统的英文缩写 ALC（Auto Lane

Change），故本题【答案为 A】。

152. 以下选项中，车辆自动刹车辅助系统的英文缩写是什么?（　）

A.AEB　　　　　　　B.BSD
C.FCW　　　　　　　D.ACC

【解析】车辆自动刹车辅助系统能够使车辆在行驶时自动监测车辆前方车辆、障碍物或者行人的距离是否小于安全距离，有可能发生碰撞时，该系统就会自动采取不同程度的制动直至完全刹停。该系统的英文缩写 AEB（Autonomous Emergency Braking），故本题【答案为 A】。

153. 以下选项中，车身电子稳定控制系统的英文缩写是什么?（　）

A.ACC　　　　　　　B.LDW
C.ESP　　　　　　　D.ESC

【解析】车身电子稳定系统在提升车辆操控表现的同时，可有效防止汽车达到动态极限时发生失控，用以提升车辆的安全性和操控性。该系统的英文缩写 ESP（Electronic Stability Program），故本题【答案为 C】。

154. 以下选项中，实时交通信息的英文缩写是什么?（　）

A.EBA　　　　　　　B.LDW
C.LCA　　　　　　　D.TMC

【解析】实时交通信息是通过 RDS 方式发送实时交通信息和天气状况的一种开放式数据应用，借助于具有 TMC 功能的导航系统，将接收的数据信息解码，然后以用户语言或可视化的方式把和当前旅行路线相关的信息展现给驾驶者。该系统的英文缩写 TMC（Traffic Message Channel），故本题【答案为 D】。

155. 以下选项中，车辆随动转向前照灯系统的英文缩写是什么?（　）

A.AFS　　　　　　　B.ALC
C.LCA　　　　　　　D.ACC

【解析】车辆随动转向前照灯系统能够根据汽车方向盘的角度、车辆偏转率和行驶速度，不断对大灯进行动态调节，以适应当前的转向角，保证灯光方向与汽车当前行驶方向一致，确保对前方道路提供最佳照明，并对驾驶员提供最佳可见度，从而显著增强黑暗中驾驶的安全性。该系统的英文缩写 AFS（Adaptive Front-Lighting System），故本题【答案为 A】。

156. 以下选项中，制动防抱死系统的英文缩写是什么?（　）

A.AEB　　　　　　　B.AFS
C.ABS　　　　　　　D.ACC

【解析】制动防抱死系统在汽车制动时，自动控制制动器制动力的大小，使车轮不被抱死，处于边滚边滑（滑移率在 20% 左右）的状态，以保证车轮与地面的附着力为最大值。该系统的英文缩写 ABS（Antilock Brake System），故本题

【答案为 C】。

157. 以下选项中，不停车收费系统的英文缩写是什么?（　）

A.FCW　　　　　　　B.EBD
C.AEB　　　　　　　D.ETC

【解析】不停车收费系统通过安装在车辆挡风玻璃上的车载电子标签与收费站 ETC 车道上的微波天线进行专用短程通信，利用计算机联网技术与银行进行后台结算处理，从而使车辆通过高速公路或桥梁收费站无须停车便能交纳相关费用。该系统的英文缩写 ETC（Electronic Toll Collection），故本题【答案为 D】。

158. 以下选项中，儿童安全座椅固定系统的英文缩写是什么?（　）

A.LCA　　　　　　　B.ISOFIX
C.TCS/ASR/TRC　　　D.ESP

【解析】儿童安全座椅固定系统是一个在汽车中安置儿童座椅的新标准，配备了 ISOFIX 的儿童座椅，可以容易地固定至汽车的 ISOFIX 接口中，使儿童座椅的安装变得快速而简单。该系统的英文缩写 ISOFIX（International Standards Organization FIX），故本题【答案为 B】。

三、常见安全装置

（一）安全头枕、安全带、安全气囊和儿童安全座椅

159. 在发生追尾事故时，安全头枕能有效保护驾驶人的哪个部位?（　）

A. 腰部
B. 胸部
C. 头部
D. 颈部

【解析】安全头枕用于保护驾驶人的颈部，故本题【答案为 D】。

160. 在发生追尾事故时，安全头枕可保护驾驶人的头部不受伤害。（　）

【解析】安全头枕可保护驾驶人的颈部不受伤害，并不是头部，故本题【答案为 ×】。

161. 驾驶机动车前，以下说法错误的是什么?（　）

A. 调整驾驶座椅，保证踩踏踏板舒适
B. 调整安全带的松紧与高低
C. 调整适合驾驶的转向盘位置
D. 调整安全头枕高度，使头枕正对驾驶人的颈椎

【解析】汽车安全头枕的高度应调整到正对驾驶人的后脑，而不是颈椎，所以选项 D 的说法错误，故本题【答案

为 D】。

C. 辅助驾乘人员保护系统

D. 驾驶人头颈保护系统

【解析】当发生碰撞事故时，安全气囊可以避免驾乘人员遭受二次碰撞，起辅助保护作用，故本题【答案为 C】。

162. 驾驶机动车前，需要调整安全头枕的高度，使头枕正对驾驶人的颈椎。（ ）

【解析】安全头枕的高度应正对驾驶人的后脑，故本题【答案为 ×】。

163. 如果安全头枕调整不到位，发生交通事故时，驾驶人的颈椎会受到一定程度的伤害。（ ）

【解析】安全头枕只有调整到位，才能对驾驶人的颈部起到保护作用，故本题【答案为√】。

164. 机动车发生碰撞时，座椅安全带起的主要作用是什么？（ ）

    A. 保护驾乘人员颈部
    B. 保护驾乘人员胸部
    C. 减轻驾乘人员伤害
    D. 保护驾乘人员腰部

【解析】座椅安全带不可能绝对保护驾乘人员的某个部位，只能减轻其受伤害的程度，故本题【答案为 C】。

165. 设有安全带装置的车辆，车内乘员均应系安全带。（ ）

【解析】只有系好安全带，发生碰撞事故时，才能减轻车内乘员的伤害，故本题【答案为√】。

166. 如图所示，以下安全带系法正确的是哪个？（ ）

图1　　图2　　图3　　图4

    A. 图 1　　　　B. 图 2
    C. 图 3　　　　D. 图 4

【解析】图1系法正确，故本题【答案为 A】。容易选错的是图 4，图 4 肩带过低，不仅起不到安全保护作用，而且影响驾驶操作。

167. 机动车发生正面碰撞时，安全气囊与安全带配合使用，才能充分发挥保护作用。（ ）

【解析】研究表明，只有系好安全带，安全气囊才能充分发挥作用，故本题【答案为√】。

168. 机动车发生碰撞时，安全带可以减轻驾乘人员的伤害。（ ）

【解析】题中表述无不当之处，故本题【答案为√】。

169. 安全气囊是一种什么装置？（ ）

    A. 防抱死制动系统
    B. 电子制动力分配系统

170. 如图所示，正面安全气囊与什么配合，才能充分发挥保护作用？（ ）

    A. 防抱死制动系统
    B. 座椅安全带
    C. 座椅安全头枕
    D. 安全玻璃

【解析】正面安全气囊与座椅安全带配合，才能充分发挥保护作用，故本题【答案为 B】。

171. 驾驶机动车上路行驶时，车上儿童应该使用儿童安全座椅。（ ）

【解析】题中表述正确，故本题【答案为√】。

（二）防抱死制动装置

172. 如图所示，机动车在紧急制动时，ABS 系统会起到什么作用？（ ）

    A. 切断动力输出
    B. 自动控制方向
    C. 减轻制动惯性
    D. 防止车轮抱死

【解析】机动车在紧急制动时，ABS 系统起到的作用是防止车轮抱死，故本题【答案为 D】。

173. 防抱死制动系统（ABS）在什么情况下可以最大限度地发挥制动器效能？（ ）

    A. 间歇制动　　　　B. 持续制动
    C. 紧急制动　　　　D. 缓踩制动踏板

【解析】ABS 在紧急制动的情况下可以最大限度地发挥制动器效能，故本题【答案为 C】。

174. 机动车紧急制动时，ABS 系统在提供最大制动力的同时能使车前轮保持转向能力。（　）

【解析】装有 ABS 系统的车辆，在紧急制动时，仍然可操控方向，故本题【答案为√】。

175. ABS 系统可使机动车在冰雪路面上最大限度地缩短制动距离。（　）

【解析】ABS 系统的主要作用是防止车轮抱死后出现侧滑，并不具有缩短制动距离的功能，故本题【答案为×】。

176. 驾驶有 ABS 系统的机动车在紧急制动的同时转向，可能会发生侧滑。（　）

【解析】装有 ABS 系统的车辆可以防止紧急制动时出现侧滑，但不能避免转向时出现侧滑，所以在紧急制动的同时转向，车辆可能会发生侧滑，故本题【答案为√】。

177. 装有防抱死制动装置（ABS）的机动车紧急制动时，可用力踩制动踏板。（　）

【解析】题中情形，用力踩制动踏板，车辆也不会出现侧滑，故本题【答案为√】。

178. 装有防抱死制动装置（ABS）的机动车制动时，制动距离会大大缩短，因此不必保持安全车距。（　）

【解析】安装 ABS 系统的车辆，没有缩短制动距离的功能，故本题【答案为×】。

 附录

附录1　中华人民共和国道路交通安全法（节录）

第一章　总则（略）

第二章　车辆和驾驶人

第一节　机动车、非机动车

第八条　国家对机动车实行登记制度。机动车经公安机关交通管理部门登记后，方可上道路行驶。尚未登记的机动车，需要临时上道路行驶的，应当取得临时通行牌证。

第九条　申请机动车登记，应当提交以下证明、凭证：

（一）机动车所有人的身份证明；

（二）机动车来历证明；

（三）机动车整车出厂合格证明或者进口机动车进口凭证；

（四）车辆购置税的完税证明或者免税凭证；

（五）法律、行政法规规定应当在机动车登记时提交的其他证明、凭证。

公安机关交通管理部门应当自受理申请之日起五个工作日内完成机动车登记审查工作，对符合前款规定条件的，应当发放机动车登记证书、号牌和行驶证；对不符合前款规定条件的，应当向申请人说明不予登记的理由。

公安机关交通管理部门以外的任何单位或者个人不得发放机动车号牌或者要求机动车悬挂其他号牌，本法另有规定的除外。

机动车登记证书、号牌、行驶证的式样由国务院公安部门规定并监制。

第十条　准予登记的机动车应当符合机动车国家安全技术标准。申请机动车登记时，应当接受对该机动车的安全技术检验。但是，经国家机动车产品主管部门依据机动车国家安全技术标准认定的企业生产的机动车型，该车型的新车在出厂时经检验符合机动车国家安全技术标准，获得检验合格证的，免予安全技术检验。

第十一条　驾驶机动车上道路行驶，应当悬挂机动车号牌，放置检验合格标志、保险标志，并随车携带机动车行驶证。

机动车号牌应当按照规定悬挂并保持清晰、完整，不得故意遮挡、污损。

任何单位和个人不得收缴、扣留机动车号牌。

第十二条　有下列情形之一的，应当办理相应的登记：

（一）机动车所有权发生转移的；

（二）机动车登记内容变更的；

（三）机动车用作抵押的；

（四）机动车报废的。

第十三条　对登记后上道路行驶的机动车，应当依照法律、行政法规的规定，根据车辆用途、载客载货数量、使用年限等不同情况，定期进行安全技术检验。对提供机动车行驶证和机动车第三者责任强制保险单的，机动车安全技术检验机构应当予以检验，任何单位不得附加其他条件。对符合机动车国家安全技术标准的，公安机关交通管理部门应当发给检验合格标志。

对机动车的安全技术检验实行社会化。具体办法由国务院规定。

机动车安全技术检验实行社会化的地方，任何单位不得要求机动车到指定的场所进行检验。

公安机关交通管理部门、机动车安全技术检验机构不得要求机动车到指定的场所进行维修、保养。

机动车安全技术检验机构对机动车检验收取费用，应当严格执行国务院价格主管部门核定的收费标准。

第十四条　国家实行机动车强制报废制度，根据机动车的安全技术状况和不同用途，规定不同的报废标准。

应当报废的机动车必须及时办理注销登记。

达到报废标准的机动车不得上道路行驶。报废的大型客、货车及其他营运车辆应当在公安机关交通管理部门的监督下解体。

第十五条　警车、消防车、救护车、工程救险车应当按照规定喷涂标志图案，安装警报器、标志灯具。其他机动车不得喷涂、安装、使用上述车辆专用的或者与其相类似的标志图案、警报器或者标志灯具。

警车、消防车、救护车、工程救险车应当严格按照规定的用途和条件使用。

公路监督检查的专用车辆，应当依照公路法的规定，设置统一的标志和示警灯。

第十六条　任何单位或者个人不得有下列行为：

（一）拼装机动车或者擅自改变机动车已登记的结构、构造或者特征；

（二）改变机动车型号、发动机号、车架号

或者车辆识别代号；

（三）伪造、变造或者使用伪造、变造的机动车登记证书、号牌、行驶证、检验合格标志、保险标志；

（四）使用其他机动车的登记证书、号牌、行驶证、检验合格标志、保险标志。

第十七条　国家实行机动车第三者责任强制保险制度，设立道路交通事故社会救助基金。具体办法由国务院规定。

第十八条　依法应当登记的非机动车，经公安机关交通管理部门登记后，方可上道路行驶。

依法应当登记的非机动车的种类，由省、自治区、直辖市人民政府根据当地实际情况规定。

非机动车的外形尺寸、质量、制动器、车铃和夜间反光装置，应当符合非机动车安全技术标准。

第二节　机动车驾驶人

第十九条　驾驶机动车，应当依法取得机动车驾驶证。

申请机动车驾驶证，应当符合国务院公安部门规定的驾驶许可条件；经考试合格后，由公安机关交通管理部门发给相应类别的机动车驾驶证。

持有境外机动车驾驶证的人，符合国务院公安部门规定的驾驶许可条件，经公安机关交通管理部门考核合格的，可以发给中国的机动车驾驶证。

驾驶人应当按照驾驶证载明的准驾车型驾驶机动车；驾驶机动车时，应当随身携带机动车驾驶证。

公安机关交通管理部门以外的任何单位或者个人，不得收缴、扣留机动车驾驶证。

第二十条　机动车的驾驶培训实行社会化，由交通运输主管部门对驾驶培训学校、驾驶培训班实行备案管理，并对驾驶培训活动加强监督，其中专门的拖拉机驾驶培训学校、驾驶培训班由农业（农业机械）主管部门实行监督管理。

驾驶培训学校、驾驶培训班应当严格按照国家有关规定，对学员进行道路交通安全法律、法规、驾驶技能的培训，确保培训质量。

任何国家机关以及驾驶培训和考试主管部门不得举办或者参与举办驾驶培训学校、驾驶培训班。

第二十一条　驾驶人驾驶机动车上道路行驶前，应当对机动车的安全技术性能进行认真检查；不得驾驶安全设施不全或者机件不符合技术标准等具有安全隐患的机动车。

第二十二条　机动车驾驶人应当遵守道路交通安全法律、法规的规定，按照操作规范安全驾驶、文明驾驶。

饮酒、服用国家管制的精神药品或者麻醉药品，或者患有妨碍安全驾驶机动车的疾病，或者过度疲劳影响安全驾驶的，不得驾驶机动车。

任何人不得强迫、指使、纵容驾驶人违反道路交通安全法律、法规和机动车安全驾驶要求驾驶机动车。

第二十三条　公安机关交通管理部门依照法律、行政法规的规定，定期对机动车驾驶证实施审验。

第二十四条　公安机关交通管理部门对机动车驾驶人违反道路交通安全法律、法规的行为，除依法给予行政处罚外，实行累积记分制度。公安机关交通管理部门对累积记分达到规定分值的机动车驾驶人，扣留机动车驾驶证，对其进行道路交通安全法律、法规教育，重新考试；考试合格的，发还其机动车驾驶证。

对遵守道路交通安全法律、法规，在一年内无累积记分的机动车驾驶人，可以延长机动车驾驶证的审验期。具体办法由国务院公安部门规定。

第三章　道路通行条件

第二十五条　全国实行统一的道路交通信号。

交通信号包括交通信号灯、交通标志、交通标线和交通警察的指挥。

交通信号灯、交通标志、交通标线的设置应当符合道路交通安全、畅通的要求和国家标准，并保持清晰、醒目、准确、完好。

根据通行需要，应当及时增设、调换、更新道路交通信号。增设、调换、更新限制性的道路交通信号，应当提前向社会公告，广泛进行宣传。

第二十六条　交通信号灯由红灯、绿灯、黄灯组成。红灯表示禁止通行，绿灯表示准许通行，黄灯表示警示。

第二十七条　铁路与道路平面交叉的道口，应当设置警示灯、警示标志或者安全防护设施。无人看守的铁路道口，应当在距道口一定距离处设置警示标志。

第二十八条　任何单位和个人不得擅自设置、移动、占用、损毁交通信号灯、交通标志、交通标线。

道路两侧及隔离带上种植的树木或者其他植物，设置的广告牌、管线等，应当与交通设施保持必要的距离，不得遮挡路灯、交通信号灯、交通标志，不得妨碍安全视距，不得影响通行。

第二十九条　道路、停车场和道路配套设施的规划、设计、建设，应当符合道路交通安全、畅通的要求，并根据交通需求及时调整。

公安机关交通管理部门发现已经投入使用的道路存在交通事故频发路段，或者停车场、道路配套设施存在交通安全严重隐患的，应当及时向当地人民政府报告，并提出防范交通事故、消除隐患的建议，当地人民政府应当及时作出处理决定。

第三十条　道路出现坍塌、坑槽、水毁、隆起等损毁或者交通信号灯、交通标志、交通标线等交通设施损毁、灭失的，道路、交通设施的养护部门或者管理部门应当设置警示标志并及时修复。

公安机关交通管理部门发现前款情形，危及交通安全，尚未设置警示标志的，应当及时采取安全措施，疏导交通，并通知道路、交通设施的养护部门或者管理部门。

第三十一条　未经许可，任何单位和个人不得占用道路从事非交通活动。

第三十二条　因工程建设需要占用、挖掘道路，或者跨越、穿越道路架设、增设管线设施，应当事先征得道路主管部门的同意；影响交通安全的，还应当征得公安机关交通管理部门的同意。

施工作业单位应当在经批准的路段和时间内施工作业，并在距离施工作业地点来车方向安全距离处设置明显的安全警示标志，采取防护措施；施工作业完毕，应当迅速清除道路上的障碍物，消除安全隐患，经道路主管部门和公安机关交通管理部门验收合格，符合通行要求后，方可恢复通行。

对未中断交通的施工作业道路，公安机关交通管理部门应当加强交通安全监督检查，维护道路交通秩序。

第三十三条　新建、改建、扩建的公共建筑、商业街区、居住区、大（中）型建筑等，应当配建、增建停车场；停车泊位不足的，应当及时改建或者扩建；投入使用的停车场不得擅自停止使用或者改作他用。

在城市道路范围内，在不影响行人、车辆通行的情况下，政府有关部门可以施划停车泊位。

第三十四条　学校、幼儿园、医院、养老院

门前的道路没有行人过街设施的，应当施划人行横道线，设置提示标志。

城市主要道路的人行道，应当按照规划设置盲道。盲道的设置应当符合国家标准。

第四章　道路通行规定

第一节　一般规定

第三十五条　机动车、非机动车实行右侧通行。

第三十六条　根据道路条件和通行需要，道路划分为机动车道、非机动车道和人行道的，机动车、非机动车、行人实行分道通行。没有划分机动车道、非机动车道和人行道的，机动车在道路中间通行，非机动车和行人在道路两侧通行。

第三十七条　道路划设专用车道的，在专用车道内，只准许规定的车辆通行，其他车辆不得进入专用车道内行驶。

第三十八条　车辆、行人应当按照交通信号通行；遇有交通警察现场指挥时，应当按照交通警察的指挥通行；在没有交通信号的道路上，应当在确保安全、畅通的原则下通行。

第三十九条　公安机关交通管理部门根据道路和交通流量的具体情况，可以对机动车、非机动车、行人采取疏导、限制通行、禁止通行等措施。遇有大型群众性活动、大范围施工等情况，需要采取限制交通的措施，或者作出与公众的道路交通活动直接有关的决定，应当提前向社会公告。

第四十条　遇有自然灾害、恶劣气象条件或者重大交通事故等严重影响交通安全的情形，采取其他措施难以保证交通安全时，公安机关交通管理部门可以实行交通管制。

第四十一条　有关道路通行的其他具体规定，由国务院规定。

第二节　机动车通行规定

第四十二条　机动车上道路行驶，不得超过限速标志标明的最高时速。在没有限速标志的路段，应当保持安全车速。

夜间行驶或者在容易发生危险的路段行驶，以及遇有沙尘、冰雹、雨、雪、雾、结冰等气象条件时，应当降低行驶速度。

第四十三条　同车道行驶的机动车，后车应当与前车保持足以采取紧急制动措施的安全距离。有下列情形之一的，不得超车：

（一）前车正在左转弯、掉头、超车的；

（二）与对面来车有会车可能的；

（三）前车为执行紧急任务的警车、消防车、救护车、工程救险车的；

（四）行经铁路道口、交叉路口、窄桥、弯道、陡坡、隧道、人行横道、市区交通流量大的路段等没有超车条件的。

第四十四条　机动车通过交叉路口，应当按照交通信号灯、交通标志、交通标线或者交通警察的指挥通过；通过没有交通信号灯、交通标志、交通标线或者交通警察指挥的交叉路口时，应当减速慢行，并让行人和优先通行的车辆先行。

第四十五条　机动车遇有前方车辆停车排队等候或者缓慢行驶时，不得借道超车或者占用对面车道，不得穿插等候的车辆。

在车道减少的路段、路口，或者在没有交通信号灯、交通标志、交通标线或者交通警察指挥的交叉路口遇到停车排队等候或者缓慢行驶时，机动车应当依次交替通行。

第四十六条　机动车通过铁路道口时，应当按照交通信号或者管理人员的指挥通行；没有交通信号或者管理人员的，应当减速或者停车，在确认安全后通过。

第四十七条　机动车行经人行横道时，应当减速行驶；遇行人正在通过人行横道，应当停车让行。

机动车行经没有交通信号的道路时，遇行人横过道路，应当避让。

第四十八条　机动车载物应当符合核定的载质量，严禁超载；载物的长、宽、高不得违反装载要求，不得遗洒、飘散载运物。

机动车运载超限的不可解体的物品，影响交通安全的，应当按照公安机关交通管理部门指定的时间、路线、速度行驶，悬挂明显标志。在公路上运载超限的不可解体的物品，并应当依照公路法的规定执行。

机动车载运爆炸物品、易燃易爆化学物品以及剧毒、放射性等危险物品，应当经公安机关批准后，按指定的时间、路线、速度行驶，悬挂警示标志并采取必要的安全措施。

第四十九条　机动车载人不得超过核定的人数，客运机动车不得违反规定载货。

第五十条　禁止货运机动车载客。

货运机动车需要附载作业人员的，应当设置保护作业人员的安全措施。

第五十一条　机动车行驶时，驾驶人、乘坐人员应当按规定使用安全带，摩托车驾驶人及乘坐人员应当按规定戴安全头盔。

第五十二条　机动车在道路上发生故障，需要停车排除故障时，驾驶人应当立即开启危险报警闪光灯，将机动车移至不妨碍交通的地方停放；难以移动的，应当持续开启危险报警闪光灯，并在来车方向设置警告标志等措施扩大示警距离，必要时迅速报警。

第五十三条　警车、消防车、救护车、工程救险车执行紧急任务时，可以使用警报器、标志灯具；在确保安全的前提下，不受行驶路线、行驶方向、行驶速度和信号灯的限制，其他车辆和行人应当让行。

警车、消防车、救护车、工程救险车非执行紧急任务时，不得使用警报器、标志灯具，不享有前款规定的道路优先通行权。

第五十四条　道路养护车辆、工程作业车进行作业时，在不影响过往车辆通行的前提下，其行驶路线和方向不受交通标志、标线限制，过往车辆和人员应当注意避让。

洒水车、清扫车等机动车应当按照安全作业标准作业；在不影响其他车辆通行的情况下，可以不受车辆分道行驶的限制，但是不得逆向行驶。

第五十五条　高速公路、大中城市中心城区内的道路，禁止拖拉机通行。其他禁止拖拉机通行的道路，由省、自治区、直辖市人民政府根据当地实际情况规定。

在允许拖拉机通行的道路上，拖拉机可以从事货运，但是不得用于载人。

第五十六条　机动车应当在规定地点停放。禁止在人行道上停放机动车；但是，依照本法第三十三条　规定施划的停车泊位除外。

在道路上临时停车的，不得妨碍其他车辆和行人通行。

第三节　非机动车通行规定

第五十七条　驾驶非机动车在道路上行驶应当遵守有关交通安全的规定。非机动车应当在非机动车道内行驶；在没有非机动车道的道路上，应当靠车行道的右侧行驶。

第五十八条　残疾人机动轮椅车、电动自行车在非机动车道内行驶时，最高时速不得超过十五千米。

第五十九条　非机动车应当在规定地点停放。未设停放地点的，非机动车停放不得妨碍其他车辆和行人通行。

第六十条　驾驭畜力车，应当使用驯服的牲畜；驾驭畜力车横过道路时，驾驭人应当下车牵引牲畜；驾驭人离开车辆时，应当拴系牲畜。

第四节　行人和乘车人通行规定

第六十一条　行人应当在人行道内行走，没有人行道的靠路边行走。

第六十二条　行人通过路口或者横过道路，应当走人行横道或者过街设施；通过有交通信号灯的人行横道，应当按照交通信号灯指示通行；通过没有交通信号灯、人行横道的路口，或者在没有过街设施的路段横过道路，应当在确认安全后通过。

第六十三条　行人不得跨越、倚坐道路隔离设施，不得扒车、强行拦车或者实施妨碍道路交通安全的其他行为。

第六十四条　学龄前儿童以及不能辨认或者不能控制自己行为的精神疾病患者、智力障碍者在道路上通行，应当由其监护人、监护人委托的人或者对其负有管理、保护职责的人带领。

盲人在道路上通行，应当使用盲杖或者采取其他导盲手段，车辆应当避让盲人。

第六十五条　行人通过铁路道口时，应当按照交通信号或者管理人员的指挥通行；没有交通信号和管理人员的，应当在确认无火车驶临后，迅速通过。

第六十六条　乘车人不得携带易燃易爆等危险物品，不得向车外抛洒物品，不得有影响驾驶人安全驾驶的行为。

第五节　高速公路的特别规定

第六十七条　行人、非机动车、拖拉机、轮式专用机械车、铰接式客车、全挂拖斗车以及其他设计最高时速低于七十千米的机动车，不得进入高速公路。高速公路限速标志标明的最高时速不得超过一百二十千米。

第六十八条　机动车在高速公路上发生故障时，应当依照本法第五十二条的有关规定办理；但是，警告标志应当设置在故障车来车方向一百五十米以外，车上人员应当迅速转移到右侧路肩上或者应急车道内，并且迅速报警。

机动车在高速公路上发生故障或者交通事故，无法正常行驶的，应当由救援车、清障车拖曳、牵引。

第六十九条　任何单位、个人不得在高速公路上拦截检查行驶的车辆，公安机关的人民警察依法执行紧急公务除外。

第五章　交通事故处理

第七十条　在道路上发生交通事故，车辆驾驶人应当立即停车，保护现场；造成人身伤亡的，车辆驾驶人应当立即抢救受伤人员，并迅速报告执勤的交通警察或者公安机关交通管理部门。因抢救受伤人员变动现场的，应当标明位置。乘车人、过往车辆驾驶人、过往行人应当予以协助。

在道路上发生交通事故，未造成人身伤亡，当事人对事实及成因无争议的，可以即行撤离现场，恢复交通，自行协商处理损害赔偿事宜；不即行撤离现场的，应当迅速报告执勤的交通警察或者公安机关交通管理部门。

在道路上发生交通事故，仅造成轻微财产损失，并且基本事实清楚的，当事人应当先撤离现场再进行协商处理。

第七十一条　车辆发生交通事故后逃逸的，事故现场目击人员和其他知情人员应当向公安机关交通管理部门或者交通警察举报。举报属实的，公安机关交通管理部门应当给予奖励。

第七十二条　公安机关交通管理部门接到交通事故报警后，应当立即派交通警察赶赴现场，先组织抢救受伤人员，并采取措施，尽快恢复交通。

交通警察应当对交通事故现场进行勘验、检查，收集证据；因收集证据的需要，可以扣留事故车辆，但是应当妥善保管，以备核查。

对当事人的生理、精神状况等专业性较强的检验，公安机关交通管理部门应当委托专门机构进行鉴定。鉴定结论应当由鉴定人签名。

第七十三条　公安机关交通管理部门应当根据交通事故现场勘验、检查、调查情况和有关的检验、鉴定结论，及时制作交通事故认定书，作为处理交通事故的证据。交通事故认定书应当载明交通事故的基本事实、成因和当事人的责任，并送达当事人。

第七十四条　对交通事故损害赔偿的争议，当事人可以请求公安机关交通管理部门调解，也可以直接向人民法院提起民事诉讼。

经公安机关交通管理部门调解，当事人未达成协议或者调解书生效后不履行的，当事人可以向人民法院提起民事诉讼。

第七十五条　医疗机构对交通事故中的受伤人员应当及时抢救，不得因抢救费用未及时支付而拖延救治。肇事车辆参加机动车第三者责任强制保险的，由保险公司在责任限额范围内支付抢救费用；抢救费用超过责任限额的，未参加机动车第三者责任强制保险或者肇事后逃逸的，由道路交通事故社会救助基金先行垫付部分或者全部抢救费用，道路交通事故社会救助基金管理机构有权向交通事故责任人追偿。

第七十六条　机动车发生交通事故造成人身

伤亡、财产损失的，由保险公司在机动车第三者责任强制保险责任限额范围内予以赔偿；不足的部分，按照下列规定承担赔偿责任：

（一）机动车之间发生交通事故的，由有过错的一方承担赔偿责任；双方都有过错的，按照各自过错的比例分担责任。

（二）机动车与非机动车驾驶人、行人之间发生交通事故，非机动车驾驶人、行人没有过错的，由机动车一方承担赔偿责任；有证据证明非机动车驾驶人、行人有过错的，根据过错程度适当减轻机动车一方的赔偿责任；机动车一方没有过错的，承担不超过百分之十的赔偿责任。

交通事故的损失是由非机动车驾驶人、行人故意碰撞机动车造成的，机动车一方不承担赔偿责任。

第七十七条　车辆在道路以外通行时发生的事故，公安机关交通管理部门接到报案的，参照本法有关规定办理。

第六章　执法监督（略）

第七章　法律责任

第八十七条　公安机关交通管理部门及其交通警察对道路交通安全违法行为，应当及时纠正。

公安机关交通管理部门及其交通警察应当依据事实和本法的有关规定对道路交通安全违法行为予以处罚。对于情节轻微，未影响道路通行的，指出违法行为，给予口头警告后放行。

第八十八条　对道路交通安全违法行为的处罚种类包括：警告、罚款、暂扣或者吊销机动车驾驶证、拘留。

第八十九条　行人、乘车人、非机动车驾驶人违反道路交通安全法律、法规关于道路通行规定的，处警告或者五元以上五十元以下罚款；非机动车驾驶人拒绝接受罚款处罚的，可以扣留其非机动车。

第九十条　机动车驾驶人违反道路交通安全法律、法规关于道路通行规定的，处警告或者二十元以上二百元以下罚款。本法另有规定的，依照规定处罚。

第九十一条　饮酒后驾驶机动车的，处暂扣六个月机动车驾驶证，并处一千元以上二千元以下罚款。因饮酒后驾驶机动车被处罚，再次饮酒后驾驶机动车的，处十日以下拘留，并处一千元以上二千元以下罚款，吊销机动车驾驶证。

醉酒驾驶机动车的，由公安机关交通管理部门约束至酒醒，吊销机动车驾驶证，依法追究刑事责任；五年内不得重新取得机动车驾驶证。

饮酒后驾驶营运机动车的，处十五日拘留，并处五千元罚款，吊销机动车驾驶证，五年内不得重新取得机动车驾驶证。

醉酒驾驶营运机动车的，由公安机关交通管理部门约束至酒醒，吊销机动车驾驶证，依法追究刑事责任；十年内不得重新取得机动车驾驶证，重新取得机动车驾驶证后，不得驾驶营运机动车。

饮酒后或者醉酒驾驶机动车发生重大交通事故，构成犯罪的，依法追究刑事责任，并由公安机关交通管理部门吊销机动车驾驶证，终生不得重新取得机动车驾驶证。

第九十二条　公路客运车辆载客超过额定乘员的，处二百元以上五百元以下罚款；超过额定乘员百分之二十或者违反规定载货的，处五百元以上二千元以下罚款。

货运机动车超过核定载质量的，处二百元以上五百元以下罚款；超过核定载质量百分之三十或者违反规定载客的，处五百元以上二千元以下罚款。

有前两款行为的，由公安机关交通管理部门扣留机动车至违法状态消除。

运输单位的车辆有本条第一款、第二款规定的情形，经处罚不改的，对直接负责的主管人员处二千元以上五千元以下罚款。

第九十三条　对违反道路交通安全法律、法规关于机动车停放、临时停车规定的，可以指出违法行为，并予以口头警告，令其立即驶离。

机动车驾驶人不在现场或者虽在现场但拒绝立即驶离，妨碍其他车辆、行人通行的，处二十元以上二百元以下罚款，并可以将该机动车拖移至不妨碍交通的地点或者公安机关交通管理部门指定的地点停放。公安机关交通管理部门拖车不得向当事人收取费用，并应当及时告知当事人停放地点。

因采取不正确的方法拖车造成机动车损坏的，应当依法承担补偿责任。

第九十四条　机动车安全技术检验机构实施机动车安全技术检验超过国务院价格主管部门核定的收费标准收取费用的，退还多收取的费用，并由价格主管部门依照《中华人民共和国价格法》的有关规定给予处罚。

机动车安全技术检验机构不按照机动车国家安全技术标准进行检验，出具虚假检验结果的，由公安机关交通管理部门处所收检验费用五倍以上十倍以下罚款，并依法撤销其检验资格；构成犯罪的，依法追究刑事责任。

第九十五条 上道路行驶的机动车未悬挂机动车号牌，未放置检验合格标志、保险标志，或者未随车携带行驶证、驾驶证的，公安机关交通管理部门应当扣留机动车，通知当事人提供相应的牌证、标志或者补办相应手续，并可以依照本法第九十条的规定予以处罚。当事人提供相应的牌证、标志或者补办相应手续，应当及时退还机动车。

故意遮挡、污损或者不按规定安装机动车号牌的，依照本法第九十条的规定予以处罚。

第九十六条 伪造、变造或者使用伪造、变造的机动车登记证书、号牌、行驶证、驾驶证的，由公安机关交通管理部门予以收缴，扣留该机动车，处十五日以下拘留，并处二千元以上五千元以下罚款；构成犯罪的，依法追究刑事责任。

伪造、变造或者使用伪造、变造的检验合格标志、保险标志的，由公安机关交通管理部门予以收缴，扣留该机动车，处十日以下拘留，并处一千元以上三千元以下罚款；构成犯罪的，依法追究刑事责任。

使用其他车辆的机动车登记证书、号牌、行驶证、检验合格标志、保险标志的，由公安机关交通管理部门予以收缴，扣留该机动车，处二千元以上五千元以下罚款。

当事人提供相应的合法证明或者补办相应手续的，应当及时退还机动车。

第九十七条 非法安装警报器、标志灯具的，由公安机关交通管理部门强制拆除，予以收缴，并处二百元以上二千元以下罚款。

第九十八条 机动车所有人、管理人未按照国家规定投保机动车第三者责任强制保险的，由公安机关交通管理部门扣留车辆至依照规定投保后，并处依照规定投保最低责任限额应缴纳的保险费的二倍罚款。

依照前款缴纳的罚款全部纳入道路交通事故社会救助基金。具体办法由国务院规定。

第九十九条 有下列行为之一的，由公安机关交通管理部门处二百元以上二千元以下罚款：

（一）未取得机动车驾驶证、机动车驾驶证被吊销或者机动车驾驶证被暂扣期间驾驶机动车的；

（二）将机动车交由未取得机动车驾驶证或者机动车驾驶证被吊销、暂扣的人驾驶的；

（三）造成交通事故后逃逸，尚不构成犯罪的；

（四）机动车行驶超过规定时速百分之五十的；

（五）强迫机动车驾驶人违反道路交通安全法律、法规和机动车安全驾驶要求驾驶机动车，造成交通事故，尚不构成犯罪的；

（六）违反交通管制的规定强行通行，不听劝阻的；

（七）故意损毁、移动、涂改交通设施，造成危害后果，尚不构成犯罪的；

（八）非法拦截、扣留机动车辆，不听劝阻，造成交通严重阻塞或者较大财产损失的。

行为人有前款第二项、第四项情形之一的，可以并处吊销机动车驾驶证；有第一项、第三项、第五项至第八项情形之一的，可以并处十五日以下拘留。

第一百条 驾驶拼装的机动车或者已达到报废标准的机动车上道路行驶的，公安机关交通管理部门应当予以收缴，强制报废。

对驾驶前款所列机动车上道路行驶的驾驶人，处二百元以上二千元以下罚款，并吊销机动车驾驶证。

出售已达到报废标准的机动车的，没收违法所得，处销售金额等额的罚款，对该机动车依照本条第一款的规定处理。

第一百零一条 违反道路交通安全法律、法规的规定，发生重大交通事故，构成犯罪的，依法追究刑事责任，并由公安机关交通管理部门吊销机动车驾驶证。

造成交通事故后逃逸的，由公安机关交通管理部门吊销机动车驾驶证，且终生不得重新取得机动车驾驶证。

第一百零二条 对六个月内发生二次以上特大交通事故负有主要责任或者全部责任的专业运输单位，由公安机关交通管理部门责令消除安全隐患，未消除安全隐患的机动车，禁止上道路行驶。

第一百零三条 国家机动车产品主管部门未按照机动车国家安全技术标准严格审查，许可不合格机动车型投入生产的，对负有责任的主管人员和其他直接责任人员给予降级或者撤职的行政处分。

机动车生产企业经国家机动车产品主管部门许可生产的机动车型，不执行机动车国家安全技术标准或者不严格进行机动车成品质量检验，致使质量不合格的机动车出厂销售的，由质量技术监督部门依照《中华人民共和国产品质量法》的有关规定给予处罚。

擅自生产、销售未经国家机动车产品主管部门许可生产的机动车型的，没收非法生产、销售的机动车成品及配件，可以并处非法产品价值三倍以上五倍以下罚款；有营业执照的，由工商行政管理部门吊销营业执照，没有营业执照的，予以查封。

生产、销售拼装的机动车或者生产、销售擅自改装的机动车的，依照本条第三款的规定处罚。

有本条第二款、第三款、第四款所列违法行为，生产或者销售不符合机动车国家安全技术标准的机动车，构成犯罪的，依法追究刑事责任。

第一百零四条 未经批准，擅自挖掘道路、占用道路施工或者从事其他影响道路交通安全活动的，由道路主管部门责令停止违法行为，并恢复原状，可以依法给予罚款；致使通行的人员、车辆及其他财产遭受损失的，依法承担赔偿责任。

有前款行为，影响道路交通安全活动的，公安机关交通管理部门可以责令停止违法行为，迅速恢复交通。

第一百零五条 道路施工作业或者道路出现损毁，未及时设置警示标志、未采取防护措施，或者应当设置交通信号灯、交通标志、交通标线而没有设置或者应当及时变更交通信号灯、交通标志、交通标线而没有及时变更，致使通行的人员、车辆及其他财产遭受损失的，负有相关职责的单位应当依法承担赔偿责任。

第一百零六条 在道路两侧及隔离带上种植树木、其他植物或者设置广告牌、管线等，遮挡路灯、交通信号灯、交通标志，妨碍安全视距的，由公安机关交通管理部门责令行为人排除妨碍；拒不执行的，处二百元以上二千元以下罚款，并强制排除妨碍，所需费用由行为人负担。

第一百零七条 对道路交通违法行为人予以警告、二百元以下罚款，交通警察可以当场作出行政处罚决定，并出具行政处罚决定书。

行政处罚决定书应当载明当事人的违法事实、行政处罚的依据、处罚内容、时间、地点以及处罚机关名称，并由执法人员签名或者盖章。

第一百零八条 当事人应当自收到罚款的行政处罚决定书之日起十五日内，到指定的银行缴纳罚款。

对行人、乘车人和非机动车驾驶人的罚款，当事人无异议的，可以当场予以收缴罚款。

罚款应当开具省、自治区、直辖市财政部门统一制发的罚款收据；不出具财政部门统一制发的罚款收据的，当事人有权拒绝缴纳罚款。

第一百零九条 当事人逾期不履行行政处罚决定的，作出行政处罚决定的行政机关可以采取下列措施：

（一）到期不缴纳罚款的，每日按罚款数额的百分之三加处罚款；

（二）申请人民法院强制执行。

第一百一十条 执行职务的交通警察认为应当对道路交通违法行为人给予暂扣或者吊销机动车驾驶证处罚的，可以先予扣留机动车驾驶证，并在二十四小时内将案件移交公安机关交通管理部门处理。

道路交通违法行为人应当在十五日内到公安机关交通管理部门接受处理。无正当理由逾期未接受处理的，吊销机动车驾驶证。

公安机关交通管理部门暂扣或者吊销机动车驾驶证的，应当出具行政处罚决定书。

第一百一十一条 对违反本法规定予以拘留的行政处罚，由县、市公安局、公安分局或者相当于县一级的公安机关裁决。

第一百一十二条 公安机关交通管理部门扣留机动车、非机动车，应当当场出具凭证，并告知当事人在规定期限内到公安机关交通管理部门接受处理。

公安机关交通管理部门对被扣留的车辆应当妥善保管，不得使用。

逾期不来接受处理，并且经公告三个月仍不来接受处理的，对扣留的车辆依法处理。

第一百一十三条 暂扣机动车驾驶证的期限从处罚决定生效之日起计算；处罚决定生效前先予扣留机动车驾驶证的，扣留一日折抵暂扣期限一日。

吊销机动车驾驶证后重新申请领取机动车驾驶证的期限，按照机动车驾驶证管理规定办理。

第一百一十四条 公安机关交通管理部门根据交通技术监控记录资料，可以对违法的机动车所有人或者管理人依法予以处罚。对能够确定驾驶人的，可以依照本法的规定依法予以处罚。

第一百一十五条 交通警察有下列行为之一的，依法给予行政处分：

（一）为不符合法定条件的机动车发放机动车登记证书、号牌、行驶证、检验合格标志的；

（二）批准不符合法定条件的机动车安装、使用警车、消防车、救护车、工程救险车的警报器、标志灯具，喷涂标志图案的；

195

（三）为不符合驾驶许可条件、未经考试或者考试不合格人员发放机动车驾驶证的；

（四）不执行罚款决定与罚款收缴分离制度或者不按规定将依法收取的费用、收缴的罚款及没收的违法所得全部上缴国库的；

（五）举办或者参与举办驾驶学校或者驾驶培训班、机动车修理厂或者收费停车场等经营活动的；

（六）利用职务上的便利收受他人财物或者谋取其他利益的；

（七）违法扣留车辆、机动车行驶证、驾驶证、车辆号牌的；

（八）使用依法扣留的车辆的；

（九）当场收取罚款不开具罚款收据或者不如实填写罚款额的；

（十）徇私舞弊，不公正处理交通事故的；

（十一）故意刁难，拖延办理机动车牌证的；

（十二）非执行紧急任务时使用警报器、标志灯具的；

（十三）违反规定拦截、检查正常行驶的车辆的；

（十四）非执行紧急公务时拦截搭乘机动车的；

（十五）不履行法定职责的。

公安机关交通管理部门有前款所列行为之一的，对直接负责的主管人员和其他直接责任人员给予相应的行政处分。

第一百一十六条　依照本法第一百一十五条的规定，给予交通警察行政处分的，在作出行政处分决定前，可以停止其执行职务；必要时，可以予以禁闭。

依照本法第一百一十五条的规定，交通警察受到降级或者撤职行政处分的，可以予以辞退。

交通警察受到开除处分或者被辞退的，应当取消警衔；受到撤职以下行政处分的交通警察，应当降低警衔。

第一百一十七条　交通警察利用职权非法占有公共财物，索取、收受贿赂，或者滥用职权、玩忽职守，构成犯罪的，依法追究刑事责任。

第一百一十八条　公安机关交通管理部门及其交通警察有本法第一百一十五条所列行为之一，给当事人造成损失的，应当依法承担赔偿责任。

第八章　附则（略）

附录2　中华人民共和国道路交通安全法实施条例（节录）

第一章　总则（略）

第二章　车辆和驾驶人

第一节　机动车

第四条　机动车的登记，分为注册登记、变更登记、转移登记、抵押登记和注销登记。

第五条　初次申领机动车号牌、行驶证的，应当向机动车所有人住所地的公安机关交通管理部门申请注册登记。申请机动车注册登记，应当交验机动车，并提交以下证明、凭证：

（一）机动车所有人的身份证明；

（二）购车发票等机动车来历证明；

（三）机动车整车出厂合格证明或者进口机动车进口凭证；

（四）车辆购置税完税证明或者免税凭证；

（五）机动车第三者责任强制保险凭证；

（六）法律、行政法规规定应当在机动车注册登记时提交的其他证明、凭证。

不属于国务院机动车产品主管部门规定免予安全技术检验的车型的，还应当提供机动车安全技术检验合格证明。

第六条　已注册登记的机动车有下列情形之一的，机动车所有人应当向登记该机动车的公安机关交通管理部门申请变更登记：

（一）改变机动车车身颜色的；

（二）更换发动机的；

（三）更换车身或者车架的；

（四）因质量有问题，制造厂更换整车的；

（五）营运机动车改为非营运机动车或者非营运机动车改为营运机动车的；

（六）机动车所有人的住所迁出或者迁入公安机关交通管理部门管辖区域的。

申请机动车变更登记，应当提交下列证明、凭证，属于前款第（一）项、第（二）项、第（三）项、第（四）项、第（五）项情形之一的，还应当交验机动车；属于前款第（二）项、第（三）项情形之一的，还应当同时提交机动车安全技术检验合格证明：

　　（一）机动车所有人的身份证明；

　　（二）机动车登记证书；

　　（三）机动车行驶证。

　　机动车所有人的住所在公安机关交通管理部门管辖区域内迁移、机动车所有人的姓名（单位名称）或者联系方式变更的，应当向登记该机动车的公安机关交通管理部门备案。

　　第七条　已注册登记的机动车所有权发生转移的，应当及时办理转移登记。

　　申请机动车转移登记，当事人应当向登记该机动车的公安机关交通管理部门交验机动车，并提交以下证明、凭证：

　　（一）当事人的身份证明；

　　（二）机动车所有权转移的证明、凭证；

　　（三）机动车登记证书；

　　（四）机动车行驶证。

　　第八条　机动车所有人将机动车作为抵押物抵押的，机动车所有人应当向登记该机动车的公安机关交通管理部门申请抵押登记。

　　第九条　已注册登记的机动车达到国家规定的强制报废标准的，公安机关交通管理部门应当在报废期满的2个月前通知机动车所有人办理注销登记。机动车所有人应当在报废期满前将机动车交售给机动车回收企业，由机动车回收企业将报废的机动车登记证书、号牌、行驶证交公安机关交通管理部门注销。机动车所有人逾期不办理注销登记的，公安机关交通管理部门应当公告该机动车登记证书、号牌、行驶证作废。

　　因机动车灭失申请注销登记的，机动车所有人应当向公安机关交通管理部门提交本人身份证明，交回机动车登记证书。

　　第十条　办理机动车登记的申请人提交的证明、凭证齐全、有效的，公安机关交通管理部门应当当场办理登记手续。

　　人民法院、人民检察院以及行政执法部门依法查封、扣押的机动车，公安机关交通管理部门不予办理机动车登记。

　　第十一条　机动车登记证书、号牌、行驶证丢失或者损毁，机动车所有人申请补发的，应当向公安机关交通管理部门提交本人身份证明和申请材料。公安机关交通管理部门经与机动车登记档案核实后，在收到申请之日起15日内补发。

　　第十二条　税务部门、保险机构可以在公安机关交通管理部门的办公场所集中办理与机动车有关的税费缴纳、保险合同订立等事项。

　　第十三条　机动车号牌应当悬挂在车前、车后指定位置，保持清晰、完整。重型、中型载货汽车及其挂车、拖拉机及其挂车的车身或者车厢后部应当喷涂放大的牌号，字样应当端正并保持清晰。

　　机动车检验合格标志、保险标志应当粘贴在机动车前窗右上角。

　　机动车喷涂、粘贴标识或者车身广告的，不得影响安全驾驶。

　　第十四条　用于公路营运的载客汽车、重型载货汽车、半挂牵引车应当安装、使用符合国家标准的行驶记录仪。交通警察可以对机动车行驶速度、连续驾驶时间以及其他行驶状态信息进行检查。安装行驶记录仪可以分步实施，实施步骤由国务院机动车产品主管部门会同有关部门规定。

　　第十五条　机动车安全技术检验由机动车安全技术检验机构实施。机动车安全技术检验机构应当按照国家机动车安全技术检验标准对机动车进行检验，对检验结果承担法律责任。

　　质量技术监督部门负责对机动车安全技术检验机构实行资格管理和计量认证管理，对机动车安全技术检验设备进行检定，对执行国家机动车安全技术检验标准的情况进行监督。

　　机动车安全技术检验项目由国务院公安部门会同国务院质量技术监督部门规定。

　　第十六条　机动车应当从注册登记之日起，按照下列期限进行安全技术检验：

　　（一）营运载客汽车5年以内每年检验1次；超过5年的，每6个月检验1次。

　　（二）载货汽车和大型、中型非营运载客汽车10年以内每年检验1次；超过10年的，每6个月检验1次。

　　（三）小型、微型非营运载客汽车6年以内每2年检验1次；超过6年的，每年检验1次；超过15年的，每6个月检验1次。

　　（四）摩托车4年以内每2年检验1次；超过4年的，每年检验1次。

　　（五）拖拉机和其他机动车每年检验1次。

　　营运机动车在规定检验期限内经安全技术检验合格的，不再重复进行安全技术检验。

　　第十七条　已注册登记的机动车进行安全技术检验时，机动车行驶证记载的登记内容与该机动车的有关情况不符，或者未按照规定提供机动车第三者责任强制保险凭证的，不予通过检验。

　　第十八条　警车、消防车、救护车、工程救险车标志图案的喷涂以及警报器、标志灯具的安装、使用规定，由国务院公安部门制定。

第二节　机动车驾驶人

第十九条　符合国务院公安部门规定的驾驶许可条件的人，可以向公安机关交通管理部门申请机动车驾驶证。

机动车驾驶证由国务院公安部门规定式样并监制。

第二十条　学习机动车驾驶，应当先学习道路交通安全法律、法规和相关知识，考试合格后，再学习机动车驾驶技能。

在道路上学习驾驶，应当按照公安机关交通管理部门指定的路线、时间进行。在道路上学习机动车驾驶技能应当使用教练车，在教练员随车指导下进行，与教学无关的人员不得乘坐教练车。学员在学习驾驶中有道路交通安全违法行为或者造成交通事故的，由教练员承担责任。

第二十一条　公安机关交通管理部门应当对申请机动车驾驶证的人进行考试，对考试合格的，在5日内核发机动车驾驶证；对考试不合格的，书面说明理由。

第二十二条　机动车驾驶证的有效期为6年，本条例另有规定的除外。

机动车驾驶人初次申领机动车驾驶证后的12个月为实习期。在实习期内驾驶机动车的，应当在车身后部粘贴或者悬挂统一式样的实习标志。

机动车驾驶人在实习期内不得驾驶公共汽车、营运客车或者执行任务的警车、消防车、救护车、工程救险车以及载有爆炸物品、易燃易爆化学物品、剧毒或者放射性等危险物品的机动车；驾驶的机动车不得牵引挂车。

第二十三条　公安机关交通管理部门对机动车驾驶人的道路交通安全违法行为除给予行政处罚外，实行道路交通安全违法行为累积记分（以下简称记分）制度，记分周期为12个月。对在一个记分周期内记分达到12分的，由公安机关交通管理部门扣留其机动车驾驶证，该机动车驾驶人应当按照规定参加道路交通安全法律、法规的学习并接受考试。考试合格的，记分予以清除，发还机动车驾驶证；考试不合格的，继续参加学习和考试。

应当给予记分的道路交通安全违法行为及其分值，由国务院公安部门根据道路交通安全违法行为的危害程度规定。

公安机关交通管理部门应当提供记分查询方式供机动车驾驶人查询。

第二十四条　机动车驾驶人在一个记分周期内记分未达到12分，所处罚款已经缴纳的，记分予以清除；记分虽未达到12分，但尚有罚款

未缴纳的，记分转入下一记分周期。

机动车驾驶人在一个记分周期内记分2次以上达到12分的，除按照第二十三条的规定扣留机动车驾驶证、参加学习、接受考试外，还应当接受驾驶技能考试。考试合格的，记分予以清除，发还机动车驾驶证；考试不合格的，继续参加学习和考试。

接受驾驶技能考试的，按照本人机动车驾驶证载明的最高准驾车型考试。

第二十五条　机动车驾驶人记分达到12分，拒不参加公安机关交通管理部门通知的学习，也不接受考试的，由公安机关交通管理部门公告其机动车驾驶证停止使用。

第二十六条　机动车驾驶人在机动车驾驶证的6年有效期内，每个记分周期均未达到12分的，换发10年有效期的机动车驾驶证；在机动车驾驶证的10年有效期内，每个记分周期均未达到12分的，换发长期有效的机动车驾驶证。

换发机动车驾驶证时，公安机关交通管理部门应当对机动车驾驶证进行审验。

第二十七条　机动车驾驶证丢失、损毁，机动车驾驶人申请补发的，应当向公安机关交通管理部门提交本人身份证明和申请材料。公安机关交通管理部门经与机动车驾驶证档案核实后，在收到申请之日起3日内补发。

第二十八条　机动车驾驶人在机动车驾驶证丢失、损毁、超过有效期或者被依法扣留、暂扣期间以及记分达到12分的，不得驾驶机动车。

第三章　道路通行条件

第二十九条　交通信号灯分为：机动车信号灯、非机动车信号灯、人行横道信号灯、车道信号灯、方向指示信号灯、闪光警告信号灯、道路与铁路平面交叉道口信号灯。

第三十条　交通标志分为：指示标志、警告标志、禁令标志、指路标志、旅游区标志、道路施工安全标志和辅助标志。

道路交通标线分为：指示标线、警告标线、禁止标线。

第三十一条　交通警察的指挥分为：手势信号和使用器具的交通指挥信号。

第三十二条　道路交叉路口和行人横过道路较为集中的路段应当设置人行横道、过街天桥或者过街地下通道。

在盲人通行较为集中的路段，人行横道信号灯应当设置声响提示装置。

第三十三条　城市人民政府有关部门可以在不影响行人、车辆通行的情况下，在城市道路上施划停车泊位，并规定停车泊位的使用时间。

第三十四条　开辟或者调整公共汽车、长途汽车的行驶路线或者车站，应当符合交通规划和安全、畅通的要求。

第三十五条　道路养护施工单位在道路上进行养护、维修时，应当按照规定设置规范的安全警示标志和安全防护设施。道路养护施工作业车辆、机械应当安装示警灯，喷涂明显的标志图案，作业时应当开启示警灯和危险报警闪光灯。对未中断交通的施工作业道路，公安机关交通管理部门应当加强交通安全监督检查。发生交通阻塞时，及时做好分流、疏导，维护交通秩序。

道路施工需要车辆绕行的，施工单位应当在绕行处设置标志；不能绕行的，应当修建临时通道，保证车辆和行人通行。需要封闭道路中断交通的，除紧急情况外，应当提前5日向社会公告。

第三十六条　道路或者交通设施养护部门、管理部门应当在急弯、陡坡、临崖、临水等危险路段，按照国家标准设置警告标志和安全防护设施。

第三十七条　道路交通标志、标线不规范，机动车驾驶人容易发生辨认错误的，交通标志、标线的主管部门应当及时予以改善。

道路照明设施应当符合道路建设技术规范，保持照明功能完好。

第四章　道路通行规定

第一节　一般规定

第三十八条　机动车信号灯和非机动车信号灯表示：

（一）绿灯亮时，准许车辆通行，但转弯的车辆不得妨碍被放行的直行车辆、行人通行；

（二）黄灯亮时，已越过停止线的车辆可以继续通行；

（三）红灯亮时，禁止车辆通行。

在未设置非机动车信号灯和人行横道信号灯的路口，非机动车和行人应当按照机动车信号灯的表示通行。

红灯亮时，右转弯的车辆在不妨碍被放行的车辆、行人通行的情况下，可以通行。

第三十九条　人行横道信号灯表示：

（一）绿灯亮时，准许行人通过人行横道；

（二）红灯亮时，禁止行人进入人行横道，但是已经进入人行横道的，可以继续通过或者在道路中心线处停留等候。

第四十条　车道信号灯表示：

（一）绿色箭头灯亮时，准许本车道车辆按指示方向通行；

（二）红色叉形灯或者箭头灯亮时，禁止本车道车辆通行。

第四十一条　方向指示信号灯的箭头方向向左、向上、向右分别表示左转、直行、右转。

第四十二条　闪光警告信号灯为持续闪烁的黄灯，提示车辆、行人通行时注意瞭望，确认安全后通过。

第四十三条　道路与铁路平面交叉道口有两个红灯交替闪烁或者一个红灯亮时，表示禁止车辆、行人通行；红灯熄灭时，表示允许车辆、行人通行。

第二节　机动车通行规定

第四十四条　在道路同方向划有2条以上机动车道的，左侧为快速车道，右侧为慢速车道。在快速车道行驶的机动车应当按照快速车道规定的速度行驶，未达到快速车道规定的行驶速度的，应当在慢速车道行驶。摩托车应当在最右侧车道行驶。有交通标志标明行驶速度的，按照标明的行驶速度行驶。慢速车道内的机动车超越前车时，可以借用快速车道行驶。

在道路同方向划有2条以上机动车道的，变更车道的机动车不得影响相关车道内行驶的机动车的正常行驶。

第四十五条　机动车在道路上行驶不得超过限速标志、标线标明的速度。在没有限速标志、标线的道路上，机动车不得超过下列最高行驶速度：

（一）没有道路中心线的道路，城市道路为每小时30千米，公路为每小时40千米；

（二）同方向只有1条机动车道的道路，城市道路为每小时50千米，公路为每小时70千米。

第四十六条　机动车行驶中遇有下列情形之一的，最高行驶速度不得超过每小时30千米，其中拖拉机、电瓶车、轮式专用机械车不得超过每小时15千米：

（一）进出非机动车道，通过铁路道口、急弯路、窄路、窄桥时；

（二）掉头、转弯、下陡坡时；

（三）遇雾、雨、雪、沙尘、冰雹，能见度在50米以内时；

（四）在冰雪、泥泞的道路上行驶时；

（五）牵引发生故障的机动车时。

第四十七条　机动车超车时，应当提前开

启左转向灯、变换使用远近光灯或者鸣喇叭。在没有道路中心线或者同方向只有 1 条机动车道的道路上，前车遇后车发出超车信号时，在条件许可的情况下，应当降低速度、靠右让路。后车应当在确认有充足的安全距离后，从前车的左侧超越，在与被超车辆拉开必要的安全距离后，开启右转向灯，驶回原车道。

第四十八条　在没有中心隔离设施或者没有中心线的道路上，机动车遇相对方向来车时应当遵守下列规定：

（一）减速靠右行驶，并与其他车辆、行人保持必要的安全距离。

（二）在有障碍的路段，无障碍的一方先行；但有障碍的一方已驶入障碍路段而无障碍的一方未驶入时，有障碍的一方先行。

（三）在狭窄的坡路，上坡的一方先行；但下坡的一方已行至中途而上坡的一方未上坡时，下坡的一方先行。

（四）在狭窄的山路，不靠山体的一方先行。

（五）夜间会车应当在距相对方向来车 150 米以外改用近光灯，在窄路、窄桥与非机动车会车时应当使用近光灯。

第四十九条　机动车在有禁止掉头或者禁止左转弯标志、标线的地点以及在铁路道口、人行横道、桥梁、急弯、陡坡、隧道或者容易发生危险的路段，不得掉头。

机动车在没有禁止掉头或者没有禁止左转弯标志、标线的地点可以掉头，但不得妨碍正常行驶的其他车辆和行人的通行。

第五十条　机动车倒车时，应当察明车后情况，确认安全后倒车。不得在铁路道口、交叉路口、单行路、桥梁、急弯、陡坡或者隧道中倒车。

第五十一条　机动车通过有交通信号灯控制的交叉路口，应当按照下列规定通行：

（一）在划有导向车道的路口，按所需行进方向驶入导向车道。

（二）准备进入环形路口的让已在路口内的机动车先行。

（三）向左转弯时，靠路口中心点左侧转弯。转弯时开启转向灯，夜间行驶开启近光灯。

（四）遇放行信号时，依次通过。

（五）遇停止信号时，依次停在停止线以外。没有停止线的，停在路口以外。

（六）向右转弯遇有同车道前车正在等候放行信号时，依次停车等候。

（七）在没有方向指示信号灯的交叉路口，

转弯的机动车让直行的车辆、行人先行。相对方向行驶的右转弯机动车让左转弯车辆先行。

第五十二条　机动车通过没有交通信号灯控制也没有交通警察指挥的交叉路口，除应当遵守第五十一条第（二）项、第（三）项的规定外，还应当遵守下列规定：

（一）有交通标志、标线控制的，让优先通行的一方先行；

（二）没有交通标志、标线控制的，在进入路口前停车瞭望，让右方道路的来车先行；

（三）转弯的机动车让直行的车辆先行；

（四）相对方向行驶的右转弯的机动车让左转弯的车辆先行。

第五十三条　机动车遇有前方交叉路口交通阻塞时，应当依次停在路口以外等候，不得进入路口。

机动车在遇有前方机动车停车排队等候或者缓慢行驶时，应当依次排队，不得从前方车辆两侧穿插或者超越行驶，不得在人行横道、网状线区域内停车等候。

机动车在车道减少的路口、路段，遇有前方机动车停车排队等候或者缓慢行驶的，应当每车道一辆依次交替驶入车道减少后的路口、路段。

第五十四条　机动车载物不得超过机动车行驶证上核定的载质量，装载长度、宽度不得超出车厢，并应当遵守下列规定：

（一）重型、中型载货汽车，半挂车载物，高度从地面起不得超过 4 米，载运集装箱的车辆不得超过 4.2 米；

（二）其他载货的机动车载物，高度从地面起不得超过 2.5 米；

（三）摩托车载物，高度从地面起不得超过 1.5 米，长度不得超出车身 0.2 米。两轮摩托车载物宽度左右各不得超出车把 0.15 米；三轮摩托车载物宽度不得超过车身。

载客汽车除车身外部的行李架和内置的行李箱外，不得载货。载客汽车行李架载货，从车顶起高度不得超过 0.5 米，从地面起高度不得超过 4 米。

第五十五条　机动车载人应当遵守下列规定：

（一）公路载客汽车不得超过核定的载客人数，但按照规定免票的儿童除外，在载客人数已满的情况下，按照规定免票的儿童不得超过核定载客人数的 10%。

（二）载货汽车车厢不得载客。在城市道路上，货运机动车在留有安全位置的情况下，车厢内可以附载临时作业人员 1 人至 5 人；载物高度超过车厢栏板时，货物上不得载人。

（三）摩托车后座不得乘坐未满 12 周岁的未成年人，轻便摩托车不得载人。

第五十六条 机动车牵引挂车应当符合下列规定：

（一）载货汽车、半挂牵引车、拖拉机只允许牵引 1 辆挂车。挂车的灯光信号、制动、连接、安全防护等装置应当符合国家标准。

（二）小型载客汽车只允许牵引旅居挂车或者总质量 700 千克以下的挂车。挂车不得载人。

（三）载货汽车所牵引挂车的载质量不得超过载货汽车本身的载质量。

大型、中型载客汽车，低速载货汽车，三轮汽车以及其他机动车不得牵引挂车。

第五十七条 机动车应当按照下列规定使用转向灯：

（一）向左转弯、向左变更车道、准备超车、驶离停车地点或者掉头时，应当提前开启左转向灯；

（二）向右转弯、向右变更车道、超车完毕驶回原车道、靠路边停车时，应当提前开启右转向灯。

第五十八条 机动车在夜间没有路灯、照明不良或者遇有雾、雨、雪、沙尘、冰雹等低能见度情况下行驶时，应当开启前照灯、示廓灯和后位灯，但同方向行驶的后车与前车近距离行驶时，不得使用远光灯。机动车雾天行驶应当开启雾灯和危险报警闪光灯。

第五十九条 机动车在夜间通过急弯、坡路、拱桥、人行横道或者没有交通信号灯控制的路口时，应当交替使用远近光灯示意。

机动车驶近急弯、坡道顶端等影响安全视距的路段以及超车或者遇有紧急情况时，应当减速慢行，并鸣喇叭示意。

第六十条 机动车在道路上发生故障或者发生交通事故，妨碍交通又难以移动的，应当按照规定开启危险报警闪光灯并在车后 50 米至 100 米处设置警告标志，夜间还应当同时开启示廓灯和后位灯。

第六十一条 牵引故障机动车应当遵守下列规定：

（一）被牵引的机动车除驾驶人外不得载人，不得拖带挂车；

（二）被牵引的机动车宽度不得大于牵引机动车的宽度；

（三）使用软连接牵引装置时，牵引车与被

牵引车之间的距离应当大于 4 米小于 10 米；

（四）对制动失效的被牵引车，应当使用硬连接牵引装置牵引；

（五）牵引车和被牵引车均应当开启危险报警闪光灯。

汽车吊车和轮式专用机械车不得牵引车辆。摩托车不得牵引车辆或者被其他车辆牵引。

转向或者照明、信号装置失效的故障机动车，应当使用专用清障车拖曳。

第六十二条 驾驶机动车不得有下列行为：

（一）在车门、车厢没有关好时行车；

（二）在机动车驾驶室的前后窗范围内悬挂、放置妨碍驾驶人视线的物品；

（三）拨打接听手持电话、观看电视等妨碍安全驾驶的行为；

（四）下陡坡时熄火或者空挡滑行；

（五）向道路上抛撒物品；

（六）驾驶摩托车手离车把或者在车把上悬挂物品；

（七）连续驾驶机动车超过 4 小时未停车休息或者停车休息时间少于 20 分钟；

（八）在禁止鸣喇叭的区域或者路段鸣喇叭。

第六十三条 机动车在道路上临时停车，应当遵守下列规定：

（一）在设有禁停标志、标线的路段，在机动车道与非机动车道、人行道之间设有隔离设施的路段以及人行横道、施工地段，不得停车；

（二）交叉路口、铁路道口、急弯路、宽度不足 4 米的窄路、桥梁、陡坡、隧道以及距离上述地点 50 米以内的路段，不得停车；

（三）公共汽车站、急救站、加油站、消防栓或者消防队（站）门前以及距离上述地点 30 米以内的路段，除使用上述设施的以外，不得停车；

（四）车辆停稳前不得开车门和上下人员，开关车门不得妨碍其他车辆和行人通行；

（五）路边停车应当紧靠道路右侧，机动车驾驶人不得离车，上下人员或者装卸物品后，立即驶离；

（六）城市公共汽车不得在站点以外的路段停车上下乘客。

第六十四条 机动车行经漫水路或者漫水桥时，应当停车察明水情，确认安全后，低速通过。

第六十五条 机动车载运超限物品行经铁路道口的，应当按照当地铁路部门指定的铁路道口、时间通过。

机动车行经渡口，应当服从渡口管理人员指挥，按照指定地点依次待渡。机动车上下渡船时，应当低速慢行。

第六十六条　警车、消防车、救护车、工程救险车在执行紧急任务遇交通受阻时，可以断续使用警报器，并遵守下列规定：

（一）不得在禁止使用警报器的区域或者路段使用警报器；

（二）夜间在市区不得使用警报器；

（三）列队行驶时，前车已经使用警报器的，后车不再使用警报器。

第六十七条　在单位院内、居民居住区内，机动车应当低速行驶，避让行人；有限速标志的，按照限速标志行驶。

第三节　非机动车通行规定（略）

第四节　行人和乘车人通行规定（略）

第五节　高速公路的特别规定

第七十八条　高速公路应当标明车道的行驶速度，最高车速不得超过每小时120千米，最低车速不得低于每小时60千米。

在高速公路上行驶的小型载客汽车最高车速不得超过每小时120千米，其他机动车不得超过每小时100千米，摩托车不得超过每小时80千米。

同方向有2条车道的，左侧车道的最低车速为每小时100千米；同方向有3条以上车道的，最左侧车道的最低车速为每小时110千米，中间车道的最低车速为每小时90千米。道路限速标志标明的车速与上述车道行驶车速的规定不一致的，按照道路限速标志标明的车速行驶。

第七十九条　机动车从匝道驶入高速公路，应当开启左转向灯，在不妨碍已在高速公路内的机动车正常行驶的情况下驶入车道。

机动车驶离高速公路时，应当开启右转向灯，驶入减速车道，降低车速后驶离。

第八十条　机动车在高速公路上行驶，车速超过每小时100千米时，应当与同车道前车保持100米以上的距离，车速低于每小时100千米时，与同车道前车距离可以适当缩短，但最小距离不得少于50米。

第八十一条　机动车在高速公路上行驶，遇有雾、雨、雪、沙尘、冰雹等低能见度气象条件时，应当遵守下列规定：

（一）能见度小于200米时，开启雾灯、近光灯、示廓灯和前后位灯，车速不得超过每小时60千米，与同车道前车保持100米以上的距离；

（二）能见度小于100米时，开启雾灯、近光灯、示廓灯、前后位灯和危险报警闪光灯，车速不得超过每小时40千米，与同车道前车保持50米以上的距离；

（三）能见度小于50米时，开启雾灯、近光灯、示廓灯、前后位灯和危险报警闪光灯，车速不得超过每小时20千米，并从最近的出口尽快驶离高速公路。

遇有前款规定情形时，高速公路管理部门应当通过显示屏等方式发布速度限制、保持车距等提示信息。

第八十二条　机动车在高速公路上行驶，不得有下列行为：

（一）倒车、逆行、穿越中央分隔带掉头或者在车道内停车；

（二）在匝道、加速车道或者减速车道上超车；

（三）骑、轧车行道分界线或者在路肩上行驶；

（四）非紧急情况时在应急车道行驶或者停车；

（五）试车或者学习驾驶机动车。

第八十三条　在高速公路上行驶的载货汽车车厢不得载人。两轮摩托车在高速公路行驶时不得载人。

第八十四条　机动车通过施工作业路段时，应当注意警示标志，减速行驶。

第八十五条　城市快速路的道路交通安全管理，参照本节的规定执行。

高速公路、城市快速路的道路交通安全管理工作，省、自治区、直辖市人民政府公安机关交通管理部门可以指定设区的市人民政府公安机关交通管理部门或者相当于同级的公安机关交通管理部门承担。

第五章　交通事故处理

第八十六条　机动车与机动车、机动车与非机动车在道路上发生未造成人身伤亡的交通事故，当事人对事实及成因无争议的，在记录交通事故的时间、地点、对方当事人的姓名和联系方式、机动车牌号、驾驶证号、保险凭证号、碰撞部位，并共同签名后，撤离现场，自行协商损害赔偿事宜。当事人对交通事故事实及成因有争议的，应当迅速报警。

第八十七条　非机动车与非机动车或者行人在道路上发生交通事故，未造成人身伤亡，且基本事实及成因清楚的，当事人应当先撤离现场，再自行协商处理损害赔偿事宜。当事人对交通事故事实及成因有争议的，应当迅速报警。

第八十八条　机动车发生交通事故，造成道路、供电、通信等设施损毁的，驾驶人应当报警等候处理，不得驶离。机动车可以移动的，应当将机动车移至不妨碍交通的地点。公安机关交通管理部门应当将事故有关情况通知有关部门。

第八十九条　公安机关交通管理部门或者交通警察接到交通事故报警，应当及时赶赴现场，对未造成人身伤亡，事实清楚，并且机动车可以移动的，应当在记录事故情况后责令当事人撤离现场，恢复交通。对拒不撤离现场的，予以强制撤离。

对属于前款规定情况的道路交通事故，交通警察可以适用简易程序处理，并当场出具事故认定书。当事人共同请求调解的，交通警察可以当场对损害赔偿争议进行调解。

对道路交通事故造成人员伤亡和财产损失需要勘验、检查现场的，公安机关交通管理部门应当按照勘查现场工作规范进行。现场勘查完毕，应当组织清理现场，恢复交通。

第九十条　投保机动车第三者责任强制保险的机动车发生交通事故，因抢救受伤人员需要保险公司支付抢救费用的，由公安机关交通管理部门通知保险公司。

抢救受伤人员需要道路交通事故救助基金垫付费用的，由公安机关交通管理部门通知道路交通事故社会救助基金管理机构。

第九十一条　公安机关交通管理部门应当根据交通事故当事人的行为对发生交通事故所起的作用以及过错的严重程度，确定当事人的责任。

第九十二条　发生交通事故后当事人逃逸的，逃逸的当事人承担全部责任。但是，有证据证明对方当事人也有过错的，可以减轻责任。

当事人故意破坏、伪造现场，毁灭证据的，承担全部责任。

第九十三条　公安机关交通管理部门对经过勘验、检查现场的交通事故应当在勘查现场之日起10日内制作交通事故认定书。对需要进行检验、鉴定的，应当在检验、鉴定结果确定之日起5日内制作交通事故认定书。

第九十四条　当事人对交通事故损害赔偿有争议，各方当事人一致请求公安机关交通管理部门调解的，应当在收到交通事故认定书之日起10日内提出书面调解申请。

对交通事故致死的，调解从办理丧葬事宜结束之日起开始；对交通事故致伤的，调解从治疗终结或者定残之日起开始；对交通事故造成财产损失的，调解从确定损失之日起开始。

第九十五条　公安机关交通管理部门调解交通事故损害赔偿争议的期限为10日。调解达成协议的，公安机关交通管理部门应当制作调解书送交各方当事人，调解书经各方当事人共同签字后生效；调解未达成协议的，公安机关交通管理部门应当制作调解终结书送交各方当事人。

交通事故损害赔偿项目和标准依照有关法律的规定执行。

第九十六条　对交通事故损害赔偿的争议，当事人向人民法院提起民事诉讼的，公安机关交通管理部门不再受理调解申请。

公安机关交通管理部门调解期间，当事人向人民法院提起民事诉讼的，调解终止。

第九十七条　车辆在道路以外发生交通事故，公安机关交通管理部门接到报案的，参照道路交通安全法和本条例的规定处理。

车辆、行人与火车发生的交通事故以及在渡口发生的交通事故，依照国家有关规定处理。

第六章　执法监督（略）

第七章　法律责任

第一百零二条　违反本条例规定的行为，依照道路交通安全法和本条例的规定处罚。

第一百零三条　以欺骗、贿赂等不正当手段取得机动车登记或者驾驶许可的，收缴机动车登记证书、号牌、行驶证或者机动车驾驶证，撤销机动车登记或者机动车驾驶许可；申请人在3年内不得申请机动车登记或者机动车驾驶许可。

第一百零四条　机动车驾驶人有下列行为之一，又无其他机动车驾驶人即时替代驾驶的，公安机关交通管理部门除依法给予处罚外，可以将其驾驶的机动车移至不妨碍交通的地点或者有关部门指定的地点停放：

（一）不能出示本人有效驾驶证的；

（二）驾驶的机动车与驾驶证载明的准驾车型不符的；

（三）饮酒、服用国家管制的精神药品或者麻醉药品，患有妨碍安全驾驶的疾病，或者过度疲劳仍继续驾驶的；

（四）学习驾驶人员没有教练人员随车指导单独驾驶的。

第一百零五条　机动车驾驶人有饮酒、醉酒、服用国家管制的精神药品或者麻醉药品嫌疑的，应当接受测试、检验。

第一百零六条　公路客运载客汽车超过核定乘员、载货汽车超过核定载质量的，公安机关交通管理部门依法扣留机动车后，驾驶人应当将超载的乘车人转运、将超载的货物卸载，费用由超载机动车的驾驶人或者所有人承担。

第一百零七条　依照道路交通安全法第九十二条、第九十五条、第九十六条、第九十八条的规定被扣留的机动车，驾驶人或者所有人、管理人 30 日内没有提供被扣留机动车的合法证明，没有补办相应手续，或者不前来接受处理，经公安机关交通管理部门通知并且经公告 3 个月仍不前来接受处理的，由公安机关交通管理部门将该机动车送交有资格的拍卖机构拍卖，所得价款上缴国库；非法拼装的机动车予以拆除；达到报废标准的机动车予以报废；机动车涉及其他违法犯罪行为的，移交有关部门处理。

第一百零八条　交通警察按照简易程序当场作出行政处罚的，应当告知当事人道路交通安全违法行为的事实、处罚的理由和依据，并将行政处罚决定书当场交付被处罚人。

第一百零九条　对道路交通安全违法行为人处以罚款或者暂扣驾驶证处罚的，由违法行为发生地的县级以上人民政府公安机关交通管理部门或者相当于同级的公安机关交通管理部门作出决定；对处以吊销机动车驾驶证处罚的，由设区的市人民政府公安机关交通管理部门或者相当于同级的公安机关交通管理部门作出决定。

公安机关交通管理部门对非本辖区机动车的道路交通安全违法行为没有当场处罚的，可以由机动车登记地的公安机关交通管理部门处罚。

第一百一十条　当事人对公安机关交通管理部门及其交通警察的处罚有权进行陈述和申辩，交通警察应当充分听取当事人的陈述和申辩，不得因当事人陈述、申辩而加重其处罚。

第八章　附则（略）

附录 3　机动车驾驶证申领和使用规定（公安部令第 162 号）

第一章　总则

第一条　为了规范机动车驾驶证申领和使用，保障道路交通安全，保护公民、法人和其他组织的合法权益，根据《中华人民共和国道路交通安全法》及其实施条例、《中华人民共和国行政许可法》，制定本规定。

第二条　本规定由公安机关交通管理部门负责实施。

省级公安机关交通管理部门负责本省（自治区、直辖市）机动车驾驶证业务工作的指导、检查和监督。直辖市公安机关交通管理部门车辆管理所、设区的市或者相当于同级的公安机关交通管理部门车辆管理所负责办理本行政区域内机动车驾驶证业务。

县级公安机关交通管理部门车辆管理所可以办理本行政区域内除大型客车、重型牵引挂车、城市公交车、中型客车、大型货车场地驾驶技能、道路驾驶技能考试以外的其他机动车驾驶证业务。具体业务范围和办理条件由省级公安机关交通管理部门确定。

第三条　车辆管理所办理机动车驾驶证业务，应当遵循依法、公开、公正、便民的原则。

车辆管理所办理机动车驾驶证业务，应当依法受理申请人的申请，审查申请人提交的材料。对符合条件的，按照规定的标准、程序和期限办理机动车驾驶证。对申请材料不齐全或者不符合法定形式的，应当一次书面或者电子告知申请人需要补正的全部内容。对不符合条件的，应当书面或者电子告知理由。

车辆管理所应当将法律、行政法规和本规定的有关办理机动车驾驶证的事项、条件、依据、程序、期限以及收费标准、需要提交的全部材料的目录和申请表示范文本等在办公场所公示。

省级、设区的市或者相当于同级的公安机关交通管理部门应当在互联网上发布信息，便于群众查阅办理机动车驾驶证的有关规定，查询驾驶证使用状态、交通违法及记分等情况，下载、使用有关表格。

第四条　车辆管理所办理机动车驾驶证业务时，应当按照减环节、减材料、减时限的要求，积极推行一次办结、限时办结等制度，为申请人提供规范、便利、高效的服务。

公安机关交通管理部门应当积极推进与有关部门信息互联互通，对实现信息共享、网上核查的，申请人免予提交相关证明凭证。

公安机关交通管理部门应当按照就近办理、便捷办理的原则，推进在驾驶人考场、政务服务大厅等地设置服务站点，方便申请人办理机动车驾驶证业务，并在办公场所和互联网公示辖区内的业务办理网点、地址、联系电话、办公时间和业务范围。

第五条　车辆管理所应当使用全国统一的计算机管理系统办理机动车驾驶证业务、核发机动车驾驶证。

计算机管理系统的数据库标准和软件全国统一，能够完整、准确地记录和存储机动车驾驶证业务办理、驾驶人考试等全过程和经办人员信息，并能够实时将有关信息传送到全国公安交通管理信息系统。

第六条　车辆管理所应当使用互联网交通安全综合服务管理平台受理申请人网上提交的申请，验证申请人身份，按规定办理机动车驾驶证业务。

互联网交通安全综合服务管理平台信息管理系统数据库标准和软件全国统一。

第七条　申请办理机动车驾驶证业务的，应当如实向车辆管理所提交规定的材料，如实申告规定的事项，并对其申请材料实质内容的真实性负责。

第八条　公安机关交通管理部门应当建立机动车驾驶证业务监督制度，加强对驾驶人考试、驾驶证核发和使用的监督管理。

第九条　车辆管理所办理机动车驾驶证业务时可以依据相关法律法规认可，使用电子签名、电子印章、电子证照。

第二章　机动车驾驶证申请

第一节　机动车驾驶证

第十条　驾驶机动车，应当依法取得机动车驾驶证。

第十一条　机动车驾驶人准予驾驶的车型顺序依次分为：大型客车、重型牵引挂车、城市公交车、中型客车、大型货车、小型汽车、小型自动挡汽车、低速载货汽车、三轮汽车、残疾人专用小型自动挡载客汽车、轻型牵引挂车、普通三轮摩托车、普通二轮摩托车、轻便摩托车、轮式专用机械车、无轨电车和有轨电车（附件1）。

第十二条　机动车驾驶证记载和签注以下内容：

（一）机动车驾驶人信息：姓名、性别、出生日期、国籍、住址、身份证明号码（机动车驾驶证号码）、照片；

（二）车辆管理所签注内容：初次领证日期、准驾车型代号、有效期限、核发机关印章、档案编号、准予驾驶机动车听力辅助条件。

第十三条　机动车驾驶证有效期分为六年、十年和长期。

第二节　申请

第十四条　申请机动车驾驶证的人，应当符合下列规定：

（一）年龄条件：

1. 申请小型汽车、小型自动挡汽车、残疾人专用小型自动挡载客汽车、轻便摩托车准驾车型的，在18周岁以上；

2. 申请低速载货汽车、三轮汽车、普通三轮摩托车、普通二轮摩托车或者轮式专用机械车准驾车型的，在18周岁以上，60周岁以下；

3. 申请城市公交车、中型客车、大型货车、轻型牵引挂车、无轨电车或者有轨电车准驾车型的，在20周岁以上，60周岁以下；

4. 申请大型客车、重型牵引挂车准驾车型的，在22周岁以上，60周岁以下；

5. 接受全日制驾驶职业教育的学生，申请大型客车、重型牵引挂车准驾车型的，在19周岁以上，60周岁以下。

（二）身体条件：

1. 身高：申请大型客车、重型牵引挂车、城市公交车、大型货车、无轨电车准驾车型的，身高为155厘米以上。申请中型客车准驾车型的，身高为150厘米以上。

2. 视力：申请大型客车、重型牵引挂车、城市公交车、中型客车、大型货车、无轨电车或者有轨电车准驾车型的，两眼裸视力或者矫正视力达到对数视力表5.0以上。申请其他准驾车型的，两眼裸视力或者矫正视力达到对数视力表4.9以上。单眼视力障碍，优眼裸视力或者矫正视力达到对数视力表5.0以上，且水平视野达到150度的，可以申请小型汽车、小型自动挡汽车、低速载货汽车、三轮汽车、残疾人专用小型自动挡载客汽车准驾车型的机动车驾驶证。

3. 辨色力：无红绿色盲。

4. 听力：两耳分别距音叉50厘米能辨别声源方向。有听力障碍但佩戴助听设备能够达到以上条件的，可以申请小型汽车、小型自动挡汽车准驾车型的机动车驾驶证。

5. 上肢：双手拇指健全，每只手其他手指必须有三指健全，肢体和手指运动功能正常。但手指末节残缺或者左手有三指健全，且双手手掌

205

完整的，可以申请小型汽车、小型自动挡汽车、低速载货汽车、三轮汽车准驾车型的机动车驾驶证。

6. 下肢：双下肢健全且运动功能正常，不等长度不得大于 5 厘米。单独左下肢缺失或者丧失运动功能，但右下肢正常的，可以申请小型自动挡汽车准驾车型的机动车驾驶证。

7. 躯干、颈部：无运动功能障碍。

8. 右下肢、双下肢缺失或者丧失运动功能但能够自主坐立，且上肢符合本项第 5 目规定的，可以申请残疾人专用小型自动挡载客汽车准驾车型的机动车驾驶证。一只手掌缺失，另一只手拇指健全，其他手指有两指健全，上肢和手指运动功能正常，且下肢符合本项第 6 目规定的，可以申请残疾人专用小型自动挡载客汽车准驾车型的机动车驾驶证。

9. 年龄在 70 周岁以上能够通过记忆力、判断力、反应力等能力测试的，可以申请小型汽车、小型自动挡汽车、残疾人专用小型自动挡载客汽车、轻便摩托车准驾车型的机动车驾驶证。

第十五条　有下列情形之一的，不得申请机动车驾驶证：

（一）有器质性心脏病、癫痫病、美尼尔氏症、眩晕症、癔病、震颤麻痹、精神病、痴呆以及影响肢体活动的神经系统疾病等妨碍安全驾驶疾病的；

（二）三年内有吸食、注射毒品行为或者解除强制隔离戒毒措施未满三年，以及长期服用依赖性精神药品成瘾尚未戒除的；

（三）造成交通事故后逃逸构成犯罪的；

（四）饮酒后或者醉酒驾驶机动车发生重大交通事故构成犯罪的；

（五）醉酒驾驶机动车或者饮酒后驾驶营运机动车依法被吊销机动车驾驶证未满五年的；

（六）醉酒驾驶营运机动车依法被吊销机动车驾驶证未满十年的；

（七）驾驶机动车追逐竞驶、超员、超速、违反危险化学品安全管理规定运输危险化学品构成犯罪依法被吊销机动车驾驶证未满五年的；

（八）因本款第四项以外的其他违反交通管理法律、法规的行为发生重大交通事故构成犯罪依法被吊销机动车驾驶证未满十年的；

（九）因其他情形依法被吊销机动车驾驶证未满二年的；

（十）驾驶许可依法被撤销未满三年的；

（十一）未取得机动车驾驶证驾驶机动车，发生负同等以上责任交通事故造成人员重伤或者死亡未满十年的；

（十二）三年内有代替他人参加机动车驾驶人考试行为的；

（十三）法律、行政法规规定的其他情形。

未取得机动车驾驶证驾驶机动车，有第一款第五项至第八项行为之一的，在规定期限内不得申请机动车驾驶证。

第十六条　初次申领机动车驾驶证的，可以申请准驾车型为城市公交车、大型货车、小型汽车、小型自动挡汽车、低速载货汽车、三轮汽车、残疾人专用小型自动挡载客汽车、普通三轮摩托车、普通二轮摩托车、轻便摩托车、轮式专用机械车、无轨电车、有轨电车的机动车驾驶证。

已持有机动车驾驶证，申请增加准驾车型的，可以申请增加的准驾车型为大型客车、重型牵引挂车、城市公交车、中型客车、大型货车、小型汽车、小型自动挡汽车、低速载货汽车、三轮汽车、轻型牵引挂车、普通三轮摩托车、普通二轮摩托车、轻便摩托车、轮式专用机械车、无轨电车、有轨电车。

第十七条　已持有机动车驾驶证，申请增加准驾车型的，应当在本记分周期和申请前最近一个记分周期内没有记满 12 分记录。申请增加轻型牵引挂车、中型客车、重型牵引挂车、大型客车准驾车型的，还应当符合下列规定：

（一）申请增加轻型牵引挂车准驾车型的，已取得驾驶小型汽车、小型自动挡汽车准驾车型资格一年以上；

（二）申请增加中型客车准驾车型的，已取得驾驶城市公交车、大型货车、小型汽车、小型自动挡汽车、低速载货汽车或者三轮汽车准驾车型资格二年以上，并在申请前最近连续二个记分周期内没有记满 12 分记录；

（三）申请增加重型牵引挂车准驾车型的，已取得驾驶中型客车或者大型货车准驾车型资格二年以上，或者取得驾驶大型客车准驾车型资格一年以上，并在申请前最近连续二个记分周期内没有记满 12 分记录；

（四）申请增加大型客车准驾车型的，已取得驾驶城市公交车、中型客车准驾车型资格二年以上，已取得驾驶大型货车准驾车型资格三年以上，或者取得驾驶重型牵引挂车准驾车型资格一年以上，并在申请前最近连续三个记分周期内没有记满 12 分记录。

正在接受全日制驾驶职业教育的学生，已在校取得驾驶小型汽车准驾车型资格，并在本记分周期和申请前最近一个记分周期内没有记满12分记录的，可以申请增加大型客车、重型牵引挂车准驾车型。

第十八条 有下列情形之一的，不得申请大型客车、重型牵引挂车、城市公交车、中型客车、大型货车准驾车型：

（一）发生交通事故造成人员死亡，承担同等以上责任的；

（二）醉酒后驾驶机动车的；

（三）再次饮酒后驾驶机动车的；

（四）有吸食、注射毒品后驾驶机动车行为的，或者有执行社区戒毒、强制隔离戒毒、社区康复措施记录的；

（五）驾驶机动车追逐竞驶、超员、超速、违反危险化学品安全管理规定运输危险化学品构成犯罪的；

（六）被吊销或者撤销机动车驾驶证未满十年的；

（七）未取得机动车驾驶证驾驶机动车，发生负同等以上责任交通事故造成人员重伤或者死亡的。

第十九条 持有军队、武装警察部队机动车驾驶证，符合本规定的申请条件，可以申请对应准驾车型的机动车驾驶证。

第二十条 持有境外机动车驾驶证，符合本规定的申请条件，且取得该驾驶证时在核发国家或者地区一年内累计居留九十日以上的，可以申请对应准驾车型的机动车驾驶证。属于申请准驾车型为大型客车、重型牵引挂车、中型客车机动车驾驶证的，还应当取得境外相应准驾车型机动车驾驶证二年以上。

第二十一条 持有境外机动车驾驶证，需要临时驾驶机动车的，应当按规定向车辆管理所申领临时机动车驾驶许可。

对入境短期停留的，可以申领有效期为三个月的临时机动车驾驶许可；停居留时间超过三个月的，有效期可以延长至一年。

临时入境机动车驾驶人的临时机动车驾驶许可在一个记分周期内累积记分达到12分，未按规定参加道路交通安全法律、法规和相关知识学习、考试的，不得申请机动车驾驶证或者再次申请临时机动车驾驶许可。

第二十二条 申领机动车驾驶证的人，按照下列规定向车辆管理所提出申请：

（一）在户籍所在地居住的，应当在户籍所在地提出申请；

（二）在户籍所在地以外居住的，可以在居住地提出申请；

（三）现役军人（含武警），应当在部队驻地提出申请；

（四）境外人员，应当在居留地或者居住地提出申请；

（五）申请增加准驾车型的，应当在所持机动车驾驶证核发地提出申请；

（六）接受全日制驾驶职业教育，申请增加大型客车、重型牵引挂车准驾车型的，应当在接受教育地提出申请。

第二十三条 申请机动车驾驶证，应当确认申请信息，并提交以下证明：

（一）申请人的身份证明；

（二）医疗机构出具的有关身体条件的证明。

第二十四条 持军队、武装警察部队机动车驾驶证的人申请机动车驾驶证，应当确认申请信息，并提交以下证明、凭证：

（一）申请人的身份证明。属于复员、转业、退伍的人员，还应当提交军队、武装警察部队核发的复员、转业、退伍证明。

（二）医疗机构出具的有关身体条件的证明。

（三）军队、武装警察部队机动车驾驶证。

第二十五条 持境外机动车驾驶证的人申请机动车驾驶证，应当确认申请信息，并提交以下证明、凭证：

（一）申请人的身份证明。

（二）医疗机构出具的有关身体条件的证明。

（三）所持机动车驾驶证。属于非中文表述的，还应当提供翻译机构出具或者公证机构公证的中文翻译文本。

属于外国驻华使馆、领馆人员及国际组织驻华代表机构人员申请的，按照外交对等原则执行。

属于内地居民申请的，还应当提交申请人的护照或者往来港澳通行证、往来台湾通行证。

第二十六条 实行小型汽车、小型自动挡汽车驾驶证自学直考的地方，申请人可以使用加装安全辅助装置的自备机动车，在具备安全驾驶经历等条件的人员随车指导下，按照公安机关交通管理部门指定的路线、时间学习驾驶技能，按照第二十三条的规定申请相应准驾车型的驾驶证。

小型汽车、小型自动挡汽车驾驶证自学直考管理制度由公安部另行规定。

第二十七条 申请机动车驾驶证的人，符合本规定要求的驾驶许可条件，有下列情形之一的，可以按照第十六条第一款和第二十三条的规定直接申请相应准驾车型的机动车驾驶证考试：

（一）原机动车驾驶证因超过有效期未换证被注销的；

（二）原机动车驾驶证因未提交身体条件证明被注销的；

（三）原机动车驾驶证由本人申请注销的；

（四）原机动车驾驶证因身体条件暂时不符合规定被注销的；

（五）原机动车驾驶证或者准驾车型资格因其他原因被注销的，但机动车驾驶证被吊销或者被撤销的除外；

（六）持有的军队、武装警察部队机动车驾驶证超过有效期的；

（七）持有境外机动车驾驶证或者境外机动车驾驶证超过有效期的。

有前款第六项、第七项规定情形之一的，还应当提交机动车驾驶证。

第二十八条 申请人提交的证明、凭证齐全，符合法定形式的，车辆管理所应当受理，并按规定审查申请人的机动车驾驶证申请条件。属于第二十五条规定情形的，还应当核查申请人的出入境记录；属于第二十七条第一款第一项至第五项规定情形之一的，还应当核查申请人的驾驶经历；属于正在接受全日制驾驶职业教育的学生，申请增加大型客车、重型牵引挂车准驾车型的，还应当核查申请人的学籍。

公安机关交通管理部门已经实现与医疗机构等单位联网核查的，申请人免予提交身体条件证明等证明、凭证。

对于符合申请条件的，车辆管理所应当按规定安排预约考试；不需要考试的，一日内核发机动车驾驶证。申请人属于复员、转业、退伍人员持军队、武装警察部队机动车驾驶证申请机动车驾驶证的，应当收回军队、武装警察部队机动车驾驶证。

第二十九条 车辆管理所对申请人的申请条件及提交的材料、申告的事项有疑义的，可以对实质内容进行调查核实。

调查时，应当询问申请人并制作询问笔录，向证明、凭证的核发机关核查。

经调查，申请人不符合申请条件的，不予办理；有违法行为的，依法予以处理。

第三章 机动车驾驶人考试

第一节 考试内容和合格标准

第三十条 机动车驾驶人考试内容分为道路交通安全法律、法规和相关知识考试科目（以下简称"科目一"）、场地驾驶技能考试科目（以下简称"科目二"）、道路驾驶技能和安全文明驾驶常识考试科目（以下简称"科目三"）。

已持有小型自动挡汽车准驾车型驾驶证申请增加小型汽车准驾车型的，应当考试科目二和科目三。

已持有大型客车、城市公交车、中型客车、大型货车、小型汽车、小型自动挡汽车准驾车型驾驶证申请增加轻型牵引挂车准驾车型的，应当考试科目二和科目三安全文明驾驶常识。

已持有轻便摩托车准驾车型驾驶证申请增加普通三轮摩托车、普通二轮摩托车准驾车型的，或者持有普通二轮摩托车驾驶证申请增加普通三轮摩托车准驾车型的，应当考试科目二和科目三。

已持有大型客车、重型牵引挂车、城市公交车、中型客车、大型货车、小型汽车、小型自动挡汽车准驾车型驾驶证的机动车驾驶人身体条件发生变化，不符合所持机动车驾驶证准驾车型的条件，但符合残疾人专用小型自动挡载客汽车准驾车型条件，申请变更的，应当考试科目二和科目三。

第三十一条 考试内容和合格标准全国统一，根据不同准驾车型规定相应的考试项目。

第三十二条 科目一考试内容包括：道路通行、交通信号、道路交通安全违法行为和交通事故处理、机动车驾驶证申领和使用、机动车登记等规定以及其他道路交通安全法律、法规和规章。

第三十三条 科目二考试内容包括：

（一）大型客车、重型牵引挂车、城市公交车、中型客车、大型货车考试桩考、坡道定点停车和起步、侧方停车、通过单边桥、曲线行驶、直角转弯、通过限宽门、窄路掉头，以及模拟高速公路、连续急弯山区路、隧道、雨（雾）天、湿滑路、紧急情况处置；

（二）小型汽车、低速载货汽车考试倒车入库、坡道定点停车和起步、侧方停车、曲线行驶、直角转弯；

（三）小型自动挡汽车、残疾人专用小型自动挡载客汽车考试倒车入库、侧方停车、曲线行驶、直角转弯；

（四）轻型牵引挂车考试桩考、曲线行驶、直角转弯；

（五）三轮汽车、普通三轮摩托车、普通二轮摩托车和轻便摩托车考试桩考、坡道定点停车和起步、通过单边桥；

（六）轮式专用机械车、无轨电车、有轨电车的考试内容由省级公安机关交通管理部门确定。

对第一款第一项至第三项规定的准驾车型，省级公安机关交通管理部门可以根据实际增加考试内容。

第三十四条 科目三道路驾驶技能考试内容包括：大型客车、重型牵引挂车、城市公交车、中型客车、大型货车、小型汽车、小型自动挡汽车、低速载货汽车和残疾人专用小型自动挡载客汽车考试上车准备、起步、直线行驶、加减挡位操作、变更车道、靠边停车、直行通过路口、路口左转弯、路口右转弯、通过人行横道线、通过学校区域、通过公共汽车站、会车、超车、掉头、夜间行驶；其他准驾车型的考试内容，由省级公安机关交通管理部门确定。

大型客车、重型牵引挂车、城市公交车、中型客车、大型货车考试里程不少于10千米，其中初次申领城市公交车、大型货车准驾车型的，白天考试里程不少于5千米，夜间考试里程不少于3千米。小型汽车、小型自动挡汽车、低速载货汽车、残疾人专用小型自动挡载客汽车考试里程不少于3千米。不进行夜间考试的，应当进行模拟夜间灯光考试。

对大型客车、重型牵引挂车、城市公交车、中型客车、大型货车准驾车型，省级公安机关交通管理部门应当根据实际增加山区、隧道、陡坡等复杂道路驾驶考试内容。对其他汽车准驾车型，省级公安机关交通管理部门可以根据实际增加考试内容。

第三十五条 科目三安全文明驾驶常识考试内容包括：安全文明驾驶操作要求、恶劣气象和复杂道路条件下的安全驾驶知识、爆胎等紧急情况下的临危处置方法、防范次生事故处置知识、伤员急救知识等。

第三十六条 持军队、武装警察部队机动车驾驶证的人申请大型客车、重型牵引挂车、城市公交车、中型客车、大型货车准驾车型机动车驾驶证的，应当考试科目一和科目三；申请其他准驾车型机动车驾驶证的，免予考试核发机动车驾驶证。

第三十七条 持境外机动车驾驶证申请机动车驾驶证的，应当考试科目一。申请准驾车型为大型客车、重型牵引挂车、城市公交车、中型客车、大型货车机动车驾驶证的，应当考试科目一、科目二和科目三。

属于外国驻华使馆、领馆人员及国际组织驻华代表机构人员申请的，应当按照外交对等原则执行。

第三十八条 各科目考试的合格标准为：

（一）科目一考试满分为100分，成绩达到90分的为合格；

（二）科目二考试满分为100分，考试大型客车、重型牵引挂车、城市公交车、中型客车、大型货车、轻型牵引挂车准驾车型的，成绩达到90分的为合格，其他准驾车型的成绩达到80分的为合格；

（三）科目三道路驾驶技能和安全文明驾驶常识考试满分分别为100分，成绩分别达到90分的为合格。

第二节 考试要求

第三十九条 车辆管理所应当按照预约的考场和时间安排考试。申请人科目一考试合格后，可以预约科目二或者科目三道路驾驶技能考试。有条件的地方，申请人可以同时预约科目二、科目三道路驾驶技能考试，预约成功后可以连续进行考试。科目二、科目三道路驾驶技能考试均合格后，申请人可以当日参加科目三安全文明驾驶常识考试。

申请人申请大型客车、重型牵引挂车、城市公交车、中型客车、大型货车、轻型牵引挂车驾驶证，因当地尚未设立科目二考场的，可以选择省（自治区）内其他考场参加考试。

申请人申领小型汽车、小型自动挡汽车、低速载货汽车、三轮汽车、残疾人专用小型自动挡载客汽车、轻型牵引挂车驾驶证期间，已通过部分科目考试后，居住地发生变更的，可以申请变更考试地，在现居住地预约其他科目考试。申请变更考试地不得超过三次。

车辆管理所应当使用全国统一的考试预约系统，采用互联网、电话、服务窗口等方式供申请人预约考试。

第四十条 初次申请机动车驾驶证或者申请增加准驾车型的，科目一考试合格后，车辆管理所应当在一日内核发学习驾驶证明。

属于第三十条第二款至第四款规定申请增加准驾车型以及第五款规定申请变更准驾车型的，受理后直接核发学习驾驶证明。

属于自学直考的，车辆管理所还应当按规定发放学车专用标识（附件2）。

第四十一条 申请人在场地和道路上学习驾驶，应当按规定取得学习驾驶证明。学习驾驶证明的有效期为三年，但有效期截止日期不得超过申请年龄条件上限。申请人应当在有效期内完成科目二和科目三考试。未在有效期内完成考试的，已考试合格的科目成绩作废。

学习驾驶证明可以采用纸质或者电子形式，纸质学习驾驶证明和电子学习驾驶证明具有同等效力。申请人可以通过互联网交通安全综合服务管理平台打印或者下载学习驾驶证明。

第四十二条　申请人在道路上学习驾驶，应当随身携带学习驾驶证明，使用教练车或者学车专用标识签注的自学用车，在教练员或者学车专用标识签注的指导人员随车指导下，按照公安机关交通管理部门指定的路线、时间进行。

申请人为自学直考人员的，在道路上学习驾驶时，应当在自学用车上按规定放置、粘贴学车专用标识，自学用车不得搭载随车指导人员以外的其他人员。

第四十三条　初次申请机动车驾驶证或者申请增加准驾车型的，申请人预约考试科目二，应当符合下列规定：

（一）报考小型汽车、小型自动挡汽车、低速载货汽车、三轮汽车、残疾人专用小型自动挡载客汽车、轮式专用机械车、无轨电车、有轨电车准驾车型的，在取得学习驾驶证明满十日后预约考试；

（二）报考大型客车、重型牵引挂车、城市公交车、中型客车、大型货车、轻型牵引挂车准驾车型的，在取得学习驾驶证明满二十日后预约考试。

第四十四条　初次申请机动车驾驶证或者申请增加准驾车型的，申请人预约考试科目三，应当符合下列规定：

（一）报考小型自动挡汽车、残疾人专用小型自动挡载客汽车、低速载货汽车、三轮汽车准驾车型的，在取得学习驾驶证明满二十日后预约考试；

（二）报考小型汽车、轮式专用机械车、无轨电车、有轨电车准驾车型的，在取得学习驾驶证明满三十日后预约考试；

（三）报考大型客车、重型牵引挂车、城市公交车、中型客车、大型货车准驾车型的，在取得学习驾驶证明满四十日后预约考试。属于已经持有汽车类驾驶证，申请增加准驾车型的，在取得学习驾驶证明满三十日后预约考试。

第四十五条　持军队、武装警察部队或者境外机动车驾驶证申请机动车驾驶证的，应当自车辆管理所受理之日起三年内完成科目考试。

第四十六条　申请人因故不能按照预约时间参加考试的，应当提前一日申请取消预约。对申请人未按照预约考试时间参加考试的，判定该次考试不合格。

第四十七条　每个科目考试一次，考试不合格的，可以补考一次。不参加补考或者补考仍不合格的，本次考试终止，申请人应当重新预约考试，但科目二、科目三考试应当在十日后预约。科目三安全文明驾驶常识考试不合格的，已通过的道路驾驶技能考试成绩有效。

在学习驾驶证明有效期内，科目二和科目三道路驾驶技能考试预约考试的次数分别不得超过五次。第五次考试仍不合格的，已考试合格的其他科目成绩作废。

第四十八条　车辆管理所组织考试前应当使用全国统一的计算机管理系统当日随机选配考试员，随机安排考生分组，随机选取考试路线。

第四十九条　从事考试工作的人员，应当持有公安机关交通管理部门颁发的资格证书。公安机关交通管理部门应当在公安民警、警务辅助人员中选拔足够数量的考试员，从事考试工作。可以聘用运输企业驾驶人、警风警纪监督员等人员承担考试辅助工作和监督职责。

考试员应当认真履行考试职责，严格按照规定考试，接受社会监督。在考试前应当自我介绍，讲解考试要求，核实申请人身份；考试中应当严格执行考试程序，按照考试项目和考试标准评定考试成绩；考试后应当当场公布考试成绩，讲评考试不合格原因。

每个科目的考试成绩单应当有申请人和考试员的签名。未签名的不得核发机动车驾驶证。

第五十条　考试员、考试辅助人员及考场工作人员应当严格遵守考试工作纪律，不得为不符合机动车驾驶许可条件、未经考试、考试不合格人员签注合格考试成绩，不得减少考试项目、降低评判标准或者参与、协助、纵容考试作弊，不得参与或者变相参与驾驶培训机构、社会考场经营活动，不得收取驾驶培训机构、社会考场、教练员、申请人的财物。

第五十一条　直辖市、设区的市或者相当于同级的公安机关交通管理部门应当根据本地考试需求建设考场，配备足够数量的考试车辆。对考场布局、数量不能满足本地考试需求的，应当采取政府购买服务等方式使用社会考场，并按照公平竞争、择优选定的原则，依法通过公开招标等程序确定。对考试供给能力能够满足考试需求的，应当及时向社会公告，不再购买社会考场服务。

考试场地建设、路段设置、车辆配备、设施

设备配置以及考试项目、评判要求应当符合相关标准。考试场地、考试设备和考试系统应当经省级公安机关交通管理部门验收合格后方可使用。公安机关交通管理部门应当加强对辖区考场的监督管理，定期开展考试场地、考试车辆、考试设备和考场管理情况的监督检查。

第三节　考试监督管理

第五十二条　车辆管理所应当在办事大厅、候考场所和互联网公开各考场的考试能力、预约计划、预约人数和约考结果等情况，公布考场布局、考试路线和流程。考试预约计划应当至少在考试前十日在互联网上公开。

车辆管理所应当在候考场所、办事大厅向群众直播考试视频，考生可以在考试结束后三日内查询自己的考试视频资料。

第五十三条　车辆管理所应当严格比对、核验考生身份，对考试过程进行全程录音、录像，并实时监控考试过程，没有使用录音、录像设备的，不得组织考试。严肃考试纪律，规范考场秩序，对考场秩序混乱的，应当中止考试。考试过程中，考试员应当使用执法记录仪记录监考过程。

车辆管理所应当建立音视频信息档案，存储录音、录像设备和执法记录仪记录的音像资料。建立考试质量抽查制度，每日抽查音视频信息档案，发现存在违反考试纪律、考场秩序混乱以及音视频信息缺失或者不完整的，应当进行调查处理。

省级公安机关交通管理部门应当定期抽查音视频信息档案，及时通报、纠正、查处发现的问题。

第五十四条　车辆管理所应当根据考试场地、考试设备、考试车辆、考试员数量等实际情况，核定每个考场、每个考试员每日最大考试量。

车辆管理所应当根据驾驶培训主管部门提供的信息对驾驶培训机构教练员、教练车、训练场地等情况进行备案。

第五十五条　公安机关交通管理部门应当建立业务监督管理中心，通过远程监控、数据分析、日常检查、档案抽查、业务回访等方式，对机动车驾驶人考试和机动车驾驶证业务办理情况进行监督管理。

直辖市、设区的市或者相当于同级的公安机关交通管理部门应当通过监管系统每周对机动车驾驶人考试情况进行监控、分析，及时查处、整改发现的问题。省级公安机关交通管理部门应当通过监管系统每月对机动车驾驶人考试情况进行监控、分析，及时查处、通报发现的问题。

车辆管理所存在为未经考试或者考试不合格人员核发机动车驾驶证等严重违规办理机动车驾驶证业务情形的，上级公安机关交通管理部门可以暂停该车辆管理所办理相关业务或者指派其他车辆管理所人员接管业务。

第五十六条　县级公安机关交通管理部门办理机动车驾驶证业务的，办公场所、设施设备、人员资质和信息系统等应当满足业务办理需求，并符合相关规定和标准要求。

直辖市、设区的市公安机关交通管理部门应当加强对县级公安机关交通管理部门办理机动车驾驶证相关业务的指导、培训和监督管理。

第五十七条　公安机关交通管理部门应当对社会考场的场地设施、考试系统、考试工作等进行统一管理。

社会考场的考试系统应当接入机动车驾驶人考试管理系统，实时上传考试过程录音录像、考试成绩等信息。

第五十八条　直辖市、设区的市或者相当于同级的公安机关交通管理部门应当每月向社会公布车辆管理所考试员考试质量情况、三年内驾龄驾驶人交通违法率和交通肇事率等信息。

直辖市、设区的市或者相当于同级的公安机关交通管理部门应当每月向社会公布辖区内驾驶培训机构的考试合格率、三年内驾龄驾驶人交通违法率和交通肇事率等信息，按照考试合格率、三年内驾龄驾驶人交通违法率和交通肇事率对驾驶培训机构培训质量公开排名，并通报培训主管部门。

第五十九条　对三年内驾龄驾驶人发生一次死亡3人以上交通事故且负主要以上责任的，省级公安机关交通管理部门应当倒查车辆管理所考试、发证情况，向社会公布倒查结果。对三年内驾龄驾驶人发生一次死亡1至2人的交通事故且负主要以上责任的，直辖市、设区的市或者相当于同级的公安机关交通管理部门应当组织责任倒查。

直辖市、设区的市或者相当于同级的公安机关交通管理部门发现驾驶培训机构及其教练员存在缩短培训学时、减少培训项目以及贿赂考试员、以承诺考试合格等名义向学员索取财物、参与违规办理驾驶证或者考试舞弊行为的，应当通报培训主管部门，并向社会公布。

公安机关交通管理部门发现考场、考试设备生产销售企业及其工作人员存在组织或者参与考试舞弊、伪造或者篡改考试系统数据的，不得继续使用该考场或者采购该企业考试设备；构成犯罪的，依法追究刑事责任。

第四章　发证、换证、补证

第六十条　申请人考试合格后，应当接受不少于半小时的交通安全文明驾驶常识和交通事故案例警示教育，并参加领证宣誓仪式。

车辆管理所应当在申请人参加领证宣誓仪式的当日核发机动车驾驶证。

第六十一条　公安机关交通管理部门应当实行机动车驾驶证电子化，机动车驾驶人可以通过互联网交通安全综合服务管理平台申请机动车驾驶证电子版。

机动车驾驶证电子版与纸质版具有同等效力。

第六十二条　机动车驾驶人在机动车驾驶证的六年有效期内，每个记分周期均未记满12分的，换发十年有效期的机动车驾驶证；在机动车驾驶证的十年有效期内，每个记分周期均未记满12分的，换发长期有效的机动车驾驶证。

第六十三条　机动车驾驶人应当于机动车驾驶证有效期满前九十日内，向机动车驾驶证核发地或者核发地以外的车辆管理所申请换证。申请时应当确认申请信息，并提交以下证明、凭证：

（一）机动车驾驶人的身份证明；

（二）医疗机构出具的有关身体条件的证明。

第六十四条　机动车驾驶人户籍迁出原车辆管理所管辖区的，应当向迁入地车辆管理所申请换证。机动车驾驶人在核发地车辆管理所管辖区以外居住的，可以向居住地车辆管理所申请换证。申请时应当确认申请信息，提交机动车驾驶人的身份证明和机动车驾驶证，并申报身体条件情况。

第六十五条　年龄在60周岁以上的，不得驾驶大型客车、重型牵引挂车、城市公交车、中型客车、大型货车、轮式专用机械车、无轨电车和有轨电车。持有大型客车、重型牵引挂车、城市公交车、中型客车、大型货车驾驶证的，应当到机动车驾驶证核发地或者核发地以外的车辆管理所换领准驾车型为小型汽车或者小型自动挡汽车的机动车驾驶证，其中属于持有重型牵引挂车驾驶证的，还可以保留轻型牵引挂车准驾车型。

年龄在70周岁以上的，不得驾驶低速载货汽车、三轮汽车、轻型牵引挂车、普通三轮摩托车、普通二轮摩托车。持有普通三轮摩托车、普

通二轮摩托车驾驶证的，应当到机动车驾驶证核发地或者核发地以外的车辆管理所换领准驾车型为轻便摩托车的机动车驾驶证；持有驾驶证包含轻型牵引挂车准驾车型的，应当到机动车驾驶证核发地或者核发地以外的车辆管理所换领准驾车型为小型汽车或者小型自动挡汽车的机动车驾驶证。

有前两款规定情形之一的，车辆管理所应当通知机动车驾驶人在三十日内办理换证业务。机动车驾驶人逾期未办理的，车辆管理所应当公告准驾车型驾驶资格作废。

申请时应当确认申请信息，并提交第六十三条规定的证明、凭证。

机动车驾驶人自愿降低准驾车型的，应当确认申请信息，并提交机动车驾驶人的身份证明和机动车驾驶证。

第六十六条　有下列情形之一的，机动车驾驶人应当在三十日内到机动车驾驶证核发地或者核发地以外的车辆管理所申请换证：

（一）在车辆管理所管辖区域内，机动车驾驶证记载的机动车驾驶人信息发生变化的；

（二）机动车驾驶证损毁无法辨认的。

申请时应当确认申请信息，并提交机动车驾驶人的身份证明；属于第一款第一项的，还应当提交机动车驾驶证；属于身份证明号码变更的，还应当提交相关变更证明。

第六十七条　机动车驾驶人身体条件发生变化，不符合所持机动车驾驶证准驾车型的条件，但符合准予驾驶的其他准驾车型条件的，应当在三十日内到机动车驾驶证核发地或者核发地以外的车辆管理所申请降低准驾车型。申请时应当确认申请信息，并提交机动车驾驶人的身份证明、医疗机构出具的有关身体条件的证明。

机动车驾驶人身体条件发生变化，不符合第十四条第二项规定或者具有第十五条规定情形之一，不适合驾驶机动车的，应当在三十日内到机动车驾驶证核发地车辆管理所申请注销。申请时应当确认申请信息，并提交机动车驾驶人的身份证明和机动车驾驶证。

机动车驾驶人身体条件不适合驾驶机动车的，不得驾驶机动车。

第六十八条　车辆管理所对符合第六十三条至第六十六条、第六十七条第一款规定的，应当在一日内换发机动车驾驶证。对符合第六十七条第二款规定的，应当在一日内注销机动车驾驶证。其中，对符合第六十四条、第六十五条、第六十六条第一款第一项、第六十七条规定的，还

应当收回原机动车驾驶证。

第六十九条　机动车驾驶证遗失的，机动车驾驶人应当向机动车驾驶证核发地或者核发地以外的车辆管理所申请补发。申请时应当确认申请信息，并提交机动车驾驶人的身份证明。符合规定的，车辆管理所应当在一日内补发机动车驾驶证。

机动车驾驶人补领机动车驾驶证后，原机动车驾驶证作废，不得继续使用。

机动车驾驶证被依法扣押、扣留或者暂扣期间，机动车驾驶人不得申请补发。

第七十条　机动车驾驶人向核发地以外的车辆管理所申请办理第六十三条、第六十五条、第六十六条、第六十七条第一款、第六十九条规定的换证、补证业务时，应当同时按照第六十四条规定办理。

第五章　机动车驾驶人管理

第一节　审验

第七十一条　公安机关交通管理部门对机动车驾驶人的道路交通安全违法行为，除依法给予行政处罚外，实行道路交通安全违法行为累积记分制度，记分周期为12个月，满分为12分。

机动车驾驶人在一个记分周期内记达到12分的，应当按规定参加学习、考试。

第七十二条　机动车驾驶人应当按照法律、行政法规的规定，定期到公安机关交通管理部门接受审验。

机动车驾驶人按照本规定第六十三条、第六十四条换领机动车驾驶证时，应当接受公安机关交通管理部门的审验。

持有大型客车、重型牵引挂车、城市公交车、中型客车、大型货车驾驶证的驾驶人，应当在每个记分周期结束后三十日内到公安机关交通管理部门接受审验。但在一个记分周期内没有记分记录的，免予本记分周期审验。

持有第三款规定以外准驾车型驾驶证的驾驶人，发生交通事故造成人员死亡承担同等以上责任未被吊销机动车驾驶证的，应当在本记分周期结束后三十日内到公安机关交通管理部门接受审验。

年龄在70周岁以上的机动车驾驶人发生责任交通事故造成人员重伤或者死亡的，应当在本记分周期结束后三十日内到公安机关交通管理部门接受审验。

机动车驾驶人可以在机动车驾驶证核发地或者核发地以外的地方参加审验、提交身体条件证明。

第七十三条　机动车驾驶证审验内容包括：

（一）道路交通安全违法行为、交通事故处理情况；

（二）身体条件情况；

（三）道路交通安全违法行为记分及记满12分后参加学习和考试情况。

持有大型客车、重型牵引挂车、城市公交车、中型客车、大型货车驾驶证一个记分周期内有记分的，以及持有其他准驾车型驾驶证发生交通事故造成人员死亡承担同等以上责任被吊销机动车驾驶证的驾驶人，审验时应当参加不少于三小时的道路交通安全法律法规、交通安全文明驾驶、应急处置等知识学习，并接受交通事故案例警示教育。

年龄在70周岁以上的机动车驾驶人审验时还应当按照规定进行记忆力、判断力、反应力等能力测试。

对道路交通安全违法行为或者交通事故未处理完毕的、身体条件不符合驾驶许可条件的、未按照规定参加学习、教育和考试的，不予通过审验。

第七十四条　年龄在70周岁以上的机动车驾驶人，应当每年进行一次身体检查，在记分周期结束后三十日内，提交医疗机构出具的有关身体条件的证明。

持有残疾人专用小型自动挡载客汽车驾驶证的机动车驾驶人，应当每三年进行一次身体检查，在记分周期结束后三十日内，提交医疗机构出具的有关身体条件的证明。

机动车驾驶人按照本规定第七十二条第三款、第四款规定参加审验时，应当申报身体条件情况。

第七十五条　机动车驾驶人因服兵役、出国（境）等原因，无法在规定时间内办理驾驶证期满换证、审验，提交身体条件证明的，可以在驾驶证有效期内或者有效期届满一年内向机动车驾驶证核发地车辆管理所申请延期办理。申请时应当确认申请信息，并提交机动车驾驶人的身份证明。

延期期限最长不超过三年。延期期间机动车驾驶人不得驾驶机动车。

第二节　监督管理

第七十六条　机动车驾驶人初次取得汽车类准驾车型或者初次取得摩托车类准驾车型后的12个月为实习期。

在实习期内驾驶机动车的，应当在车身后部粘贴或者悬挂统一式样的实习标志（附件3）。

第七十七条　机动车驾驶人在实习期内不得驾驶公共汽车、营运客车或者执行任务的警车、消防车、救护车、工程救险车以及载有爆炸物品、易燃易爆化学物品、剧毒或者放射性等危险物品的机动车；驾驶的机动车不得牵引挂车。

驾驶人在实习期内驾驶机动车上高速公路行驶，应当由持相应或者包含其准驾车型驾驶证三年以上的驾驶人陪同。其中，驾驶残疾人专用小型自动挡载客汽车的，可以由持有小型自动挡载客汽车以上准驾车型驾驶证的驾驶人陪同。

在增加准驾车型后的实习期内，驾驶原准驾车型的机动车时不受上述限制。

第七十八条　持有准驾车型为残疾人专用小型自动挡载客汽车的机动车驾驶人驾驶机动车时，应当按规定在车身设置残疾人机动车专用标志（附件4）。

有听力障碍的机动车驾驶人驾驶机动车时，应当佩戴助听设备。有视力矫正的机动车驾驶人驾驶机动车时，应当佩戴眼镜。

第七十九条　机动车驾驶人有下列情形之一的，车辆管理所应当注销其机动车驾驶证：

（一）死亡的；

（二）提出注销申请的；

（三）丧失民事行为能力，监护人提出注销申请的；

（四）身体条件不适合驾驶机动车的；

（五）有器质性心脏病、癫痫病、美尼尔氏症、眩晕症、癔病、震颤麻痹、精神病、痴呆以及影响肢体活动的神经系统疾病等妨碍安全驾驶疾病的；

（六）被查获有吸食、注射毒品后驾驶机动车行为，依法被责令社区戒毒、社区康复或者决定强制隔离戒毒，或者长期服用依赖性精神药品成瘾尚未戒除的；

（七）代替他人参加机动车驾驶人考试的；

（八）超过机动车驾驶证有效期一年未换证的；

（九）年龄在70周岁以上，在一个记分周期结束后一年内未提交身体条件证明的；或者持有残疾人专用小型自动挡载客汽车准驾车型，在三个记分周期结束后一年内未提交身体条件证明的；

（十）年龄在60周岁以上，所持机动车驾驶证只具有轮式专用机械车、无轨电车或者有轨电车准驾车型，或者年龄在70周岁以上，所持机

动车驾驶证只具有低速载货汽车、三轮汽车准驾车型的；

（十一）机动车驾驶证依法被吊销或者驾驶许可依法被撤销的。

有第一款第二项至第十一项情形之一，未收回机动车驾驶证的，应当公告机动车驾驶证作废。

有第一款第八项情形被注销机动车驾驶证未超过二年的，机动车驾驶人参加道路交通安全法律、法规和相关知识考试合格后，可以恢复驾驶资格。申请人可以向机动车驾驶证核发地或者核发地以外的车辆管理所申请。

有第一款第九项情形被注销机动车驾驶证，机动车驾驶证在有效期内或者超过有效期不满一年的，机动车驾驶人提交身体条件证明后，可以恢复驾驶资格。申请人可以向机动车驾驶证核发地或者核发地以外的车辆管理所申请。

有第一款第二项至第九项情形之一，按照第二十七条规定申请机动车驾驶证，有道路交通安全违法行为或者交通事故未处理记录的，应当将道路交通安全违法行为、交通事故处理完毕。

第八十条　机动车驾驶人在实习期内发生的道路交通安全违法行为被记满12分的，注销其实习的准驾车型驾驶资格。

第八十一条　机动车驾驶人联系电话、联系地址等信息发生变化的，应当在信息变更后三十日内，向驾驶证核发地车辆管理所备案。

持有大型客车、重型牵引挂车、城市公交车、中型客车、大型货车驾驶证的驾驶人从业单位等信息发生变化的，应当在信息变更后三十日内，向从业单位所在地车辆管理所备案。

第八十二条　道路运输企业应当定期将聘用的机动车驾驶人向所在地公安机关交通管理部门备案，督促及时处理道路交通安全违法行为、交通事故和参加机动车驾驶证审验。

公安机关交通管理部门应当每月向辖区内交通运输主管部门、运输企业通报机动车驾驶人的道路交通安全违法行为、记分和交通事故等情况。

第八十三条　车辆管理所在办理驾驶证核发及相关业务过程中发现存在以下情形的，应当及时开展调查：

（一）涉嫌提交虚假申请材料的；

（二）涉嫌在考试过程中有贿赂、舞弊行为的；

（三）涉嫌以欺骗、贿赂等不正当手段取得机动车驾驶证的；

（四）涉嫌使用伪造、变造的机动车驾驶证的；

（五）存在短期内频繁补领换领、转出转入驾驶证等异常情形的；

（六）存在其他违法违规情形的。

车辆管理所发现申请人通过互联网办理驾驶证补证、换证等业务存在前款规定嫌疑情形的，应当转为现场办理，当场审查申请材料，及时开展调查。

第八十四条　车辆管理所开展调查时，可以通知申请人协助调查，询问嫌疑情况，记录调查内容，并可以采取实地检查、调取档案、调取考试视频监控等方式进行核查。

对经调查发现涉及行政案件或者刑事案件的，应当依法采取必要的强制措施或者其他处置措施，移交有管辖权的公安机关按照《公安机关办理行政案件程序规定》《公安机关办理刑事案件程序规定》等规定办理。

第八十五条　办理残疾人专用小型自动挡载客汽车驾驶证业务时，提交的身体条件证明应当由经省级卫生健康行政部门认定的专门医疗机构出具。办理其他机动车驾驶证业务时，提交的身体条件证明应当由县级、部队团级以上医疗机构，或者经地市级以上卫生健康行政部门认定的具有健康体检资质的二级以上医院、乡镇卫生院、社区卫生服务中心、健康体检中心等医疗机构出具。

身体条件证明自出具之日起六个月内有效。

公安机关交通管理部门应当会同卫生健康行政部门在办公场所和互联网公示辖区内可以出具有关身体条件证明的医疗机构名称、地址及联系方式。

第八十六条　医疗机构出具虚假身体条件证明的，公安机关交通管理部门应当停止认可该医疗机构出具的证明，并通报卫生健康行政部门。

第三节　校车驾驶人管理

第八十七条　校车驾驶人应当依法取得校车驾驶资格。

取得校车驾驶资格应当符合下列条件：

（一）取得相应准驾车型驾驶证并具有三年以上驾驶经历，年龄在25周岁以上、不超过60周岁；

（二）最近连续三个记分周期内没有被记满12分记录；

（三）无致人死亡或者重伤的交通事故责任记录；

（四）无酒后驾驶或者醉酒驾驶机动车记录，

最近一年内无驾驶客运车辆超员、超速等严重道路交通安全违法行为记录；

（五）无犯罪记录；

（六）身心健康，无传染性疾病，无癫痫病、精神病等可能危及行车安全的疾病病史，无酗酒、吸毒行为记录。

第八十八条　机动车驾驶人申请取得校车驾驶资格，应当向县级或者设区的市级公安机关交通管理部门提出申请，确认申请信息，并提交以下证明、凭证：

（一）申请人的身份证明；

（二）机动车驾驶证；

（三）医疗机构出具的有关身体条件的证明。

第八十九条　公安机关交通管理部门自受理申请之日起五日内审查提交的证明、凭证，并向所在地县级公安机关核查，确认申请人无犯罪、吸毒行为记录。对符合条件的，在机动车驾驶证上签注准许驾驶校车及相应车型，并通报教育行政部门；不符合条件的，应当书面说明理由。

第九十条　校车驾驶人应当在每个记分周期结束后三十日内到公安机关交通管理部门接受审验。审验时，应当提交医疗机构出具的有关身体条件的证明，参加不少于三小时的道路交通安全法律法规、交通安全文明驾驶、应急处置等知识学习，并接受交通事故案例警示教育。

第九十一条　公安机关交通管理部门应当与教育行政部门和学校建立校车驾驶人的信息交换机制，每月通报校车驾驶人的交通违法、交通事故和审验等情况。

第九十二条　校车驾驶人有下列情形之一的，公安机关交通管理部门应当注销其校车驾驶资格，通知机动车驾驶人换领机动车驾驶证，并通报教育行政部门和学校：

（一）提出注销申请的；

（二）年龄超过60周岁的；

（三）对致人死亡或者重伤的交通事故负有责任的；

（四）有酒后驾驶或者醉酒驾驶机动车，以及驾驶客运车辆超员、超速等严重道路交通安全违法行为的；

（五）有记满12分或者犯罪记录的；

（六）有传染性疾病，癫痫病、精神病等可能危及行车安全的疾病，有酗酒、吸毒行为记录的。

未收回签注校车驾驶许可的机动车驾驶证的，应当公告其校车驾驶资格作废。

第六章　法律责任

第九十三条　申请人隐瞒有关情况或者提供虚假材料申领机动车驾驶证的，公安机关交通管理部门不予受理或者不予办理，处五百元以下罚款；申请人在一年内不得再次申领机动车驾驶证。

申请人在考试过程中有贿赂、舞弊行为的，取消考试资格，已经通过考试的其他科目成绩无效，公安机关交通管理部门处二千元以下罚款；申请人在一年内不得再次申领机动车驾驶证。

申请人以欺骗、贿赂等不正当手段取得机动车驾驶证的，公安机关交通管理部门收缴机动车驾驶证，撤销机动车驾驶许可，处二千元以下罚款；申请人在三年内不得再次申领机动车驾驶证。

组织、参与实施前三款行为之一牟取经济利益的，由公安机关交通管理部门处违法所得三倍以上五倍以下罚款，但最高不超过十万元。

申请人隐瞒有关情况或者提供虚假材料申请校车驾驶资格的，公安机关交通管理部门不予受理或者不予办理，处五百元以下罚款；申请人在一年内不得再次申请校车驾驶资格。申请人以欺骗、贿赂等不正当手段取得校车驾驶资格的，公安机关交通管理部门撤销校车驾驶资格，处二千元以下罚款；申请人在三年内不得再次申请校车驾驶资格。

第九十四条　申请人在教练员或者学车专用标识签注的指导人员随车指导下，使用符合规定的机动车学习驾驶中有道路交通安全违法行为或者发生交通事故的，按照《道路交通安全法实施条例》第二十条规定，由教练员或者随车指导人员承担责任。

第九十五条　申请人在道路上学习驾驶时，有下列情形之一的，由公安机关交通管理部门对教练员或者随车指导人员处二十元以上二百元以下罚款：

（一）未按照公安机关交通管理部门指定的路线、时间进行的；

（二）未按本规定第四十二条规定放置、粘贴学车专用标识的。

第九十六条　申请人在道路上学习驾驶时，有下列情形之一的，由公安机关交通管理部门对教练员或者随车指导人员处二百元以上五百元以下罚款：

（一）未使用符合规定的机动车的；

（二）自学用车搭载随车指导人员以外的其他人员的。

第九十七条　申请人在道路上学习驾驶时，

有下列情形之一的，由公安机关交通管理部门按照《道路交通安全法》第九十九条第一款第一项规定予以处罚：

（一）未取得学习驾驶证明的；

（二）没有教练员或者随车指导人员的；

（三）由不符合规定的人员随车指导的。

将机动车交由有前款规定情形之一的申请人驾驶的，由公安机关交通管理部门按照《道路交通安全法》第九十九条第一款第二项规定予以处罚。

第九十八条　机动车驾驶人有下列行为之一的，由公安机关交通管理部门处二十元以上二百元以下罚款：

（一）机动车驾驶人补换领机动车驾驶证后，继续使用原机动车驾驶证的；

（二）在实习期内驾驶机动车不符合第七十七条规定的；

（三）持有大型客车、重型牵引挂车、城市公交车、中型客车、大型货车驾驶证的驾驶人，未按照第八十一条规定申报变更信息的。

有第一款第一项规定情形的，由公安机关交通管理部门收回原机动车驾驶证。

第九十九条　机动车驾驶人有下列行为之一的，由公安机关交通管理部门处二百元以上五百元以下罚款：

（一）机动车驾驶证被依法扣押、扣留或者暂扣期间，采用隐瞒、欺骗手段补领机动车驾驶证的；

（二）机动车驾驶人身体条件发生变化不适合驾驶机动车，仍驾驶机动车的；

（三）逾期不参加审验仍驾驶机动车的。

有第一款第一项、第二项规定情形之一的，由公安机关交通管理部门收回机动车驾驶证。

第一百条　机动车驾驶人参加审验教育时在签注学习记录、学习过程中弄虚作假的，相应学习记录无效，重新参加审验学习，由公安机关交通管理部门处一千元以下罚款。

代替实际机动车驾驶人参加审验教育的，由公安机关交通管理部门处二千元以下罚款。

组织他人实施前两款行为之一，有违法所得的，由公安机关交通管理部门处违法所得三倍以下罚款，但最高不超过二万元；没有违法所得的，由公安机关交通管理部门处二万元以下罚款。

第一百零一条　省、自治区、直辖市公安厅、局可以根据本地区的实际情况，在本规定的处罚幅度范围内，制定具体的执行标准。

对本规定的道路交通安全违法行为的处理程

序按照《道路交通安全违法行为处理程序规定》执行。

第一百零二条 公安机关交通管理部门及其交通警察、警务辅助人员办理机动车驾驶证业务、开展机动车驾驶人考试工作，应当接受监察机关、公安机关督察审计部门等依法实施的监督。

公安机关交通管理部门及其交通警察、警务辅助人员办理机动车驾驶证业务、开展机动车驾驶人考试工作，应当自觉接受社会和公民的监督。

第一百零三条 交通警察有下列情形之一的，按照有关规定给予处分；聘用人员有下列情形之一的予以解聘。构成犯罪的，依法追究刑事责任：

（一）为不符合机动车驾驶许可条件、未经考试、考试不合格人员签注合格考试成绩或者核发机动车驾驶证的；

（二）减少考试项目、降低评判标准或者参与、协助、纵容考试作弊的；

（三）为不符合规定的申请人发放学习驾驶证明、学车专用标识的；

（四）与非法中介串通牟取经济利益的；

（五）违反规定侵入机动车驾驶证管理系统，泄露、篡改、买卖系统数据，或者泄露系统密码的；

（六）违反规定向他人出售或者提供机动车驾驶证信息的；

（七）参与或者变相参与驾驶培训机构、社会考场、考试设备生产销售企业经营活动的；

（八）利用职务上的便利索取、收受他人财物或者牟取其他利益的。

交通警察未按照第五十三条第一款规定使用执法记录仪的，根据情节轻重，按照有关规定给予处分。

公安机关交通管理部门有第一款所列行为之一的，按照有关规定对直接负责的主管人员和其他直接责任人员给予相应的处分。

第七章 附则

第一百零四条 国家之间对机动车驾驶证有互相认可协议的，按照协议办理。

国家之间签订有关协定涉及机动车驾驶证的，按照协定执行。

第一百零五条 机动车驾驶人可以委托代理人代理换证、补证、提交身体条件证明、提交审验材料、延期办理和注销业务。代理人申请机动车驾驶证业务时，应当提交代理人的身份证明和机动车驾驶人的委托书。

第一百零六条 公安机关交通管理部门应当实行驾驶人考试、驾驶证管理档案电子化。机动车驾驶证电子档案与纸质档案具有同等效力。

第一百零七条 机动车驾驶证、临时机动车驾驶许可和学习驾驶证明的式样由公安部统一制定并监制。

机动车驾驶证、临时机动车驾驶许可和学习驾驶证明的制作应当按照中华人民共和国公共安全行业标准《中华人民共和国机动车驾驶证件》执行。

第一百零八条 拖拉机驾驶证的申领和使用另行规定。拖拉机驾驶证式样、规格应当符合中华人民共和国公共安全行业标准《中华人民共和国机动车驾驶证件》的规定。

第一百零九条 本规定下列用语的含义：

（一）身份证明是指：

1.居民的身份证明，是居民身份证或者临时居民身份证；

2.现役军人（含武警）的身份证明，是居民身份证或者临时居民身份证。在未办理居民身份证前，是军队有关部门核发的军官证、文职干部证、士兵证、离休证、退休证等有效军人身份证件，以及其所在的团级以上单位出具的部队驻地住址证明。

3.中国香港、澳门特别行政区居民的身份证明，是中国港澳居民居住证；或者是其所持有的港澳居民来往内地通行证或者外交部核发的中华人民共和国旅行证，以及公安机关出具的住宿登记证明。

4.中国台湾地区居民的身份证明，是中国台湾居民居住证；或者是其所持有的公安机关核发的五年有效的台湾居民来往大陆通行证或者外交部核发的中华人民共和国旅行证，以及公安机关出具的住宿登记证明。

5.定居国外的中国公民的身份证明，是中华人民共和国护照和公安机关出具的住宿登记证明。

6.外国人的身份证明，是其所持有的有效护照或者其他国际旅行证件，停居留期三个月以上的有效签证或者停留、居留许可，以及公安机关出具的住宿登记证明；或者是外国人永久居留身份证。

7.外国驻华使馆、领馆人员，国际组织驻华代表机构人员的身份证明，是外交部核发的有效身份证件。

（二）住址是指：

1. 居民的住址，是居民身份证或者临时居民身份证记载的住址。

2. 现役军人（含武警）的住址，是居民身份证或者临时居民身份证记载的住址。在未办理居民身份证前，是其所在的团级以上单位出具的部队驻地住址；

3. 境外人员的住址，是公安机关出具的住宿登记证明记载的地址；

4. 外国驻华使馆、领馆人员及国际组织驻华代表机构人员的住址，是外交部核发的有效身份证件记载的地址。

（三）境外机动车驾驶证是指外国及中国香港、中国澳门特别行政区，中国台湾地区核发的具有单独驾驶资格的正式机动车驾驶证，不包括学习驾驶证、临时驾驶证、实习驾驶证。

（四）汽车类驾驶证是指大型客车、重型牵引挂车、城市公交车、中型客车、大型货车、小型汽车、小型自动挡汽车、低速载货汽车、三轮汽车、残疾人专用小型自动挡汽车、轻型牵引

车、轮式专用机械车、无轨电车、有轨电车准驾车型驾驶证。摩托车类驾驶证是指普通三轮摩托车、普通二轮摩托车、轻便摩托车准驾车型驾驶证。

第一百一十条 本规定所称"一日""三日""五日"，是指工作日，不包括节假日。

本规定所称"以上""以下"，包括本数。

第一百一十一条 本规定自 2022 年 4 月 1 日起施行。2012 年 9 月 12 日发布的《机动车驾驶证申领和使用规定》（公安部令第 123 号）和 2016 年 1 月 29 日发布的《公安部关于修改〈机动车驾驶证申领和使用规定〉的决定》（公安部令第 139 号）同时废止。本规定生效后，公安部以前制定的规定与本规定不一致的，以本规定为准。

附件：

1. 准驾车型及代号

2. 学车专用标识式样（略）

3. 实习标志式样（略）

4. 残疾人机动车专用标志（略）

附件

附件 1 准驾车型及代号

准驾车型	代号	准驾的车辆	准予驾驶的其他准驾车型
大型客车	A1	大型载客汽车	A3、B1、B2、C1、C2、C3、C4、M
重型牵引挂车	A2	总质量大于 4500 千克的汽车列车	B1、B2、C1、C2、C3、C4、C6、M
城市公交车	A3	核载 10 人以上的城市公共汽车	C1、C2、C3、C4
中型客车	B1	中型载客汽车（含核载 10 人以上、19 人以下的城市公共汽车）	C1、C2、C3、C4、M
大型货车	B2	重型、中型载货汽车；重型、中型专项作业车	
小型汽车	C1	小型、微型载客汽车以及轻型、微型载货汽车；轻型、微型专项作业车	C2、C3、C4
小型自动挡汽车	C2	小型、微型自动挡载客汽车以及轻型、微型自动挡载货汽车；轻型、微型自动挡专项作业车；上肢残疾人专用小型自动挡载客汽车	
低速载货汽车	C3	低速载货汽车	C4
三轮汽车	C4	三轮汽车	
残疾人专用小型自动挡载客汽车	C5	残疾人专用小型、微型自动挡载客汽车（允许上肢、右下肢或者双下肢残疾人驾驶）	

续表

准驾车型	代号	准驾的车辆	准予驾驶的其他准驾车型
轻型牵引挂车	C6	总质量小于（不包含等于）4500 千克的汽车列车	
普通三轮摩托车	D	发动机排量大于 50 毫升或者最大设计车速大于 50 千米 / 时的三轮摩托车	E、F
普通二轮摩托车	E	发动机排量大于 50 毫升或者最大设计车速大于 50 千米 / 时的二轮摩托车	F
轻便摩托车	F	发动机排量小于等于 50 毫升，最大设计车速小于等于 50 千米 / 时的摩托车	
轮式专用机械车	M	轮式专用机械车	
无轨电车	N	无轨电车	
有轨电车	P	有轨电车	

附录4　道路交通安全违法行为记分管理办法（公安部令第163号）

第一章　总则

第一条　为充分发挥记分制度的管理、教育、引导功能，提升机动车驾驶人交通安全意识，减少道路交通安全违法行为（以下简称交通违法行为），预防和减少道路交通事故，根据《中华人民共和国道路交通安全法》及其实施条例，制定本办法。

第二条　公安机关交通管理部门对机动车驾驶人的交通违法行为，除依法给予行政处罚外，实行累积记分制度。

第三条　记分周期为十二个月，满分为 12 分。记分周期自机动车驾驶人初次领取机动车驾驶证之日起连续计算，或自初次取得临时机动车驾驶许可之日起累积计算。

第四条　记分达到满分的，机动车驾驶人应当按照本办法规定参加满分学习、考试。

第五条　在记分达到满分前，符合条件的机动车驾驶人可以按照本办法规定减免部分记分。

第六条　公安机关交通管理部门应当通过互联网、公安机关交通管理部门业务窗口提供交通违法行为记录及记分查询。

第二章　记分分值

第七条　根据交通违法行为的严重程度，一次记分的分值为 12 分、9 分、6 分、3 分、1 分。

第八条　机动车驾驶人有下列交通违法行为之一，一次记 12 分：

（一）饮酒后驾驶机动车的；

（二）造成致人轻伤以上或者死亡的交通事故后逃逸，尚不构成犯罪的；

（三）使用伪造、变造的机动车号牌、行驶证、驾驶证、校车标牌或者使用其他机动车号牌、行驶证的；

（四）驾驶校车、公路客运汽车、旅游客运汽车载人超过核定人数百分之二十，或者驾驶其他载客汽车载人超过核定人数百分之百的；

（五）驾驶校车、中型以上载客载货汽车、危险物品运输车辆在高速公路、城市快速路上行驶超过规定时速百分之二十，或者驾驶其他机动车在高速公路、城市快速路上行驶超过规定时速百分之五十的；

（六）驾驶机动车在高速公路、城市快速路上倒车、逆行、穿越中央分隔带掉头的；

（七）代替实际机动车驾驶人接受交通违法行为处罚和记分牟取经济利益的。

第九条　机动车驾驶人有下列交通违法行为之一，一次记 9 分：

（一）驾驶 7 座以上载客汽车载人超过核定人数百分之五十未达到百分之百的；

（二）驾驶校车、中型以上载客载货汽车、危险物品运输车辆在高速公路、城市快速路以外的道路上行驶超过规定时速百分之五十的；

（三）驾驶机动车在高速公路或者城市快速路上违法停车的；

（四）驾驶未悬挂机动车号牌或者故意遮挡、污损机动车号牌的机动车上道路行驶的；

（五）驾驶与准驾车型不符的机动车的；

（六）未取得校车驾驶资格驾驶校车的；

（七）连续驾驶中型以上载客汽车、危险物品运输车辆超过4小时未停车休息或者停车休息时间少于20分钟的。

第十条　机动车驾驶人有下列交通违法行为之一，一次记6分：

（一）驾驶校车、公路客运汽车、旅游客运汽车载人超过核定人数未达到百分之二十，或者驾驶7座以上载客汽车载人超过核定人数百分之二十未达到百分之五十，或者驾驶其他载客汽车载人超过核定人数百分之五十未达到百分之百的；

（二）驾驶校车、中型以上载客载货汽车、危险物品运输车辆在高速公路、城市快速路上行驶超过规定时速未达到百分之二十，或者在高速公路、城市快速路以外的道路上行驶超过规定时速百分之二十未达到百分之五十的；

（三）驾驶校车、中型以上载客载货汽车、危险物品运输车辆以外的机动车在高速公路、城市快速路上行驶超过规定时速百分之二十未达到百分之五十，或者在高速公路、城市快速路以外的道路上行驶超过规定时速百分之五十的；

（四）驾驶载货汽车载物超过最大允许总质量百分之五十的；

（五）驾驶机动车载运爆炸物品、易燃易爆化学物品以及剧毒、放射性等危险物品，未按指定的时间、路线、速度行驶或者未悬挂警示标志并采取必要的安全措施的；

（六）驾驶机动车运载超限的不可解体的物品，未按指定的时间、路线、速度行驶或者未悬挂警示标志的；

（七）驾驶机动车运输危险化学品，未经批准进入危险化学品运输车辆限制通行的区域的；

（八）驾驶机动车不按交通信号灯指示通行的；

（九）机动车驾驶证被暂扣或者扣留期间驾驶机动车的；

（十）造成致人轻微伤或者财产损失的交通事故后逃逸，尚不构成犯罪的；

（十一）驾驶机动车在高速公路或者城市快速路上违法占用应急车道行驶的。

第十一条　机动车驾驶人有下列交通违法行为之一，一次记3分：

（一）驾驶校车、公路客运汽车、旅游客运汽车、7座以上载客汽车以外的其他载客汽车载人超过核定人数百分之二十未达到百分之五十的；

（二）驾驶校车、中型以上载客载货汽车、危险物品运输车辆以外的机动车在高速公路、城市快速路以外的道路上行驶超过规定时速百分之二十未达到百分之五十的；

（三）驾驶机动车在高速公路或者城市快速路上不按规定车道行驶的；

（四）驾驶机动车不按规定超车、让行，或者在高速公路、城市快速路以外的道路上逆行的；

（五）驾驶机动车遇前方机动车停车排队或者缓慢行驶时，借道超车或者占用对面车道、穿插等候车辆的；

（六）驾驶机动车有拨打、接听手持电话等妨碍安全驾驶的行为的；

（七）驾驶机动车行经人行横道不按规定减速、停车、避让行人的；

（八）驾驶机动车不按规定避让校车的；

（九）驾驶载货汽车载物超过最大允许总质量百分之三十未达到百分之五十的，或者违反规定载客的；

（十）驾驶不按规定安装机动车号牌的机动车上道路行驶的；

（十一）在道路上车辆发生故障、事故停车后，不按规定使用灯光或者设置警告标志的；

（十二）驾驶未按规定定期进行安全技术检验的公路客运汽车、旅游客运汽车、危险物品运输车辆上道路行驶的；

（十三）驾驶校车上道路行驶前，未对校车车况是否符合安全技术要求进行检查，或者驾驶存在安全隐患的校车上道路行驶的；

（十四）连续驾驶载货汽车超过4小时未停车休息或者停车休息时间少于20分钟的；

（十五）驾驶机动车在高速公路上行驶低于规定最低时速的。

第十二条　机动车驾驶人有下列交通违法行为之一，一次记1分：

（一）驾驶校车、中型以上载客载货汽车、危险物品运输车辆在高速公路、城市快速路以外的道路上行驶超过规定时速百分之十未达到百分之二十的；

（二）驾驶机动车不按规定会车，或者在高

速公路、城市快速路以外的道路上不按规定倒车、掉头的；

（三）驾驶机动车不按规定使用灯光的；

（四）驾驶机动车违反禁令标志、禁止标线指示的；

（五）驾驶机动车载货长度、宽度、高度超过规定的；

（六）驾驶载货汽车载物超过最大允许总质量未达到百分之三十的；

（七）驾驶未按规定定期进行安全技术检验的公路客运汽车、旅游客运汽车、危险物品运输车辆以外的机动车上道路行驶的；

（八）驾驶擅自改变已登记的结构、构造或者特征的载货汽车上道路行驶的；

（九）驾驶机动车在道路上行驶时，机动车驾驶人未按规定系安全带的；

（十）驾驶摩托车，不戴安全头盔的。

第三章　记分执行

第十三条　公安机关交通管理部门对机动车驾驶人的交通违法行为，在作出行政处罚决定的同时予以记分。

对机动车驾驶人作出处罚前，应当在告知拟作出的行政处罚决定的同时，告知该交通违法行为的记分分值，并在处罚决定书上载明。

第十四条　机动车驾驶人有二起以上交通违法行为应当予以记分的，记分分值累积计算。

机动车驾驶人可以一次性处理完毕同一辆机动车的多起交通违法行为记录，记分分值累积计算。累积记分未满12分的，可以处理其驾驶的其他机动车的交通违法行为记录；累积记分满12分的，不得再处理其他机动车的交通违法行为记录。

第十五条　机动车驾驶人在一个记分周期期限届满，累积记分未满12分的，该记分周期内的记分予以清除；累积记分虽未满12分，但有罚款逾期未缴纳的，该记分周期内尚未缴纳罚款的交通违法行为记分分值转入下一记分周期。

第十六条　行政处罚决定被依法变更或者撤销的，相应记分应当变更或者撤销。

第四章　满分处理

第十七条　机动车驾驶人在一个记分周期内累积记分满12分的，公安机关交通管理部门应当扣留其机动车驾驶证，开具强制措施凭证，并送达满分教育通知书，通知机动车驾驶人参加满分学习、考试。

临时入境的机动车驾驶人在一个记分周期内累积记分满12分的，公安机关交通管理部门应当注销其临时机动车驾驶许可，并送达满分教育通知书。

第十八条　机动车驾驶人在一个记分周期内累积记分满12分的，应当参加为期七天的道路交通安全法律、法规和相关知识学习。其中，大型客车、重型牵引挂车、城市公交车、中型客车、大型货车驾驶人应当参加为期三十天的道路交通安全法律、法规和相关知识学习。

机动车驾驶人在一个记分周期内参加满分教育的次数每增加一次或者累积记分每增加12分，道路交通安全法律、法规和相关知识的学习时间增加七天，每次满分学习的天数最多六十天。其中，大型客车、重型牵引挂车、城市公交车、中型客车、大型货车驾驶人在一个记分周期内参加满分教育的次数每增加一次或者累积记分每增加12分，道路交通安全法律、法规和相关知识的学习时间增加三十天，每次满分学习的天数最多一百二十天。

第十九条　道路交通安全法律、法规和相关知识学习包括现场学习、网络学习和自主学习。网络学习应当通过公安机关交通管理部门互联网学习教育平台进行。

机动车驾驶人参加现场学习、网络学习的天数累计不得少于五天，其中，现场学习的天数不得少于二天。大型客车、重型牵引挂车、城市公交车、中型客车、大型货车驾驶人参加现场学习、网络学习的天数累计不得少于十天，其中，现场学习的天数不得少于五天。满分学习的剩余天数通过自主学习完成。

机动车驾驶人单日连续参加现场学习超过三小时或者参加网络学习时间累计超过三小时的，按照一天计入累计学习天数。同日既参加现场学习又参加网络学习的，学习天数不累积计算。

第二十条　机动车驾驶人可以在机动车驾驶证核发地或者交通违法行为发生地、处理地参加公安机关交通管理部门组织的道路交通安全法律、法规和相关知识学习，并在学习地参加考试。

第二十一条　机动车驾驶人在一个记分周期内累积记分满12分，符合本办法第十八条，第十九条第一款、第二款规定的，可以预约参加道路交通安全法律、法规和相关知识考试。考试不合格的，十日后预约重新考试。

第二十二条　机动车驾驶人在一个记分周

期内二次累积记分满 12 分或者累积记分满 24 分未满 36 分的，应当在道路交通安全法律、法规和相关知识考试合格后，按照《机动车驾驶证申领和使用规定》第四十四条的规定预约参加道路驾驶技能考试。考试不合格的，十日后预约重新考试。

机动车驾驶人在一个记分周期内三次以上累积记分满 12 分或者累积记分满 36 分的，应当在道路交通安全法律、法规和相关知识考试合格后，按照《机动车驾驶证申领和使用规定》第四十三条和第四十四条的规定预约参加场地驾驶技能和道路驾驶技能考试。考试不合格的，十日后预约重新考试。

第二十三条　机动车驾驶人经满分学习、考试合格且罚款已缴纳的，记分予以清除，发还机动车驾驶证。机动车驾驶人同时被处以暂扣机动车驾驶证的，在暂扣期限届满后发还机动车驾驶证。

第二十四条　满分学习、考试内容应当按照机动车驾驶证载明的准驾车型确定。

第五章　记分减免

第二十五条　机动车驾驶人处理完交通违法行为记录后累积记分未满 12 分，参加公安机关交通管理部门组织的交通安全教育并达到规定要求的，可以申请在机动车驾驶人现有累积记分分值中扣减记分。在一个记分周期内累计最高扣减 6 分。

第二十六条　机动车驾驶人申请接受交通安全教育扣减交通违法行为记分的，公安机关交通管理部门应当受理。但有以下情形之一的，不予受理：

（一）在本记分周期内或者上一个记分周期内，机动车驾驶人有二次以上参加满分教育记录的；

（二）在最近三个记分周期内，机动车驾驶人因造成交通事故后逃逸，或者饮酒后驾驶机动车，或者使用伪造、变造的机动车号牌、行驶证、驾驶证、校车标牌，或者使用其他机动车号牌、行驶证，或者买分卖分受到过处罚的；

（三）机动车驾驶证在实习期内，或者机动车驾驶证逾期未审验，或者机动车驾驶证被扣留、暂扣期间的；

（四）机动车驾驶人名下有安全技术检验超过有效期或者未按规定办理注销登记的机动车的；

（五）在最近三个记分周期内，机动车驾驶人参加接受交通安全教育扣减交通违法行为记分或者机动车驾驶人满分教育、审验教育时，有弄虚作假、冒名顶替记录的。

第二十七条　参加公安机关交通管理部门组织的道路交通安全法律、法规和相关知识网上学习三日内累计满三十分钟且考试合格的，一次扣减 1 分。

参加公安机关交通管理部门组织的道路交通安全法律、法规和相关知识现场学习满一小时且考试合格的，一次扣减 2 分。

参加公安机关交通管理部门组织的交通安全公益活动的，满一小时为一次，一次扣减 1 分。

第二十八条　交通违法行为情节轻微，给予警告处罚的，免予记分。

第六章　法律责任

第二十九条　机动车驾驶人在一个记分周期内累积记分满 12 分，机动车驾驶证未被依法扣留或者收到满分教育通知书后三十日内拒不参加公安机关交通管理部门通知的满分学习、考试的，由公安机关交通管理部门公告其机动车驾驶证停止使用。

第三十条　机动车驾驶人请他人代为接受交通违法行为处罚和记分并支付经济利益的，由公安机关交通管理部门处所支付经济利益三倍以下罚款，但最高不超过五万元；同时，依法对原交通违法行为作出处罚。

代替实际机动车驾驶人接受交通违法行为处罚和记分牟取经济利益的，由公安机关交通管理部门处违法所得三倍以下罚款，但最高不超过五万元；同时，依法撤销原行政处罚决定。

组织他人实施前两款行为之一牟取经济利益的，由公安机关交通管理部门处违法所得五倍以下罚款，但最高不超过十万元；有扰乱单位秩序等行为，构成违反治安管理行为的，依法予以治安管理处罚。

第三十一条　机动车驾驶人参加满分教育时在签注学习记录、满分学习考试中弄虚作假的，相应学习记录、考试成绩无效，由公安机关交通管理部门处一千元以下罚款。

机动车驾驶人在参加接受交通安全教育扣减交通违法行为记分中弄虚作假的，由公安机关交通管理部门撤销相应记分扣减记录，恢复相应记分，处一千元以下罚款。

代替实际机动车驾驶人参加满分教育签注学

习记录、满分学习考试或者接受交通安全教育扣减交通违法行为记分的，由公安机关交通管理部门处二千元以下罚款。

组织他人实施前三款行为之一，有违法所得的，由公安机关交通管理部门处违法所得三倍以下罚款，但最高不超过二万元；没有违法所得的，由公安机关交通管理部门处二万元以下罚款。

第三十二条　公安机关交通管理部门及其交通警察开展交通违法行为记分管理工作，应当接受监察机关、公安机关督察审计部门等依法实施的监督。

公安机关交通管理部门及其交通警察开展交通违法行为记分管理工作，应当自觉接受社会和公民的监督。

第三十三条　交通警察有下列情形之一的，按照有关规定给予处分；警务辅助人员有下列情形之一的，予以解聘；构成犯罪的，依法追究刑事责任：

（一）当事人对实施处罚和记分提出异议拒不核实，或者经核实属实但不纠正、整改的；

（二）为未经满分学习考试、考试不合格人员签注学习记录、合格考试成绩的；

（三）在满分考试时，减少考试项目、降低评判标准或者参与、协助、纵容考试舞弊的；

（四）为不符合记分扣减条件的机动车驾驶人扣减记分的；

（五）串通他人代替实际机动车驾驶人接受

交通违法行为处罚和记分的；

（六）弄虚作假，将记分分值高的交通违法行为变更为记分分值低或者不记分的交通违法行为的；

（七）故意泄露、篡改系统记分数据的；

（八）根据交通技术监控设备记录资料处理交通违法行为时，未严格审核当事人提供的证据材料，导致他人代替实际机动车驾驶人接受交通违法行为处罚和记分，情节严重的。

第七章　附则

第三十四条　公安机关交通管理部门对拖拉机驾驶人予以记分的，应当定期将记分情况通报农业农村主管部门。

第三十五条　省、自治区、直辖市公安厅、局可以根据本地区的实际情况，在本办法规定的处罚幅度范围内，制定具体的执行标准。

对本办法规定的交通违法行为的处理程序按照《道路交通安全违法行为处理程序规定》执行。

第三十六条　本办法所称"三日""十日""三十日"，是指自然日。期间的最后一日为节假日的，以节假日期满后的第一个工作日为期间届满的日期。

第三十七条　本办法自2022年4月1日起施行。

附录5　机动车登记规定（节录）

第一章　总则（略）

第二章　机动车登记

第一节　注册登记

第十条　初次申领机动车号牌、行驶证的，机动车所有人应当向住所地的车辆管理所申请注册登记。

第十一条　机动车所有人应当到机动车安全技术检验机构对机动车进行安全技术检验，取得机动车安全技术检验合格证明后申请注册登记。但经海关进口的机动车和国务院机动车产品主管部门认定免予安全技术检验的机动车除外。

免予安全技术检验的机动车有下列情形之一

的，应当进行安全技术检验：

（一）国产机动车出厂后两年内未申请注册登记的；

（二）经海关进口的机动车进口后两年内未申请注册登记的；

（三）申请注册登记前发生交通事故的。

专用校车办理注册登记前，应当按照专用校车国家安全技术标准进行安全技术检验。

第十二条　申请注册登记的，机动车所有人应当交验机动车，确认申请信息，并提交以下证明、凭证：

（一）机动车所有人的身份证明；

（二）购车发票等机动车来历证明；

（三）机动车整车出厂合格证明或者进口机

动车进口凭证；

（四）机动车交通事故责任强制保险凭证；

（五）车辆购置税、车船税完税证明或者免税凭证，但法律规定不属于征收范围的除外；

（六）法律、行政法规规定应当在机动车注册登记时提交的其他证明、凭证。

不属于经海关进口的机动车和国务院机动车产品主管部门规定免予安全技术检验的机动车，还应当提交机动车安全技术检验合格证明。

车辆管理所应当自受理申请之日起二日内，查验机动车，采集、核对车辆识别代号拓印膜或者电子资料，审查提交的证明、凭证，核发机动车登记证书、号牌、行驶证和检验合格标志。

机动车安全技术检验、税务、保险等信息实现与有关部门或者机构联网核查的，申请人免予提交相关证明、凭证，车辆管理所核对相关电子信息。

第十三条　车辆管理所办理消防车、救护车、工程救险车注册登记时，应当对车辆的使用性质、标志图案、标志灯具和警报器进行审查。

机动车所有人申请机动车使用性质登记为危险货物运输、公路客运、旅游客运的，应当具备相关道路运输许可；实现与有关部门联网核查道路运输许可信息、车辆使用性质信息的，车辆管理所应当核对相关电子信息。

申请危险货物运输车登记的，机动车所有人应当为单位。

车辆管理所办理注册登记时，应当对牵引车和挂车分别核发机动车登记证书、号牌、行驶证和检验合格标志。

第十四条　车辆管理所实现与机动车制造厂新车出厂查验信息联网的，机动车所有人申请小型、微型非营运载客汽车注册登记时，免予交验机动车。

车辆管理所应当会同有关部门在具备条件的摩托车销售企业推行摩托车带牌销售，方便机动车所有人购置车辆、投保保险、缴纳税款、注册登记一站式办理。

第十五条　有下列情形之一的，不予办理注册登记：

（一）机动车所有人提交的证明、凭证无效的；

（二）机动车来历证明被涂改或者机动车来历证明记载的机动车所有人与身份证明不符的；

（三）机动车所有人提交的证明、凭证与机动车不符的；

（四）机动车未经国务院机动车产品主管部

门许可生产或者未经国家进口机动车主管部门许可进口的；

（五）机动车的型号或者有关技术参数与国务院机动车产品主管部门公告不符的；

（六）机动车的车辆识别代号或者有关技术参数不符合国家安全技术标准的；

（七）机动车达到国家规定的强制报废标准的；

（八）机动车被监察机关、人民法院、人民检察院、行政执法部门依法查封、扣押的；

（九）机动车属于被盗抢骗的；

（十）其他不符合法律、行政法规规定的情形。

第二节　变更登记

第十六条　已注册登记的机动车有下列情形之一的，机动车所有人应当向登记地车辆管理所申请变更登记：

（一）改变车身颜色的；

（二）更换发动机的；

（三）更换车身或者车架的；

（四）因质量问题更换整车的；

（五）机动车登记的使用性质改变的；

（六）机动车所有人的住所迁出、迁入车辆管理所管辖区域的。

属于第一款第一项至第三项规定的变更事项的，机动车所有人应当在变更后十日内向车辆管理所申请变更登记。

第十七条　申请变更登记的，机动车所有人应当交验机动车，确认申请信息，并提交以下证明、凭证：

（一）机动车所有人的身份证明；

（二）机动车登记证书；

（三）机动车行驶证；

（四）属于更换发动机、车身或者车架的，还应当提交机动车安全技术检验合格证明；

（五）属于因质量问题更换整车的，还应当按照第十二条的规定提交相关证明、凭证。

车辆管理所应当自受理之日起一日内，查验机动车，审查提交的证明、凭证，在机动车登记证书上签注变更事项，收回行驶证，重新核发行驶证。属于第十六条第一款第三项、第四项、第六项规定的变更登记事项的，还应当采集、核对车辆识别代号拓印膜或者电子资料。属于机动车使用性质变更为公路客运、旅游客运，实现与有关部门联网核查道路运输许可信息、车辆使用性质信息的，还应当核对相关电子信息。属于需要重新核发机动车号牌的，收回号牌、行驶证，核发号牌、行驶证和检验合格标志。

小型、微型载客汽车因改变车身颜色申请变更登记，车辆不在登记地的，可以向车辆所在地车辆管理所提出申请。车辆所在地车辆管理所应当按规定查验机动车，审查提交的证明、凭证，并将机动车查验电子资料转递至登记地车辆管理所，登记地车辆管理所按规定复核并核发行驶证。

第十八条 机动车所有人的住所迁出车辆管理所管辖区域的，转出地车辆管理所应当自受理之日起三日内，查验机动车，在机动车登记证书上签注变更事项，制作上传机动车电子档案资料。机动车所有人应当在三十日内到住所地车辆管理所申请机动车转入。属于小型、微型载客汽车或者摩托车机动车所有人的住所迁出车辆管理所管辖区域的，应当向转入地车辆管理所申请变更登记。

申请机动车转入的，机动车所有人应当确认申请信息，提交身份证明、机动车登记证书，并交验机动车。机动车在转入时已超过检验有效期的，应当按规定进行安全技术检验并提交机动车安全技术检验合格证明和交通事故责任强制保险凭证。车辆管理所应当自受理之日起三日内，查验机动车，采集、核对车辆识别代号拓印膜或者电子资料，审查相关证明、凭证和机动车电子档案资料，在机动车登记证书上签注转入信息，收回号牌、行驶证，确定新的机动车号牌号码，核发号牌、行驶证和检验合格标志。

机动车所有人申请转出、转入前，应当将涉及该车的道路交通安全违法行为和交通事故处理完毕。

第十九条 机动车所有人为两人以上，需要将登记的所有人姓名变更为其他共同所有人姓名的，可以向登记地车辆管理所申请变更登记。申请时，机动车所有人应当共同提出申请，确认申请信息，提交机动车登记证书、行驶证、变更前和变更后机动车所有人的身份证明和共同所有的公证证明，但属于夫妻双方共同所有的，可以提供结婚证或者证明夫妻关系的居民户口簿。

车辆管理所应当自受理之日起一日内，审查提交的证明、凭证，在机动车登记证书上签注变更事项，收回号牌、行驶证，确定新的机动车号牌号码，重新核发号牌、行驶证和检验合格标志。变更后机动车所有人的住所不在车辆管理所管辖区域内的，迁出地和迁入地车辆管理所应当按照第十八条的规定办理变更登记。

第二十条 同一机动车所有人名下机动车的号牌号码需要互换，符合以下情形的，可以向登记地车辆管理所申请变更登记：

（一）两辆机动车在同一辖区车辆管理所登记；

（二）两辆机动车属于同一号牌种类；

（三）两辆机动车使用性质为非营运。

机动车所有人应当确认申请信息，提交机动车所有人身份证明，两辆机动车的登记证书、行驶证、号牌。申请前，应当将两车的道路交通安全违法行为和交通事故处理完毕。

车辆管理所应当自受理之日起一日内，审查提交的证明、凭证，在机动车登记证书上签注变更事项，收回两车的号牌、行驶证，重新核发号牌、行驶证和检验合格标志。

同一机动车一年内可以互换变更一次机动车号牌号码。

第二十一条 有下列情形之一的，不予办理变更登记：

（一）改变机动车的品牌、型号和发动机型号的，但经国务院机动车产品主管部门许可选装的发动机除外；

（二）改变已登记的机动车外形和有关技术参数的，但法律、法规和国家强制性标准另有规定的除外；

（三）属于第十五条第一项、第七项、第八项、第九项规定情形的。

距机动车强制报废标准规定要求使用年限一年以内的机动车，不予办理第十六条第五项、第六项规定的变更事项。

第二十二条 有下列情形之一，在不影响安全和识别号牌的情况下，机动车所有人不需要办理变更登记：

（一）增加机动车车内装饰；

（二）小型、微型载客汽车加装出入口踏步件；

（三）货运机动车加装防风罩、水箱、工具箱、备胎架等。

属于第一款第二项、第三项规定变更事项的，加装的部件不得超出车辆宽度。

第二十三条 已注册登记的机动车有下列情形之一的，机动车所有人应当在信息或者事项变更后三十日内，向登记地车辆管理所申请变更备案：

（一）机动车所有人住所在车辆管理所管辖区域内迁移、机动车所有人姓名（单位名称）变更的；

（二）机动车所有人身份证明名称或者号码

变更的;

（三）机动车所有人联系方式变更的;

（四）车辆识别代号因磨损、锈蚀、事故等原因辨认不清或者损坏的;

（五）小型、微型自动挡载客汽车加装、拆除、更换肢体残疾人操纵辅助装置的;

（六）载货汽车、挂车加装、拆除车用起重尾板的;

（七）小型、微型载客汽车在不改变车身主体结构且保证安全的情况下加装车顶行李架，换装不同式样散热器面罩、保险杠、轮毂的;属于换装轮毂的，不得改变轮胎规格。

第二十四条 申请变更备案的，机动车所有人应当确认申请信息，按照下列规定办理:

（一）属于第二十三条第一项规定情形的，机动车所有人应当提交身份证明，机动车登记证书、行驶证。车辆管理所应当自受理之日起一日内，在机动车登记证书上签注备案事项，收回并重新核发行驶证。

（二）属于第二十三条第二项规定情形的，机动车所有人应当提交身份证明、机动车登记证书;属于身份证明号码变更的，还应当提交相关变更证明。车辆管理所应当自受理之日起一日内，在机动车登记证书上签注备案事项。

（三）属于第二十三条第三项规定情形的，机动车所有人应当提交身份证明。车辆管理所应当自受理之日起一日内办理备案。

（四）属于第二十三条第四项规定情形的，机动车所有人应当提交身份证明，机动车登记证书、行驶证，交验机动车。车辆管理所应当自受理之日起一日内，查验机动车，监督重新打刻原车辆识别代号，采集、核对车辆识别代号拓印膜或者电子资料，在机动车登记证书上签注备案事项。

（五）属于第二十三条第五、第六项规定情形的，机动车所有人应当提交身份证明、行驶证、机动车安全技术检验合格证明、操纵辅助装置或者尾板加装合格证明，交验机动车。车辆管理所应当自受理之日起一日内，查验机动车，收回并重新核发行驶证。

（六）属于第二十三条第七项规定情形的，机动车所有人应当提交身份证明、行驶证，交验机动车。车辆管理所应当自受理之日起一日内，查验机动车，收回并重新核发行驶证。

因第二十三条第五项、第六项、第七项申请变更备案，车辆不在登记地的，可以向车辆所在地车辆管理所提出申请。车辆所在地车辆管理

所应当按规定查验机动车，审查提交的证明、凭证，并将机动车查验电子资料转递至登记地车辆管理所，登记地车辆管理所按规定复核并核发行驶证。

第三节 转让登记

第二十五条 已注册登记的机动车所有权发生转让的，现机动车所有人应当自机动车交付之日起三十日内向登记地车辆管理所申请转让登记。

机动车所有人申请转让登记前，应当将涉及该车的道路交通安全违法行为和交通事故处理完毕。

第二十六条 申请转让登记的，现机动车所有人应当交验机动车，确认申请信息，并提交以下证明、凭证:

（一）现机动车所有人的身份证明;

（二）机动车所有权转让的证明、凭证;

（三）机动车登记证书;

（四）机动车行驶证;

（五）属于海关监管的机动车，还应当提交海关监管车辆解除监管证明书或者海关批准的转让证明;

（六）属于超过检验有效期的机动车，还应当提交机动车安全技术检验合格证明和交通事故责任强制保险凭证。

车辆管理所应当自受理申请之日起一日内，查验机动车，核对车辆识别代号拓印膜或者电子资料，审查提交的证明、凭证，收回号牌、行驶证，确定新的机动车号牌号码，在机动车登记证书上签注转让事项，重新核发号牌、行驶证和检验合格标志。

在机动车抵押登记期间申请转让登记的，应当由原机动车所有人、现机动车所有人和抵押权人共同申请，车辆管理所一并办理新的抵押登记。

在机动车质押备案期间申请转让登记的，应当由原机动车所有人、现机动车所有人和质权人共同申请，车辆管理所一并办理新的质押备案。

第二十七条 车辆管理所办理转让登记时，现机动车所有人住所不在车辆管理所管辖区域内的，转出地车辆管理所应当自受理之日起三日内，查验机动车，核对车辆识别代号拓印膜或者电子资料，审查提交的证明、凭证，收回号牌、行驶证，在机动车登记证书上签注转让和变更事项，核发有效期为三十日的临时行驶车号牌，制作上传机动车电子档案资料。机动车所有人应当在临时行驶车号牌的有效期限内到转入地车辆管

理所申请机动车转入。

申请机动车转入时，机动车所有人应当确认申请信息，提交身份证明、机动车登记证书，并交验机动车。机动车在转入时已超过检验有效期的，应当按规定进行安全技术检验并提交机动车安全技术检验合格证明和交通事故责任强制保险凭证。转入地车辆管理所应当自受理之日起三日内，查验机动车，采集、核对车辆识别代号拓印膜或者电子资料，审查相关证明、凭证和机动车电子档案资料，在机动车登记证书上签注转入信息，核发号牌、行驶证和检验合格标志。

小型、微型载客汽车或者摩托车在转入地交易的，现机动车所有人应当向转入地车辆管理所申请转让登记。

第二十八条 二手车出口企业收购机动车的，车辆管理所应当自受理之日起三日内，查验机动车，核对车辆识别代号拓印膜或者电子资料，审查提交的证明、凭证，在机动车登记证书上签注转让待出口事项，收回号牌、行驶证，核发有效期不超过六十日的临时行驶车号牌。

第二十九条 有下列情形之一的，不予办理转让登记：

（一）机动车与该车档案记载内容不一致的；

（二）属于海关监管的机动车，海关未解除监管或者批准转让的；

（三）距机动车强制报废标准规定要求使用年限一年以内的机动车；

（四）属于第十五条第一项、第二项、第七项、第八项、第九项规定情形的。

第三十条 被监察机关、人民法院、人民检察院、行政执法部门依法没收并拍卖，或者被仲裁机构依法仲裁裁决，或者被监察机关依法处理，或者被人民法院调解、裁定、判决机动车所有权转让时，原机动车所有人未向现机动车所有人提供机动车登记证书、号牌或者行驶证的，现机动车所有人在办理转让登记时，应当提交监察机关或者人民法院出具的未得到机动车登记证书、号牌或者行驶证的协助执行通知书，或者人民检察院、行政执法部门出具的未得到机动车登记证书、号牌或者行驶证的证明。车辆管理所应当公告原机动车登记证书、号牌或者行驶证作废，并在办理转让登记的同时，补发机动车登记证书。

第四节 抵押登记

第三十一条 机动车作为抵押物抵押的，机动车所有人和抵押权人应当向登记地车辆管理所申请抵押登记；抵押权消灭的，应当向登记地车辆管理所申请解除抵押登记。

第三十二条 申请抵押登记的，由机动车所有人和抵押权人共同申请，确认申请信息，并提交下列证明、凭证：

（一）机动车所有人和抵押权人的身份证明；

（二）机动车登记证书；

（三）机动车抵押合同。

车辆管理所应当自受理之日起一日内，审查提交的证明、凭证，在机动车登记证书上签注抵押登记的内容和日期。

在机动车抵押登记期间，申请因质量问题更换整车变更登记、机动车迁出迁入、共同所有人变更或者补领、换领机动车登记证书的，应当由机动车所有人和抵押权人共同申请。

第三十三条 申请解除抵押登记的，由机动车所有人和抵押权人共同申请，确认申请信息，并提交下列证明、凭证：

（一）机动车所有人和抵押权人的身份证明；

（二）机动车登记证书。

人民法院调解、裁定、判决解除抵押的，机动车所有人或者抵押权人应当确认申请信息，提交机动车登记证书，人民法院出具的已经生效的调解书、裁定书或者判决书，以及相应的协助执行通知书。

车辆管理所应当自受理之日起一日内，审查提交的证明、凭证，在机动车登记证书上签注解除抵押登记的内容和日期。

第三十四条 机动车作为质押物质押的，机动车所有人可以向登记地车辆管理所申请质押备案；质押权消灭的，应当向登记地车辆管理所申请解除质押备案。

申请办理机动车质押备案或者解除质押备案的，由机动车所有人和质权人共同申请，确认申请信息，并提交以下证明、凭证：

（一）机动车所有人和质权人的身份证明；

（二）机动车登记证书。

车辆管理所应当自受理之日起一日内，审查提交的证明、凭证，在机动车登记证书上签注质押备案或者解除质押备案的内容和日期。

第三十五条 机动车抵押、解除抵押信息实现与有关部门或者金融机构等联网核查的，申请人免予提交相关证明、凭证。

机动车抵押登记日期、解除抵押登记日期可以供公众查询。

第三十六条 属于第十五条第一项、第七项、第八项、第九项或者第二十九条第二项规定情形的，不予办理抵押登记、质押备案。对机动车所有人、抵押权人、质权人提交的证明、凭证无效，或者机动车被监察机关、人民法院、人民检察院、行政执法部门依法查封、扣押的，不予办理解除抵押登记、质押备案。

第五节 注销登记

第三十七条 机动车有下列情形之一的，机动车所有人应当向登记地车辆管理所申请注销登记：

（一）机动车已达到国家强制报废标准的；

（二）机动车未达到国家强制报废标准，机动车所有人自愿报废的；

（三）因自然灾害、失火、交通事故等造成机动车灭失的；

（四）机动车因故不在我国境内使用的；

（五）因质量问题退车的。

属于第一款第四项、第五项规定情形的，机动车所有人申请注销登记前，应当将涉及该车的道路交通安全违法行为和交通事故处理完毕。

属于二手车出口符合第一款第四项规定情形的，二手车出口企业应当在机动车办理海关出口通关手续后二个月内申请注销登记。

第三十八条 属于第三十七条第一款第一项、第二项规定情形，机动车所有人申请注销登记的，应当向报废机动车回收企业交售机动车，确认申请信息，提交机动车登记证书、号牌和行驶证。

报废机动车回收企业应当确认机动车，向机动车所有人出具报废机动车回收证明，七日内将申请表，机动车登记证书、号牌、行驶证和报废机动车回收证明副本提交车辆管理所。属于报废校车、大型客车、重型货车及其他营运车辆的，申请注销登记时，还应当提交车辆识别代号拓印膜、车辆解体的照片或者电子资料。

车辆管理所应当自受理之日起一日内，审查提交的证明、凭证，收回机动车登记证书、号牌、行驶证，出具注销证明。

对车辆不在登记地的，机动车所有人可以向车辆所在地机动车回收企业交售报废机动车。报废机动车回收企业应当确认机动车，向机动车所有人出具报废机动车回收证明，七日内将申请表，机动车登记证书、号牌、行驶证，报废机动车回收证明副本以及车辆识别代号拓印膜或者电子资料提交报废地车辆管理所。属于报废校车、大型客车、重型货车及其他营运车辆的，还应当提交车辆解体的照片或者电子资料。

报废地车辆管理所应当自受理之日起一日内，审查提交的证明、凭证，收回机动车登记证

书、号牌、行驶证，并通过计算机登记管理系统将机动车报废信息传递给登记地车辆管理所。登记地车辆管理所应当自接到机动车报废信息之日起一日内办理注销登记，并出具注销证明。

机动车报废信息实现与有关部门联网核查的，报废机动车回收企业免予提交相关证明、凭证，车辆管理所应当核对相关电子信息。

第三十九条 属于第三十七条第一款第三项、第四项、第五项规定情形，机动车所有人申请注销登记的，应当确认申请信息，并提交以下证明、凭证：

（一）机动车所有人身份证明；

（二）机动车登记证书；

（三）机动车行驶证；

（四）属于海关监管的机动车，因故不在我国境内使用的，还应当提交海关出具的海关监管车辆进（出）境领（销）牌照通知书；

（五）属于因质量问题退车的，还应当提交机动车制造厂或者经销商出具的退车证明。

申请人因机动车灭失办理注销登记的，应当书面承诺因自然灾害、失火、交通事故等导致机动车灭失，并承担不实承诺的法律责任。

二手车出口企业因二手车出口办理注销登记的，应当提交机动车所有人身份证明、机动车登记证书和机动车出口证明。

车辆管理所应当自受理之日起一日内，审查提交的证明、凭证，属于机动车因故不在我国境内使用的还应当核查机动车出境记录，收回机动车登记证书、号牌、行驶证，出具注销证明。

第四十条 已注册登记的机动车有下列情形之一的，登记地车辆管理所应当办理机动车注销：

（一）机动车登记被依法撤销的；

（二）达到国家强制报废标准的机动车被依法收缴并强制报废的。

第四十一条 已注册登记的机动车有下列情形之一的，车辆管理所应当公告机动车登记证书、号牌、行驶证作废：

（一）达到国家强制报废标准，机动车所有人逾期不办理注销登记的；

（二）机动车登记被依法撤销后，未收缴机动车登记证书、号牌、行驶证的；

（三）达到国家强制报废标准的机动车被依法收缴并强制报废的；

（四）机动车所有人办理注销登记时未交回机动车登记证书、号牌、行驶证的。

第四十二条 属于第十五条第一项、第八

项、第九项或者第二十九条第一项规定情形的，不予办理注销登记。机动车在抵押登记、质押备案期间的，不予办理注销登记。

第三章 机动车牌证

第一节 牌证发放

第四十三条 机动车所有人可以通过计算机随机选取或者按照选号规则自行编排的方式确定机动车号牌号码。

公安机关交通管理部门应当使用统一的机动车号牌选号系统发放号牌号码，号牌号码公开向社会发放。

第四十四条 办理机动车变更登记、转让登记或者注销登记后，原机动车所有人申请机动车登记时，可以向车辆管理所申请使用原机动车号牌号码。

申请使用原机动车号牌号码应当符合下列条件：

（一）在办理机动车迁出、共同所有人变更、转让登记或者注销登记后两年内提出申请；

（二）机动车所有人拥有原机动车且使用原号牌号码一年以上；

（三）涉及原机动车的道路交通安全违法行为和交通事故处理完毕。

第四十五条 夫妻双方共同所有的机动车将登记的机动车所有人姓名变更为另一方姓名，婚姻关系存续期满一年且经夫妻双方共同申请的，可以使用原机动车号牌号码。

第四十六条 机动车具有下列情形之一，需要临时上道路行驶的，机动车所有人应当向车辆管理所申领临时行驶车号牌：

（一）未销售的；

（二）购买、调拨、赠予等方式获得机动车后尚未注册登记的；

（三）新车出口销售的；

（四）进行科研、定型试验的；

（五）因轴荷、总质量、外廓尺寸超出国家标准不予办理注册登记的特型机动车。

第四十七条 机动车所有人申领临时行驶车号牌应当提交以下证明、凭证：

（一）机动车所有人的身份证明；

（二）机动车交通事故责任强制保险凭证；

（三）属于第四十六条第一项、第五项规定情形的，还应当提交机动车整车出厂合格证明或者进口机动车进口凭证；

（四）属于第四十六条第二项规定情形的，还应当提交机动车来历证明，以及机动车整车出厂合格证明或者进口机动车进口凭证；

（五）属于第四十六条第三项规定情形的，还应当提交机动车制造厂出具的安全技术检验证明以及机动车出口证明；

（六）属于第四十六条第四项规定情形的，还应当提交书面申请，以及机动车安全技术检验合格证明或者机动车制造厂出具的安全技术检验证明。

车辆管理所应当自受理之日起一日内，审查提交的证明、凭证，属于第四十六条第一项、第二项、第三项规定情形，需要临时上道路行驶的，核发有效期不超过三十日的临时行驶车号牌。属于第四十六条第四项规定情形的，核发有效期不超过六个月的临时行驶车号牌。属于第四十六条第五项规定情形的，核发有效期不超过九十日的临时行驶车号牌。

因号牌制作的原因，无法在规定时限内核发号牌的，车辆管理所应当核发有效期不超过十五日的临时行驶车号牌。

对属于第四十六条第一项、第二项规定情形，机动车所有人需要多次申领临时行驶车号牌的，车辆管理所核发临时行驶车号牌不得超过三次。属于第四十六条第三项规定情形的，车辆管理所核发一次临时行驶车号牌。

临时行驶车号牌有效期不得超过机动车交通事故责任强制保险有效期。

机动车办理登记后，机动车所有人收到机动车号牌之日起三日后，临时行驶车号牌作废，不得继续使用。

第四十八条 对智能网联机动车进行道路测试、示范应用需要上道路行驶的，道路测试、示范应用单位应当向车辆管理所申领临时行驶车号牌，提交以下证明、凭证：

（一）道路测试、示范应用单位的身份证明；

（二）机动车交通事故责任强制保险凭证；

（三）经主管部门确认的道路测试、示范应用凭证；

（四）机动车安全技术检验合格证明。

车辆管理所应当自受理之日起一日内，审查提交的证明、凭证，核发临时行驶车号牌。临时行驶车号牌有效期应当与准予道路测试、示范应用凭证上签注的期限保持一致，但最长不得超过六个月。

第四十九条 对临时入境的机动车需要上道路行驶的，机动车所有人应当按规定向入境地或者始发地车辆管理所申领临时入境机动车号牌和行驶证。

第五十条 公安机关交通管理部门应当使用统一的号牌管理信息系统制作、发放、收回、销毁机动车号牌和临时行驶车号牌。

第二节 牌证补换领

第五十一条 机动车号牌灭失、丢失或者损毁的，机动车所有人应当向登记地车辆管理所申请补领、换领。申请时，机动车所有人应当确认申请信息并提交身份证明。

车辆管理所应当审查提交的证明、凭证，收回未灭失、丢失或者损毁的号牌，自受理之日起十五日内补发、换发号牌，原机动车号牌号码不变。

补发、换发号牌期间，申请人可以申领有效期不超过十五日的临时行驶车号牌。

补领、换领机动车号牌的，原机动车号牌作废，不得继续使用。

第五十二条 机动车登记证书、行驶证灭失、丢失或者损毁的，机动车所有人应当向登记地车辆管理所申请补领、换领。申请时，机动车所有人应当确认申请信息并提交身份证明。

车辆管理所应当审查提交的证明、凭证，收回损毁的登记证书、行驶证，自受理之日起一日内补发、换发登记证书、行驶证。

补领、换领机动车登记证书、行驶证的，原机动车登记证书、行驶证作废，不得继续使用。

第五十三条 机动车所有人发现登记内容有错误的，应当及时要求车辆管理所更正。车辆管理所应当自受理之日起五日内予以确认。确属登记错误的，在机动车登记证书上更正相关内容，换发行驶证。需要改变机动车号牌号码的，应当收回号牌、行驶证，确定新的机动车号牌号码，重新核发号牌、行驶证和检验合格标志。

第三节 检验合格标志核发

第五十四条 机动车所有人可以在机动车检验有效期满前三个月内向车辆管理所申请检验合格标志。除大型载客汽车、校车以外的机动车因故不能在登记地检验的，机动车所有人可以向车辆所在地车辆管理所申请检验合格标志。

申请前，机动车所有人应当将涉及该车的道路交通安全违法行为和交通事故处理完毕。申请时，机动车所有人应当确认申请信息并提交行驶证、机动车交通事故责任强制保险凭证、车船税纳税或者免税证明、机动车安全技术检验合格证明。

车辆管理所应当自受理之日起一日内，审查提交的证明、凭证，核发检验合格标志。

第五十五条 对免予到机动车安全技术检验机构检验的机动车，机动车所有人申请检验合格标志时，应当提交机动车所有人身份证明或者行驶证、机动车交通事故责任强制保险凭证、车船税纳税或者免税证明。

车辆管理所应当自受理之日起一日内，审查提交的证明、凭证，核发检验合格标志。

第五十六条 公安机关交通管理部门应当实行机动车检验合格标志电子化，在核发检验合格标志的同时，发放检验合格标志电子凭证。

检验合格标志电子凭证与纸质检验合格标志具有同等效力。

第五十七条 机动车检验合格标志灭失、丢失或者损毁，机动车所有人需要补领、换领的，可以持机动车所有人身份证明或者行驶证向车辆管理所申请补领或者换领。对机动车交通事故责任强制保险在有效期内的，车辆管理所应当自受理之日起一日内补发或者换发。

第四章 校车标牌核发

第五十八条 学校或者校车服务提供者申请校车使用许可，应当按照《校车安全管理条例》向县级或者设区的市级人民政府教育行政部门提出申请。公安机关交通管理部门收到教育行政部门送来的征求意见材料后，应当在一日内通知申请人交验机动车。

第五十九条 县级或者设区的市级公安机关交通管理部门应当自申请人交验机动车之日起二日内确认机动车，查验校车标志灯、停车指示标志、卫星定位装置以及逃生锤、干粉灭火器、急救箱等安全设备，审核行驶线路、开行时间和停靠站点。属于专用校车的，还应当查验校车外观标识。审查以下证明、凭证：

（一）机动车所有人的身份证明；

（二）机动车行驶证；

（三）校车安全技术检验合格证明；

（四）包括行驶线路、开行时间和停靠站点的校车运行方案；

（五）校车驾驶人的机动车驾驶证。

公安机关交通管理部门应当自收到教育行政部门征求意见材料之日起三日内向教育行政部门回复意见，但申请人未按规定交验机动车的除外。

第六十条 学校或者校车服务提供者按照《校车安全管理条例》取得校车使用许可后，应当向县级或者设区的市级公安机关交通管理部门领取校车标牌。领取时应当确认表格信息，并提交以下证明、凭证：

（一）机动车所有人的身份证明；

（二）校车驾驶人的机动车驾驶证；

（三）机动车行驶证；

（四）县级或者设区的市级人民政府批准的校车使用许可；

（五）县级或者设区的市级人民政府批准的包括行驶线路、开行时间和停靠站点的校车运行方案。

公安机关交通管理部门应当在收到领取表之日起三日内核发校车标牌。对属于专用校车的，应当核对行驶证上记载的校车类型和核载人数；对不属于专用校车的，应当在行驶证副页上签注校车类型和核载人数。

第六十一条　校车标牌应当记载本车的号牌号码、机动车所有人、驾驶人、行驶线路、开行时间、停靠站点、发牌单位、有效期限等信息。校车标牌分前后两块，分别放置于前风窗玻璃右下角和后风窗玻璃适当位置。

校车标牌有效期的截止日期与校车安全技术检验有效期的截止日期一致，但不得超过校车使用许可有效期。

第六十二条　专用校车应当自注册登记之日起每半年进行一次安全技术检验，非专用校车应当自取得校车标牌后每半年进行一次安全技术检验。

学校或者校车服务提供者应当在校车检验有效期满前一个月内向公安机关交通管理部门申请检验合格标志。

公安机关交通管理部门应当自受理之日起一日内，审查提交的证明、凭证，核发检验合格标志，换发校车标牌。

第六十三条　已取得校车标牌的机动车达到报废标准或者不再作为校车使用的，学校或者校车服务提供者应当拆除校车标志灯、停车指示标志，消除校车外观标识，并将校车标牌交回核发的公安机关交通管理部门。

专用校车不得改变使用性质。

校车使用许可被吊销、注销或者撤销的，学校或者校车服务提供者应当拆除校车标志灯、停车指示标志，消除校车外观标识，并将校车标牌交回核发的公安机关交通管理部门。

第六十四条　校车行驶线路、开行时间、停靠站点或者车辆、所有人、驾驶人发生变化的，经县级或者设区的市级人民政府批准后，应当按照本规定重新领取校车标牌。

第六十五条　公安机关交通管理部门应当每月将校车标牌的发放、变更、收回等信息报本级人民政府备案，并通报教育行政部门。

学校或者校车服务提供者应当自取得校车标牌之日起，每月查询校车道路交通安全违法行为记录，及时到公安机关交通管理部门接受处理。核发校车标牌的公安机关交通管理部门应当每月汇总辖区内校车道路交通安全违法和交通事故等情况，通知学校或者校车服务提供者，并通报教育行政部门。

第六十六条　校车标牌灭失、丢失或者损毁的，学校或者校车服务提供者应当向核发标牌的公安机关交通管理部门申请补领或者换领。申请时，应当提交机动车所有人的身份证明及机动车行驶证。公安机关交通管理部门应当自受理之日起三日内审核，补发或者换发校车标牌。

第五章　监督管理（略）

第六章　法律责任

第七十八条　有下列情形之一的，由公安机关交通管理部门处警告或者二百元以下罚款：

（一）重型、中型载货汽车，专项作业车，挂车及大型客车的车身或者车厢后部未按照规定喷涂放大的牌号或者放大的牌号不清晰的；

（二）机动车喷涂、粘贴标识或者车身广告，影响安全驾驶的；

（三）载货汽车、专项作业车及挂车未按照规定安装侧面及后下部防护装置、粘贴车身反光标识的；

（四）机动车未按照规定期限进行安全技术检验的；

（五）改变车身颜色，更换发动机、车身或者车架，未按照第十六条规定的时限办理变更登记的；

（六）机动车所有权转让后，现机动车所有人未按照第二十五条规定的时限办理转让登记的；

（七）机动车所有人办理变更登记、转让登记，未按照第十八条、第二十七条规定的时限到住所地车辆管理所申请机动车转入的；

（八）机动车所有人未按照第二十三条规定申请变更备案的。

第七十九条　除第十六条、第二十二条、第二十三条规定的情形外，擅自改变机动车外形和已登记的有关技术参数的，由公安机关交通管理部门责令恢复原状，并处警告或者五百元以下罚款。

第八十条　隐瞒有关情况或者提供虚假材料申请机动车登记的，公安机关交通管理部门不予受理或者不予登记，处五百元以下罚款；申请人在一年内不得再次申请机动车登记。

对发现申请人通过机动车虚假交易、以合法形式掩盖非法目的等手段，在机动车登记业务中牟取不正当利益的，依照第一款的规定处理。

第八十一条　以欺骗、贿赂等不正当手段取得机动车登记的，由公安机关交通管理部门收缴机动车登记证书、号牌、行驶证，撤销机动车登记，处二千元以下罚款；申请人在三年内不得再次申请机动车登记。

以欺骗、贿赂等不正当手段办理补、换领机动车登记证书、号牌、行驶证和检验合格标志等业务的，由公安机关交通管理部门收缴机动车登记证书、号牌、行驶证和检验合格标志，未收缴的，公告作废，处二千元以下罚款。

组织、参与实施第八十条、本条前两款行为之一牟取经济利益的，由公安机关交通管理部门处违法所得三倍以上五倍以下罚款，但最高不超过十万元。

第八十二条　省、自治区、直辖市公安厅、局可以根据本地区的实际情况，在本规定的处罚幅度范围内，制定具体的执行标准。

对本规定的道路交通安全违法行为的处理程序按照《道路交通安全违法行为处理程序规定》执行。

第八十三条　交通警察有下列情形之一的，按照有关规定给予处分；对聘用人员予以解聘。构成犯罪的，依法追究刑事责任：

（一）违反规定为被盗抢骗、走私、非法拼（组）装、达到国家强制报废标准的机动车办理登记的；

（二）不按照规定查验机动车和审查证明、

凭证的；

（三）故意刁难，拖延或者拒绝办理机动车登记的；

（四）违反本规定增加机动车登记条件或者提交的证明、凭证的；

（五）违反第四十三条的规定，采用其他方式确定机动车号牌号码的；

（六）违反规定跨行政辖区办理机动车登记和业务的；

（七）与非法中介串通牟取经济利益的；

（八）超越职权进入计算机登记管理系统办理机动车登记和业务，或者不按规定使用计算机登记管理系统办理机动车登记和业务的；

（九）违反规定侵入计算机登记管理系统，泄露、篡改、买卖系统数据，或者泄露系统密码的；

（十）违反规定向他人出售或者提供机动车登记信息的；

（十一）参与或者变相参与机动车安全技术检验机构经营活动的；

（十二）利用职务上的便利索取、收受他人财物或者牟取其他利益的；

（十三）强令车辆管理所违反本规定办理机动车登记的。

交通警察未按照第七十三条第三款规定使用执法记录仪的，根据情节轻重，按照有关规定给予处分。

第八十四条　公安机关交通管理部门有第八十三条所列行为之一的，按照有关规定对直接负责的主管人员和其他直接责任人员给予相应的处分。

公安机关交通管理部门及其工作人员有第八十三条所列行为之一，给当事人造成损失的，应当依法承担赔偿责任。

第七章　附则（略）

附录6　道路交通安全违法行为处理程序规定（节录）

第二十二条　交通技术监控设备记录或者录入道路交通违法信息管理系统的违法行为信息，有下列情形之一并经核实的，违法行为发生地或者机动车登记地公安机关交通管理部门应当自核实之日起三日内予以消除：

（一）警车、消防救援车辆、救护车、工程救险车执行紧急任务期间交通技术监控设备记录的违法行为；

（二）机动车所有人或者管理人提供报案记录证明机动车被盗抢期间、机动车号牌被他人冒用期间交通技术监控设备记录的违法行为；

（三）违法行为人或者机动车所有人、管理人提供证据证明机动车因救助危难或者紧急避险造成的违法行为；

（四）已经在现场被交通警察处理的交通技术监控设备记录的违法行为；

（五）因交通信号指示不一致造成的违法行为；

（六）作为处理依据的交通技术监控设备收集的违法行为记录资料，不能清晰、准确地反映机动车类型、号牌、外观等特征以及违法时间、地点、事实的；

（七）经比对交通技术监控设备记录的违法行为照片、道路交通违法信息管理系统登记的机动车信息，确认记录的机动车号牌信息错误的；

（八）其他应当消除的情形。

第二十七条　有下列情形之一的，依法扣留车辆：

（一）上道路行驶的机动车未悬挂机动车号牌，未放置检验合格标志、保险标志，或者未随车携带机动车行驶证、驾驶证的；

（二）有伪造、变造或者使用伪造、变造的机动车登记证书、号牌、行驶证、检验合格标志、保险标志、驾驶证或者使用其他车辆的机动车登记证书、号牌、行驶证、检验合格标志、保险标志嫌疑的；

（三）未按照国家规定投保机动车交通事故责任强制保险的；

（四）公路客运车辆或者货运机动车超载的；

（五）机动车有被盗抢嫌疑的；

（六）机动车有拼装或者达到报废标准嫌疑的；

（七）未申领《剧毒化学品公路运输通行证》通过公路运输剧毒化学品的；

（八）非机动车驾驶人拒绝接受罚款处罚的。

对发生道路交通事故，因收集证据需要的，可以依法扣留事故车辆。

第二十八条　交通警察应当在扣留车辆后二十四小时内，将被扣留车辆交所属公安机关交通管理部门。

公安机关交通管理部门扣留车辆的，不得扣留车辆所载货物。对车辆所载货物应当通知当事人自行处理，当事人无法自行处理或者不自行处理的，应当登记并妥善保管，对容易腐烂、损毁、灭失或者其他不具备保管条件的物品，经县级以上公安机关交通管理部门负责人批准，可以在拍照或者录像后变卖或者拍卖，变卖、拍卖所得按照有关规定处理。

第三十一条　有下列情形之一的，依法扣留机动车驾驶证：

（一）饮酒后驾驶机动车的；

（二）将机动车交由未取得机动车驾驶证或者机动车驾驶证被吊销、暂扣的人驾驶的；

（三）机动车行驶超过规定时速百分之五十的；

（四）驾驶有拼装或者达到报废标准嫌疑的机动车上道路行驶的；

（五）在一个记分周期内累积记分达到十二分的。

附录7　道路交通事故处理程序规定（节录）

第十三条　发生死亡事故、伤人事故的，或者发生财产损失事故且有下列情形之一的，当事人应当保护现场并立即报警：

（一）驾驶人无有效机动车驾驶证或者驾驶的机动车与驾驶证载明的准驾车型不符的；

（二）驾驶人有饮酒、服用国家管制的精神药品或者麻醉药品嫌疑的；

（三）驾驶人有从事校车业务或者旅客运输，严重超过额定乘员载客，或者严重超过规定时速行驶嫌疑的；

（四）机动车无号牌或者使用伪造、变造的

号牌的；

（五）当事人不能自行移动车辆的；

（六）一方当事人离开现场的；

（七）有证据证明事故是由一方故意造成的。

驾驶人必须在确保安全的原则下，立即组织车上人员疏散到路外安全地点，避免发生次生事故。驾驶人已因道路交通事故死亡或者受伤无法行动的，车上其他人员应当自行组织疏散。

第十四条　发生财产损失事故且有下列情形之一，车辆可以移动的，当事人应当组织车上人员疏散到路外安全地点，在确保安全的原则下，采取现场拍照或者标划事故车辆现场位置等方式固定证据，将车辆移至不妨碍交通的地点后报警：

（一）机动车无检验合格标志或者无保险标志的；

（二）碰撞建筑物、公共设施或者其他设施的。

第十八条　发生道路交通事故后当事人未报警，在事故现场撤除后，当事人又报警请求公安机关交通管理部门处理的，公安机关交通管理部门应当按照本规定第十六条规定的记录内容予以记录，并在三日内作出是否接受案件的决定。

经核查道路交通事故事实存在的，公安机关交通管理部门应当受理，制作受案登记表；经核查无法证明道路交通事故事实存在，或者不属于公安机关交通管理部门管辖的，应当书面告知当事人，并说明理由。

第十九条　机动车与机动车、机动车与非机动车发生财产损失事故，当事人应当在确保安全的原则下，采取现场拍照或者标划事故车辆现场位置等方式固定证据后，立即撤离现场，将车辆移至不妨碍交通的地点，再协商处理损害赔偿事宜，但有本规定第十三条第一款情形的除外。

非机动车与非机动车或者行人发生财产损失事故，当事人应当先撤离现场，再协商处理损害赔偿事宜。

对应当自行撤离现场而未撤离的，交通警察应当责令当事人撤离现场；造成交通堵塞的，对驾驶人处以200元罚款。

第二十一条　当事人自行协商达成协议的，制作道路交通事故自行协商协议书，并共同签名。道路交通事故自行协商协议书应当载明事故发生的时间、地点、天气、当事人姓名、驾驶证号或者身份证号、联系方式、机动车种类和号牌号码、保险公司、保险凭证号、事故形态、碰撞部位、当事人的责任等内容。

第六十一条　当事人有下列情形之一的，承担全部责任：

（一）发生道路交通事故后逃逸的；

（二）故意破坏、伪造现场，毁灭证据的。

为逃避法律责任追究，当事人弃车逃逸以及潜逃藏匿的，如有证据证明其他当事人也有过错，可以适当减轻责任，但同时有证据证明逃逸当事人有第一款第二项情形的，不予减轻。

附录8　中华人民共和国刑法（节录）

第一百三十三条　【交通肇事罪】违反交通运输管理法规，因而发生重大事故，致人重伤、死亡或者使公私财产遭受重大损失的，处三年以下有期徒刑或者拘役；交通运输肇事后逃逸或者有其他特别恶劣情节的，处三年以上七年以下有期徒刑；因逃逸致人死亡的，处七年以上有期徒刑。

第一百三十三条之一　【危险驾驶罪】在道路上驾驶机动车，有下列情形之一的，处拘役，并处罚金：

（一）追逐竞驶，情节恶劣的；

（二）醉酒驾驶机动车的；

（三）从事校车业务或者旅客运输，严重超过额定乘员载客，或者严重超过规定时速行驶的；

（四）违反危险化学品安全管理规定运输危险化学品，危及公共安全的。

机动车所有人、管理人对前款第三项、第四项行为负有直接责任的，依照前款的规定处罚。

有前两款行为，同时构成其他犯罪的，依照处罚较重的规定定罪处罚。

第一百三十三条之二　【妨害安全驾驶罪】对行驶中的公共交通工具的驾驶人员使用暴力或者抢控驾驶操纵装置，干扰公共交通工具正常行驶，危及公共安全的，处一年以下有期徒刑、拘役或者管制，并处或者单处罚金。

前款规定的驾驶人员在行驶的公共交通工具上擅离职守，与他人互殴或者殴打他人，危及公共安全的，依照前款的规定处罚。

有前两款行为，同时构成其他犯罪的，依照处罚较重的规定定罪处罚。

第二百三十三条　【过失致人死亡罪】过失致人死亡的，处三年以上七年以下有期徒刑；情节较轻的，处三年以下有期徒刑。本法另有规定的，依照规定。

第二百三十四条　【故意伤害罪】故意伤害他人身体的，处三年以下有期徒刑、拘役或者管制。

犯前款罪，致人重伤的，处三年以上十年以下有期徒刑；致人死亡或者以特别残忍手段致人重伤造成严重残疾的，处十年以上有期徒刑、无期徒刑或者死刑。本法另有规定的，依照规定。

第二百三十四条之一　【组织出卖人体器官罪】组织他人出卖人体器官的，处五年以下有期徒刑，并处罚金；情节严重的，处五年以上有期徒刑，并处罚金或者没收财产。

未经本人同意摘取其器官，或者摘取不满十八周岁的人的器官，或者强迫、欺骗他人捐献器官的，依照本法第二百三十四条、第二百三十二条的规定定罪处罚。

违背本人生前意愿摘取其尸体器官，或者本人生前未表示同意，违反国家规定，违背其近亲属意愿摘取其尸体器官的，依照本法第三百零二条的规定定罪处罚。

第二百三十五条　【过失致人重伤罪】过失伤害他人致人重伤的，处三年以下有期徒刑或者拘役。本法另有规定的，依照规定。

第二百八十四条　【非法使用窃听、窃照专用器材罪；考试作弊罪】非法使用窃听、窃照专用器材，造成严重后果的，处二年以下有期徒刑、拘役或者管制。

第二百八十四条之一　【组织考试作弊罪；非法出售、提供试题答案罪；代替考试罪】在法律规定的国家考试中，组织作弊的，处三年以下有期徒刑或者拘役，并处或者单处罚金；情节严重的，处三年以上七年以下有期徒刑，并处罚金。

为他人实施前款犯罪提供作弊器材或者其他帮助的，依照前款的规定处罚。

为实施考试作弊行为，向他人非法出售或者提供第一款规定的考试的试题、答案的，依照第一款的规定处罚。

代替他人或者让他人代替自己参加第一款规定的考试的，处拘役或者管制，并处或者单处罚金。

附录9　机动车交通事故责任强制保险条例等其他法规（节录）

一、机动车交通事故责任强制保险条例

第二十一条　被保险机动车发生道路交通事故造成本车人员、被保险人以外的受害人人身伤亡、财产损失的，由保险公司依法在机动车交通事故责任强制保险责任限额范围内予以赔偿。道路交通事故的损失是由受害人故意造成的，保险公司不予赔偿。

第二十二条　有下列情形之一的，保险公司在机动车交通事故责任强制保险责任限额范围内垫付抢救费用，并有权向致害人追偿：（一）驾驶人未取得驾驶资格或者醉酒的；（二）被保险机动车被盗抢期间肇事的；（三）被保险人故意制造道路交通事故的。有前款所列情形之一，发生道路交通事故的，造成受害人的财产损失，保险公司不承担赔偿责任。

二、最高人民法院关于审理交通肇事刑事案件具体应用法律若干问题的解释

第二条交通肇事致一人以上重伤，负事故全部或者主要责任，并具有下列情形之一的，以交通肇事罪定罪处罚：

（一）酒后、吸食毒品后驾驶机动车辆的；

（二）无驾驶资格驾驶机动车辆的；

（三）明知是安全装置不全或者安全机件失灵的机动车辆而驾驶的；

（四）明知是无牌证或者已报废的机动车辆而驾驶的；

（五）严重超载驾驶的；

（六）为逃避法律追究逃离事故现场的。

三、关于深化机动车检验制度改革优化车检服务工作的意见

自2022年10月1日起，非营运小微型载客汽车（面包车除外）、摩托车自注册登记之日起第6年、第10年进行安全技术检验，在10年内每两年向公安机关申领检验标志；超过10年的，每年检验1次。车辆发生造成人员伤亡的交通事故或者非法改装被依法处罚的，仍按原规定周期检验。机动车环检周期与安检周期一致，免于安检的车辆不进行环检。

附录 10　道路交通标志与标线（考点归纳）

一、交通标志

（一）警告标志

警告标志的图形与名称

图形	名称
	交叉路口标志
向左急弯路　向右急弯路	急弯路标志
	反向弯路标志
	连续弯路标志

续表

图形	名称
上陡坡　下陡坡	陡坡标志
	连续下坡标志
两侧变窄 右侧变窄　左侧变窄	窄路标志
	窄桥标志
	双向交通标志
	注意行人标志
	注意儿童标志
	注意残疾人标志

236

图形	名称
	注意非机动车标志
	注意电动自行车标志
	注意牲畜标志
	注意野生动物标志
	注意信号灯标志
	注意落石标志
	注意横风标志
	易滑标志
	傍山险路标志
	堤坝路标志

图形	名称
	村庄标志
	隧道标志
	驼峰桥标志
	路面不平标志
	减速丘标志
	过水路面（或漫水桥）标志
	有人看守铁路道口标志
	无人看守铁路道口标志
	叉型符号
	斜杠符号

续表

图形	名称
	事故易发路段标志
左右绕行 左侧绕行　　右侧绕行	注意障碍物标志
	注意危险标志
	施工标志
事故	交通事故管理标志
30 km/h	建议速度标志
	注意潮汐车道标志
	注意保持车距标志
	注意合流标志

续表

图形	名称
	注意车道数变少标志
避险车道　　避险车道	避险车道标志
注意路面结冰　注意雨（雪）天 注意雾天　注意不利气象条件	注意路面结冰、注意雨（雪）天、注意雾天、注意不利气象条件标志
	注意前方车辆排队标志
	线形诱导标志
米 1.5 1 0.5	注意积水标志

（二）禁令标志

禁令标志的图形与名称

图形	名称
停	停车让行标志
让	减速让行标志
↓↑	会车让行标志
○	禁止通行标志
▬	禁止驶入标志
（机动车图形）	禁止机动车驶入标志
禁止大型载客汽车驶入　禁止小型载客汽车驶入	禁止大型（或小型）载客汽车驶入标志
（载货汽车图形）	禁止载货汽车驶入标志

续表

图形	名称
（挂车图形）	禁止挂车、半挂车驶入标志
（拖拉机图形）	禁止拖拉机驶入标志
（三轮汽车图形）	禁止三轮汽车、低速货车驶入标志
（摩托车图形）	禁止摩托车驶入标志
（自行车图形）	禁止非机动车进入标志
（电动自行车图形）	禁止电动自行车进入标志
（畜力车图形）	禁止畜力车进入标志
（三轮车图形）	禁止三轮车驶入标志
禁止人力客运三轮车进入　禁止人力货运三轮车进入	禁止人力（客、货）运三轮车进入标志

239

续表

图形	名称
	禁止人力车进入标志
	禁止行人进入标志
	禁止某两种车辆驶入标志
禁止向左转弯　禁止向右转弯	禁止向左（或向右）转弯标志
	禁止直行标志
	禁止向左向右转弯标志
禁止直行和向左转弯　禁止直行和向右转弯	禁止直行和向左转弯（或直行和向右转弯）标志
	禁止掉头标志

续表

图形	名称
	禁止超车标志
	解除禁止超车标志
	禁止停车标志
	禁止长时停车标志
	禁止鸣喇叭标志
3m	限制宽度标志
3.5m	限制高度标志
10t	限制质量标志
10t	限制轴重标志

续表

图形	名称
 (40)	限制速度标志
 (40) 解除	解除限制速度标志
 检查	停车检查标志
 禁止危险物品运输车辆驶入标志
 (30) 区域 区域限制速度  / (30) 区域 区域限制速度解除  / 区域 区域禁止长时停车  / 区域 区域禁止长时停车解除  / 区域 区域禁止停车  / 区域 区域禁止停车解除	区域禁止（或限制）及解除标志

（三）指示标志

指示标志的图形与名称

图形	名称
 ↑	直行标志
 ↰ 向左转弯 　↱ 向右转弯	向左（或向右）转弯标志
 直行和向左转弯 　直行和向右转弯	直行和向左转弯（或直行和向右转弯）标志
 ⋀	向左和向右转弯标志
 ↘ 分隔带右侧行驶 　↙ 分隔带左侧行驶	分隔带右侧（或左侧）行驶标志
 ↻	环岛行驶标志

续表

图形	名称
单行路（向左或向右） 单行路（直行）	单行路标志
	鸣喇叭标志
	开车灯标志
60	最低限速标志
	会车先行标志
	人行横道标志

图形	名称
左转车道　　右转车道 直行车道 直行和左转　　直行和右转 合用车道　　　合用车道 掉头车道　　掉头和左转 合用车道	车道行驶方向标志
	机动车行驶标志
	机动车车道标志
公交　　公交 公交	公交专用车道标志

续表

图形	名称
	小型客车车道标志
	快速公交系统（BRT）专用车道标志
	有轨电车专用车道标志
	多乘员车辆（HOV）专用车道标志
	非机动车行驶标志
	非机动车车道标志
	电动自行车行驶标志

续表

图形	名称
	电动自行车车道标志
	行人标志
 非机动车与行人分开空间通行  非机动车与行人共享空间通行	非机动车与行人通行标志
	非机动车推行标志
	靠右侧车道行驶标志
	允许掉头标志

243

续表

图形	名称
 **P** 可以停放机动车  **P←** **P→** 从标志处向箭头指示方向 机动车可以停放  **P** 按图示占用部分人行道 边缘停放机动车	停车位标志
 硬路肩允许行驶路段开始  硬路肩允许行驶路段即将结束  硬路肩允许行驶路段结束	硬路肩允许 行驶标志
 货车	货车通行 标志

(四)一般道路指路标志

一般道路指路标志的图形与名称

图形	名称
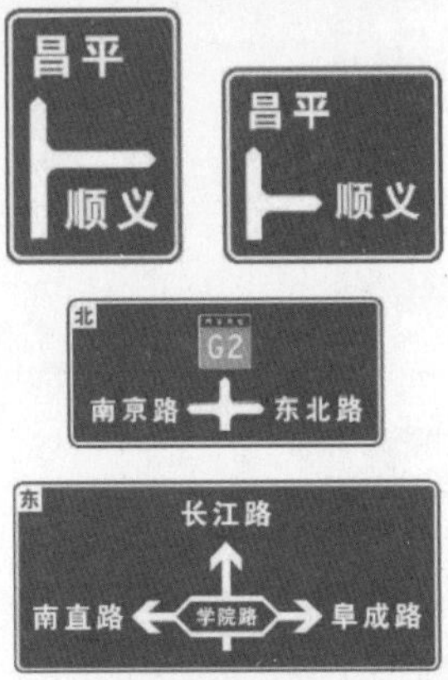 昌平 / 顺义　昌平 / 顺义 北 G2 南京路 — 东北路 东 长江路 南直路 ← 学院路 → 阜成路 交叉路口图形式  白洞 S304 三河 G102 唐山 双塔 环岛图形式  ↑ 大厂 燕郊→　↑ 学府路 ← 公滨路 黄河路→ 堆叠式  东莞	深圳 → 车道式	交叉路口预 告标志
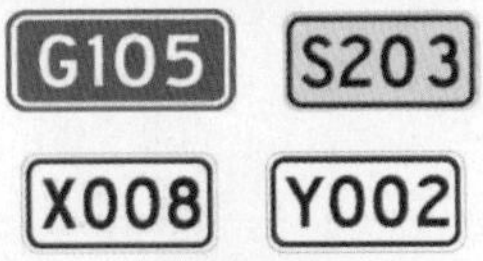 G105　S203 X008　Y002 道路编号   南京路 路名 福宁路〉　〈西土城路〉 ↑ 林萃路　↑ S206 道路名称与方向	交叉路口告 知标志

续表

图形	名称
 南直路 2km　如皋 5km 八一路 15km　海安 40km G101 25km　盐城 105km	确认标志
 上清水　斋堂镇 沿河城	地名标志
 北京界　平谷道班 行政区划分界 　道路管理分界	分界标志
 急救站 　飞机场  多个重要场  加油站 　电动汽车充电站  地铁	地点标志
 露天停车场 　室内停车场	停车场（区）标志

续表

图形	名称
	错车道标志
	港湾式紧急停车带标志
 人行天桥 　人行地下通道	人行天桥标志和人行地下通道标志
	无障碍设施标志
 服务站	服务站标志
 停车点	停车点标志
 观景台	观景台标志
	应急避难设施（场所）标志
  超限检测站 500m　超限检测站	超限检测站标志

245

续表

图形	名称
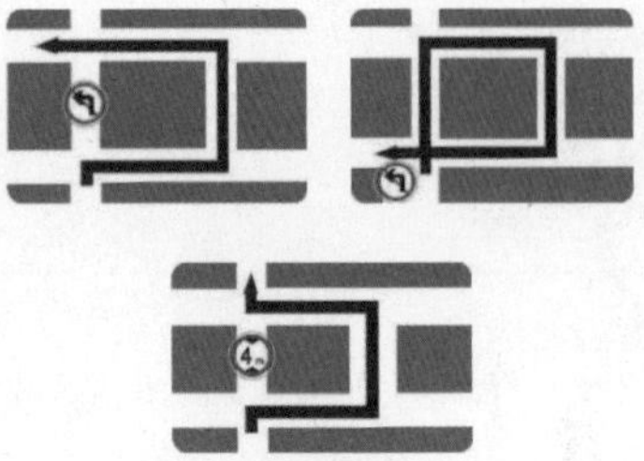	绕行标志
	此路不通标志
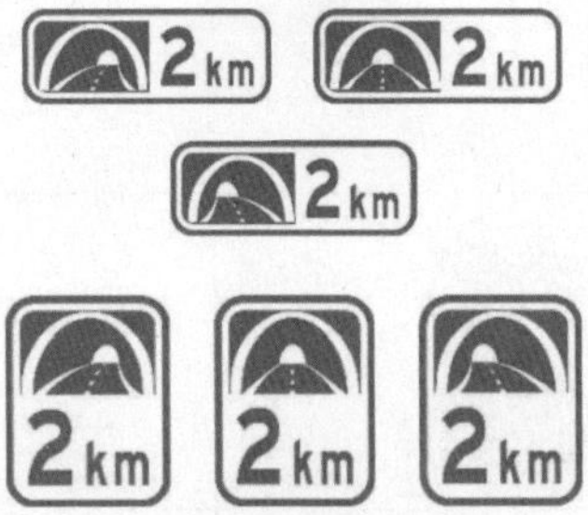	隧道出口距离标志
	方向标志
 	里程碑、里程牌
	百米桩
	公路界碑
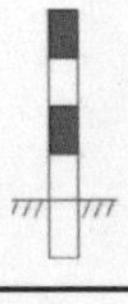	道路标柱

里程碑　　　里程牌

(五) 高速公路、城市快速路指路标志

高速公路、城市快速路指路标志的图形与名称

图形	名称
	入口预告标志

入口预告（进入后两个方向）

入口预告（进入后一个方向）

无编号高速公路或城市快速路入口预告

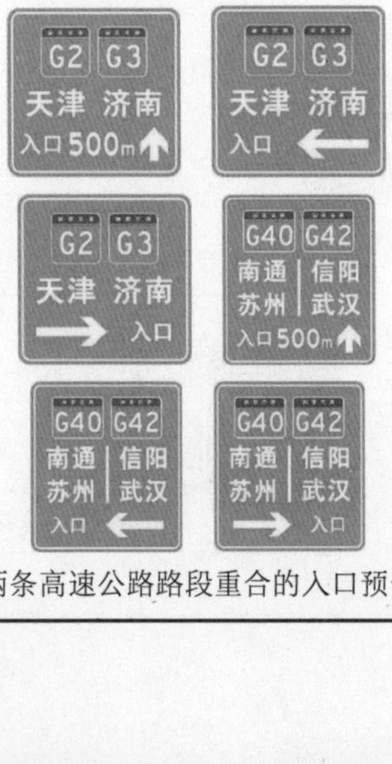

两条高速公路路段重合的入口预告

续表

图形	名称
↖ 合肥　南京 ↗ 地点与方向	地点与方向标志
G3 天津 ↖　　G3 济南 ↗ 带编号标识的地点与方向	
 北 G3 天津 ↖　　G3 济南 南 ↗ 带编号、方向信息的地点与方向	
 G3　　S49 国家高速　苏高速	高速公路编号
 G2 京沪高速　　S17 蚌合高速 国家高速　皖高速	命名编号标志
 北四环	路名标志
采育 14km 廊坊 37km 天津 95km　　璜塘 8km G42 17km 上海 25km 地点距离	地点距离标志
苏州城区 5个出口　　人民路 7km 东环路 17km 苏州新区 30km 城市多个出口的地点距离	
S10 S52 洋后 8km G3 衢州 112km 福州 215km　　G15 南通 25km G25 扬州 92km 南京 115km 同时指引前方到达道路上的地点距离	

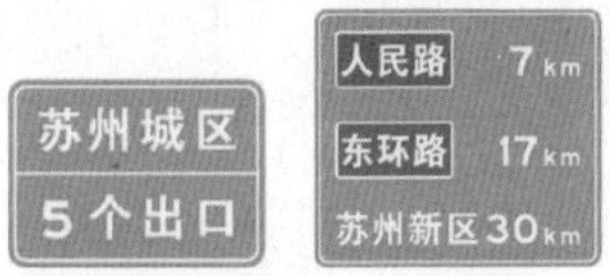

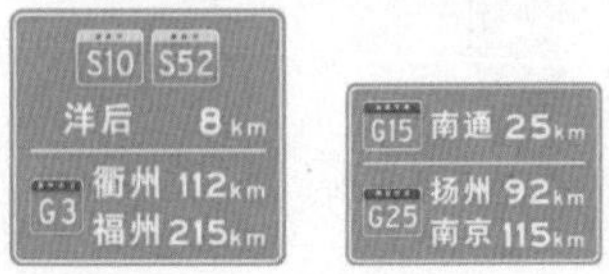

续表

图形	名称
 出口 119　　出口 180A-B 左出口 272	出口编号标志
出口 145 G204 如皋 海安 2km ↗　　出口 145 G204 如皋 海安 1km ↗ 出口 145 G204 如皋 海安 500m ↗　　出口 145 G204 如皋 海安 ↗ 一般互通式立体交叉出口后道路 有编号的出口预告及出口方向	出口预告标志及出口方向标志
左出口 32 前进路 广州 番禺 2km ↗　　左出口 32 前进路 广州 番禺 1km ↗ 左出口 32 前进路 广州 番禺 ↗　　左出口 32 前进路 广州 番禺 ↖ 500m 一般互通式立体交叉出口后道路 无编号的出口预告及出口方向	
出口 50 G15₁₁ 日照 济宁 3km ↗　　出口 50 G15₁₁ 日照 济宁 2km ↗ 出口 50 G15₁₁ 日照 济宁 3km ↗　　出口 50 G15₁₁ 日照 济宁 2km ↗ 枢纽互通式立体交叉的出口预告	

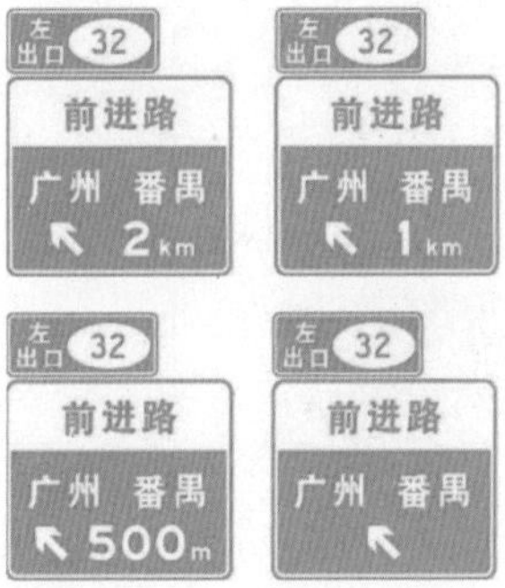

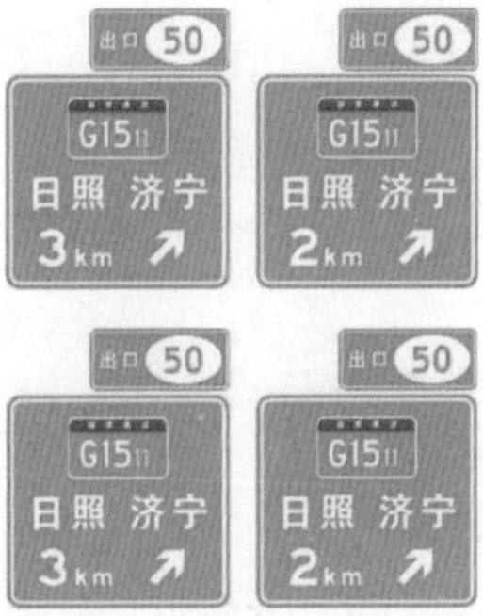

续表　　　　　　　　　　　　　　　　　　　　续表

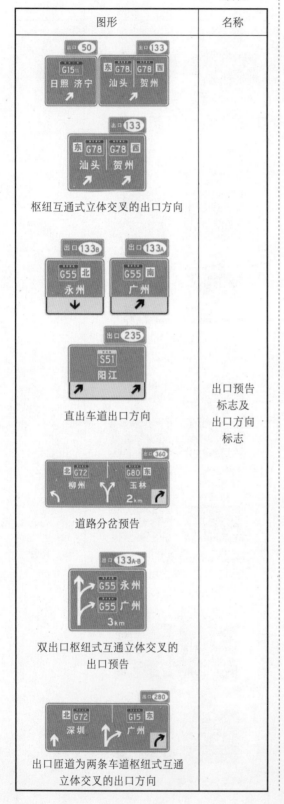

图形	名称
枢纽互通式立体交叉的出口方向	
直出车道出口方向	出口预告标志及出口方向标志
道路分岔预告	
双出口枢纽式互通立体交叉的出口预告	
出口匝道为两条车道枢纽式互通立体交叉的出口方向	

图形	名称
设置于左侧　设置于右侧	300米、200米、100米出口预告标志
出口321　左出口101	出口标志
下一出口15km　下一出口15km	下一出口预告标志
高速公路起点　无编号的高速公路或城市快速路起点	起点标志

续表

图形	名称
G15 2km G15 1km G15 500m 终点预告 水宫高速 2km 水宫高速 1km 水宫高速 500m 无编号的高速公路或城市快速路终点预告	终点预告标志
G15 S30 国家高速公路、省级高速公路终点 水宫高速 无编号的高速公路或城市快速路终点	终点标志
1620kHz 道路交通信息	交通信息标志
2658 G15 110 水宫高速 里程牌 无编号的高速公路或城市快速路里程牌	里程牌

续表

图形	名称
	百米牌
停车领卡	停车领卡标志
50 km/h 60 km/h	特殊天气建议速度标志
	紧急电话标志
♪400m 400m♪ ♪500m	电话位置指示
救援 12122	救援电话标志
电子收费 ETC 收费站 1km 电子收费 ETC 收费站 500m 电子收费 ETC 收费站	收费站预告及收费站标志
电子收费 ETC	ETC车道指示标志

249

续表

图形	名称
电子收费 ETC ETC 车道 人工收费车道 **绿色通道** 绿色通道	电子不停车收费（ETC）车道、人工收费车道、绿色通道标志
天目湖 2km 天目湖 1km 天目湖↑ 天目湖服务区↗ 东芦山 2km 东芦山 1km 东芦山↑ 东芦山服务区↗	服务区预告标志
浪网 1km 浪网↗ 浪网停车区↗	停车区预告标志
大型车辆 爬坡车道 大型车辆 爬坡车道 爬坡车道↓ 爬坡车道 结束	爬坡车道标志

（六）旅游区标志

旅游区标志的图形与名称

图形	名称
灵山 16km	旅游区距离标志
云居寺→ 云居寺↗	旅游区方向标志
问讯处　徒步 索道　野营地 营火　游戏场 骑马　钓鱼 高尔夫球　潜水 游泳　划船 冬季游览区　滑雪 滑冰	旅游符号

二、交通标线

（一）指示标线

指示标线的图形与名称

图形	名称
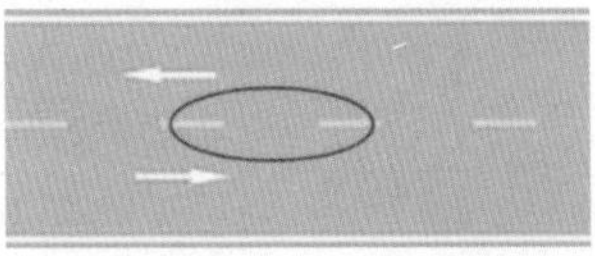	可跨越对向车行道分界线
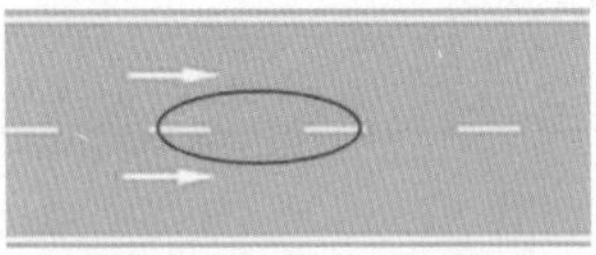	可跨越同向车行道分界线
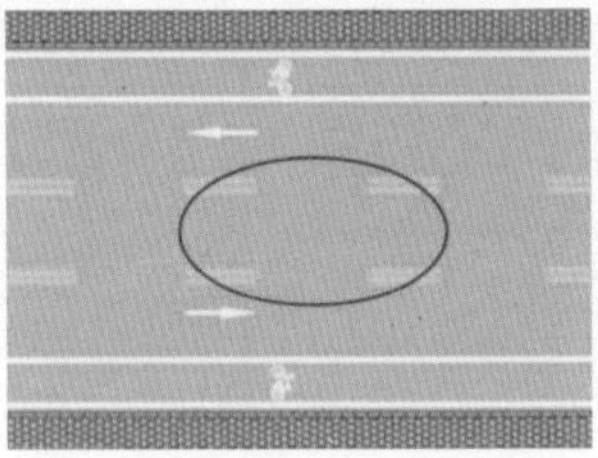	潮汐车道线
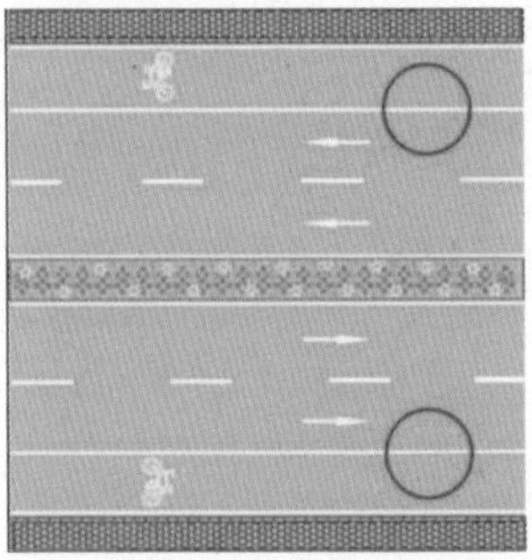	车行道边缘线（一）
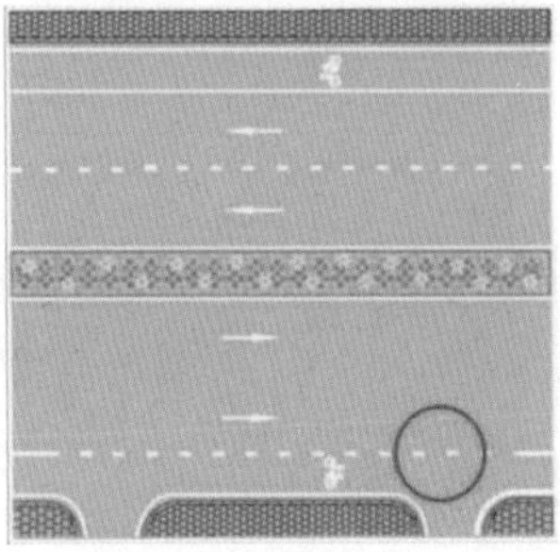	车行道边缘线（二）

续表

图形	名称
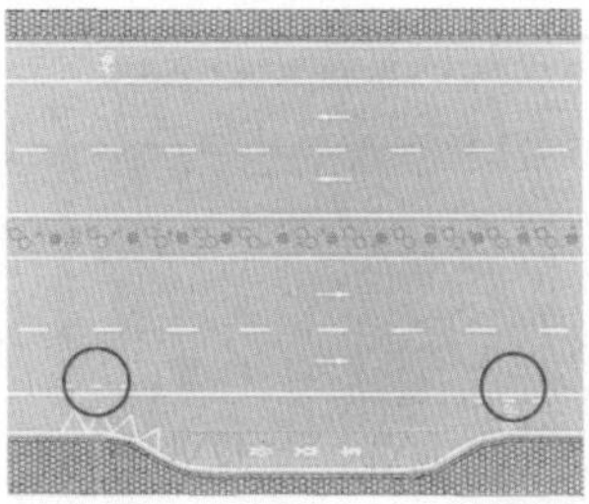	车行道边缘线（三）
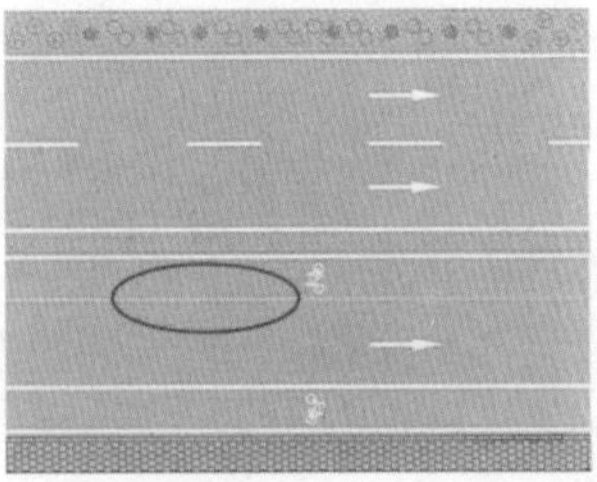	车行道边缘线（四）
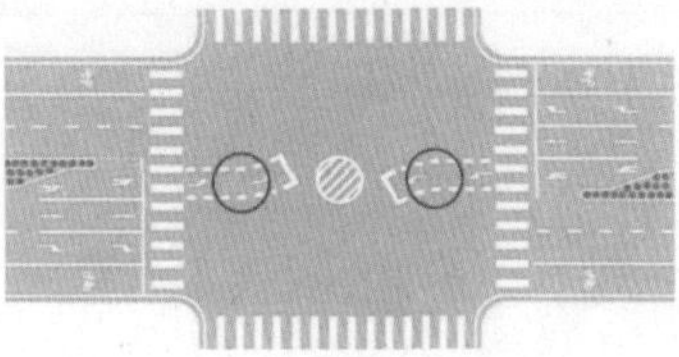	左弯待转区线
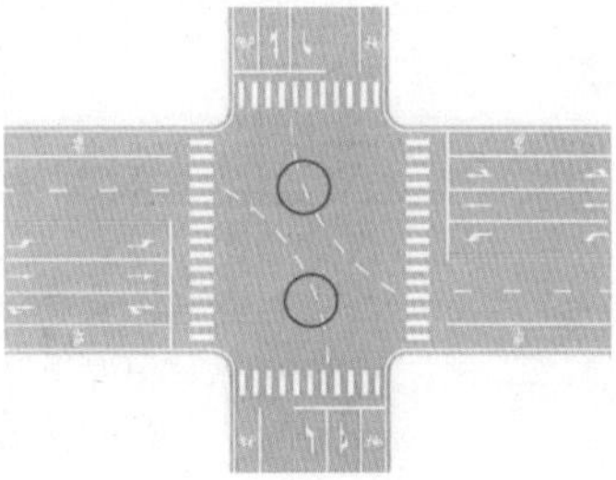	路口导向线（一）
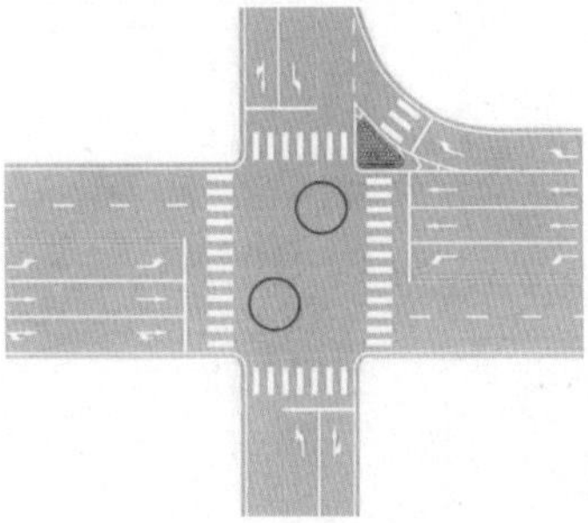	路口导向线（二）

续表

图形	名称
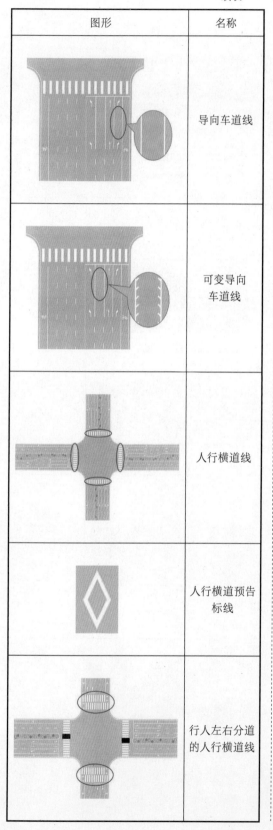	导向车道线
	可变导向车道线
	人行横道线
	人行横道预告标线
	行人左右分道的人行横道线

续表

图形	名称
	车距确认标线
	道路出口标线
	道路入口标线
	平行式停车位标线
	倾斜式停车位标线

续表

图形	名称
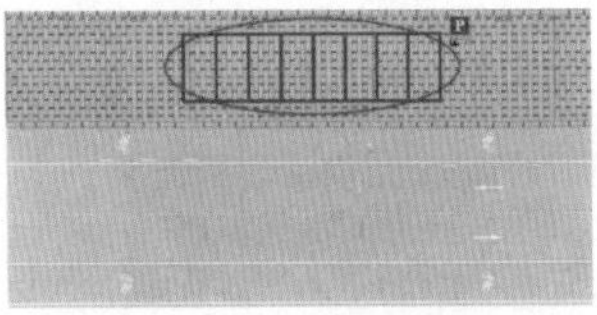	垂直式停车位标线
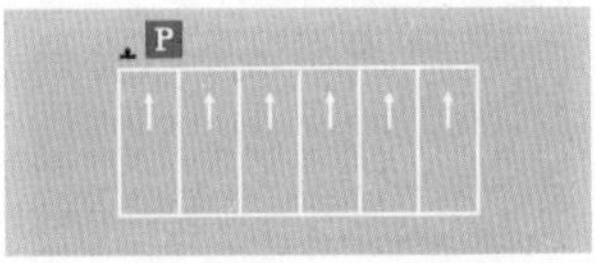	固定停车方向停车位标线
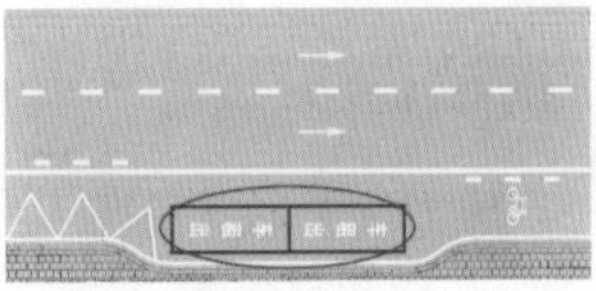	出租车专用待客停车位标线
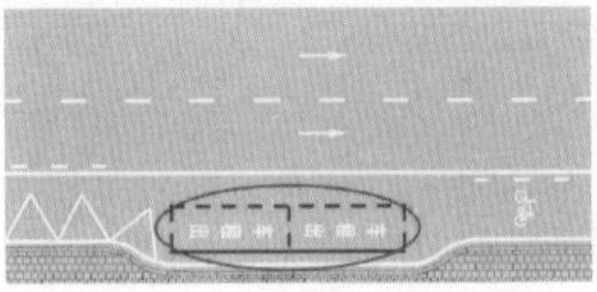	出租车专用上下客停车位标线
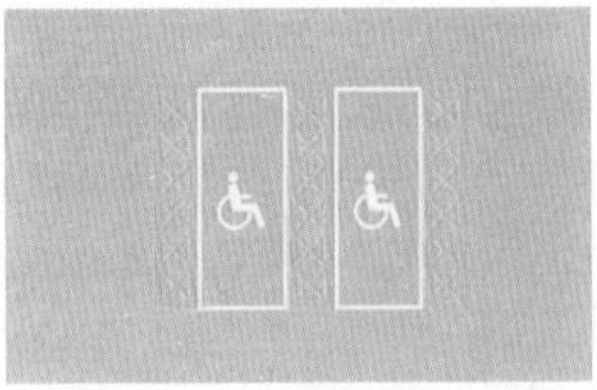	残疾人专用停车位标线
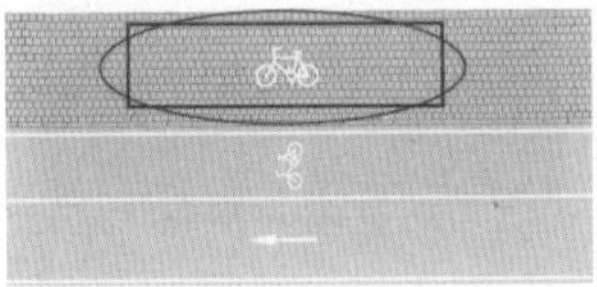	非机动车停车位标线
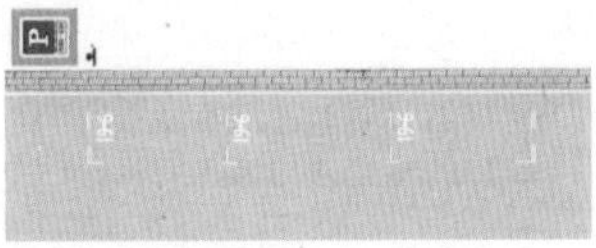	平行式机动车限时停车位标线

续表

图形	名称
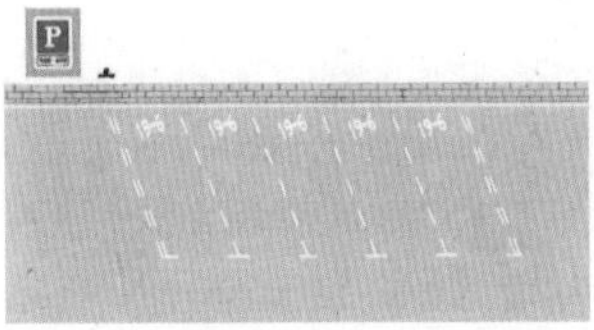	倾斜式机动车限时停车位标线
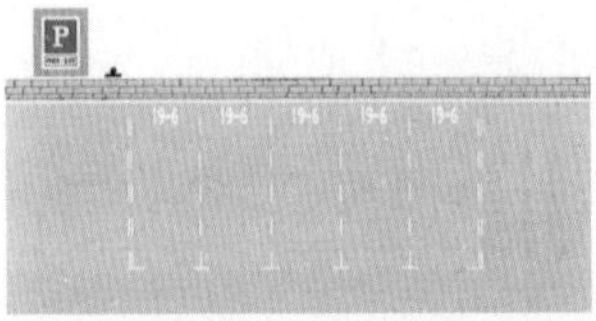	垂直式机动车限时停车位标线
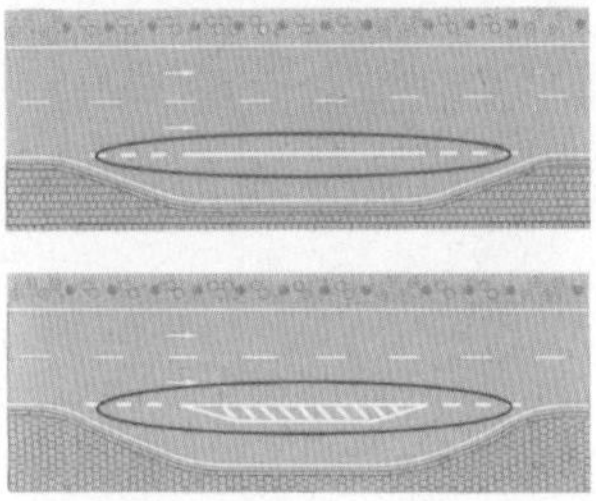	港湾式停靠站标线
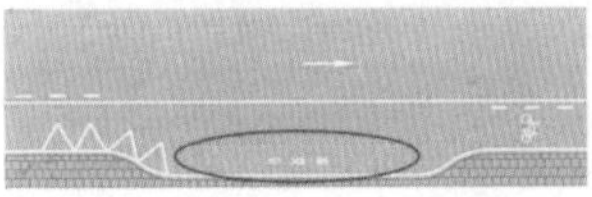	路边式停靠站标线
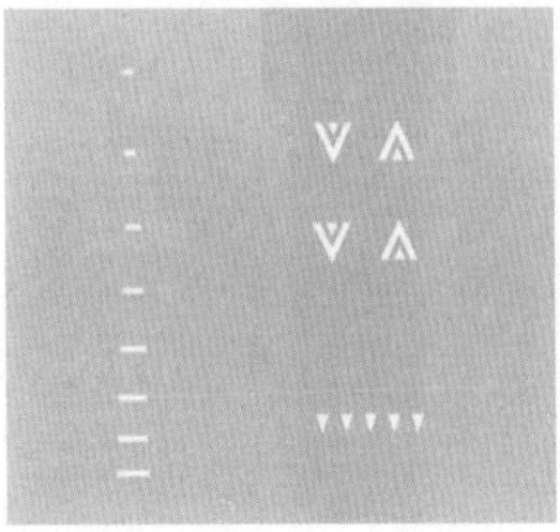	减速丘标线

续表

图形	名称
	导向箭头
	路面文字标记
	非机动车道标记
	残疾人专用停车位路面标记
	注意前方路面状况标记

（二）禁止标线

禁止标线的图形与名称

图形	名称
	禁止跨越对向车行道分界线（一）
	禁止跨越对向车行道分界线（二）
	禁止跨越对向车行道分界线（三）
	禁止跨越对向车行道分界线（四）
	禁止跨越同向车行道分界线

图形	名称	图形	名称
	禁止长时停车线		非机动车禁驶区标线
	禁止停车线		导流线
	停止线		中心圈
	停车让行线		网状线
	减速让行线		公交专用车道线

续表	
图形	名称
	小型车专用车道线
	大型车专用车道标线
	多乘员车辆专用车道线
	非机动车专用车道线
	禁止掉头线
	禁止转弯线

（三）警告标线

警告标线的图形与名称

图形	名称
	路面（车行道）宽度渐变标线
	接近障碍物标线
	收费岛地面标线
	铁路平交道口标线
	收费广场减速标线
	车行道横向减速标线
	车行道纵向减速标线
	立面标记